Enno Fooken

PÄDAGOGIK: THEORIE UND MENSCHLICHKEIT

Festschrift für Enno Fooken zum 60. Geburtstag

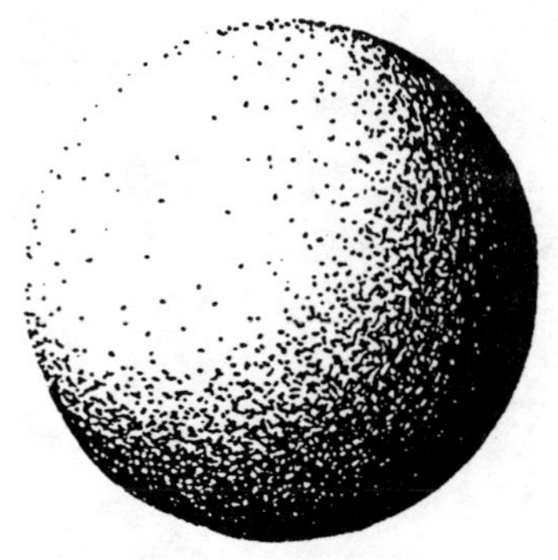

Herausgeber:

Wiebke Ammann, Klaus Klattenhoff, Heinz Neukäter

Bibliotheks- und Informationssystem der Universität Oldenburg
1986

Verlag/Vertrieb: Bibliotheks- und Informationssystem der Universität Oldenburg, Uhlhornsweg 49-55, 2900 Oldenburg, Tel.: 0441/798-2261

Druck: Druckzentrum der Universität Oldenburg

Bindearbeiten: Buchbinderei der Universitätsbibliothek Oldenburg

ISBN 3-8142-0201-5

Inhalt Seite

All denen, die das Erscheinen dieser Festschrift ermöglicht haben, danken wir herzlich: dem Fachbereich I und dem Institut Erziehungswissenschaft 2 für die finanzielle Unterstützung; Frau Brasch und Frau Mentel für Geduld und Verständnis beim Schreiben des Manuskriptes, Herrn Pompecki für graphische Arbeiten an Übersichten und Skizzen, Herrn Schäfer für die Gestaltung des Einbandes und den Mitarbeitern des BIS und der Druckerei für die Drucklegung in knapp bemessener Zeit.

Die Herausgeber

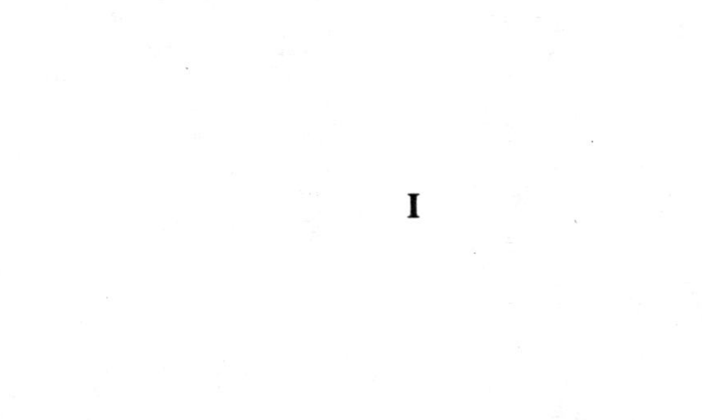

I

Manfred Priepke

Der Hörer - der Denker - der Begleiter

Am 1. April 1964 trafen wir uns das erste Mal. Von da an gingen dann die Begegnungen über Jahre. Enno FOOKEN hatte im Hessischen Diakoniezentrum - den Anstalten Hephata, Treysa - folgende Funktionen: In der Leitung der Heimerzieherschule mitzuwirken, zugleich in den erziehungskundlichen Fächern und im Fach Psychologie an der Schule tätig zu werden, sowie die Leitung der Erziehungsabteilung für Kinder (Erziehungsheime) zu übernehmen.

Wer über Jahre auf engem Raum mit Enno FOOKEN zusammengearbeitet hat und nun zu seinem 60. Geburtstag Zeilen zu Papier bringen soll, der tut sich schwer damit, über Abstraktes zu schreiben, der möchte lieber über Geschehnisse, über Begegnungen mit ihm berichten. Dabei ist wichtig, nicht allzusehr in Interpretationen zu verfallen, so versucherisch das hier und da auch sein mag. Nur ich denke, es ist nicht unwichtig zu wissen, daß Enno FOOKEN 1926 in Berlin geboren wurde. Er ist an jenem Ort mithin groß geworden, aus dem mit Fug und Recht in diesen Monaten vieles zu unserer Geschichte berichtet wird, und mir sind nur wenige Menschen begegnet, die in einer so positiven Weise in eben dieser für mich gegenwärtigen und lebendigen Tradition jene Stadt und das, was jeder Geschichtsbewußte mit ihr in Freud und Leid verbindet, darstellt wie Enno FOOKEN. Ganz bürgerlich hat er nach, und eben dies schon würde er selber so nie sagen, einer fast verlorenen Kindheit und Jugend (Drittes Reich, zweiter Weltkrieg und Nachkriegszeit) das Theologiestudium absolviert. Ich vermute nur, es ist nicht ganz abwegig für seinen eigenen Werdegang, daß er dann nach der Ablegung der 2. theologischen Prüfung sehr bald sich in "wissenschaftliche Horizonterweiterung" begab und das Studium der Pädagogik und Psychologie anschloß. In Berlin, Bonn und Mainz hat er sich damals an den Universitäten umgeschaut, aber immer war er auch der Praxis und hier vor allen Dingen der der Jugendarbeit und Heimerziehung verbunden.

Als wir uns 1964 in Treysa begegneten, da war es der Umstand, daß er in den genannten Anstalten eine Aufgabe übernahm, die eigentlich meiner eigenen ähnelte, Leitung der Heimerzieherschule, Dozententätigkeit dort an der Diakonenschule und zugleich Leitung der Erziehungsabteilung für Kinder - ich selber hatte die Abteilung für sogenannte erziehungsschwierige Jugendliche zu leiten. FOOKEN ist um 5 Jahre älter als ich, ehrlich gesagt, ich habe das niemals leugnen können. Das was wir im positiven Sinn mit Gestandenheit bezeichnen, das war ihm wohl wesentlich mehr zu eigen als mir selber, und das war auch ein Grund, weshalb er es mir neben vielen anderen Dingen so leicht gemacht hat, mich in Situationen der beruflichen Probleme und Krisen an ihn zu wenden. Um das vorwegzunehmen, in den Jahren unserer Zusammenarbeit hat es zumindest aus meiner Sicht nicht einmal eine Situation gegeben, in der so etwas wie Konkurrenz aufgetreten wäre, die im beruflichen oder gar im zwischenmenschlichen Bereich existiert hätte. Und dabei waren wir doch, wie der Leser vielleicht schon bemerkt haben wird, bei den aufgezählten Funktionen in sehr vielfältiger Weise miteinander verbunden, dies umsomehr, als wir uns seit Jahren begegneten und ich nicht nur in den Bereichen der Theorie und Wissenschaft, sondern vor allen Dingen auch in dem Bereich der Praxis einiges vorzubereiten und zu vollziehen begann, was mit der Realität Heimerziehung zu tun hatte. Die Art unserer Zusammenarbeit war, ohne daß wir darüber großartig geredet hätten, auf das gebaut, was man als Selbstverständlichkeit bezeichnen kann. Wir haben immer wieder Interessen unserer beruflichen Felder ausgelotet, versucht, das Gemeinsame zu ermitteln und eben dies Gemeinsame auch durchzusetzen, und genau in den Bereichen, in denen wir möglicherweise konträre Interessen hatten, den einen nicht gegen den anderen auszuspielen.

Es gibt nun aber drei Bereiche, in denen ich FOOKEN sowohl als Praktiker aber auch als Theoretiker in einer ganz besonders intensiven Weise erlebt habe, als jemanden, der einem so nicht alle Tage begegnet, mithin sind die Jahre unserer gemeinsamen Arbeit für mich auch gerade jetzt noch, da viel viel Zeit seither vergangen ist, Jahre, von denen ich weiß, sie haben mich außerordentlich geprägt.

FOOKEN war für mich der Mensch, der zuhören konnte, eine Eigenschaft bekanntlich, die zwar in vielen Lehrbüchern beschrieben und gefordert ist, gerade auch in Lehrbüchern zur Pädagogik und Psychologie, die aber in der Praxis nur selten geübt wird. Oft habe ich FOOKEN erlebt, wie er zurückgelehnt in seinem Stuhl oder Sessel, den Kopf leicht nach unten gesenkt, saß und nur hören konnte. Da war in seinen Gesichtszügen nichts von Abschalten oder Langeweile, da war eine gespannte Aufmerksamkeit für das, was der andere ihm zu sagen hatte, und da gab es Augenblicke, in denen es langes Schweigen gab. Es gab Situationen, in denen der Hörer nicht zu wohlfeiler Antwort bereit war, sondern wo er durch Mimik und Gestik einlud, miteinander zu schweigen. So wurde denn FOOKEN vom Hörer zugleich zum Denker. FOOKEN bedachte das, was er gelesen, was er gehört, was er sonst in Erfahrung gebracht hatte. Er überprüfte es, und - was nur wenigen Menschen eigen ist - er versuchte es immer wieder auf einen positiven Nenner zu bringen. Für ihn war Denken keine schöngeistige Rarität, für ihn war Denken eine der ganz großen Chancen, Realität zu bewegen und weiterzuentwickeln. Ich kann mich kaum eines Satzes entsinnen, den ich oder andere aussprechen konnten, ohne in seiner Gegenwart nicht darauf gefaßt zu sein, die Frage vorgelegt zu bekommen: "Warum sagen Sie das, können Sie das auch begründen?" Oft war es, für mich wenigstens, das Selbstverständlichste, was ich sagte, und zugleich das Verblüffendste, daß er mich so fragte, und es war zugleich entlarvend, weil ich nämlich merkte, daß genau das, was für mich so selbstverständlich war, in Wahrheit durch den denkenden Kollegen, durch den helfenden Hörer einfach in

Frage gestellt werden mußte, um zu einem positiven Ende zu führen.

FOOKENs Denkgebäude war kein Bunker, wie sollte das auch nach der Jugendzeit sein, die er hat durchleben müssen. FOOKEN war immer wieder eingestellt und offen für das, was andere dachten. Beispielsweise habe ich ihn in unserer gemeinsamen Zeit immer bewundert, wieviel Freiheit, manchmal möglicherweise auch sogar gegen eigene Einstellung, er seinen damaligen Heimleitern - ihrem Selbstverständnis gemäß auch noch Hausväter - in unseren Einrichtungen gelassen hat.

Nur dort, wo sein Gewissen nicht anders konnte, und darauf wird noch zu sprechen zu kommen sein, hat er eingegriffen. Aber da, wo ihm das nicht so wichtig erschien, da, wo er nur glaubte, in seiner eigenen Person, nicht aber im Blick auf das Wohl der ihm mitanvertrauten Kinder in den Heimen oder der Studierenden an der Schule berührt zu sein, da ließ er walten. Schließlich, und das ergibt sich ja wohl, wenn ein Mensch diese Eigenschaften hat, Hörer zu sein und Denker zu sein, ist FOOKEN für mich ein wirklicher Begleiter auf einer Strecke meines eigenen beruflichen wie aber auch persönlichen Lebens geworden. Es steht mir nicht zu, zu fragen, wieso FOOKEN seinerzeit die Laufbahn eines Pfarrers verlassen hat und in den Bereich von Forschung und Lehre gegangen ist. Aber es steht mir zu, zu sagen, daß ich mich an seiner Seite sicher und geborgen gefühlt habe. Und wenn ich große Worte, wie Worte von Seelsorge und Einstehen für, oder Dasein um, höre, dann bedeutet das für mich immer, daran zu denken, daß es in nicht leichter Zeit diesen Enno FOOKEN gab, der in seiner ganzen Bescheidenheit und Selbstverständlichkeit für einen da war, dem es völlig fremd war, einen "ins Messer hineinlaufen" zu lassen, der einen tatsächlich im übertragenen Wortsinn bei der Hand nahm, und dann, wenn es kritisch wurde, nicht vergessen ließ, Du bist da gar nicht allein, sondern ich stehe doch neben dir.

Damit das Ganze nicht nur wie eine abgehobene Eloge zu einem besonderen Tage oder Ereignis klingt, möchte ich zwei

Erlebnisse mitteilen, die ich mit FOOKEN gehabt habe, und die mich bis heute begleiten.

In den vielen Dienstbesprechungen, in den Konferenzen, aber auch in den persönlichen Gesprächen, die wir hatten, und dies habe ich ja bereits skizziert, hat sich FOOKEN immer wieder durch seine Beherrschtheit und Ruhe ausgezeichnet. Einen Punkt freilich gab es, da lief der sonst so bläßliche FOOKEN im Gesicht fast krebsrot an, wurde deutlich, und jeder, der sonst vor seiner Verhaltenheit so manches Mal drohte, eigene Fassung zu verlieren, begriff, daß hier ein hochsensibler Mensch vor einem saß oder neben einem stand, und das war der Augenblick, wenn beispielsweise in Konferenzen, wo es um das Schicksal von Studierenden oder wo es um das Schicksal von "Fürsorgezöglingen" ging, so etwas wie Unrecht einem Menschen gegenüber produziert wurde. Genau in solchen Situationen konnte FOOKEN so einmalig klar werden, daß es dann auch niemand mehr wagte, dagegen aufzubegehren. Immer wieder habe ich persönlich mich beschämt gefragt, wie eigentlich kann es einem Menschen gelingen, in ganz entscheidenden Augenblicken mit dieser Überzeugungskraft und mit diesem letzten nicht nur beruflich begründeten Engagement für schwächere Menschen einzutreten. Das ist eine plastische Situation, die ich über Jahre hindurch zunächst natürlich immer gefürchtet habe, weil ich gar nicht wußte, wie sollst du darauf reagieren, die aber im Nachhinein mir von besonderem Wert erscheint, weil mir klar geworden ist, dieses Einstehen für Gerechtigkeit, für den Schwächeren, dieses Eingehen darauf, daß andere sich nicht so gut darstellen und erklären können, wie man selber das möglicherweise kann, allein das ist eine Aufgabe, die einen Menschen zum Erzieher macht.

Aber ich möchte noch ein anderes Beispiel sagen, aus dem dann das hervorgeht, was nachstehend noch ausgeführt werden soll. Ich werde nie jenen Tag vergessen, an dem an unserer staatlich anerkannten Heimerzieherschule ein Staatsexamen stattfand, zu dem natürlich auch immer der staatliche Prüfungskommissar aus Kassel angereist kam, und wer wollte schon leugnen, daß ein solcher Tag für die Dozenten nicht mindestens genauso aufregend war wie für die Studierenden. Wir hatten den ersten Vormittag der Prüfung gerade gut "über die Bühne gezogen" und gingen nun in nicht protokollierter Reihenfolge von der Schule aus ins Kasino zum Mittagessen. Plötzlich war FOOKEN an meiner Seite, ganz behutsam legte er seinen linken Arm über meine Schulter und sagte etwa folgendes zu mir:

> "Lieber Kollege Priepke, ich bewundere Ihre Art und Weise zu prüfen seit Jahren ganz besonders. Ich finde es großartig, wie sie immer wieder gezielt und klug das ermitteln können, was an Defiziten da ist. Wie aber wäre es, wenn Sie in der Lage wären, Prüfungssituationen herzustellen, in denen Sie ihre ganze Sensibilität einsetzen würden, herauszubekommen, nicht das, was die Studierenden in dem Augenblick der Prüfung nicht wissen, sondern das aus ihnen herauszuholen, was sie wissen, und wo sie sich entfalten können."

FOOKEN hat das damals nicht gemerkt, und möglicherweise liest er das jetzt zum ersten Mal, jener Gedanke war so etwas wie ein glühender Funke, er hat mir eine neue Dimension eröffnet, er hat mir für mein ganzes weiteres berufliches und persönliches Leben deutlich gemacht, es ist völlig uninteressant, welche Defizite andere Menschen haben - nichts ist im übrigen billiger, als in eben diesen Defiziten herumzustochern, sie zu kolportieren und sie mit Urteilen zu versehen -, das eigene Leben wird erst dadurch wesentlich, daß man das Wesentliche bei anderen Menschen, so verschüttet das auch sein mag, entdeckt, im richtigen Augenblick mit Glanz erfüllt und zur Entfaltung bringt.

Dieses mag dem Leser genügen, um deutlich zu machen, daß FOOKEN im meinem Leben als Mensch, und deshalb muß ich nun auch schreiben, als Erzieher, einen ganz prägenden Einfluß gehabt hat. Mir sind viele begegnet, viele auch, denen ich mehr zu verdanken habe, als mir momentan möglicherweise bewußt ist, aber eines weiß ich natürlich, FOOKEN ist einer von jenen gewesen, die mich in ganz besonders intensiver Weise geprägt haben, und dies durch menschliche Verhaltensweisen, die man natürlich als Sekundärtugenden bezeichnen mag, aber Sekundärtugenden sind notwendig, verwirklicht zu werden, um Primärtugenden wie Mut zur Lebensmitte, wie Klarheit für die eigenen Zielvorstellungen des Lebens, nach außen hin und vor sich selber glaubwürdig zu vertreten.

Was also war es denn, was FOOKEN so ausgezeichnet hat?

- Es war seine Bescheidenheit, die sich schon rein äußerlich zeigte, FOOKEN hat in der Zeit, in der ich mit ihm zusammengearbeitet habe, nie viel Wesens um sich gemacht, ganz im Gegenteil, da, wo es irgend möglich war, hat er von sich aus Probleme und Schwierigkeiten aus dem Weg geräumt.

- FOOKEN ist immer ein kritischer Mensch in meinen Augen gewesen. Nicht nur kritisch im Blick auf das, was Mehrheiten für kritisch halten, sondern FOOKEN ist für mich ein mutiger Kritiker gewesen, er hat mutig in sich hineingelauscht, aber auch mutig auf das gehört, was seine ihm so wichtige nächste Umgebung sagte, dachte und handelte, und wenn es sein mußte, hat er seine Fragen gestellt.

- FOOKEN ist für mich ein Mensch der Menschlichkeit gewesen. Ich habe niemals bei aller Klarheit in der Beurteilung, die er über andere hatte, ein tötendes, ein vernichtendes, ein zynisches Wort über Mitmenschen von ihm gehört. Ich habe immer wieder vor Augen sein ganz nachdenkliches Zuhören, manchmal auch das Wiegen seines Kopfes, das einen spüren ließ, er arbeitet und er denkt, und er überlegt, wie kann ich es ihm eigentlich noch besser sagen, daß er dem Dritten, über den wir gerade sprechen, als Mensch gerechter werden kann.

- Ich habe FOOKEN als jemanden erlebt, der in ganz schwierigen Situationen Ruhe zu verbreiten versteht, der

Emotionalität nicht wegräumt, aber sie reduziert auf das der Menschlichkeit dienende Maß.

- Ich habe FOOKEN erlebt als jemanden, der äußerlich wie innerlich zu denen gehört, von denn ich sagen muß, ich kann mich auf sie verlassen. Wenn FOOKEN mir eine Zusage machte, oder aber, wenn er mir eine Absage gab, auf beides war Verlaß.

- Und schließlich, alles dies ist schon angedeutet, habe ich FOOKEN als jemanden erlebt, der immer wieder bereit war, mit sich und anderen darum zu kämpfen, wie man gemeinsam auf dem Weg, größtmögliche Gerechtigkeit für andere, insbesondere für die, die da im Schatten sind, zu gewinnen, vorankommen könnte.

In den Jahren unseres gemeinsamen Tuns in der Heimerziehungsszene in Nordhessen bahnte sich ja gerade auch dort das an, was nun schon zur Historie geworden ist, nämlich die sogenannte Heim-Kampagne. Und wenn es dem Zeitgeschichtler von heute einmal gelingen sollte, auch eine Geschichte der Heim-Kampagne in Nordhessen zu schreiben, dann wird er möglicherweise bei Detailforschung darauf stoßen, daß es nicht zuletzt Enno FOOKEN zu danken ist, daß nicht sämtliche Erziehungsheime in Nordhessen jener Kampagne damals zum Opfer fielen, sondern daß er ganz wesentlich in seinem Tun und in seinem Lassen dazu beigetragen hat, daß es auch Heime gab, die selbst bei den führenden Vertretern der damaligen APO, insoweit sie sich ernsthaft für Heimerziehung oder auch gegen sie engagierten, akzeptiert wurden.

Daß sie so differenziert handeln konnten, das aber lag ja wohl daran, daß auf der anderen Seite Menschen wie FOOKEN standen, die sich dadurch auszeichneten, daß sie ebenso offen, identisch und authentisch, für das standen, was sie in ihrer beruflichen Tätigkeit zu rechtfertigen hatten.

Als Enno FOOKEN 1971 aus Treysa wegging, da waren natürlich schon angedeutete Dinge am Horizont und noch anderes, was in diesem Zusammenhang keine große Rolle spielt, was aber meine Tätigkeit in diesem von mir so wichtig gehaltenen Bereich der Heimerziehung ärmer gemacht hat, er war nicht mehr an meiner Seite. Damals hat mich das traurig gemacht, obwohl ich mich freute, daß ihn der Weg nach Mainz und von dort aus, wie ich dann immer nur aus der Ferne mitverfolgen konnte, an die Universität nach Oldenburg geführt hatte.

In Enno FOOKEN ist mir ein Mensch begegnet, in dem das andere und das bessere Preußen sich repräsentiert, ein Preußen, das sich nicht kopieren läßt, ein Preußen, das einsteht für den Schwachen, ein Preußen, das zu hören verstanden hat auf Zwischentöne.

Ich habe in meinem Leben viele Begegnungen gehabt, auch mit Professoren. Und so bleibt dies doch auch noch zu sagen: Neben meinem verehrten Doktorvater Wolfgang ABENDROTH, von dem mich im übrigen politisch sehr viel trennt, ist mir selten ein Mensch wie Enno FOOKEN begegnet, der in einem so tiefen Wortsinn den Titel Professor - Bekenner - verdient hätte, wie eben er, und dafür Dank!

Für eine so totale Organisation wie die Heimerziehung ist es schon wesentlich, als Kind oder Jugendlicher einen fairen und offenen

- Hörer

- Denker

- und Begleiter

an der Hand zu haben, der einen eine gemeinsame Wegstrecke begleitet. Im Sommer 1971 mußten wir uns verabschieden. Insbesondere noch angeheizt durch die turbulenten Jahre zuvor war das schwieriger für mich, als ich nach außen zum Ausdruck bringen wollte. Enno FOOKEN selbst hat einmal beschrieben, was Wichtiges in seiner Lehre und Haltung ausmacht:

> "Wie zwingend notwendig für theoretische Sozialpädagogik die Beachtung der individuellen

Komponenten ist, soll abschließend, dadurch unterstrichen werden, daß auf die Vielzahl von Entscheidungen von Individuen über Individuen hingewiesen wird, die in allen Bereichen sozialer Arbeit ständig zu treffen sind und häufig eine außerordentliche Tragweite haben."

ENNO FOOKEN

Pädagogische Mißerfolge in psychoanalytischer Sicht*

Vorbemerkung: Ich habe in die schriftliche Zusammenfassung meines Vortrags Überlegungen in Form eines Briefes an einen Fachkollegen eingearbeitet. Diese Form der Darstellung habe ich gewählt, um den Lesern das reflektierende Moment des Gedankenganges besser zu erschließen. Die Briefanteile sind in Kursivschrift ausgedruckt.

Sie möchten, lieber Herr Kollege, schriftlich haben, was Sie nicht hören konnten, meinen Vortrag über "Pädagogische Mißerfolge in psychoanalytischer Sicht". Mein Manuskript war nicht für den Druck bestimmt; ich wollte mit dem Konzept gern so sprechen können, wie man nicht schreiben würde. Nicht alles, was ich gesagt habe, müßten Sie gehört haben. Ich kann das Gesagte für Sie streckenweise zusammenfassen und hoffe im übrigen, mit Ihnen darüber noch reden zu können. Dabei nehme ich mir die Freiheit, das Vorgetragene durch die Angabe meiner Absichten zu kommentieren und anzumerken, wo mir weiteres Nachdenken notwendig und sinnvoll erscheint, und Ihnen gelegentlich auch meine "Hintergründe" zu nennen.

Zur Vorgeschichte: Das Thema war von mir vorgeschlagen worden, weil es mich selbst interessierte. Ich wollte, was ich tun sollte, möglichst auch gern tun. Texte mit psychoanalytischem Inhalt werden noch immer in großer Zahl veröffent-

---

* Vortrag vor der Universitätsgesellschaft Oldenburg in der Reihe "Pädagogisches Forum" - Zusammenfassung und Reflexion

licht; man könnte meinen, es gäbe davon jetzt genug oder schon zuviel. Ich habe daraus indessen den Schluß gezogen, daß offensichtlich viele Menschen - aus welchen Gründen auch immer - darüber noch mehr erfahren möchten. - Und was die pädagogischen Mißerfolge betrifft, - wo sie auch vorkommen, drängen sie uns, nach besseren Wegen zu suchen. -

Das ist aber noch nicht alles. Es gibt, wie Sie wissen, auch bei uns an der Universität die bekannten Gesprächsbarrieren zwischen Anhängern und Kritikern der Psychoanalyse. Ich wollte eine Situation herstellen, in der das Reden über die Barrieren hinweg möglich werden kann. Ich vermute, daß die an der Psychoanalyse interessierten Studenten schlecht dran sind, wenn sie entweder nur Anhänger oder nur Kritiker hören können, aber nicht erleben, wie diese miteinander reden.

Bei der Vorbereitung hat sich meine Aufmerksamkeit zunehmend auf einen Aspekt der Problematik konzentriert, der zwar zum Thema gehört und m. E. einen sehr wesentlichen Zusammenhang zwischen pädagogischen Mißerfolgen und Psychoanalyse betrifft, der aber zweifellos nicht dem Kern der berechtigten Erwartungen der Zuhörer entsprach. Zunächst denkt man ja bei dem Thema "Pädagogische Mißerfolge" an das, was Erwachsene beim Umgang mit Kindern zuweilen nicht erreichen, wie beispielsweise altersgemäße Selbständigkeit, Mitkommen in der Schule, Verträglichkeit mit Geschwistern u. ä. Was mich zunehmend interessierte und worüber Sie nun das Wichtigste nachlesen können, betrifft dies alles zwar auch, aber nicht unmittelbar. Deswegen begann ich mit dem Satz: "Ich werden Ihnen nicht alles sagen, was zu diesem Thema gesagt werden kann ..." Ein Satz, so klar und wahr wie die Orakelsprüche in Delphi, schwebend zwischen Selbstverständlichkeit und Verborgenheit der von mir schon getroffenen Auswahl. Ein Untertitel hätte da vielleicht geholfen, doch wären alle, die mir zutreffend schienen, zu kompliziert ausgefallen. Denn was ich dann vortrug, war gewissermaßen ein Bericht über meine eigene Auseinandersetzung mit dem Thema, zusätzlich versehen mit einigen Erläuterungen und

Beispielen. Und gemäß der Idee, die dem "Pädagogischen Forum" zugrunde liegt, wollte ich nichts Vorgefertigtes aus der Schublade holen.

Ausgangspunkt meiner Überlegungen war die Frage, wie pädagogische Mißerfolge mit all dem zusammenhängen, was in der psychoanalytischen Literatur mit "Ambivalenz" bezeichnet wird. Am Endpunkt meiner Überlegungen stand dann die psychoanalytische Entdeckung der vielen seelischen Vorgänge, mit denen wir alle - mehr oder weniger - die erlebte Wirklichkeit unseres Daseins auf unangemessene Weise verwandeln und behandeln, färben und verfärben, und die Frage, ob die Folgen dieser Vorgänge, nämlich Fehleinstellungen zu den Realitäten des Lebens, nicht besonders krasse Fälle pädagogischer Mißerfolge sind, die zu Erziehende und Erzieher betreffen.

Als Pädagoge werde ich, verehrte Zuhörer, einige psychoanalytische Einsichten aufgreifen, um pädagogische Selbstkritik präzisieren zu können. Erziehung und Bildung gelingen uns Menschen immer nur teilweise. Dies ist ein wahrer Satz, der in jede realistische Bildungstheorie hineingehört; und deshalb gibt es immer beides nebeneinander: pädagogische Mißerfolge und Erfolge. Die Zählung der Mißerfolge, z. B. durch Prozentangaben über verhaltensgestörte Kinder - in der Berichterstattung über Kongresse werden immer neue Höchstzahlen geboten - , ist freilich ein problematisches Unterfangen, auf das wir uns nicht ohne weiteres einlassen sollten. Quantitative Angaben über Erfolg und Mißerfolg sollten wir für fragwürdig halten. - Ich möchte Ihre Aufmerksamkeit heute auf pädagogische Mißerfolge richten, die in einem Zusammenhang mit dem psychoanalytischen Begriff Ambivalenz stehen, und auf solche, die sich bei Jugendlichen und Erwachsenen als langfristige Fehleinstellungen gegenüber Grundfragen des Lebens zeigen.

*Im November 1982 veröffentlichte "Die Zeit", wie Sie vermutlich auch wahrgenommen haben, einen kritischen Aufsatz über die Psychoanalyse (*ZIMMER *1982), 17). Dieser Text von Dieter E.* ZIMMER *hat mich dazu angeregt, den mir in die-*

ser Sache möglichen Standpunkt genauer zu bestimmen. "Der Aberglaube des Jahrhunderts", diese Überschrift schon schien mir des Schlechten doch zuviel in die Psychoanalyse hineinzudeuten. In meinem Vortrag mußte ich meinen eigenen Standpunkt darstellen, ohne diesen, wegen der begrenzten Zeit, im einzelnen begründen zu können. Dabei habe ich zunächst Psychoanalyse als Heilverfahren ausgeklammert, dann im Blick auf psychoanalytische Theorie meine kritischen Vorbehalte dargelegt und schließlich angegeben, wo ich positive Anknüpfungspunkte für die Pädagogik sehe.

Mit dem Ausdruck 'Psychoanalyse' wird - mindestens - zweierlei bezeichnet: 1. eine psychotherapeutische Methode, also ein Heilverfahren und 2. ein psychologischer Theorie-Zusammenhang. Da ich mich nicht einer psychoanalytischen Kur unterzogen habe, fehlen mir diejenigen Erfahrungskenntnisse, die man nur mit viel Zeitaufwand und gegen Geld gewinnen kann; außerdem brauchte man dazu einen spezifischen Leidensdruck oder - im voraus - die Überzeugung von einem spezifischen Nutzen der Kur. Weil mir also die entsprechenden Erkenntnisse fehlen, werde ich mich nicht auf Psychoanalyse als tiefenpsychologisches Heilverfahren beziehen, sondern auf diejenigen Anteile der psychoanalytischen Theorie, die meines Erachtens pädagogisch wichtige Sachverhalte betreffen.

Wenn ich mich nun im folgenden nur in Auswahl auf psychoanalytische Theorie beziehe, so spreche ich hier selbstverständlich nicht in der Funktion eines selbsternannten Schiedsrichters im Streit der Meinungen. Und wenn ich nur in aller Kürze angebe, was mir aus diesem Theorie-Zusammenhang anzunehmen möglich oder aber nicht möglich ist, dann wollen Sie das bitte verstehen als Versuch, den gegenwärtigen Stand meiner persönlichen Auseinandersetzung mit psychoanalytischer Theorie zu skizzieren. Die Auseinandersetzung ist nicht abgeschlossen und wird mich auch deswegen weiter beschäftigen, weil innerhalb meines Fachgebietes Verhaltensgestörtenpädagogik eine Gruppe von psychoanalytisch arbeitenden Kollegen diese Richtung konsequent vertritt und mit pädagogisch interessanten und diskutablen Konzepten an der Ausbildung von Sonderpädagogen beteiligt ist. Außerdem nehme ich an, daß Pädagogen z. B. von dem Psychoanalytiker Fritz REDL viel lernen können. Mein Interesse an der Psychoanalyse ist also auf ihre Bedeutung für die Pädagogik konzentriert. - Ein Psychoanalytiker, Manfred POHLEN, hat kürzlich die gegenwärtige Lage der Psychoanalyse umrissen: "Hoher Theoriestand, aber keine Systematik; kärglich-empirische Ansätze, aber stärkste Verbreitung durch Popularisierung ..." (POHLEN 1980, 49). Mir scheint diese Beschreibung zutreffend.

Meine kritischen Vorbehalte gegenüber psychoanalytischer Theorie sind folgende: Psychoanalyse gibt die Grenzen der Geltung ihrer Theorie nicht an; was allerdings von vielen anderen humanwissenschaftlichen Theorien auch zu sagen wäre. Ich halte viele Aussagen, die S. FREUD als allgemeingültige formuliert hat, nicht für allgemeingültig, sondern nur für begrenzt oder für fraglich gültig. Dieses ließe sich - unter anderem - an seinen Ausführungen über den Ödipuskomplex zeigen. Zwischen Deutungen einerseits und Feststellungen von Fakten andererseits wird in theoretischen Darstellungen nicht sorgfältig genug unterschieden. Das Verhalten des Psychoanalytikers in der Therapie kann deswegen gelegentlich so ausfallen, wie es E. FROMM einmal selbstkritisch formuliert hat: Wer nach dem Ödipus-Komplex suche, finde in den Aussagen des Analysanden immer etwas, was dazu paßt. Und das so Gefundene wird dann wieder als Stütze der Theorie verwendet.

Von FREUDs Triebtheorie in ihren verschiedenen Fassungen distanziere ich mich, also auch von der Aggressionstriebtheorie. - FREUDs Ansichten über den Zusammenhang zwischen Sublimierung und Kulturtätigkeit halte ich - wie z. B. auch der Psychoanalytiker GÖRRES - für überzogen (GÖRRES 1965, 160).

Die häufige Verwendung von Ausdrücken wie "Mechanismus", "Apparat" und Ähnlichem in den Texten von S. FREUD läßt den wissenschaftlich fragwürdigen Eindruck entstehen, als würden tatsächlich technisch-naturwissenschaftliche Zusammenhänge als gesetzmäßige beschrieben.

Nach dieser knappen kritischen Aufzählung wird es niemanden wundern, wenn ich hinzufüge, daß ich die Psychoanalyse nicht zur Grundlage von Pädagogik mache. Was an der psychoanalytischen Theorie trotzdem unsere volle pädagogische Aufmerksamkeit verdient, will ich im folgenden aufzeigen. Der bereits erwähnte Mangel an Systematik in der Psychoanalyse macht es möglich, daß ich auswähle.

Es gibt in der Psychoanalyse, soweit ich sehe, einige jedenfalls nicht wiederlegbare Theorie-Elemente, durch die *spezifische psychische Vorgänge* als mögliche, als widerkehrende und als pädagogisch wesentliche angemessen beschrieben und erfaßt worden sind. Diese Beschreibung finde ich auch bestätigt durch Gelegenheitsbeobachtungen und Selbsterfahrung; auch Falldarstellungen enthalten teilweise Überzeugendes. Und, um das Mindeste zu sagen: es scheint mir pädagogisch unzweckmäßig, sie *nicht* zu beachten.

Einige wichtige Punkte, die ich für überzeugend halte und die heute allgemein bekannt sind, seien als Beispiele genannt: Die Erfahrungen der frühen Kindheit haben große Bedeutung für die Qualität der ganzen Entwicklung eines Menschen; langfristige Folgen sind deswegen anzunehmen, weil Kinder in dieser Zeit maximal abhängig und maximal formbar sind. - Weil das Affektive in dieser Phase vorherrscht, betrifft die frühe Prägung gerade das Gefühlsleben, und dies bleibt lebenslänglich ein Schlüsselfaktor für die Entwicklung der Kontaktfähigkeit. Hieraus ergibt sich auch die große Bedeutung, die die Einstellungen der Bezugspersonen in der Familie haben.

Und hiermit hängt aufs engste zusammen, daß eigenverantwortliches Handeln sich nur dort entwickeln kann, wo das Kind eine positive Beziehung zu einem vertrauten Erwachsenen hat. Die positive Bindung ist die Voraussetzung dafür, daß das Kind einer sozialen Anforderung auch dann entsprechen kann, wenn sie den eigenen Impulsen entgegensteht. Sagen wir es etwas altmodisch: Ein Gewissen entwickelt sich da am besten, wo Verläßlichkeit erfahren wird.

FREUDs Ausführungen über das Realitätsprinzip und die Realitätskontrolle in der psychoanalytischen Entwicklungstheorie verdienen die Aufmerksamkeit von uns Pädagogen. - Und wenn es auch ohnehin bekannt ist, daß der Ablösungsprozeß der Jugendlichen von den Eltern für alle Beteiligten meist mit Krisen verbunden ist, so bleibt doch hinzuzufügen, daß psychoanalytische Forschung zu einem besseren Verständnis dieser Vorgänge und zu der Erkenntnis geführt hat, daß derartige Krisen nicht sinnlos sind.

Die von S. FREUD vorgenommene Erweiterung der Welt nach innen durch die Entdeckung unbewußter Vorgänge gehört durchaus zu einem pädagogischen Verständnis des Menschseins. Einen Teilaspekt des Unbewußten hat PASCAL vor 300 Jahren, schöner als FREUD, mit dem bedenkenswerten Satz erfaßt: "Das Herz hat seine Gegengründe, die die Vernunft nicht kennt" (PASCAL 1959, Frg. 277). - In psychoanalytischer Sicht ist das Entscheidende die unbewußte *Dynamik*, mit deren *Wirkungen* sowohl innerpsychisch als auch im Handeln und Unterlassen, Fühlen und Denken zu rechnen ist; eine Dynamik, die die Konflikte des Individuums kompliziert macht und verschärft, teils mildert oder aber Scheinlösungen ermöglicht. - Im Blick auf die Erlebnisweise des Kindes hat die Psychoanalyse die Pädagogen gelehrt, daß durch die Beteiligung von unbewußten Komponenten, von Gefühl und Phantasie mehr in den Kindern vorgeht, als Schulweisheit sich träumen läßt.

Ich muß in diesem Zusammenhang selbstverständlich auch die große faktische Bedeutung der Sexualität für menschliches Erleben und Handeln erwähnen, die von der Psychoanalyse zum zentralen Thema gemacht worden ist. Wie weit man FREUD folgen sollte, wenn er, über den Bereich der Sexualität im engeren Sinne hinausgehend, Psychosexualität in vielen anderen Lebensbereichen zu entdecken meint, das läßt sich leider in der hier gebotenen Kürze nicht ausführen wegen der Vielfalt der inhaltlichen Aspekte und wegen der klärungsbedürftigen terminologischen Komplikationen.

FREUDs Anregungen für die Entwicklung der psychosomatischen Medizin sind in dieser Übersicht ebenfalls zu nennen; seine Ausführungen über Organ-Neurosen fanden und finden auch bei Nicht-Analytikern Beachtung.

Zwei Sachverhalte setze ich ans Ende der - sicher nicht vollständigen - Auflistung, nicht weil sie weniger wichtig sind, sondern weil sie für den weiteren Gedankengang entscheidend sind: 1. *Ambivalenz* von Gefühlen und Handlungstendenzen bestimmt oder begleitet häufig - bewußt, halbbewußt oder unbewußt - unsere innere Befindlichkeit und unsere Entscheidungen. 2. Ein Mißverhältnis des Individuums, von ihm selbst produziert, gegenüber den realen Geschehnissen und den realen Gegebenheiten seiner Umwelt entsteht oft auf merkwürdigen Umwegen. Sie führen zu tendenziös verzerrter Sicht der Wirklichkeit oder auch zu entsprechend unsachgemäßem Reagieren; FREUD hat diese Umwege erforscht, psychologisch benannt und genau beschrieben, z. B. als Projektion, Verdrängung oder Realitätsleugnung.

*Wie Sie, lieber Herr Kollege, vielleicht erwarten, wäre es an dieser Stelle möglich gewesen, die Zusammenhänge zwischen allen genannten pädagogisch wichtigen Einsichten der Psychoanalyse und pädagogischen Mißerfolgen zu behandeln. Es ließe sich - auch allgemein verständlich - beschreiben, wie auf unbewußte Weise Eltern bei ihren Kindern anderes bewirken, als sie bewirken wollen; wie ihnen ihre eigene Unkontrolliertheit entgeht und welche Folgen das haben kann, - etwa in dem einfachen Fall der unbewußten Bevorzugung bzw. Zurücksetzung eines Kindes unter Geschwistern; wie spezielle Erwartungen, Idealvorstellungen, Rollenzuweisungen von Eltern gegenüber ihren Kindern unwillkürlich Erziehung beeinflussen, indem Maßstäbe unkritisch angewendet werden, und wie gerade hierdurch Mißerfolge herbeigeführt werden können (*RICHTER *1969, 15-17). Stattdessen habe ich diesen Abschnitt mit einem allgemeinen Resumee über die Bedeutung der Psychoanalyse für Erziehung abgeschlossen, das ich dem*

Buch von Anna FREUD *"Wege und Irrwege in der Kinderentwicklung" entnommen habe (*FREUD, *A. 1968, 17 f). Sie äußert hier sehr differenziert. Ihre Quintessenz: Psychoanalyse kann einige pädagogische Mißerfolge vermeiden helfen, außerdem aber nötigt gerade psychoanalytische Theorie zu der Erkenntnis, daß pädagogische Mißerfolge mit Sicherheit zu erwarten und unvermeidlich sind: als zumindest zeitweise ungelöster innerer Konflikt eines Kindes oder als Neurose. Psychische Gesundheit sei nur annäherungsweise erreichbar. -*

Ich möchte Ihnen nun die Gründe nennen, deretwegen ich gerade bei dem Thema "Pädagogische Mißerfolge" das Ambivalenz-Phänomen besonders beachtet habe.

1. *Ich bin davon überzeugt, daß Mißerfolge in der Erziehung zu vermindern sind, wenn Eltern und Lehrer Verständnis für psychische Ambivalenz entwickeln.*

2. *In der psychoanalytischen Literatur wird der Begriff "Ambivalenz" sehr häufig verwendet; ich kenne aber keine systematische Behandlung des entsprechenden Problemkreises.*

3. *Die Stellen, an denen Psychoanalytiker den Ausdruck verwenden, scheinen mir interessanter zu sein als viele lehrbuchartige Wiederholungen gängiger Theoreme der Psychoanalyse.*

4. *Das Reflektieren des Phänomens Ambivalenz hat mir im praktischen Umgang mit Menschen in pädagogischen Problemsituationen einiges verständlicher werden lassen, was sonst unverständlich geblieben wäre.*

In meinem Vortrag habe ich den Abschnitt über die Ambivalenz eher aphoristisch und jedenfalls möglichst anschaulich gestaltet mit Hilfe von Beispielen wechselhaften Verhaltens, widersprücherlicher Wünsche und gemischter Gefühle.

Wenn FREUD die Worte "Ambivalenz" oder "ambivalent" gebraucht, bezeichnet er damit immer etwas *Inner*seelisches, etwas *im* menschlichen Subjekt Bestehendes. Am häufigsten denkt er dabei an widersprüchliche Gefühlseinstellungen gegenüber derselben Person oder entgegengesetzte Triebregungen eines Menschen. Liebe und Haß gegenüber demselben Objekt treffen zusammen; zärtliche und feindliche Regungen bestehen - auch langfristig - nebeneinander. Natürliche Folgen dieses Sachverhaltes sind Konflikte, und zwar sowohl im Inneren des Subjekts als auch im sozialen Miteinander der von gegensätzlichen Gefühlen bestimmten Menschen. Pädagogisch wichtig scheinen mir folgende Annahmen von Sigmund FREUD: Wo Beziehungen zwischen Personen zu *nahen* Beziehungen werden - besonders innerhalb der Familie und Partnerbildung - hat Ambivalenz ihre größte Bedeutung. Sie ist unvermeidbar; wir können das Ambivalenz-Phänomen zwar beeinflussen, aber nicht aufheben. Ambivalenz kann *alle* mitmenschlichen Beziehungen betreffen, selbstverständlich alle pädagogischen, auch die zwischen Lehrern und Schülern. Da Kinder sich immer in der Lage der Abhängigen befinden, entstehen bei ihnen ambivalente Gefühle durch das Nebeneinander von emotionaler Nähe und Unterlegenheitsgefühl. Anteile ambivalenter Gefühle und Triebregungen bleiben - zumindest zeitweise - unbewußt.

Mit einigen Beispielen möchte ich zeigen, wie sich Entsprechendes abspielt: Ein Jugendlicher vertraut sich in einer verfahrenen Lage einem Sozialpädagogen an; er sagt ihm viel Persönliches über sich selbst; er erlebt das Gespräch wie eine Befreiung und die Antworten wie eine Hilfe, für die er sich dankbar zeigt. Unvermittelt aber beschimpft er am nächsten Tag den vertrauten Gesprächspartner von gestern als einen Menschen, der sein Gehalt dafür bekommt, daß er andere aushorcht. Hat sich der Jugendliche am Vortag nur berechnend angepaßt verhalten? Wir können damit rechnen, daß er sich in beiden Situationen spontan und unverstellt so gibt, wie ihm zumute ist. Wie er, so wünschen sich viele junge Menschen sehr, ein vertrauensvolles Gespräch führen zu können; aber sie verbieten sich auch selbst, dies zu wollen. Oder: Kinder wollen möglichst viel allein, selber machen; sie wollen aber auch unbedingt angeleitet und gegebenenfalls unterstützt werden. - Bei einer kritischen Bestandsaufnahme von Sozialarbeit zeigen sich u. a. auch

Machtaspekte in der helfenden Beziehung; "Wohltat wird zur Plage", heißt es schon bei GOETHE. Und ein weiteres Beispiel sei für historisch Interessierte genannt, ein Briefdokument aus der Zeit und dem Reich Ludwig XIV., in dem Ambivalenz außerordentlich prägnant empfunden und formuliert worden ist. Eine adlige Dame berichtet:

> "Mein Sohn schreibt mir närrisches Zeug; er sagt, sein eines Ich bete mich an, das andere Ich möchte mich erdrosseln; und die beiden hätten sich neulich ... fürchterlich geprügelt. Ich antwortete ihm, daß ich wünschte, das eine hätte das andere umgebracht ..." (Hrsg. RADEL 1983, 19).

Einige Folgerungen, die sich im Blick auf unser Thema "Pädagogische Mißerfolge" aus der psychoanalytischen Sicht von Ambivalenz ergeben: Soweit Eltern und Lehrer Ambivalenz und entsprechend widersprüchliches Verhalten von Kindern als etwas selbstverständlich Gegebenes sehen und bewerten können, werden kritische Situationen nicht so schnell zu Vertrauensverlusten führen. Der in unserem Beispiel mit dem gegensätzlichen Verhalten des Jugendlichen konfrontierte Sozialpädagoge wird dann - ungekränkt - für die Wiederaufnahme des Kontaktes bereit bleiben, ohne ein Gespräch aufzudrängen. - Ein Teil pädagogischer Mißerfolge ergibt sich bekanntlich aus mangelnder Selbstkontrolle des Erziehenden. Wer aber, beispielsweise als Vater, auf die häufige Gegebenheit von Ambivalenz aufmerksam geworden ist, nimmt eher wahr, daß auch seine eigenen widersprüchlichen Gefühle sein Erscheinungsbild in der Sicht der Kinder schwanken lassen. Er wird eher merken, wo er selbst an der Beeinträchtigung des Familienklimas beteiligt ist. - Der Anteil des Zufälligen beim Zustandekommen des wechselhaften, durch Ambivalenz bedingten Verhaltens ist groß; denn wenn zwei ungefähr gleich starke Kräfte miteinander konkurrieren, kann schon ein geringfügiger Anlaß, ein zufälliger, darüber entscheiden, welche von beiden sich durchsetzt. Ebendeswegen hat auch die zeitliche Verteilung des unmotiviert wirkenden Wechsels oft keine tieferen Gründe. Störende

Reaktionen von Kindern sind nicht als Handlungen der ganzen Person, sondern eher als Teilreaktionen zu verstehen. Pädagogische Mißerfolge werden geradezu hervorgerufen, wenn Kindern negative Komponenten verallgemeinert vorgeworfen werden. ("Immer suchst Du den Weg des geringsten Widerstandes." - "Du bist und bleibst ein Egoist." - "Rücksichtnahme kennst Du nicht." - "Ganz typisch für Dich, diese Drückebergerei!") Eine negative Beurteilung kann und sollte auch nicht zu schnell als endgültige formuliert werden, da dies das Selbstvertrauen der Kinder überflüssigerweise gefährdet oder den Erwachsenen, der an die Richtigkeit seiner endgültigen Bewertung glaubt, vorschnell resignieren läßt. - Nicht alles, was Eltern als pädagogischer Mißerfolg erscheint, muß so gesehen werden, soweit es sich eben um unvermeidliche Ambivalenz-Effekte handelt.

Ich möchte es bei dieser - in der Kürze summarisch wirkenden - Aufzählung pädagogisch-pragmatischer Folgerungen aus dem psychoanalytischen Verständnis von Ambivalenz belassen; denn hieran unmittelbar anknüpfend möchte ich Ihre Aufmerksamkeit nun auf eine gewisse Einseitigkeit bzw. Begrenztheit der psychoanalytischen Sicht von Ambivalenz richten und zeigen, warum ich sie für ergänzungsbedürftig halte.

Ich weiß nicht, wie Sie lieber Herr Kollege, über den folgenden Punkt denken. Ich habe den Eindruck, daß FREUD *sich bei der Beschäftigung mit ambivalenten Zuständen so sehr auf die subjektive, innerpsychische Seite des Problems konzentriert hat, daß er deswegen kaum außerhalb des Subjektes nach möglichen Entstehungsgründen von Ambivalenz gesucht hat. Daß hier Ergänzungen notwendig sind, davon war und bin ich überzeugt. Auf eine einfache Formel gebracht, heißt meine Ergänzung: Gemischte Gefühle sind die* Folge *gemischter Impressionen; ambivalente Trieb-Impulse entprechen dem* Vorhandensein *der Verschiedenartigkeit von Zielen; gegensätzliches Verhalten desselben Individuums kann eine* Reaktion *auf gegensätzliche Reizsituationen oder auf widersprüchliche Erfahrungen sein. Sie mögen nun sagen, dies sei selbstverständich oder gar banal. Zugegeben; kann ich aber der Selbstverständlichkeit wegen auslassen, was für das Verständnis des Zusammenhangs konstitutiv ist?*

Was von FREUD als Ambivalenz bezeichnet wird - gegensätzliche Triebregungen, widersprüchliche Gefühle - möchte ich verstehen als eine *doppelte Antwort des Menschen auf Gegensätze der Welt*, die ihn umgibt, auf die Gegensätze der natürlichen und der sozialen Umwelt. Dieser Satz hat eine Schlüsselfunktion für das Verständnis meiner folgenden Überlegungen. Selbstverständlich und zweifellos ist die Gesamtheit der Erfahrungen eines jeden Individuums - qualitativ gesehen - ein Gemisch. Keineswegs selbstverständlich und doch zweifellos zeigen sich in diesem Gemisch eindeutige Gegensätze. Und unter dem, was sich als positiv und als negativ polarisiert, finden wir schließlich auch solche Gegensätze, die unvermeidlich für jedes Individuum gegeben sind und die das Leben eines jeden Menschen bestimmen, und zwar auf elementare Weise. Deswegen spreche ich vom unaufhebbar vorgegebenen Dualismus der *elementaren* Tatsachen menschlichen Daseins. Eine Erläuterung zu dem, was hier mit dem Wort "Tatsache" gemeint ist, muß ich einschieben. Ein Beispiel: Wenn ich sage, "Jeder Mensch verfügt über eine begrenzte Leistungsfähigkeit", dann habe ich mit diesem Satz einen unstrittigen Sachverhalt, eine *Tatsache* erfaßt. Der Satz gilt, ohne daß im einzelnen Zeit-, Orts- oder Personen-Angaben gemacht werden müßten. Er ist und bleibt gerade deswegen ein wahrer Satz, weil sicher ist, daß ihm viele einzelne Geschehnisse, Situationen, Fakten, Ereignisse zugeordnet werden können.

Mit der thesenartigen Zusammenstellung der folgenden Sätze versuche ich, Tatsachen zu erfassen, die ausnahmslos für jeden Menschen Bedeutung haben. Diese Sätze haben alle einen positiven *und* einen negativen Teil. Das Und, das ich immer besonders betonen werde, markiert die Nahtstelle im Satz. Ich denke, daß jeder Mensch diese Sätze auf sich selbst bezogen aussprechen kann; darum benutze ich die Ich-Form.

Ich lebe jetzt,
und dieses Leben wird einmal enden.

Ich kenne subjektiv erfüllte Gegenwart
und unerfüllte Gegenwart.

In meiner Vergangenheit gab es Gutes
und Belastendes.

Ich habe Hoffnungen für die Zukunft,
und ich habe Furcht vor zukünftigen Gefahren.

Ich finde Sinn
und finde Sinnlosigkeit.

Ich selbst habe für mich eine fast unendliche Bedeutung
und habe für fast alle anderen gar keine, für einige eine begrenzte Bedeutung.

Mein Organismus ermöglicht mir spürbare Freude
und ist ständig Gefährdungen ausgesetzt.

Ich habe teil an Kultur
und erfahre Kultur als Begrenztes und Begrenzendes.

Weil ich lerne, kann und weiß ich vieles,
und immer kann und weiß ich vieles nicht.

Ich bin aktiv
und bin dem Geschehen weithin ausgesetzt.

Ich habe Erfolge
und Mißerfolge.

Ich tue Gutes,
und ich werde schuldig.

Meine Zugehörigkeit zu den verschiedenen sozialen Einheiten bringt mir Gewinn
und Verlust.

Ich kann den anderen als Freund
und als Feind erleben.

In diesen Gegensätzen sehe ich die tiefsten Ursachen für die verschiedenen Erscheinungsformen seelischer Ambivalenz. Sie machen die Häufigkeit widersprüchlicher Gefühle und Handlungen verständlich. Als Pädagogen sollten wir hier weiterdenken. Einsicht in die Gegensätzlichkeit dieser elementaren Tatsachen ist die Vorausetzung dafür, daß pädagogische Wissenschaft und pädagogisches Handeln wirklichkeitsgemäß gestaltet werden können. Wir haben zu fragen, wie können Kinder, Jugendliche, Erwachsenen vorbereitet werden auf die Gegensätzlichkeit der Erfahrungen, die sie mit Bestimmtheit zu erwarten haben. So unsicher es ist, wann und in welchem Ausmaß jeder die Erfahrungen machen wird, die den beiden Seiten der Dualismus-Sätze zugeordnet sind, so sicher ist es, *daß* er sie machen wird. Die Auseinandersetzung mit diesem Sachverhalt ist unumgänglich notwendig, weil uns Menschen die Fähigkeit, negative Ereignisse zu verarbeiten, nicht in die Wiege gelegt ist. Zu den Zielen, auf die wir Erziehung und Bildung auszurichten haben, gehört die angemessene persönliche Einstellung zu diesen grundlegenden Gegebenheiten. Was Erziehung hier versäumt, wirkt als pädagogisches Defizit, d. h. als pädagogischer Mißerfolg von Generation zu Generation weiter.

Um ein mögliches Mißverständnis auszuschließen, muß ich hier einfügen, was ich als selbstverständlich voraussetze: Zu der angemessenen Einstellung gegenüber der Wirklichkeit gehört unbedingt der Wille, negativ zu bewertende Zustände, Ereignisse und Verhältnisse zum Besseren zu wenden, wo immer das möglich, sinnvoll und notwendig ist. Dies gilt und bleibt vorauszusetzen, auch wenn ich heute darüber nicht spreche. Das von mir gemeinte Akzeptieren der unaufhebbaren Tatsachen hat absolut nichts gemeinsam mit einer unkritischen Anpassung an gesellschaftliche Zustände.

Ich habe also, wie Sie, Herr Kollege, sehen, den von FREUD *beschriebenen, inneren Gegesätzen als Hauptursache für deren Vorkommen äußere Gegensätze gegenübergestellt. Der Urgrund von Ambivalenz kann m. E. jedenfalls nicht so einseitig im Inneren des Menschen gesucht werden. Mir lag daran, die*

Ambivalenz in den umfassenden Zusammenhang der Lebenswirklichkeit einzuordnen. Bei dieser Formulierung des Zusammenhangs fehlt allerdings alles, was sich grob mit den Worten "Geschichte der Wechselwirkungen zwischen äußeren und inneren Gegensätzen" bezeichnen ließe. Dieses weite Feld habe ich brach liegen lassen, und ich kann es auch jetzt nicht nachträglich bestellen. Daß ich mir dessen bewußt bin, dies wenigstens wollte ich Sie wissen lassen. - Bei den folgenden Ausführungen habe ich mich unmittelbar von den beiden Stichworten meines Themas "Psychoanalyse" und "Pädagogische Mißerfolge" leiten lassen. Unangemessene Einstellungen des Individuums zur Wirklichkeit, die selbst pädagogische Mißerfolge sind und weitere verursachen, sind ja bekanntlich von der Psychoanalyse erforscht und auf sehr spezifische Weise beschrieben worden.

Ich greife jetzt, wie vorhin angekündigt, auf, was ich unter den pädagogisch wichtigen Einsichten der psychoanalytischen Theorie als letzten und als für unseren Gedankengang entscheidenden Punkt genannt hatte: Mißverhältnis des Individuums gegenüber den realen Geschehnissen, tendenziös verzerrte Sicht der Wirklichkeit, entsprechend unsachgemäßes Reagieren, Fehleinstellungen gegenüber der Lebenswirklichkeit. Was ich so allgemein umschreibe, ist in der psychoanalytischen Theorie auf sehr spezielle, differenzierte, teilweise überraschende und weiterführende Weise beschrieben worden. Einiges davon wird zwar als Teil neurotischer Entwicklung gedeutet, gehört also - genau genommen - in die Neurosenlehre; doch sollen wir die beschriebenen Vorgänge deswegen nicht für Ausnahmen halten.

Die Gesamtheit dieser Vorgänge belastet durch ihre Dynamik und wegen ihrer Häufigkeit alle sozialen Einheiten und stört die Entwicklungsmöglichkeiten von vielen einzelnen Menschen. Der psychoanalytische Nachweis dieses Sachverhalts zeigt m. E. sehr deutlich, wie notwendig die pädagogisch selbstkritische Frage ist: Ereignet sich das unsachgemäße Ausweichen vor der Wirklichkeit - offen und versteckt - in dieser Vielfalt, Häufigkeit und Tragweite, weil wir es versäumen, Menschen auf die negativen elementaren Tatsachen des Daseins, die zu dem gegebenen Dualismus gehören, vorzubereiten?

Summarisch und schlagartig hat FREUD einmal formuliert, für den Neurotiker sei die Realität eigentlich eine Nebensache. Auch als falsche Weltauffassung hat FREUD die Neurose bezeichnet. Und besonders deutlich finden wir seine Einschätzung dieses Sachverhalts in einem Satz, den ich wörtlich zitiere: "Der Neurotiker wendet sich von der Wirklichkeit ab, weil er sie, ihr Ganzes oder Stücke derselben, unerträglich findet" (FREUD 1964, 230).

Selbstverständlich, Herr Kollege, ist vieles von dem, was ich mit der Wendung "Mißverhältnis zur Realität" zusammengefaßt habe, auch ohne psychoanalytische Erklärung klar. Doch scheint mir psychoanalytische Theorie in zweierlei Hinsicht über die Intuition des Menschen mit durchschnittlicher Erfahrung hinauszugehen, indem sie erstens spezielle Gestaltungen dieses Mißverhältnisses entdeckt und beschreibt - z. B. als Abwehrmechanismen, soweit sie bei der Auseinandersetzung mit der Umwelt eingesetzt werden - und indem sie zweitens bekannte Formen des Rückzuges von der Wirklichkeit genauer interpretiert. Ich habe die Abgrenzung zwischen der gängigen und der psychoanalytischen Sicht im Vortrag vernachlässigt; mir scheint das nach wie vor vertretbar, weil sich beides widerspruchsfrei ergänzt und weil der Kern der Sache wohl auch unstrittig ist. In dieser Meinung finde ich mich auch in etwa bestätigt durch den Versuch des Psychoanalytikers GÖRRES, *lernpsychologische Erklärungen für die von der Psychoanalyse beschriebene "Abwendung von der Wirklichkeit" zuzulassen. Einen bemerkenswerten Abschnitt seiner diesbezüglichen Ausführungen wenigstens möchte ich Ihnen wörtlich wiedergeben:*

> *"Die Abwendung von der Wirklichkeit in Form der Verdrängung, der Verschiebung, der Projektion, der Umkehrung ins Gegenteil, des Ungeschehenmachens, all diese Abwehrmechanismen können interpretiert werden als die Summe jener inneren Kunstgriffe, je-*

> *ner operanten Responsen, die konditioniert werden, weil ihnen sofort eine Belohnung folgt. Sie werden belohnt, weil sie sofort ein Stück der unerträglichen Wirklichkeit, auf die der Neurotiker in der Konfliktsituation stößt, entweder beseitigen oder mindestens vernebeln. Anders ausgedrückt: Diese fehlkonditionierten Responsen mindern sofort Angst, Scham, Trauer, Unlust, die beim Zusammenstoß mit der unerträglichen inneren und äußeren Wirklichkeit entstehen. Weil diese Aktivität etwas leistet, weil ihre Belohnungen sofort eintreten, die üblen Folgen aber erst viel später, wird diese operante Response beibehalten, trotz aller üblen späteren Konsequenz."* (GÖRRES *1972, 84)*

Meine letzte Erläuterung für heute: Ich gehe nur auf einige Beiträge der Psychoanalyse zum Thema "Abwendung von der Wirklichkeit" ein. Ich habe sie so ausgewählt, daß auch eine nicht spezifisch fachlich vororientierte Zuhörerschaft deren Tragweite erfassen und im Blick auf den von mir entwickelten Gedankengang einschätzen kann.

Vieles von dem, was in der Psychoanalyse als *Verdrängung* bezeichnet wird, gehört in unseren Zusammenhang. Der Bezug zum Thema dieses Abschnitts wird sofort deutlich, wenn wir zur Kenntnis nehmen, *was* neben den Triebregungen beispielsweise Gegenstand der Verdrängung sein kann; es sind die Gefühle, die durch die negativen Aspekte der Wirklichkeit bedingt sind, durch unerfreuliche oder peinliche Erinnerungen, durch Konflikte und durch störende Erwartungen. Schuld- und Angstgefühle werden verdrängt. Das psychoanalytische Fachwort ist zum umgangssprachlichen Begriff geworden, ein deutliches Zeichen für die Verbreitung psychoanalytischen Gedankenguts!

Wie *Tagträumereien* zum Ausweg vor der widersprüchlichen Wirklichkeit werden, kann uns eine Tagebuch-Eintragung eines Mädchens deutlich zeigen. Eine im übrigen unbekannte Sandra hat sie den Befragern für die neueste Shell-Jugend-Studie zur Verfügung gestellt:

> "Wer kann verletzten Gefühlen helfen?
> Ich kann mich in meiner Umwelt kaum zurechtfinden. Ich verstehe mich mit den Leuten in meinem Leben ganz gut, aber meine Gefühle kann ich selten jemandem erzählen! Wen interessiert das denn? Wer kann einem verträumten, verängstigten Mädchen helfen? Drogen, wie Alkohol, Zigaretten, Heroin, LSD oder anderes? Nein!!!
>
> Ich flüchte mich in Träume von einer heilen Welt. In welche Welt? In eine Welt, wo es keine Götter, keine Atomwaffen, keine Kriege, Krankheiten, verhungerte Menschen gibt. Wo keiner reich oder arm ist. Dort, wo die Natur noch ganz ist, die Tiere und alles andere. Wo es keine unnützen Sorgen gibt, keine Toten, kaum Technik und keine Computer, wo Arbeit genug da ist, wo Gott unter uns ist, uns hilft. Dort soll alles hell sein, Liebe, Freundschaft, Vertrauen. Keine Brutalität, Haß, Sorgen, Kriege, Atomwaffen, Drogen und Vernichtungsmittel. Es gibt nur Haß, Geld, Besitz und Unzufriedenheit. Meine Welt besteht aus Träumen und verletzten Gefühlen. Sandra" (Hrsg. JUGENDWERK 1984, 329)

Diese Gefühle sind, vermute ich, nachfühlbar; eine genauere Interpretation muß hier nicht stattfinden. Die negative Seite der dualistischen Wirklichkeit wird durch positive Phantasien versuchsweise ersetzt.

Der Begriff *Leugnung*, der uns umgangssprachlich vertraut ist, ist auch von der psychoanalytischen Fachsprache übernommen worden; er bedeutet hier nichts anderes, wird aber gewissermaßen anderen Situationen zugeordnet. Meist wird er erweitert: Leugnung der Realität. Die Leugnung kann unbewußt erfolgen. Sie zielt nicht auf die Täuschung eines anderen; sondern sie ist immer eine Selbsttäuschung, die allerdings nebenher auch die Täuschung anderer bewirken kann. Ohne eigentliche Täuschungsabsicht wird ein erträglicheres Bild der Welt hergestellt, und es wird auch entsprechend gehandelt. Geleugnet werden können sowohl zeitlich begrenzte, aktuelle Unlunstreize als auch langfristig bestehende unerfreuliche Zustände. Das Leugnen kann ein einfaches Nicht-Beachten von wesentlichen Teilen der Wirklichkeit sein; der Leugnende kann aber auch etwas umdeuten, wegdeuten oder durch Phantasie, Worte oder Handlungen ergänzen am Bilde der gewünschten Welt. - Anna FREUD hat anschaulich beschrieben, in welchem Maß und in welchen Formen der leugnende Umgang mit der Wirklichkeit ein normaler Teil der frühkindlichen Entwicklung ist. Und obwohl die Entwicklung des Menschen normalerweise weiterführt zur Realitätskontrolle und -anerkennung, so bleibt doch jedem lebenslänglich die Möglichkeit erhalten, diesen falschen Ausweg einzuschlagen, der sich immer, früher oder später, als Sackgasse erweisen muß. Typische Inhalte der Leugnung im Erwachsenenalter können sein: Ingnorieren von Mißerfolgen, Leugnen der Veränderungen im Alterungsprozeß, Nicht-wahr-haben-Wollen einer Krankheit, deren Symptome schon unübersehbar sind.

Eine sehr spezielle, aber gar nicht seltene Form des Umgangs mit der Wirklichkeit ist von FREUD und anderen Psychoanalytikern beschrieben worden mit den Begriffen "*Allmachtsphantasie*", "Allmacht der Gedanken", "magische Omnipotenzphantasie", "grandioses Selbst". Die Bedeutung der Allmachtsphantasie für das Subjekt selbst und für die Umwelt, die von den daraus folgenden Handlungen betroffen ist, wurde in der psychoanalytischen Literatur eindrucksvoll und variantenreich belegt. Der Kern der Allmachtsphantasie ist in der Regel die absolute Überschätzung der durch eigene Mitwirkung realisierbaren Handlungseffekte und die entsprechende Unterschätzung der realen Handlungswiderstände, sowie die irrationale, aber zu sichere Erwartung des Erfolgs. Ihr Ziel ist oft die Überwindung des störenden Teils der Wirklichkeit, meist gerichtet auf die nahe Zukunft. Allmachtsphantasien verbinden sich durchaus auch mit Praktiken des Aberglaubens oder der Magie. - Wie verheerend sich Allmachtsphantasien auf dem Gebiet der Politik auswirken können, ist in der Fachliteratur besonders deutlich im Blick auf den Nationalsozialismus analysiert worden.

Bei Alkoholismus und Drogenabhängigkeit, bei den *Süchten*, ist die Entstehung oft und der Effekt immer durch das Mißverhältnis des Süchtigen gegenüber der Lebenswirklichkeit gekennzeichnet. Zu den entsprechenden Suchtmotiven gehören, wie allgemein bekannt ist und wie es die Fachliteratur bestätigt, das "Nicht-mehr-wissen-Wollen", die Betäubung, das "Mehr-Wollen-als-Können", die Erlebnissuche bei innerer Leere, sowie im weiteren Verlauf das Verlangen, den angstauslösenden Effekt zu wiederholen. Besonders eindeutig entspricht unserem Gedankengang die psychoanalytische Formulierung, Alkoholismus fördere regressives Denken und bedeute Flucht vor der Realität. Daß die Realitätswahrnehmung der Süchtigen immer wieder und oft radikal eingeschränkt wird und daß gerade das den Teufelskreis der Sucht im Gang hält, ist unstrittig.

In einer sorgfältigen empirischen Studie über die psychoanalytische Arbeit einer Erziehungsberatungsstelle in Wien wurden seelische *Abwehrvorgänge* speziell untersucht. Es geht dabei um die z. T. unbewußte innere Abwehr, mit der Eltern negative Vorstellungen und Gefühle von sich fernhalten, die durch das problematische Verhalten ihrer Kinder verursacht werden. Daß derartige Abwehrvorgänge sehr häufig nachgewiesen werden konnten, ist das Fazit der Untersuchung. Dieses Ergebnis widerspricht der berechtigten Erwartung, daß Eltern solche Schwierigkeiten meist besonders aufmerksam wahrnehmen und bewußt verarbeiten würden.

> "Die Aussage der Eltern: 'Er ... macht nur in der Schule Schwierigkeiten, sonst war nie ein Anlaß zur Klage', erweist sich fast immer als eine Form der Angstabwehr, hinter der oft schon im Erstgespräch tieferligende Befürchtungen zutage treten." (DANNEBERG 1981, 116)

Die Symptomatik wird also von den Eltern verzerrt gesehen wegen ihrer eigenen unbewußten Wünsche, Ängste und wegen weiterer Erwartungen gegenüber dem Kind.

Die radikalste Abwendung von der Lebenswirklichkeit ist der *Suizid*. Der Psychoanalytiker G. BITTNER hat in dem kürzlich erschienenen Buch "Das Sterben denken um des Lebens willen" die wichtigsten Beiträge psychoanalytischer Forschung zu diesem Thema dargestellt und interpretiert (BITTNER 1984, 24-30). Auch dabei erweist sich als Schlüssel zum Verständnis der Suizid-Gefährdung die Entdeckung psychischer Fehleinstellungen gegenüber der Wirklichkeit. Ich konzentriere meine Wiedergabe seiner Darstellung auf die Hauptpunkte: Obwohl den Betroffenen Selbstmord meist als rationale, folgerichtige Handlung erscheint und obwohl gerade die scheinbare Konsequenz zur Tat nötigt, sind die von der Psychoanalyse beschriebenen unbewußten, dem Suizidanten selbst nicht unmittelbar zugänglichen Motive, - die versteckten Täuschungen, das unentdeckte "Sich-nicht-Eingestehen" - oft entscheidend. Vermeintliche Schwierigkeiten erweisen sich in psychoanalytischer Sicht als subjektive Scheinbegründungen, während der eigentliche Grund die fehlende Eigenständigkeit gegenüber der wirklichen Welt, die totale Abhängigkeit von einem nur vorübergehend Halt bietenden Objekt ist, neben dem der große Rest der Realität übersehen wird. - In einem Teil der Fälle läßt sich Suizid auch verstehen als Folge der Überbewertung von Unzuträglichkeiten des Lebens. Sie machen in der Sicht des Selbstmörders sein ganzes Leben aus, jetzt und zukünftig; darum zerstört er sein Leben ganz. Er kämpft gegen die Unzuträglichkeiten und gegen die Kränkungen seines Selbstwertgefühls. Durch den Selbstmord macht er das Erreichen seines Ziels endgültig unmöglich, indem er sich - völlig unrealistisch - bei dem entscheidenden Mittel in diesem Kampf vergreift. - Im Blick auf Süchte, auf versuchten und ausgeführten Suizid sind unbestrittene Mindestzahlen bekannt. Auch wer das Dramatisieren nicht schätzt, muß sie als alarmierend und erschreckend hoch bezeichnen. Da Suizid und Sucht traurige Endpunkte von

Fehlentwicklungen sind, ist mit Sicherheit auf eine weit größere Zahl von gefährdeten Personen zu schließen.

Ich fasse zusammen und beziehe mich noch einmal direkt auf die Themenstellung des Vortrags: Die zuletzt beschriebenen unterschiedlichen Erscheinungsformen von Fehleinstellung gegenbüber der Lebenswirklichkeit, gegenüber dem Dualismus der elementaren Tatsachen, verstehe ich als pädagogische Mißerfolge. Verdrängung, Tagträumerei, Realitätsleugnung, Allmachtsphantasie, Süchte, Suizid - die Zusammenstellung kann ergänzt werden - sind Anzeichen dafür, daß Menschen nicht in der Lage sind, die Widersprüchlichkeiten in ihrem Dasein auszuhalten und zu bewältigen. Manches mag fast selbstverständlich und gängig und auch relativ unschädlich sein, etwa Verdrängungen oder auch andere seelische Abwehrvorgänge; manches hat dagegen das Gewicht der Katastrophe für den Lebensweg des einzelnen. Den gemeinsamen Nenner dieser Vorgänge als selbstbetrügerische Abwendung von der Wirklichkeit aufgezeigt zu haben, ist ein Verdienst der Psychoanalyse.

Überzeugt davon, daß psychoanalytische Forschung hiermit etwas Wesentliches zutreffend erhellt hat, und angeregt durch eigene pädagogische Erfahrung, komme ich zu der Einschätzung, daß unsere Erziehung - in der Vergangenheit und der Gegenwart - einen deutlichen Mangel aufweist, soweit sie junge Menschen wenig oder gar nicht auf die Dualismus-Problematik vorbereitet, die unsere Lebenssituation doch maßgeblich prägt. Ich möchte es positiv formulieren: Pädagogische Mißerfolge, die hierin ihren Grund haben, können - jedenfalls zu einem Teil - durchsichtig gemacht werden, reflektiert, entschärft und auch korrigiert werden, wenn psychoanalytische Einsichten der beschriebenen Art denkend und handelnd verarbeitet werden und wir sie aufgreifen als mögliche Hilfen für den Umgang mit anderen und mit uns selbst.

Literatur:

BITTNER, Günther: Das Sterben um des Lebens willen. Würzburg: Königshausen & Neumann 1984.

DANNEBERG, Erika und Hedda EPPEL: Die Bedeutung von Abwehr und Widerstand der Eltern für die psychoanalytische Behandlung von Kindern. In: Hrsg. BIERMANN, Gerd: Handbuch der Kinderpsychotherapie, Bd. IV. München: Ernst Reinhardt 1981, S. 114-131.

FREUD, Anna: Wege und Irrwege in der Kinderentwicklung. Bern und Stuttgart: Huber und Klett 1968.

FREUD, Sigmund: Gesammelte Werke. Bd. VIII. Frankfurt am Main: Fischer 1964.

GÖRRES, Albert: Methode und Erfahrungen der Psychoanalyse. München: Kindler 1965.

ders.: Psychoanalyse und Verhaltenstherapie. In: Hrsg. BACHMANN, Claus Henning: Psychoanalyse und Verhaltenstherapie. Frankfurt am Main: Fischer 1972, S. 71 86.

Hrsg. JUGENDWERK DER DEUTSCHEN SHELL: Jugend vom Umtausch ausgeschlossen. Eine Generation stellt sich vor. Reinbek bei Hamburg: Rowohlt 1984.

PASCAL, Blaise: Logik des Herzens. Ebenhausen bei München: Langewiesche-Brandt 1959.

POHLEN, Manfred: Die Zukunft der Psychoanalyse. In: Neue Formen der Psychotherapie. Ein psychologie heute Sonderband. Herausgegeben von der PSYCHOLOGIE HEUTE-REDAKTION: Weinheim: Beltz 1980 (3. Aufl.).

Hrsg. RADEL, Jutta: Liebe Mutter Liebe Tochter. Frauenbriefe aus drei Jahrhunderten. Frankfurt, Berlin, Wien: Ullstein 1983 (Briefe der Madame de Sévigne, S. 11-23).

RICHTER, HORST Eberhard: Eltern, Kinder und Neurose. Die Rolle des Kindes in der Familie. Reinbek: Rowohlt 1969.

ZIMMER, Dieter E.: Der Aberglaube des Jahrhunderts. In: Die Zeit, 5. 9. 1982, Nr. 45, S. 17 ff.

ILSE MAYER-KULENKAMPFF

"Ode an Terminus". Ein Geburtstagsbrief

Lieber Herr Fooken, liebe Frau Fooken!

Zu Ihrem Geburtstag, lieber Herr Fooken,
die herzlichsten Glückwünsche !
Was kann ich Ihnen beiden aus diesem Anlaß sagen?
Ein Gedicht habe ich ausgesucht. Es regt an.
Und, Sie werden Ihre Zweifel anmelden
an dem, was ich Ihnen hier vorstelle:
"Ode an Terminus" von H. W. AUDEN. Und auch ich finde
den Stil nicht immer konziliant. Trotzdem:
Das Gedicht schmeichelt sich in seiner Großartig-
keit ein. Hier ist es.

Ode an Terminus

"Die Hohenpriester der Teleskope
        und Zyklotronen
geben unentwegt Erklärungen ab
        über das, was geschieht
und zu riesenhaft oder zu winzig
        ist für die Wahrnehmung
unserer angeborenen fünf Sinne.

Entdeckungen, die elegant
        aussehen in der schönen
Verhüllung der Algebra, auch
        harmlos

und ziemlich unschuldig, jedoch,
übersetzt
in die gemeine anthropomorphische

Mundart, kein Grund zur
Heiterkeit sind
für Gärtner und Hausfrauen: wenn
Milchstraßen
wie von Panik erfaßter Mob ins
Leere rasen, Mesonen
wie Fische beim Füttern in
Aufruhr geraten,

dann klingt das zu sehr nach
politischer Geschichte,
um die Bürgertugend zu heben, zu
sehr nach Symbol
für Verbrechen, Streiks,
Demonstrationen,
woran wir uns weiden sollen beim
Frühstück.

Wie platt unsere Angst doch ist -
neben dem Wunder,
hier zu sein und zu schaudern,
daß so ein Dingsda,
ganz versessen auf Tod und
Gewalttat,
diesen gutartigen Haufen Erde
doch irgendwie

zusammengerührt hat aus genau den
richtigen Ingredienzien,
um Leben zu hecken und warm zu
halten, diesen himmlischen
Einfall, für dessen Pflege wir
Rechenschaft

geben müssen am Tag des Gerichts,
unsere Mittelpunkt-
Erde, wo Sonnenvater für jeden,
der Augen hat,
tagsüber von Osten nach Westen
fährt,
und sein Licht wird als
freundliche Gegenwart
empfunden, nicht als
Photonenbeschuß;

wo alles Sichtbare deutlichen
Umriß hat,
an den es gebunden bleibt, ruhend
oder
bewegt, und wo sich Liebende,
einer den andern, an ihrer
Oberfläche erkennen;

wo jeder Gattung, nur der
redseligen nicht,
ihre Nische bestimmt ist und auch
die Nahrung,
die ihr bekommt. Denn das, was
immer die Mikro-
biologie darüber denkt, ist die
Welt, auf der wir

in Wirklichkeit wohnen und
die uns bei Sinnen erhält."

Hier halte ich zunächst ein.
Denn nun wird den "Gärtnern und Hausfrauen"
der "gelehrteste Geist" gegenübergestellt in einer
wenig ansprechenden Weise - sieben Zeilen,
die ich aus mehreren Gründen übergehen möchte.

Dann aber kommt der Anruf an Terminus,
den Mentor:

"Venus und Mars sind allzu
natürliche Mächte,
um unsere Extravaganz zu
bändigen:
Du allein, Terminus, Mentor,
kannst uns lehren, unsere Gesten
zu ändern.

Gott der Mauern, Türen und der
Verhaltenheit, Nemesis
wird ihm erlegen, den
technokratischen Frevler,
aber gesegnet die Stadt, die dir
Dank weiß,
daß du uns Spielregeln gabst und
Grammatik und Versmaß".

"Dies ist die Welt, die wir in
wilder Vermessenheit
ausgeraubt und vergiftet haben,
und doch ist es möglich,
daß du uns noch einmal bewahrst,
wenn wir endlich
begreifen lernen, daß
Wissenschaft, um wahrhaftig zu sein,

zugeben muß: alles, was sie zu
sagen hat, ist im Grunde
Jägerlatein, und dem Himmel wird
grauen vor denen,
die sich selbst zu Dichtern
ernennen, um
ihr Auditorium zu verblüffen mit
volltönenden Lügen."

Teilen wir diese Ansicht: "... und doch ist es möglich,
daß du uns noch einmal bewahrst ..."?
Werden die "Gärtner und Hausfrauen"
die Wissenschaft zur Erkenntnis bringen, wieviel
"Jägerlatein" in dem ist, was sie zu sagen hat?
Grob ist der AUDEN mit der entblössenden "Wahrhaftigkeit" auf der einen Seite und den "volltönenden Lügen" auf der anderen Seite!
Sieht er nicht bei seinem Anruf des Gottes der Mauern, daß das Wissenschaftsgeschäft, das für ihn Grenzüber-
schreitung bedeutet,
für den Tages- und Lebenslauf des einzelnen
Wissenschaftlers "Schutzmauer" ist? -
Der Schluß ist nicht AUDENs Schluß, aber der meine.
Ich habe ihn aus einer anderen Stelle der Ode gewählt.

"Gott der Mauern, Türen und der
Verhaltenheit, ...
gesegnet die Stadt, die dir Dank
weiß,
daß du uns Spielregeln gabst
und Grammatik und Versmaß:
Weil durch deine Gunst jedwede
Versammlung
von zweien oder dreien in
Vertrauen und Freundschaft
das pfingstliche Wunder erneuert,
wo jeder in jedem den rechten
Übersetzer findet".

Herzlichst
Ihre Ilse Mayer-Kulenkampff

II

THEODOR BALLAUFF

Geschichtliche Differenzierungen von Bildung

In den folgenden Zeilen möchte ich einige Konzeptionen von Bildung neben- und gegeneinanderstellen, die in der modernen Diskussion wenig berücksichtigt werden oder in Vergessenheit geraten sind.

1. Die Theorie bei Aristoteles

ARISTOTELES wendet sich von der Ideenlehre PLATONs ab, gegen die er gewichtige Einwände vorzubringen weiß. Das, was ist, was zum Vorschein kommt, zeigt sich stets in bestimmten "Anblicken", in umrissenen Gestaltungen. Sie verleihen einem jeden, was wird und ist, sein "Wesen". Diese "Wesensanblicke", diese εἴδη ("Eíde") sind kein "Seiendes" - wie die "Ideen", - sondern eine Bestimmtheit, in der etwas zum Vorschein und zur Anwesenheit gelangt, eben als dieses Tier, dieser Mensch, dieses Ding. Mit Hilfe des "Stoffes" bringen sich die "Eíde" zu ihrer Wirklichkeit. So sind die Menschen in dem Eídos ihrer Menschlichkeit dasselbe, verschieden durch den Stoff, durch Fleisch, Sehnen, Knochen usw. (vgl. VOLKMANN-SCHLUCK 1979, S. 79 ff).

> "Das Eídos läßt im Unterschied zum Génos (zur 'Gattung') keine Teilung mehr zu, so daß jeder einzelne Mensch das in allen Menschen identische Menschsein unteilbar-ungeteilt ist und lebt." (VOLKMANN-SCHLUCK 1979, S. 81)

Damit kommt in das mit der Antike anhebende Denken der Gegensatz von "Form und Stoff" hinein. In der Pädagogik werden wir es immer wieder mit ihm zu tun haben.

Doch noch in einer anderen Hinsicht wird dieser Gedankengang pädagogisch wichtig:

Die Eíde sind die Wasbestimmtheiten des jeweils einzelnen. Das Rot ist schon, bevor es gedacht wird. Es ist als das Rotsein von dieser oder jener Rose, von diesem oder jenem Kleid. Aber das Rote als solches, als das Eine und Selbe, erlangt erst im Denken, im νοῦς ("Nus") seine eigene Anwesenheit. Der Nus ist die Stätte für die mögliche Anwesenheit der Eíde in ihrer Einheit und Identität. Im Denken ist das Eídos als es selbst anwesend und nicht immer nur als die jeweilige Wasbestimmtheit von diesem oder jenem einzelnen. Das Eídos aber macht das aus, was allem, das ist oder zum Vorschein kommt, zu sein gewährt, als Tier oder Kristall, als Mensch oder Ding. So ist im Nus das Sein selbst als solches präsent: Es wird von ihm gedacht - wir denken das Sein des Seienden, die Dinge bleiben außerhalb des Denkens (a.a.O., S. 212 f).

Denken befreit demnach gleichsam das Eídos zu seiner Anwesenheit als es selbst und befreit dadurch zugleich sich selbst in sein eigenes Wesen: Präsenz der Eíde zu sein. Indem das Denken die als Wasbestimmtheiten des einzelnen vorliegenden Eíde zu ihnen selbst befreit, kehrt es in die Freiheit seines eigenen Wesens ein: Das Denken bringt das einheitliche, gemeinsame Sein gegenüber der Vielheit des Seienden zum Vorrang. Es erhebt die Wesensanblicke ins Wissen, ebenso das, wodurch diese sie selbst sind: nämlich Sein zu gewähren.

Die Griechen erstrebten das Wissen primär nicht um seiner praktischen Verwendbarkeit willen, obwohl sie auch das Verfertigen von Gebrauchsdingen im Begriff der Téchne und die menschliche Lebensführung im Begriff des Ethos ins Wissen gehoben haben; sie erstrebten das Wissen zuerst um der in ihm sich ereignenden Weltauflichtung willen, welche die Menschen ihrer Tagespraxis entrückt, in die sie gleichwohl auch immer wieder zurückkehren müssen (a.a.O., S. 234). Das menschliche Leben erfährt eine letzte Steigerung im Denken, denn dieses erhebt in die reine Anwesenheit dessen, was Ursprung und Ziel von allem, was ist und wird, ausmacht, eben die Eíde, die zugleich in ihrer Verbindung mit dem "Stoff" die Wirklichkeit zustande kommen lassen (a.a.O., S. 252 f).

ARISTOTELES begründet darin die große Tradition der Hochschätzung und des Vorrangs der Theoria. Er schreibt:

> "Nimmt man die verschiedenen Lebensweisen in Betracht, so scheint es einmal nicht grundlos, wenn die Menge, die rohen Naturen, das höchste Gut und das wahre Glück in die Lust und das Vergnügen setzen und darum auch dem Genußleben frönen. Drei Lebensweisen sind es nämlich besonders, die vor den anderen hervortreten: das Leben, das wir eben genannt haben, dann das politische Leben und endlich das theoretische. Die Menge nun zeigt sich ganz knechtisch gesinnt, indem sie dem Leben des Viehes den Vorzug gibt, und doch kann sie zu einiger Rechtfertigung anführen, daß viele von den Hochmögenden die Geschmacksrichtung des Sardanapal teilen." (ARISTOTELES: Nikomachische Ethik, pag. 1095b)

ARISTOTELES spricht hier mit der gleichen Bitterkeit von der "Menge", den Vielen, wie seine großen Vorgänger. Er findet, wie seine Vorgänger, das in strengem Sinn erfüllte Leben im Bios theoretikos, in einem Leben, das allein der Wahrheit in ihrer Gedanklichkeit zugehört.

> "Von der Theoria allein läßt sich behaupten, daß sie ihrer selbst wegen geliebt wird. Sie bietet uns ja außer dem Denken und Schauen sonst nichts; vom praktischen Verhalten dagegen haben wir noch einen größeren oder kleineren Gewinn außer der Handlung." (ARISTOTELES: Nikomachische Ethik, pag. 1177a-b)

"Theoria" bezeichnet anfänglich die Assistenz bei den großen panhellenischen Festspielen. Die Festgesandtschaften, die die griechischen Staaten alle vier Jahre an die "Olympischen

Spiele" abordneten, heißen Theoria, und ihr Zweck ist das betrachtende und bewundernde Dabeisein bei diesen Spielen.

2. Die pädagogischen Traditionen im Mittelalter

Die pädagogischen Traditionen, die sich aufgrund der theologischen Lehren im Mittelalter herausbilden, treten in der Folgezeit deutlich auseinander und werden immer vielfältiger.

2.1 Die scholastische Tradition

Nennen wir zuerst die scholastische Tradition mit ihrer Rezeption der enkyklios paideía in Gestalt der Septem artes liberales, der Sieben Freien Künste.

MARTIANUS CAPELLA hatte im 5. Jahrhundert n. Chr. ihre umfassende Darstellung gegeben: Grammatik, Rhetorik, Dialektik, Arithmetik, Geometrie, Astronomie, Musiktheorie. Von BOETHIUS, CASSIODOR, ISIDOR von SEVILLA an die spätere Zeit vermittelt, spricht man seit ALCUIN zur Zeit KARLs des GROSSEN von den ersten drei als Trivium, von den vier anderen als Quadrivium. Gegen die heftigen Einwände der strengen Christen, die das heidnische Wissen verwarfen, gelang es dieser Tradition, Teile der antiken Bildung zu bewahren und zwar durch das Argument, jenes Wissen diene der Propädeutik der künftigen Theologen, es sei Vorstufe zum Wissen der Wahrheit. - Bildung gerät damit in eine instrumentale Funktion, nimmt Mittelcharakter an - eine außerordentlich folgenreiche Wendung! (BALLAUFF 1969. Bd. 1, S. 378 f.)

2.2 Das monachische Ideal

Neben diese Tradition können wir die monastische Bewegung und die monachische Bildung stellen, die eine strenge

Christlichkeit intendieren. Daher wird im Kloster auf eine immunisierende Bildung gedrungen, eine abwehrende, schützende Bildung. Die Mittel hierfür sind Auswahl und Einschränkungen der Lehre und des Wissens, Kommunikationsrestriktionen bis zum "Großen Schweigen", Einschränkung auf das in der Kirche tradierte Latein und manches andere.

Das monachische Ideal hatte einen tiefen allgemeinen Sinn: Wer eine sachliche oder mitmenschliche Aufgabe lösen möchte, der muß alles meiden, was ihn von dieser Lösung abbringt oder in ihr stören könnte. Er muß also "fernhalten" und ansichhalten; Katharsis und Askese sind unerläßlich. Der monachischen Konzeption kann allerdings vorgeworfen werden, all das, was störend und ablenkend einwirken könnte, abzuwerten, im Ressentiment auch als nicht erstrebenswert hinzustellen, weil es keine ernstzunehmende Aufgabe darstelle. Das aber wäre aus der Intention einer Aufgabe und der Konzentration auf sie gar nicht zu rechtfertigen; auf allen Gebieten gilt jenes "Gesetz der kathartischen Askese."

Das monachische Ideal intendierte allerdings mehr: Nichts geringeres als die Konversion der Perfektion der Animalität zu einer Humanität, die sich von einer Divinität her interpretierte:

Soll die Tierheit überwunden und allein der Menschlichkeit nachgelebt werden, dann muß gerade all das ausgeschaltet und in sein Gegenteil umgewendet werden, was wir Menschen zunächst und zumeist tun, darin aber noch der Tierheit verhaftet bleiben - anstelle von:

sozialer Interaktion	Klausur
Kommunikation	Silentium
Aktivität/Mobilität	Inaktivität des Zellenaufenthaltes/Kontemplativität
Konsum in all seinen Formen	Konsumaskese

Bedürfnisbefriedigung	Bedürfnisbekämpfung und verdrängung/Übung in der Bedürfnislosigkeit
Selbstsuche in Selbstdarstellung und Selbstdurchsetzung	Annihilation ("Nichtung") des Selbstes/ Selbstlosigkeit
Sich-Ermächtigen/ Beherrschen	Demut und Gehorsam
Erotik/Sexualität	Anerotisation
Herstellen/Fertigen	Betrachten/Anbeten
Emotion, Passion, Affekt	Kognition/ Illumination.

Das sind nur einige Umwendungen als Beispiele! Die Geschichte hat gezeigt, daß diese Konversion nur zu oft und immer erneut ihre eigene Perversion erfuhr, und das, was überschritten werden sollte, sich desto mächtiger durchsetzte, von der Selbstsucht über die politische Aktivität zu Herrschaft und Genuß.

Aber das ist es nicht, worum es geht: der tiefe Gedanke, die Menschlichkeit erst zu erreichen, wenn die, die Menschen zu sein beanspruchen, nicht in simplem Geradezu ihre Tierheit, ihre "Natürlichkeit" ausleben bzw. perfektionieren und raffinieren, sondern einen Wendepunkt im Kosmos darstellen möchten, die sich also nicht von Tier und Natur her interpretieren, sondern von einem "Übermenschlichen" her.

Erziehung, Bildung, Unterricht geraten unter die Strenge und Härte solcher humanen Konversion, auch dieser Vorgang wieder bis zur Umkehrung der ursprünglichen Absicht und Zielsetzung. Von diesem Konzept aus ist die harte Zucht des klösterlichen Lebens zu verstehen, ebenso die strenge Schuldisziplin des Mittelalters und der beginnenden Neuzeit. Das Kind ist noch völlig seiner "Animalität", seiner Natürlichkeit ausgeliefert und damit den Umtrieben des Bösen. Diesem muß Erziehung und Schule wehren. So hat noch die Anthropologie der Jesuiten und Oratorianer im 16. und 17. Jahrhundert gedacht.

2.3 Die mystische Tradition

Als drittes sei die Traditionslinie der Mystik hervorgehoben, der das pädagogische Denken sowohl den deutschen Begriff der Bildung verdankt als auch ein Grundkonzept von Bildung, in dem einer der großen Gegensätze innerhalb der Pädagogik radikal durchdacht wurde (vgl. zum folgenden BALLAUFF 1969, Bd. 1, S. 459 ff.). Die Namen MEISTER ECKHART (etwa 1260 - 1327), Heinrich SEUSE (1295 - 1366), Johannes TAULER (etwa 1300 - 1361) müssen hier genannt werden. Bildung erfordert zweierlei:
1) loszukommen von den Dingen und Menschen;
2) loszukommen von sich als Wille und Selbstsein.

In diesem Freiwerden von Welt und Selbst, in dieser "Abgeschiedenheit" wird ein Mensch in die absolute Selbstlosigkeit versetzt. Darin ist er aber nicht mehr Mensch, d. h. Kreatur, Wesen unter Wesen; denn in dem absoluten "Nicht" zu allem, was ist, kann er sich nicht wiederum als ein seiendes Etwas erreichen. Woraufhin er sich freigegeben sieht, das kann nur in der Identität mit dem "Sein" liegen: Er ist schlechthin, wobei er selbst als eigenständiger, eigenwilliger Bezugspunkt aufgehoben wird. Sofern er aber darum weiß, ist er als der Gedanke zu sein, darin jedoch frei und empfänglich für alles und jedes, für das Ganze.

Diesen Umschlag in das völlig "Andere", in ein solches Denken des Seins, nennt ECKHART Eins-Werden mit Gott. Denn auch Gott kann nicht ein "Seiendes" neben allen Dingen und Wesen ausmachen, sondern nennt das große "Ist", in dem alles und jedes hervortritt, entsteht und vergeht. Nur in dieser Abgeschiedenheit kann ein Mensch in Wahrheit der Welt zugehören und in ihr als der Schöpfung Gottes einem jeden gerecht werden. So ist er "gebildet": Das Bild Gottes und Spiegel seiner Schöpfung. Mit dem "Sicheinbilden in Gott" und von Gott "überbildet werden" geht immer das "Sich-aller-Dinge Entbilden" zusammen.

Auf der höchsten Stufe steht der, der ohne jedes Motiv, ohne Warum handelt. Der vollkommene Mensch ist wunschlos, er sucht und will nichts mehr, er hat kein Warum, das ihn zum Handeln antriebe. Denn "sonder Warumbe" wirkt und handelt auch Gott.

Nicht die Wahrung einer Freiheit in Gestalt von Abgeschiedenheit, Selbstlosigkeit und "Vollkommenheit" ist die geheime Motivation, der alles als Mittel der Selbstversicherung dienen müßte, sondern ein neues In-der-Welt-sein: das Aufgehen in sachlichen und mitmenschlichen Aufgaben, in denen es sehr wohl um dieses oder jenes geht, nicht aber um das Haben und Bekommen, um das Aneignen und Besitzen, um Sachbemächtigung und Selbstermächtigung, ebensowenig aber auch um meine Freiheit der Wahl und Entscheidung.

Menschlichkeit kann niemals angestrebt werden, ich kann ihrer niemals versichert sein. Befreite Selbstlosigkeit kann sich nur in meinem bedachten Tun ereignen. Der Gebildete ist in Wahrheit in Welt, weil er sich ganz auf das, womit er es zu tun bekommt, einzustellen vermag, ledig aller Rück-Sicht auf das, was er als sein "Selbst" ansehen könnte.

Den Gebildeten kennzeichnet diese "Gelassenheit": Er muß von allem gelassen haben, selbst von Gott als dem geheimen Helfer meiner Wünsche und Absichten; dann wird er in die Welt in Wahrheit eingelassen:

> "Ein gelassener mensch muoß entbildet werden von der creatur, gebildet mit Christo, und uberbildet in der Gotheit." (Seuse) BALLAUFF 1969, Bd. 1, S. 466)

2.4 Die häretische Bildung

Eine breite Strömung durch die Jahrhunderte hindurch läßt sich als häretische Bildung bezeichnen. Im pädagogisch-bildungstheoretischen Zusammenhang sind folgende Anlässe und Ursprünge der häretischen Lehren von Bedeutung.

1) Ein Teil der Häresien dürfte ihren Ursprung in einer Reaktion auf die eruditive Exklusion haben, in der Antwort auf den Ausschluß der "Laien" aus der anerkannten, gelehrten und ermächtigenden Bildung. Die religiöse Dogmatik wird in den Konzepten und Veranschaulichungen der Häretiker oft geradezu umgekehrt (SEGL 1984, S. 301 ff.).
   Bildung bedeutet Partizipation, und zwar an Sachlichem und Menschlichem im Umweg über das Denken. Das wird in diesem Zusammenhang wieder deutlich.
   Die Häretiker waren "ungebildete Leute", auch im zeitgenössischen Sinn (SCHNEIDER 1981, S. 41, 114); Johannes RONCO, der Gründer der Lombardischen Armen, galt als "idiota absque litteris" (SCHNEIDER, S. 41; MOLNÁR 1980, S. 127). Die wenigsten konnten lesen und schreiben. Um so erstaunlicher - auch für die Zeitgenossen - der Eifer, mit dem sie Stücke aus der Bibel auswendig lernten. Diese Handwerker und Bauern hatten ja nur abends und nachts dazu Gelegenheit (SCHNEIDER, S. 114; MOLNÁR, S. 222). Die Möglichkeit, an dem "Heilswissen" ebenso zu partizipieren wie die Gebildeten, die litterati, zog die bis dahin weitgehend Ausgeschlossenen an (SCHNEIDER, S. 114; MOLNÁR, S. 396; SEGL 1984, S. 196). Eine Gemeinschaft von Lehrenden und Lernenden entstand; trotz aller Verfolgung immer aufs neue überall, wohin die Wanderprediger kamen (SCHNEIDER, S. 125). Das Volkslehrertum der Waldenser "Brüder" wirkte um so einflußreicher, als die Mehrzahl der damaligen Menschen keine Bildung besaß - so urteilt A. MOLNÁR (214). In Südfrankreich zogen ganze Dörfer den Predigern in die Wälder nach (a.a.O.). Entsprechend stellt sich

Opposition gegen Schule, Wissenschaft und akademische Bildung ein (MOLNÁR, S. 181).

Beachtliche "Leistungen" im Auswendiglernen werden uns berichtet, die den einzelnen zugleich als würdig ausweisen, in die Gemeinschaft aufgenommen zu werden (MOLNÁR, S. 213, 221). Das Gelernte wird Richtschnur für das alltägliche Leben (MOLNÁR, S. 219).
HUS bewunderte die einfachen Priester und armen Laien, auch Frauen, die die Wahrheit tapferer verteidigen als die Doktoren der Heiligen Schrift (MOLNÁR, S. 241).

Bildung besteht in der reinen Beteiligung an heilbringender Lehre, am heilbringenden Wort. Die Übernahme der Aussagen, vor allem des Neuen Testaments durch Auswendiglernen und die unmittelbare Auslegung in "wörtlicher Bedeutung" erzwingt allerdings die gedankliche Reduktion auf den Interpretationshorizont des "einfachen Mannes".

Eine eigenläufige Phantastik entwickelt sich in der Konzeption eines eigenen "Mythos". Das der anerkannten Theologie und Kirchenlehre entgegengesetzte Wissen ermöglicht eine elitäre Bildung, in den "perfecti" verkörpert, unterstützt und getragen durch sodalisierende Riten bzw. Rituale.

2) Die Aussagen der Mystiker enthielten eine verborgene Ambivalenz, die in Lehre und Leben der Häretiker zum Vorschein kommen sollte. Die Nachfolge Christi ermächtigt den Menschen in einer, wenn auch paradoxen Weise in Welt und gegenüber der Welt, sie läßt an Gottes "Herrlichkeit" teilhaben. Derjenige, der von allem läßt, dafür sich arm und bloß Gott überläßt, gewinnt eine den anderen Menschen mangelnde Freiheit, die Mächtigkeit der Gottergebenheit, sofern Gott die Macht und Herrlichkeit selbst umgreift.

Die Katharer, die Waldenser, die Hussiten konnten sich gegenüber den Herrschenden in Kirche und Staat in absoluter Weise ermächtigt wissen, nämlich von Gott. Von ihm wußten sie sich berufen; nur er gebot ihnen Ziel und Weg, den jene verlassen hatten. Männer und Frauen leiteten die Legitimität der Verkündigung und der selbständigen Partizipation an der Wahrheit von einer Instanz her, der gegenüber Päpste und Prälaten zu schweigen hatten.

3) In unserem Zusammenhang ist weiterhin das eigenartige Verständnis der "Freiheit im Geist" zu erwähnen. Die Vollkommenen sind die "Freien im Geist". Sie erfahren eine befreiende Berufung durch den Heiligen Geist und erreichen jene Abgeschiedenheit, jene Gelassenheit. Sie gewinnen damit eine absolute Selbständigkeit der Selbstbestimmung, sind also auch befreit von Gehorsam gegenüber kirchlichen Vorschriften. Ihr Tun und Lassen richtet sich nach ihrem Ermessen. Das umschließt eine soziale und erotische Freizügigkeit. Die "Annihilation" (Vernichtung, Entselbstung) der Seele bedeutet für diese eine Universallizenz (Margarete PORETE 1305). Der Identifikation mit Gott entspricht eine absolute Emanzipation der Welt gegenüber (H. GRUNDMANN 1976, S. 89).

4) Wie schon in der monachischen, so lauert auch in der häretischen Lebensführung die Gefahr, durch die Flucht in "Geistigkeit", in "Spiritualität", zu einer Drückebergerei vor Amt und Arbeit zu werden. Die frühen Humanisten warfen dies den Bettelorden vor, ebenso traf dieser Vorwurf manchen Vertreter eines neuen Glaubens. Aber auch die Lehre selbst konnte vom Denken und angemessenen Handeln entlasten. Sie schirmte gegen den Zugriff der Uneingeweihten ab und verlieh eine der kirchlichen Bildung entsprechende Exklusivität.

5) In dem "Armutideal" bei den Ketzern, bei Begarden, Beginen, Häretikern ließ sich ein Mißverständnis ursprünglicher Einsicht finden. Die physische, intellektuelle, öko-

nomische "Bettel-armut" als zur Sündlosigkeit, Vollkommenheit, Gottähnlichkeit gehörig zu betrachten, war nicht der Sinn der motivationsbefreiten Gelassenheit. Sie mutet geradezu wie eine Korrektur jener Thesen an: Denn in jener Gelassenheit kümmert sich ein Mensch sehr wohl um Dinge, Wesen, Mitmenschen, Verhältnisse, tritt für sie ein und streitet wider sie - wie ECKHART im Dienst seines Ordens.
Die Armut als das Kennzeichen des Häretikers konnte den tiefen Sinn haben, sich von den alltäglichen Bindungen und Sorgen zu lösen, von der "Verbürgerlichung" und ganz der Predigertätigkeit, dem Bedenken und Aussprechen der Wahrheit zu dienen. Die Auseinandersetzungen unter den Waldensern um den Wert der Arbeit gehören hierher. Während die lombardischen Armen sich gegen das "aristotelische Vorurteil" wandten, Arbeit erniedrige und lasse nicht zum wahren Leben kommen, forderten andere - von Waldes an - jene Haltung des Sich-Freihaltens für die Wahrheit in ihrer Gedanklichkeit und Wörtlichkeit - damit den Verzicht auf bürgerliche Sicherungen (MOLNÁR, S. 77). Die "Gläubigen", die "Freunde" haben für den Unterhalt der Prediger und perfecti aufzukommen, als Lohn und Dank für ihre missionarische Tätigkeit.

6) Kennzeichnend für diese Bildung ist ihre Ungeschichtlichkeit, obwohl sie sich auf ein geschichtliches Ereignis bezieht. Die Katharer, die Waldenser, die Hussiten u. a. beziehen sich unmittelbar auf die Bibel als für alle Zeiten gleichermaßen gültig. Sie berücksichtigen aber auch ihre eigene geschichtliche Position nicht, dementsprechend die Notwendigkeit, gewisse Voraussetzungen zu erfüllen, um jene Überlieferung, jene Texte auslegen zu können. Die Großkirche war ihnen hierin überlegen und ließ das auch ihre Gegner fühlen. In vielen Häresien kamen daher Theoretisierung und Spekulation auf. Aber die meisten erwarteten doch, durch einfache Partizipation an einer christlichen

Religiosität nach ihrem Tod "in den Himmel zu kommen" (SCHNEIDER, S. 105; MOLNÁR, S. 274, 392 f).

7) Das alles ändert nichts daran, daß wir es in jenen so außerordentlich bewegten und erregenden Auseinandersetzungen vom Hochmittelalter bis in die Neuzeit hinein mit einer pädagogischen Grundfrage zu tun haben, die Bildung auszeichnet: die Frage nach dem "eigentlichen Leben", nach der Wahrheit des In-der-Welt-seins. Stoa und Neuplatonismus hatten sie, durchaus im Bewußtsein ihrer Tradition, eindringlich gestellt, das Christentum nahm sie auf, stellte sie aus seiner Tradition neu. Hoch- und Spätmittelalter suchten nach der "vita apostolica". Wie kann ich letzten, höchsten Maßgaben durch mein Leben entsprechen? (H. GRUNDMANN 1976, S. 57 f.) Hierher gehören auch die Kritik und die Polemik gegen die mönchische, priesterliche Lebensführung und die strenge Forderung der Erfüllung der evangelischen Räte (Demut/Gehorsam, Armut, Keuschheit).

8) Der Gedanke der "Freien im Geist" muß uns bildungstheoretisch ebenfalls beschäftigen. In ihm wird die Einsicht in ein mögliches Grundverhältnis angesprochen, die entweder sogleich theologisch interpretiert wird, weil kein anderes Kategorialsystem zu finden ist, oder weil das bestehende System sich nicht infragestellen läßt. Heute kann eine Detheologisation dahingehend versucht werden: Es handelt sich um die Selbsterkenntnis des Denkens, daß Einsicht, Gedankengang, Erkenntnis nicht herbeizuzwingen oder beizubringen sind; sie sind "Gabe" , nicht "Habe"; sie sind selbständig - in ihrem Kommen und Gehen - und in ihnen wird der einzelne selbständig. Wenn es sich um Einsicht, Erkenntnis, Wissen handelt, dann sind diese auch maßgeblich. Es ist die Fundamentalthese der Bildungstheorie: diese Selbständigkeit im Denken zu erreichen, die Partizipation an Gedanke und Einsicht.
Das Charakteristische jenes "Spiritualismus" lag in der Interpretation dieser Selbständigkeit als Ablehnung jeder

Bindung - an kirchliche Vorschriften, an soziale Normen, an Besitz und "Beruf", an andere Menschen. Vor allem ist dieser Versuch der totalen Emanzipation durch das Fehlen der Selbstkritik zu kennzeichnen. Selbstkritik sollte das Wahrzeichen der neuen Zeit werden, die auf ihre Weise zur "Selbständigkeit im Denken" heranzubilden suchte (SEGL 1984, S. 247 f.). Die zentralen christlichen Grundlehren bleiben in all diesen Auseinandersetzungen das Erregende und Bewegende, die Trinität, die Immortalität (Unsterblichkeit, Auferstehung), die Prädestination (Rechtfertigung, Vergebung, Erlösung, Taufe). Es geht nicht um Christlichkeit und Kirche als soziale Versorgungs- und Versicherungsinstitutionen. Die Argumente, Einwände und gegnerischen Konzepte sind im übrigen von einer außerordentlichen rationalen Intellektualität.
Daß hinter all dem die Selbstsucht in ihrer religiösen Interpretation auftaucht, wird nicht zu leugnen sein. "Die waldensische Beichte war ein Angebot für alle, die sich in der Tendenz der damaligen Frömmigkeit um ihr persönliches Heil sorgten."
(SCHNEIDER, S. 134)

Auch die Forderung nach Partizipation läßt sich als Form der Selbstsucht ansehen: das "Bekommen" des je eigenen Heils als Habe.
Verblüffend die Standhaftigkeit der consolati gegenüber Verfolgung, Folter und Feuertod! Wir dürfen allerdings den Kalküll, der darin wirksam gewesen sein mag, nicht übersehen: ein Leben bis zur "Perfektion" auf sich genommen zu haben mit all seinen Entbehrungen, Entsagungen, Verfolgungen, das Konsolament empfangen zu haben, beim Abschwören zwar das nackte Leben zu erhalten, aber erneut in eine aussichtslose Jämmerlichkeit verstoßen zu werden, obwohl der perfectus doch schon die Garantie besaß, all dem entkommen zu sein. So rief der Ketzerbischof NEUMEISTER, als er schon auf dem Scheiterhaufen stand - Anfang des 14. Jahrhunderts in Wien, - er ginge voll Zuversicht auf

seine in fünfzigjähriger Tätigkeit als Bischof erworbenen Verdienste in den Tod und er wolle mit keinem katholischen Geistlichen oder Mönch tauschen (SEGL, S. 316). Von erschreckender Deutlichkeit für diese Selbstbezogenheit die katharische Endura: Einem Gläubigen wurde bei schwerer Krankheit das consolamentum erteilt. Wenn der Kranke wieder genas, lief er Gefahr, die strengen Anforderungen eines perfectus nicht zu erfüllen und dadurch sein Heil wieder zu verlieren. Besser für ihn, wenn er starb, solange ihm das Heil noch sicher war! Die katharische Gemeinschaft ließ daher den Kranken lieber verhungern, in manchem Fall mit seiner Zustimmung (G. SCHMITZ-VALCKENBERG 1971, S. 281f.).

3. Die Macht der Interpretation

In der Geschichte der "Bildungen" - von der antiken paideia über die Gnosis und die Scholastik, die Mystik und die Häresien zum Humanismus der Neuzeit - wird eins deutlich: die Macht der Interpretation. Denn das Verständnis der sozialen, ökonomischen und politischen Verhältnisse wurde durch den Interpretationshorizont ermöglicht und geregelt: die Deutung von Armut und Reichtum, von lebenswichtigem Wissen, der soteriologischen Eschatologie, die selbst den Tod auf sich nehmen ließ, in unserem Zusammenhang vor allem das Verständnis von Bildung und Partizipation an der Wahrheit, als überliefertes Wissen um Maßgebliches, als Kommunikation.

Wurden die chiliastischen Taboriten religiöse Fanatiker und Revolutionäre, weil ihre ökonomisch-politische Lage sie zwang, ihre "Verbesserung" herbeizuführen, deren Begründung ihnen zu ihrer Zeit die Bibel lieferte - oder suchten sie ihre ökonomisch-politische Lage zu ändern, weil sie aus religiöser Argumentation und Motivation jene als schlecht erkannten und sie in dieser Richtung zu ändern suchten? Woher kamen sie auf den Gedanken, eine Änderung herbeizuführen? Doch nicht durch die Verhältnisse selbst, denn diese mußten ihnen ja erst als verwerflich und abänderbar erscheinen, es mußten mögliche Prospekte erst sichtbar werden. Sonst hätten die Verhältnisse weiter bestanden; sie von sich aus agieren nicht.

Die Häretiker führen uns einen Grundzug von Bildung vor Augen: die Inanspruchnahme auf Wahrheit und eine entsprechende Lebensführung. Die "wahren Bedürfnisse" der Menschen liegen nicht in den "natürlichen Bedürfnissen", die wir weitgehend mit den Tieren gemeinsam haben, sondern in der Partizipation der Menschen an der ausgesprochenen Wahrheit, ihrer Darlegung, ihrer Auslegung und ihrer absoluten Verbindlichkeit für unseren Alltag, der im übrigen an die zweite Stelle rückt (GRUNDMANN 1976; SEGL 1984, S. 241 ff.).
Ebenso wird die paradoxe Kehre deutlich: die Instrumentalisierung der Bildung für das eigene "Seelenheil".

Sollten wir Bildung als selbstlose Verantwortung der Wahrheit von einer selbstischen Verantwortung der Wahrheit unterscheiden?

Literatur

BALLAUFF, Theodor: Pädagogik. Eine Geschichte der Bildung und Erziehung. Bd. 1 (unter Mitarbeit von Gert Plamböck). Freiburg, München: Alber 1969. 746 S. (Orbis academicus Bd. I.11).

COHN, Norman: Das Ringen um das Tausendjährige Reich. Revolutionärer Messianismus im Mittelaalter und sein Fortleben in den modernen totalitären Bewegungen. Bern/München: Francke 1961. 350 S.

ERBSTÖSSER, Martin: Ketzer im Mittelalter. Stuttgart: Kohlhammer 1984. 235 S.

GRUNDMANN, Herbert: Ausgewählte Aufsätze. T. 1. Religöse Bewegungen. Stuttgart: Hiersemann 1976. XXVIII, 448 S. (Schriften d. Monumenta Germaniae

Historica. Bd. 25.1) - T. 2. Joachim von FIORE. 1977 (Bd. 25,2). T. 3. Bildung und Sprache. 1978 (Bd. 25,3).

Ders.: Litteratus - illiteratus. Der Wandel einer Bildungsnorm vom Altertum zum Mittelalter. Archiv für Kulturgeschichte 40 (1958). H. 1. 1-65.

KALIVODA, Robert: Revolution und Ideologie. Der Hussitismus. Köln, Wien: Böhlau 1976. XII, 397 S.

KOLMER, Lothar: Ad Capiendas Vulpes. Ketzerbekämpfung in Südfrankreich in der ersten Hälfte des 13. Jahrhunderts und die Ausbildung des Inquisitionsverfahrens. Bonn: Röhrscheid 1982. 257 S. (Pariser Historische Studien. 19).

MOLNÁR, Amadeo: Die Waldenser. Geschichte und europäisches Ausmaß einer Ketzerbewegung. Göttingen: Vandenhoeck & Ruprecht 1980. 456 S.

SCHMITZ-VALCKENBERG, Georg: Grundlehren katharischer Sekten des 13. Jahrhunderts. Eine theologische Untersuchung mit besonderer Berücksichtigung von Adversus Catharos et Valdenses des Moneta von Cremona. Paderborn: Schöningh 1971. XIX, 351 S. (Veröffentlichungen des Grabmann-Instituts N.F.H. 11).

SCHNEIDER, Martin: Europäisches Waldensertum im 13. und 14. Jahrhundert. Gemeinschaftsform - Frömmigkeit - Sozialer Hintergrund. Berlin-New York: de Gruyter 1981. 157 S. (Arbeiten zur Kirchengeschichte. 51).

SEGL, Peter: Ketzer in Österreich. Untersuchungen über Häresie und Inquisition im Herzogtum Österreich im 13. und beginnenden 14. Jahrhundert. Paderborn: Schöningh 1984. CXXI, 360 S. (Quellen und Forschungen aus dem Gebiet der Geschichte. N.F.H. 5).

VOLKMANN-SCHLUCK, Karl-Heinz: Die Metaphysik des Aristoteles. Frankfurt a. M.: Klostermann 1979. 304 S.

ZIEGELER, Wolfgang: Möglichkeiten der Kritik am Hexen- und Zauberwesen im ausgehenden Mittelalter. 2. Aufl. Köln, Wien: Böhlau 1973. XII, 231 S. (Kollektive Einstellungen u. sozialer Wandel im Mittelalter. Bd. 2).

HANS-DIETRICH RAAPKE

Bildung und Revolution

Ein weiterer Versuch zur Antwort auf die Frage: Wer war der gebildete Deutsche?

> Am 9. Mai 1984 hat der Verfasser unter diesem Thema einen Vortrag im "Pädagogischen Forum" des Fachbereichs Pädagogik der Universität Oldenburg gehalten. Es folgte darauf der Vortrag des hier zu ehrenden Kollegen Enno FOOKEN mit dem Thema: "Pädagogische Mißerfolge in psychoanalytischer Sicht." Vorab sei die Vermutung geäußert, daß es sich bei beiden Vorträgen und auch bei diesem kurzen Beitrag um verschiedene Versuche und Sichtweisen zur gleichen Sache handelt, hier eher um ein Luftbild, bei Enno FOOKEN mehr um Untersuchungen unter dem Mikroskop.

I

Zwischen 1789 und 1848 ist in Deutschland die Idee der Bildung entstanden; die Französische Revolution und die deutsche Revolution markieren - natürlich nicht auf das Jahr genau - einen der wahrscheinlich wichtigsten Abschnitte in der Bildungsgeschichte. Die Geschichte des Wortes Bildung in Mitteleuropa ist selbstverständlich viel älter. Aber ist es ein Zufall, daß zu der Zeit, als in Frankreich die Revolution begann, in Deutschland binnen weniger Jahre eine neue Vorstellung, eine neue Idee von Bildung aufkam? War nicht die Idee der Freiheit in der bürgerlichen Revolution in Frankreich eine der Bedingungen und Voraussetzungen dafür, daß in Deutschland die Idee der Bildung sich als ein Ausdruck des bürgerlichen Selbstbewußtseins, als eine Leitlinie der Orientierung für das Leben in der entstehenden bürgerlichen Gesellschaft, als ein Postulat auf die Autonomie des Individuums, entwickeln konnte?

Hans WEIL hat sein längst zu den klassischen Arbeiten über die Bildungsgeschichte zählendes Buch "Die Entstehung des deutschen Bildungsprinzips" damit begonnen: "Wir behaupten, daß das spezifische Bildungsprinzip nur in Deutschland gültig wird und zwar in einem genau zu umschreibenden Zeitraum: im letzten Drittel des 18. Jahrhunderts." (WEIL, 1930, S. 2).
Das Interessante an seinem Ansatz ist die Unterscheidung zwischen "Aufstellen" und "Aufnehmen". Das Aufstellen des Ideals der Bildung verbindet er vor allem mit den Namen HERDERs und Wilhelm von HUMBOLDTs. Aufgenommen wurde das Ideal von der Aristokratie und vom Bürgertum, sodaß Bildung so etwas wie eine Mode wurde und "die Gebildeten" sich als eine Elite konstituierten. Das Zusammentreffen des Aufstellens und Aufnehmens hat WEIL dann als die Entstehung des Bildungsprinzips bezeichnet. Diese Verbindung von geistesgeschichtlicher und soziologischer Interpretation war es vor allem, die WEILs Buch zum Klassiker gemacht hat. Auffallend und rätselhaft ist allerdings, daß die Französische Revolution in seinen Überlegungen nur indirekt und am Rande, jedenfalls nicht als ein wichtiges und bestimmendes Ereignis für die Entstehung des deutschen Bildungsprinzips auftaucht. So ähnlich sieht es auch sonst in der ohnehin spärlichen Literatur zur Bildungsgeschichte aus: Ein Zusammenhang zwischen den bürgerlichen Revolutionen in Europa mit dem Entstehen und dem Verfall der bürgerlichen Bildung in Deutschland wird weder deutlich gesehen noch ernsthaft diskutiert.

Die Beschäftigung mit der Bildungsgeschichte und zumal mit Biographien von Gebildeten in Deutschland hat mich immer mehr darauf gebracht, daß hier Zusammenhänge bestehen müßten, die - zumindest in der Bildungsgeschichte - nicht erkannt, vergessen oder verdrängt sind, weil sie wahrscheinlich nicht in das Geschichtsbild gepaßt haben, das seit langem von Bildung und Gebildeten in Deutschland gezeichnet wurde und das noch keineswegs gründlich genug revidiert worden ist.

Zuerst wurde es mir bei Friedrich und Julius FRÖBEL, dem Onkel und dem Neffen, deutlich. Der eine gilt als "pädagogisches Genie" und ist mit einer Art "Stammvatermythos" für Kindergärten und Kleinkindpädagogik umgeben. Von dem anderen, dem republikanischen Politiker im Vormärz und in der Revolution von 1848, wissen wir kaum etwas (RAAPKE, 1967). Bei jeder weiteren biographischen Analyse wurde es deutlicher: Bildung in Deutschland hat unendlich viele Ausprägungen und Gestalten gehabt, die sich dennoch auf nur wenige Grundtypen konzentrieren und die es so oder so ähnlich auch heute noch geben könnte. In unserem Zusammenhang lassen sich in dieser Weise zwei Grundtypen unterscheiden, nämlich danach, wie der oder die einzelne zur Französischen Revolution oder zur deutschen Revolution von 1848 standen: positiv zur Revolution - oder wenigstens zu ihren Maximen - oder aber ablehnend, davon abgewandt.

Die Revolutionen waren Ereignisse, zu denen eigentlich jeder Stellung beziehen mußte, zumal jeder, der sich nach damaliger Vorstellung zu den Gebildeten zählen mochte. Und Stellung genommen haben sie wohl alle, so oder so und direkt oder indirekt. Dementsprechend haben sie ihr Leben eingerichtet, haben sie sich zum Inhalt und zur Leitlinie ihres Lebens gemacht, was wir ex post Ausformungen von Bildung nennen. "Messen", "bestimmen", und "beurteilen" können wir diese Typisierungen von Bildung also unter anderem daran, wie sich jede oder jeder einzelne zu den Revolutionen verhalten hat.

Wenn so geurteilt werden soll, ist doppelte Vorsicht und Prüfung geboten. Sind Bildung und Revolution - so ist zu fragen - nicht unvereinbare Gegensätze, schließt nicht eines das andere aus? Bildung: ist das nicht immer etwas von schön geformter, harmonischer Gestalt? Revolution: ist das nicht der wütende Aufstand der Unterdrückten, der Umsturz des alten Regimes, Angst und Tod auf der einen, Befreiung und

Zukunftshoffnung auf der anderen Seite der Barrikaden? Hat Bildung damit etwas gemein? So biedermeierlich betrachtet wohl kaum. Doch wäre es so, dann stünde die Bildung, stünden die Gebildeten immer auf der konservativen, antirevolutionären Seite. Das aber ist nicht so und ist in der Vergangenheit nicht so gewesen. Oder aber will man gar die Revolution mit dem französischen, die Bildung dagegen mit dem deutschen Nationalcharakter assoziieren? Auch das ist kein tragfähiger Gedanke. Aber - wird man sagen - die Gebildeten sind und waren jedenfalls immer die Gemäßigten unter den Revolutionären und nicht die Radikalen. Das mag nicht selten so gewesen sein; aber wo verläuft die Grenze zwischen Gemäßigten und Radikalen und wo die zwischen Gebildeten und Ungebildeten? Die Frage muß wohl anders gestellt werden: Nicht was unterscheidet Bildung und Revolution, sondern was könnte sie verbinden, zueinander in Beziehung setzen?

Die Antwort darauf soll heißen: Die Ideen der Aufklärung und der Menschenrechte sind Bindeglieder zwischen bestimm-ten Ausprägungen von Bildung im deutschen Bürgertum und den bürgerlichen Revolutionen, nämlich der Französischen Revolution und der gescheiterten deutschen Revolution von 1848. Beide, die Revolution und die Bildung, haben bis heute das Gesicht unserer Gesellschaft mitgeprägt. Aber auch nur insoweit diese Ideen der Aufklärung und der Menschenrechte zu maßgeblichen Prinzipien der Bildung wurden, insofern Bil-dung nicht in die regressiven Traumwelten der Romantik einging, gab und gibt es Verbindungen zwischen Bildung und Revolution, zwischen Gebildeten und Revolutionären.

II

Der 14. Juli 1789 ist das markanteste Datum aus der Frühzeit der Französischen Revolution. Mit dem Sturm auf die Bastille hat die breite Pariser Bevölkerung - haben "die Massen" - organisiert in die Revolution der Bourgoisie eingegriffen.

In der berühmten Nacht des 4. August wurden dann durch die Nationalversammlung die Privilegien des Adels und des Klerus aufgehoben, und das nicht zuletzt auch auf Initiative der politischen Führer des Adels selbst, die so gehofft haben mögen, die Entwicklung in der Hand behalten zu können. Und die Nationalversammlung hat in dieser Nacht definitiv beschlossen, eine Menschenrechtsdeklaration vorzubereiten. Schon am 26. August 1789 wurde sie feierlich beschlossen und in alle Welt versandt. Diese Déclaration des Droits de l'Homme et du Citoyen, die in ihren Kernpunkten deutlich an die amerikanische Menschenrechtsdeklaration von 1776 angelehnt ist, dürfte zumindest für die Frage, ob es Rückwirkungen der Revolution auf die Entstehung und die Aufnahme des neuen Ideals von Bildung in Deutschland gegeben hat, das zentrale Ereignis gewesen sein. Wahrscheinlich wurde damit aber noch mehr an politischen Richtungsentscheidungen getroffen als das oft angenommen wird. In dieser Deklaration werden als die natürlichen und unabdingbaren Menschenrechte die Freiheit, das Eigentum, die Sicherheit, der Widerstand gegen Unterdrückung festgelegt. Die Gleichheitsmaxime wird hier noch als Gleichheit vor dem Gesetz, nicht als soziale Gleichheit formuliert, und die Brüderlichkeit kommt erst später in der Revolution dazu. Nicht zuletzt wird hier schon festgelegt: Der Ursprung aller Souveränität liegt seinem Wesen nach beim Volke, keiner kann Autorität ausüben, die nicht ausdrücklich hiervon ausgeht (vgl. STRZELEWICZ, 1968, S. 48 ff.).

Dieses Bündel von Postulaten: Freiheit und Eigentum, Volkssouveränität, Sicherheit und Gesetzmäßigkeit ist dann ganz offenkundig unmittelbar in die Idee von Bildung, wie sie in Deutschland aufkam, eingeflossen und vor allem und vorrangig das Element der Freiheit. Schon an der Volkssouveränität schieden sich bald die Geister, die sich in dem Freiheitspostulat nach individueller Autonomie noch einig waren. Die Maxime der sozialen Gleichheit jedenfalls scheint nicht mit in die deutsche Bildungsidee eingeflossen zu sein, so wenig wie die der Brüderlichkeit. Der Bildungsbegriff des deutschen Idealismus also war vor allem ein Freiheitsbegriff und verband sich mit dem Anspruch auf individuelle Autonomie. Mit dieser Vorstellung von Bildung begann das deutsche Bürgertum, sich seiner selbst bewußt zu werden.

Der Ausbruch der Revolution 1789 hat viele begeistert, ihr Verlauf fast ebenso viele enttäuscht, wenn nicht entsetzt. Beide Revolutionen, vor allem die in Frankreich, haben wohl zu viele Etappen und ganz verschiedene Stadien gehabt, als daß sich bei denselben Personen Begeisterung und Zustimmung hätten durchgängig erhalten können. Die uneingeschränkt positiven Stellungnahmen zur Revolution scheinen darum aufs Ganze gesehen selten zu sein. Aber das ist vielleicht auch nicht das Wichtigste. Bedeutsamer ist wahrscheinlich, in welcher Weise sich nennenswerte Teile der gebildeten Bevölkerung zu den Ideen der Aufklärung und zu den Menschenrechtsprinzipien der Revolution und nicht so sehr zu ihren einzelnen Ereignissen eingestellt haben.

Von etlichen Deutschen weiß man, daß sie nach Paris gereist sind, um die Revolution an Ort und Stelle zu beobachten. In seinem Lebensbild über den Grafen Gustav von SCHLABRENDORF (Schlabrendorf oder Die Republik, 1984), der von 1789 an als Emigrant in Paris gelebt hat, berichtet der Schriftsteller Martin GREGOR-DELLIN davon, welche lange und prominente Reihe deutscher Besucher SCHLABRENDORF als Gastgeber und als eine Art Fremdenführer durch die Revolution betreut hat. Wilhelm von HUMBOLDT ist mehrfach und längere Zeit in Paris und auch bei SCHLABRENDORF gewesen. Über ihn dürfte er auch Kontakt zur Witwe CONDORCETs bekommen haben. Man nimmt jedenfalls an, daß er bei den Besuchen der Witwe auch intensiv die (revolutionären) Schulpläne des toten Marquis studiert und sie sich für seine preußischen Schulpläne nutzbar gemacht habe. Der Oldenburger Gerhard Anton von HALEM hat von Paris aus eine Zeit lang für die in Oldenburg erscheinenden und von ihm mitherausgegebenen "Blätter vermischten Inhalts" berichtet.

In dem erwähnten Buch von Hans WEIL über "die Entstehung des deutschen Bildungsprinzips" kann man ziemlich klar bestätigt finden, daß Wilhelm von HUMBOLDT aus Paris nur die Maxime der Freiheit "mitgebracht" hat, von Gleichheit und Brüderlichkeit ist da nichts zu lesen. Diese Freiheit aber ist die des Individuums, sie bedeutet individuelle Autonomie. Damit soll nicht etwa argwöhnisch angedeutet werden, HUMBOLDT sei möglicherweise nur für die Idee der Freiheit aufgeschlossen, für Gleichheit und Brüderlichkeit aber blind gewesen. So wie die Freiheitsvorstellungen in der ersten Phase der Revolution sich als Bildungsidee ausgeformt haben, nämlich als Protest gegen die Traditionslenkung (RIESMAN) und als Abschütteln des Ancien Régime, konnte wahrscheinlich die Gleichheitsidee überhaupt nicht damit in Verbindung gebracht werden. Willy STRZELEWICZ hat vor gut 20 Jahren wie allgemeingültig formuliert

> "daß nur der einzelne Mensch gebildet sein und das Wort Bildung immer nur Formung und Haltung der Individuen, nicht etwa der Institutionen oder der zwischenmenschlichen Beziehungsmuster bezeichnen kann." (STRZELEWICZ, RAAPKE, SCHULENBERG, 1966, S. 1)

Wenn das richtig ist, konnten Gleichheit und Brüderlichkeit nicht in jenes bürgerliche Ideal von Bildung eingehen. Diese Maximen gehören wahrscheinlich in ein anderes kategoriales Gefüge.

Einer der relativ gut erforschten Fälle eines Menschen gegenüber der Revolution ist der des "politischen PESTALOZZI" (Adalbert RANG, 1967). PESTALOZZI hat zunächst in immer neuen Versuchen sich bemüht, die Revolution in Frankreich und die Volksbewegungen in der Schweiz zu interpretieren und ein Urteil zu finden. "Ja oder Nein?" hat PESTALOZZI seine 1792/93 entstandene Schrift betitelt, in der er seine erste und vielleicht grundsätzlichste Stellungnahme zur Französischen Revolution äußert (Horst MESSMER, 1972, S. 83). Aber es ist nicht bei diesem Ja oder Nein geblieben, sondern mit den sansculottischen Angriffen auf die Eigentumsrechte waren für PESTALOZZI die Grenzen der bürgerlichen Revolution überschritten, und er versuchte zur Besonnenheit, zur Ruhe und Sittlichkeit zu mahnen. Hatte PESTALOZZI damit das Prinzip der Freiheit und der Souveränität des ganzen Volkes, unabhängig von Herkunft und Stellung, aufgegeben? Das Urteil ist nicht leicht. Dietfrid KRAUSE-VILMAR ist an dieser Stelle entschieden der Auffassung: "PESTALOZZIs zentrales Interesse zielt ab auf die Befriedigung der ökonomischen, rechtlichen und kulturellen Bedürfnise der Oberschichten in den industrialisierten Landgegenden" (S. 136). Ist das so eindeutig oder könnte nicht Adalbert RANG damit Recht haben, daß bei PESTALOZZI hier eine "Wendung von der Politik zur Bildung" stattgefunden habe? (zitiert bei D. KRAUSE-VILMAR, S. 109) Oder wäre nicht noch näherliegend, daß PESTALOZZI nicht seine Überzeugungen, sein "Ja", preisgegeben hat, aber daß er einen Weg von außen nach innen, von der politischen Realität in die Idee, von der sozialen und ökonomischen in die sittliche Realität gegangen ist. Sicher war das ein Fluchtweg, weil er mit dem, was in der Revolution tatsächlich geschah, nicht mehr mitkonnte, aber war das auch die Preisgabe der Prinzipien, der Ideen der Menschenrechte?

Ein in seiner Ähnlichkeit ein wenig überraschender Vorgang hat sich etwas später in HERBARTs Leben vollzogen. 1793 hielt HERBART, freilich noch als Primaner, eine Rede an die scheidenden Abiturienten des Gymnasiums in Oldenburg: "Etwas über die allgemeinsten Ursachen, welche in Staaten den Wachstum und den Verfall der Moralität bewirken." Darin äußerte der junge HERBART sein Entsetzen über die Greuel in Paris, aber unterschied auch deutlich zwischen Idee und Realität der Revolution. Mit Pathos hat er sich zur Herrschaft der Sittlichkeit über die Sinnlichkeit bekannt und in der Konsequenz auch zur Idee der Verfassung. Für seine Gegenwart war ihm freilich die Überzeugung von der sittlichen Wahrhaftigkeit dessen, was in Paris im Namen der Ideen der Freiheit und der Revolution geschah, ins Wanken geraten. In HERBARTs pädagogischem Hauptwerk "Allgemeine Pädagogik", das 1806 als sein erstes Buch erschien, fand, wie das dem Sinne nach Dietrich BENNER formuliert hat, eine "fundamentale Neubestimmung des Verhältnisses von Ethik und Pädagogik" statt; d. h. die bürgerliche Gesellschaft erkenne keine allgemeingültigen ethischen Setzungen mehr an, sondern wolle ihre Erziehungsziele selbst formulieren. Der erste Satz der "Allgemeinen Pädagogik" heißt darum ganz konsequent: "Was man *wolle*, indem man erzieht, und Erziehung fordert: das richtet sich nach dem Gesichtskreise, den man zur Sache mitbringt." Aus dem Gesichtskreis wird dann bei HERBART der "Gedankenkreis" der Individuen, ihre Bildung. Aus sich selbst also soll und will das Individuum die Ziele der Erziehung formulieren.

1809 wurde HERBART nach Königsberg berufen, nicht zuletzt um dort an der preußischen Schulreform in der HUMBOLDT-Ära mitzuwirken. Sein anderes großes Werk, die "Psychologie als Wissenschaft" erschien 1824/25, als die Restauration in Preußen immer größere Schärfe bekam. Hier hat HERBART den Ich-Begriff des philosophischen Idealismus zur psychologischen Problematik ausgearbeitet, er ist den "wissen-schaftlichen Weg nach Innen" gegangen, wie Dario F. ROMANO es formuliert hat. Die deutliche Akzentuierung des Individuums und seiner Autonomie hat er dabei nicht aufgegeben, aber er hat sie nach innen gewendet. Das allerdings geschah nicht angesichts der Greuel der Revolution, sondern unter dem Druck der Restauration.

Eine Gruppe von Historikern bereitet zur Zeit ein biographisches Lexikon zur Geschichte der frühdemokratischen und -liberalen Bewegungen in Mitteleuropa 1770-1801 vor. Unter den rund 250 Namen, die für den Teilband "Deutschland" vorgesehen sind, finden sich etliche aus der Besucherliste bei SCHLABRENDORF wieder, und natürlich auch die meisten der hier von mir Genannten, HERBART so wie HERDER oder von HALEM. Die Herausgeber dieses Lexikons sind nicht an der Bildungsfrage interessiert, sondern sie wollen ein Nachschlagewerk schaffen vorwiegend von vergessenen, von der Geschichtsschreibung übersehenen oder unterschlagenen Persönlichkeiten, "die politisch hervortraten und dem Rechts- und Verfassungsstaat in Wort und Tat zum Durchbruch zu verhelfen suchten". Selbstverständlich ist für die Herausgeber eine enge Verbindung zwischen aufklärerischem Ideengut und den Prinzipien von 1789. Sie machen hingegen deutliche Unterschiede zwischen jenen "Trägern oppositionellen Ideenguts" und Freiheitskämpfern, "die der Illusion verhaftet blieben", daß sich die bürgerliche Ordnung unter einem aufgeklärten, weisen und einsichtigen Fürsten ohne Umsturz verwirklichen lasse und jener Minderheit, die die Monarchie verwarf und der Auffassung war, daß man die politische Freiheit der Staatsbürger nur in einer Republik gewährleisten könne. Diese Minderheit seien die Jakobiner im strengeren Sinne des Begriffs. Sie seien an den Maximen von Gleichheit und Freiheit orientiert gewesen und

> "in sozialer Hinsicht auf die Unterschichten des eigenen Volkes. Ein für die gebildeten Jakobiner Mitteleuropas kardinales Kriterium ist die Tendenz, Kontakte mit den Plebejern in Stadt und Land aufzunehmen und das aktive Eingreifen der Volksmassen in den politischen Entscheidungsprozeß zu fördern."

So legitim diese Abgrenzung für die Geschichte der Demokratie ist, so problematisch ist sie für die Geschichte der Bildung, denn auf diese Weise werden zumindest die jakobinischen Demokraten und die Gebildeten gegenseitig ausgeschlossen. Es zeigt sich hieran die Tücke einer Unterscheidung zwischen Gemäßigten und Radikalen, von der schon kurz die Rede war. Die Verbindung zwischen Revolution und Bildung kann wohl nur auf der Ebene der Ideen, der Werte, der Maximen gesucht werden. Aber da ist sie dann auch auffindbar und zwar nicht mehr in nicht zueinander passenden politischen oder bildungstheoretischen Kategorien, sondern in der Darstellung gelebten Lebens, in gelebter Bildung also. Ich vermute, daß das geplante biographische Lexikon mehr von dieser Verbindung zwischen

Bildung und Revolution auf der Ebene der Menschenrechte zeigen wird als das redaktionelle Vorwort von Walter GRAB das vorsieht.

Erst dadurch, daß der vierte Stand, das Volk, das Proletarit, selbst in die Revolution eingreift, ändert sich das Bild. Der vierte Stand bringt das Element der sozialen Gleichheit auch in den Problemhorizont der Bildung hinein, denn Bildung ist für sie nicht mehr in erster Linie individuelle Autonomie, sondern Instrument zur Teilhabe an der Macht und schließlich zur Übernahme der Macht. In der Französischen Revolution hat dieser Prozeß eingesetzt, ist aber stecken geblieben, ähnlich ist es dann auch in der deutschen Revolution 1848 gegangen.

III

Wenn die hier vertretene These, daß es zwischen bürgerlichen Revolutionen in Frankreich und Deutschland und der Entstehung der spezifischen deutschen Bildungsvorstellungen weit engere Zusammenhänge gibt, als das bisher weithin angenommen wurde, müßte auch die Restauration in Deutschland ihre Rückwirkungen auf oder Wechselwirkungen mit dem weiteren Schicksal der Bildung in Deutschland gehabt haben. Die Zeichen der Restauration wurden sichtbar mit der Entlassung Wilhelm von HUMBOLDTs als Direktor der Sektion für Kultus und Unterricht des preußischen Innenministeriums. Der Wiener Kongreß mag dafür stehen, daß die Restauration ab 1815 in Preußen und den deutschen Ländern das politische Klima beherrschte. Mit den Karlsbader Beschlüssen 1819 schaffte sich die restaurative Staatsmacht ihre Instrumente zur Verfolgung aller revolutionären Ziele und Kräfte, und das Hambacher Fest 1832 - ein Zusammentreffen überwiegend besitz- und bildungsbürgerlicher Liberaler - löste verschärfte Verfolgungsmaßnahmen aus. Wieder stellt sich die Frage, wie sich die deutschen Gebildeten dazu verhalten, wie sie darauf reagiert haben; und wiederum läßt sich das weit plastischer an ihren Lebensschicksalen, daran wie sie ihr Leben selbst geführt haben, ablesen als etwa allein an ihren schriftlichen oder gedruckten Produktionen, die freilich zu ihrem Lebensschicksal dazu gehören. Viele sind damals emigriert. Die großen Auswanderungswellen hatten selbstverständlich harte ökonomische Gründe für die Mehrheit derer, die das Land verließen. Für die republikanisch gesinnten, vielleicht auch revolutionären oder reformistisch agierenden Gebildeten jedoch waren die Gründe für die Emigration zumeist politischer Natur. Viele haben resigniert, sich von der Außenwelt abgewandt, wofür HERBART und Friedrich FRÖBEL hier als Beispiele stehen. Es gibt andere Bildungsbiographien, in denen weder die Revolution noch die Restauration auch nur die geringste Rolle zu spielen scheinen. Es gibt diejenigen, die die sozialen Probleme in der Weise aufgreifen, daß sie ihre Verantwortung für die sozialen Unterschichten entdecken und wahrzunehmen versuchen, zum Beispiel dadurch, daß sie dem einfachen Volk Bildungsveranstaltungen anbieten. Gleichsam unterhalb dieser Ebene aber hat das "einfache Volk" damit begonnen, sich selbst zu organisieren und zwar zu einem nicht geringen Teil in Bildungsvereinen. Frolinde BALSER hat in ihrem Buch "Die Anfänge der Erwachsenenbildung in Deutschland in der ersten Hälfte des 19. Jahrhunderts" diese Entwicklung ungemein anschaulich beschrieben. Nur dies sei erwähnt: In Arbeiterbildungsvereinen kam man regelmäßig zusammen, um das Lesen zu lernen, um damit Zugang zu Zeitungen zu bekommen; außerdem scheint das Singen eine große Rolle gespielt zu haben. Schließlich waren es dann nicht zuletzt die Arbeiterbildungsvereine, die die neuen Ideen des Kommunismus und das in der Französischen Revolution unerledigt gebliebene Postulat der Gleichheit aufnehmen konnten.

Die bürgerliche Bildung in Deutschland hat - das läßt sich in einer Reihe von Bildungsbiographien belegen - wesentliche Impulse aus der Frühzeit der Französischen Revolution bekommen. Die Menschenrechtsidee der Freiheit hat sich ausgeformt zum Postulat der individuellen Autonomie. Bildung ist die Befreiung von den Mächten der Tradition und damit auch von den Zwängen der traditionsgesteuerten Erziehung, wie Wilhelm von HUMBOLDT und SCHLEIERMACHER das ganz ähnlich formuliert haben. Die Entwicklung dieser Bildung war gestützt durch die revolutionären politischen Bewegungen in Preußen, Deutschland und Europa. Aber sie wurde offenkundig auch wieder zurückgedrängt, erstickt durch die Restauration. Mit der politischen Restauration begann der Verfall jenes mit der Revolution heraufgekommenen Freiheits-begriffes von Bildung. In der Bildung wurde - wenn man es so vereinfacht ausdrücken darf - das Bündnis mit dem Prinzip der Freiheit bald aufgegeben und dafür die schon von Anfang an vorhandene Verbindung mit dem anderen Prinzip des Eigentums kräftig verstärkt. Bildung wurde so allmählich zur Besitzstandsattitüde des auch ökonomisch besitzenden und einflußreichen Bürgertums, Bildung wurde zur Ausdrucksform des Biedermeier. Das vor allem von Wilhelm von Humboldt aufgestellte Ideal der Bildung wurde damit wieder aufgegeben. Daß freilich sein Geist noch gern in Festreden beschworen wird, ändert nichts daran, daß mit der Restauration an die Stelle des Freiheitsbegriffs der Bildung der soziale Abgrenzungsmechanismus der "Allgemeinbildung" getreten ist.

Die Revolution von 1848 hat diese Problematik noch einmal zum Kochen gebracht. Auch diese Revolution war in ihrer ersten Phase eine bürgerliche. Das revolutionäre Bürgertum wollte, wie in Frankreich eine konstitutionelle Reform. Eine konstitutionelle Monarchie war für viele die wünschenswerte Lösung. Es sollte eine tränenlose, "ver-einbarte" Revolution werden. Darauf konnten sich in der Frankfurter Nationalversammlung die Republikaner nicht einlassen. Andererseits gab es auch keine Möglichkeit des Bündnisses mehr zwischen Republikanern und Kommunisten. Veit VALENTIN hat sein großes Werk über die deutsche Revolution von 1848 so zusammengefaßt:

> "Dieser März 1848 ist die große Geschichtswende der Deutschen im 19. Jahrhundert. Es gibt seitdem

> Vormärz und Nachmärz. Die Geister, die Köpfe, die Herzen schieden sich. Man mußte auf der einen oder der anderen Seite der Barrikade stehen."

Wolfgang Schieder hat das so ergänzt:

> "Diese Revolution schuf in Deutschland ein für allemal Klarheit. Wer mit dem Vormärz und dem Weg zur Revolution sympathisierte, der nahm für Freiheit und Fortschritt Partei. Wer aus der Sicht der Katastrophe des Nachmärz nach dem Sinn der Revolution fragte, gehörte ins Lager der Reaktion" (SCHIEDER, 1984, S. 13).

SCHIEDER stellt aber auch die Frage, ob man mit dieser Unterscheidung heute noch so sicher sein könnte. Für die Geschichte der Bildung jedenfalls kann man das, obgleich da, wie in der politischen Geschichte, Differenzierungen noch von Nöten sind. Aber die Grundtypen der Bildung liegen nun fest, und sie werden durch das Schulwesen stabilisiert. Die höhere Bildung ist zugleich die Allgemeinbildung, sie wird im Gymnasium, und nur dort, erworben und attestiert. Das Abitur, auf dem Höhepunkt der Restauration in Preußen 1834 eingeführt, dient dazu, die Selektion zu sichern. (WOLTER, 1987) Auf der anderen Seite der sozialen Barriere gibt es auch Bildung: Volksbildung, volkstümliche Bildung, Laienbildung und am Ende des Jahrhunderts auch die berufliche Bildung. Die Ansätze im Vormärz, der Gleichheits-Maxime noch nachträglich zum Durchbruch zu verhelfen, wurden wirksam eingedämmt. Die in unseren Tagen von der konservativen Seite mit Eifer betriebene und von anderen naiv mitgetragene Renaissance der Allgemeinbildung ist ganz offenkundig ein Versuch, jene alten, im Verlauf unseres Jahrhunderts hier und da brüchig gewordenen Dämme wieder zu restaurieren. Die Maximen der bürgerlichen Französischen Revolution, Freiheit, Gleichheit, Brüderlichkeit und die am Beginn der Revolution deklarierten Menschenrechte sind weder sonst in der Welt noch in Deutschland voll eingelöst. Das Freiheitspostulat ist nicht mehr ein zentrales Element der Bildungsvorstellungen, sondern eine Rechtsnorm, die täglich gefährdet ist und verteidigt werden muß,manchmal sogar gegen das Gleichheitspostulat. Die Gleichheits-Maxime ihrerseits ist uneingelöst; es haben zwar Angleichungen stattgefunden, aber von Gleichheit im Sinne der Jakobiner kann keine Rede sein, schon gar nicht im Bereich der Bildung. Brüderlichkeit oder Solidarität, wie es heute öfter heißt, ist aus dem Bereich der politischen Normen wie aus dem der Bildung weitgehend verschwunden, und es ist eine Sozialtugend daraus geworden, die nur in Zeiten von Not und Bedrängnis sich aktualisieren kann. Die Französische Revolution mit ihren Maximen scheint mir also auch im Zusammenhang mit der Frage nach den Möglichkeiten von Bildung ein hochaktuelles Thema zu sein.

IV

1789 - Der 200. Jahrestag des Ausbruchs der Französischen Revolution und des Sturms auf die Bastille steht kurz bevor. In Verlags-, Rundfunk- und Fernsehredaktionen laufen seit geraumer Zeit die Vorbereitungen. Eine enorme Publikationsflut ist zu erwarten, die Vorboten sind schon da. Der erste Hundertjahrestag hat wenig Aufsehen gemacht. In Deutschland hatten damals republikanische Ideen noch weniger Chancen als 80 Jahre zuvor. In Frankreich war die III. Republik noch nicht einmal 20 Jahre alt, und die Revolution war kein aktuelles Thema. Im wesentlichen hatte sich nur die akademische Forschung dieser Sache angenommen. Das wird diesmal voraussichtlich ganz anders werden. Die geistigen und politischen Grundlagen der Französischen Revolution haben in der restaurativen Wende der letzten Jahre, die oft hinter die bürgerlichen Revolutionen zurücksteuert, eine ganz unerwartete Aktualität bekommen. Wer bisher etwas von der Französischen Revolution wußte, kannte das zumeist aus dem Schulunterricht. Der 200. Jahrestag bietet eine bisher nicht dagewesene Chance zur Popularisierung der in die Französischen Revolution eingemündeten Ideen der Aufklärung und der Menschenrechte. Popularisierung war eine der Ideen der Aufklärung, nämlich Mitteilung, Verbreitung und Erläuterung von Wissen, das bis dahin nur wenigen zugänglich gewesen war. Man wird gespannt sein dürfen, ob jene Chancen genutzt werden und in welcher Weise sich etwas vom Geist der bürgerlichen Revolution im Bewußtsein von großen Teilen der Bevölkerung niederschlagen wird. Die journalistische Publizistik hat es zum 200. Jahrestag des Ausbruchs der Französischen Revolution weit mehr in der Hand als die akademische Wissenschaft, wie diese Revolution interpretiert wird. Wird sich - vielleicht mit Hilfe abendlicher Fernsehserien - so etwas wie Bildung als ein bürgerliches Postulat von Freiheit, Gleichheit und Brüderlichkeit aktualisieren? Zu hoffen wäre es, wenngleich die Erwartungen nicht groß sind. Die alle Akzentuierungen verschleifende Ausgewogenheit wird doch wohl überwiegen.

Literatur

BALSER, Frolinde: Die Anfänge der Erwachsenenbildung in Deutschland in der ersten Hälfte des 19. Jahrhunderts, Stuttgart 1959.

FROESE, Leonhard; KAMPER, Dietmar; KRAUSE-VILMAR, Dietfrid; MESSMER, H. u. a. : Zur Diskussion: Der politische Pestalozzi. Weinheim 1972.

GREGOR-DELLIN, Martin: Schlabrendorf oder Die Republik. München 1984.

RAAPKE, Hans-Dietrich: Friedrich und Julius Fröbel. In: Westermanns Pädagogische Beiträge, Heft 11, 1967, S. 499 ff.

Ders.: Johann Friedrich Herbart - Pädagoge in den Widersprüchen seiner Zeit. In: Johann Friedrich Herbart - Leben und Werk in den Widersprüchen seiner Zeit,

Neun Analysen, Hrsg. von BUSCH, Friedrich, W. und RAAPKE, Hans-Dietrich, Oldenburg 1976.

Ders.: Die Bedeutung der Wertediskussion für die Didaktik der Erwachsenenbildung. In: Erwachsenenbildung als Wissenschaft, Bd. XI, Hrsg. von RUPRECHT, Horst und SITZMANN, Gerhard-Helmut, Weltenburger Akademie 1983.

Ders.: Theorie der Erwachsenenbildung - Gebildete Erwachsene. Zur Problematik einer Grundlagentheorie der Erwachsenenbildung. In: Erwachsenenbildung als Wissenschaft, Bd. XIII, Hrsg. von RUPRECHT, Horst und SITZMANN, Gerhard-Helmut, Weltenburger Akademie 1985.

RANG, Adalbert: Der politische Pestalozzi, Frankfurter Beiträge zur Soziologie, Frankfurt 1967.

ROMANO, Dario F.: Der Beitrag Herbarts zur Entwicklung der modernen Psychologie. In: Johann Friedrich Herbart - Pädagoge in den Widersprüchen seiner Zeit, a.a.o., S.89 ff.

SCHIEDER, Wolfgang: 1848/49: Die ungewollte Revolution. In: Wendepunkte deutscher Geschichte, Hrsg. von STERN, Carola und WINKLER, Heinrich A., München 1984.

STRZELEWICZ, Willy: Der Kampf um die Menschenrechte, erweiterte Neuausgabe, Frankfurt 1968.

STRZELEWICZ, Willy/RAAPKE, Hans-Dietrich/ SCHULENBERG, Wolfgang: Bildung und gesellschaftliches Bewußtsein. Eine mehrstufige soziologische Untersuchung in Westdeutschland, Stuttgart 1966.

VOVELLE, Michel: Die Französische Revolution. Soziale Bewegung und Umbruch der Mentalitäten, Frankfurt 1985.

WEIL, Hans: Die Entstehung des deutschen Bildungsprinzips, 1930, 2. Aufl. Bonn 1967.

WOLTER, Andrä: Das Abitur. Eine bildungssoziologische Untersuchung zur Entstehung und Funktion der Reifeprüfung. Oldenburg 1987.

ANDRÄ WOLTER

Von der gesellschaftlichen zur staatlichen Organisation der Bildung - Strukturgeschichtliche Aspekte zum Verhältnis von Staat und Bildung

I

Friedrich PAULSEN hat zugespitzt die "fortschreitende Verstaatlichung, Verweltlichung und Verbreiterung" als die drei Haupttendenzen der bildungsgeschichtlichen Entwicklung im 17. und 18. Jahrhundert, also in dem von Aufklärung und Absolutismus bestimmten Zeitraum, bezeichnet (PAULSEN 1906, S. 94). 'Verstaatlichung' nennt er dabei jenen Vorgang, in dem die Leitung und Aufsicht über die vorhandenen Bildungseinrichtungen allmählich von der Kirche auf den Staat übergehen. Dieser Wandel in der äußeren Organisation und sozialen Kontrolle der Bildung korrespondiert mit ihrer inhaltsbezogenen 'Verweltlichung', mit dem Verlust der herrschenden Stellung des konfessionellen Religionsunterrichts und der Theologie als bestimmende Elemente des Curriculums und des Bildungsbegriffs. 'Verbreiterung' schließlich meint sowohl die Integration immer weiterer Bevölkerungsgruppen und -schichten in das Feld der vorhandenen Bildungsinstitutionen, ablesbar etwa an der staatlichen Normierung der Schulpflicht und der wachsenden Alphabetisierung (NORDEN 1980), wie auch die zunehmende Aufnahmebereitschaft, mit der ein breiteres bürgerliches Publikum der neuen Kultur-, Literatur- und Bildungsbewegung im ausgehenden 18. Jahrhundert begegnete (WEIL 1967).

Was PAULSEN, der Altmeister der pädagogischen Geschichtsschreibung, hier als eine Quintessenz umfassender Studien und detaillierter Materialkenntnis formuliert hat, zeigt noch deutlich das Bewußtsein des Prozeßcharakters dieser Entwicklung. Die von ihm beschriebene dreifache Modernisierung der Bildung im 18. Jahrhundert hat nicht nur eine weit in das Mittelalter zurückreichende Vorgeschichte, sondern hat auch ihren Abschluß keineswegs schon an der Wende vom 18. zum 19. Jahrhundert gefunden. Dagegen findet sich in vielen älteren wie neueren historisch-pädagogischen Beiträgen, insbesondere dort, wo kompendienhaft ein Jahrhunderte übergreifender Wandlungsprozeß auf einige wenige Entwicklungslinien verkürzt wird, häufig eine Darstellung, die eine direkte Aufeinanderfolge zwischen den mittelalterlichen Bildungseinrichtungen, in Lehrplan, Organisation und Funktion bloße Anhängsel der Kirche, und dem neuzeitlichen, staatlich verfaßten Bildungswesen unterstellt. Aufklärung und Absolutismus wird dabei in erster Linie das historische Verdienst zugeschrieben, das ältere, kirchliche in das neuere, staatliche Bildungswesen überführt zu haben. Seinen prägnantesten rechtsgeschichtlichen Niederschlag - gewissermaßen als eine Art Wendepunkt in der Organisationsgeschichte des Bildungswesens - soll diese 'Verstaatlichung' in jener viel zitierten programmatischen Bestimmung des Allgemeinen Preußischen Landrechts von 1794 gefunden haben, wonach "Schulen und Universitäten Veranstaltungen des Staates" sind (HATTENHAUER 1970, S. 595). Der geschichtliche Prozeß der Verstaatlichung schrumpft darin quasi auf einen punktuellen Akt.

II

Demgegenüber hat Enno FOOKEN in zwei sich inhaltlich überschneidenden Beiträgen umfangreiches historisch-empirisches Material angeführt, mit dem er dieses Bild einer sukzessiven, in ihrer historischen Tendenz scheinbar ungebrochenen Entwicklung vom kirchlichen zum staatlichen

Bildungswesen - mit dem 18. Jahrhundert als der eigentlichen historischen Zäsur - nachdrücklich korrigiert hat (FOOKEN 1966, 1967). Seine Darstellung belegt anschaulich, daß sich die bildungsgeschichtliche Entwicklung, speziell die der Schulaufsicht, zwischen Reformation und Aufklärung nicht hinreichend mit einer pauschalen Gegenüberstellung von Kirche und Staat als dem älteren bzw. dem neuen Träger institutionalisierter Bildung erklären läßt. FOOKENs Hauptthese läuft darauf hinaus, in der Aufklärung und dem späten 18. Jahrhundert keineswegs die strukturelle Zäsur in der inneren wie äußeren Organisation des Bildungswesens zu sehen. Vielmehr dominiert hier noch - bei sich insgesamt wandelnden geistes- und verfassungsgeschichtlichen Voraussetzungen - das Moment der Kontinuität in der politischen, administrativen und pädagogischen Kooperation von Staat und Kirche auf dem Feld der Bildung und Erziehung.

FOOKEN stellt dar, wie nach der Reformation nicht nur in den katholischen, sondern auch in den protestantischen Territorien die alte Verschmelzung von geistlicher und weltlicher Gewalt beibehalten wird, wenn auch in den protestantischen Gebieten durch die Errichtung des landesherrlichen Kirchenregiments die politische Autorität der jeweiligen Landesgewalten erheblich gestärkt wurde. Mit der Etablierung der territorial begrenzten Landeskirchen, an deren Spitze der Landesherr die Einheit von Kirche und Staat verkörperte, war fast zwangsläufig auch die Übernahme des Schulregiments durch den Staat verbunden, da die protestantischen Fürsten und Städte jetzt als "Rechtsnachfolger" der älteren Ordnungsgewalten "die natürliche Adresse" für die Unterhaltung und Kontrolle des Bildungswesens waren (LUNDGREEN 1980, S. 20). Staat (im Sinne der frühneuzeitlichen Territorialgewalt) und Kirche sind auch weiterhin ebenso fest miteinander verbunden wie Kirche und Schule.

Dieses Zusammenwirken von Kirche, Staat und Schule läßt sich auf verschiedenen Ebenen verfolgen, so auch in der Organisation der Schulaufsicht. Die geistliche Schulaufsicht durch die lokale Ortsgeistlichkeit und die regionalen oder zentralen kirchlichen Behörden (Konsistorien) ist keine ausschließlich kirchliche Institution gewesen, sondern "ein organischer Bestandteil der öffentlichen Ordnung im christlichen Obrigkeitsstaat" (FOOKEN 1967, S. 48). Auch die zahlreichen, in den protestantischen Territorien im 16. und 17. Jahrhundert verfaßten Schulordnungen, zunächst zumeist noch als Bestandteil von Kirchenordnungen, nach dem Dreißigjährigen Krieg aber häufiger auch selbständig erlassen, spiegeln diesen inneren Zusammenhang von Kirchenrecht und Schulrecht, von geistlicher und weltlicher Gewalt.

> "Wegen der intensiven Verschmelzung des religiösen und politischen Lebens ist die Frage, ob die Schule in dieser Zeit Sache des Staates oder der Kirche ist, fast müßig. Sie ist sowohl eine Sache der mit der Staatsordnung verwobenen Kirche als auch eine Sache der weltlichen Obrigkeiten, die sich gegenüber ihren Untertanen christlich patriarchalisch zeigen ... Es gibt in jener Zeit weder eine 'rein kirchliche' noch eine 'rein weltliche' Schule, sondern eine Schule, die im Lebensraum einer christlich geprägten Kultur steht. Der Verschmelzung des geistlichen und weltlichen Elements innerhalb dieser Kultur entspricht in den Formen des Schulregiments die vielfach zu beobachtende unbefangene Kooperation kirchlicher und staatlicher Stellen und in der Ausrichtung des Schulregiments die Einordnung in die christlich verstandene patriarchalische Verantwortung der Landesherrschaft" (FOOKEN 1966, S. 105 und 107).

Bereits diese Befunde FOOKENS widersprechen insofern dem verbreiteten Bild eines im 18. Jahrhundert von der Kirche auf den Staat übergegangenen Bildungswesens, als sich offensichtlich schon deutlich früher ein engeres Kooperationsverhältnis zwischen Staat und Kirche herausgebildet hat. Staatliche Elemente bei der Steuerung und Kontrolle des Bildungswesens sind also keineswegs erst ein Ergebnis von Aufklärung und Absolutismus. Umgekehrt führt aber der Bedeutungszuwachs des Staates für die Normierung und Verwaltung des Bildungswesens, ablesbar etwa an den zahlreichen entsprechenden staatlichen Edikten im 18. Jahrhundert, noch keineswegs zum Verschwinden kirchlicher Zuständigkeiten und Befugnisse. Auch wenn das Verhältnis zwischen Kirche und Bildungswesen in einen umfassenden Umbildungsprozeß gerät und die Einbeziehung des Bildungswesens in den Funktionskreis staatlichen Handelns deutlich das Interesse an der Indienstnahme institutionalisierter Bildung für Zwecke der sozialen Disziplinierung, der bürgerlichen Zucht und der ökonomischen Nützlichkeit erkennen läßt (SCHULENBERG 1970, S. 405), so wird doch gerade in dieser funktionalen Absicht die enge Kooperation zwischen Staat und Kirche auf dem Gebiet der Bildung und Erziehung fortgeführt.

Zunächst verweist FOOKEN darauf, daß die "sogenannte Verstaatlichung der Schule im 18. Jahrhundert nur ein Teil der 'Verstaatlichung' der Kirche" gewesen ist (1966, S. 70). Das absolutistische Staatskirchentum ordnete die Kirche fast vollständig in das staatliche Gefüge der Behörden, Ämter und Zuständigkeiten ein und reduzierte damit die ohnehin kaum vorhandene Autonomie der protestantischen Kirche noch weiter. Wurde die geistliche Schulaufsicht schon vor der Aufklärung im wesentlichen gemeinsam von Staat und Kirche getragen, so bleibt diese "Kooperation von Staat und Kirche auf dem Gebiet der Volkserziehung" (FOOKEN 1966, S. 118) auch unter den veränderten politischen und gesellschaftlichen Rahmenbedingungen des 18. Jahrhunderts zunächst noch weiter bestehen.

Die geistliche Schulaufsicht - jetzt als Organ des Staatskirchentums - erweist sich als ein geeignetes Instrument, das überlieferte Bildungswesen seinen neuen Funktionen als eine Institution der 'Sozialdisziplinierung' (PETRAT 1979, S. 66 ff) und der Erziehung zu gesellschaftlicher Brauchbarkeit anzupassen. Zwar hat im Verlauf des 18. Jahrhunderts die funktionale Bedeutung des Staates erheblich zugenommen, was exemplarisch im Begriff des absolutistischen Policey-Staates zum Ausdruck kommt; auch hat sich die Organisationsstruktur des staatlichen Verwaltungsapparates in dieser Zeit kontinuierlich weiter ausdifferenziert (NEUGEBAUER 1977). Darüber hinaus hat sich die theoretische Begründung staatlichen Handelns durch Rationalismus und Naturrecht ebenso verändert wie die philosophische Selbstdeutung von Theologie und religiöser Unterweisung unter dem Einfluß der Aufklärung. Das kooperative Grundverhältnis zwischen Staat und Kirche bei der Verwaltung, Kontrolle und Steuerung schulischer Einrichtungen wird davon jedoch nur wenig berührt.

FOOKEN zeigt das u. a. am Beispiel des preußischen Oberschulkollegiums, mit dem 1787 erstmals eine oberste staatliche Schulbehörde errichtet wurde (FOOKEN 1967, S. 131 ff.). Die Grenzen der neuen staatlichen Interventionen im Bildungsbereich zeichnen sich hier ebenso deutlich ab wie die Beharrungskraft der überlieferten Organisationsstrukturen. Selbst die mit der Aufklärung zunehmende publizistische Kritik an der geistlichen Schulaufsicht läßt sich - bei aller Verschiedenheit ihrer pädagogischen und politischen Motive - nur teilweise unter der grundsätzlichen Alternative zwischen kirchlicher oder staatlicher Bildungshoheit interpretieren. Diese Kritik ist

> "im wesentlichen nicht gegen die Kirche an sich, sondern gegen den Einfluß einer möglicherweise nicht vom Geist der Aufklärung geprägten Kirche gerichtet. Die Kritik ist die negative Seite des positiven Strebens, das Schulwesen im Sinne des Zeitgeistes neu zu gestalten. Die Alternative, die die Auseinandersetzung beherrscht, heißt nicht: staatliche oder kirchliche, sondern: aufklärungsgemäße oder nicht aufklärungsgemäße Schulaufsicht" (FOOKEN 1967, S. 201).

Offensichtlich lassen sich bis zum Ende des 18. Jahrhunderts kirchliche und staatliche Elemente in der Schulaufsicht und Schulorganisation kaum voneinander trennen. Aufklärung und Absolutismus sind nicht jene zentralen Zäsuren oder gar Endpunkte einer bildungsgeschichtlichen Entwicklung, die den Übergang vom kirchlichen zum staatlichen Bildungswesen markieren. Eher sind sie wohl als Zwischenstufen eines viel komplexeren und längerfristigen historischen Prozesses der 'Verstaatlichung' institutionalisierter Bildung zu sehen. Die gängige These, die heutige Staatsschule sei ein Produkt des Absolutismus, muß daher sowohl hinsichtlich der zeitlichen Datierung wie auch des damit unterstellten Kausalzusammenhangs erheblich differenziert werden.

III

In der von FOOKEN eingeschlagenen Argumentationslinie hat sich die bildungsgeschichtliche Forschung immer mehr von dem 'Modell' eines gleichsam linearen Übergangs der Schulträgerschaft und -aufsicht von der Kirche auf den Staat entfernt und stattdessen ein komplexeres Interdependenzmuster zwischen Staat, Kirche und Bildung entworfen. Das gilt gerade auch für die von FOOKEN (aufgrund seiner anderen Schwerpunktsetzung) weitgehend ausgesparten Zeiträume vor der Reformation und nach der Aufklärung. Denn auf der einen Seite standen bereits vor der Reformation Staat und Bildung in einer engeren Beziehung bzw. Staat und Kirche in einer direkteren Konkurrenz zueinander, als es die stereotype Gegenüberstellung zwischen einem älteren, kirchlichen und einem neueren, staatlichen Bildungswesen zum Ausdruck bringt. Auf der anderen Seite war die administrative, politische und pädagogische Kooperation zwischen Staat und Kirche auf dem Gebiet der Bildung und Erziehung keineswegs mit der nominellen 'Verstaatlichung' des Bildungswesens beendet, wie sie am deutlichsten etwa im Allgemeinen Preußischen Landrecht zum Ausdruck kam.

Dabei hat sich die weitere Diskussion allmählich von der ausschließlichen Konzentration auf Staat und Kirche als den beiden Trägern der Schulhoheit gelöst und die Frage nach der Organisation und Kontrolle institutionalisierter Bildung in den weiteren sozial- und verfassungsgeschichtlichen Zusammenhang der historischen Differenzierung zwischen Staat und Gesellschaft gestellt. Die mehrere Jahrhunderte übergreifende, über viele Zwischenstufen verlaufende Transformation der alteuropäischen Herrschaftsordnung, die keine strenge Trennung zwischen öffentlicher und privater Sphäre kannte, in die nunmehr auseinandertretenden, relativ autonomen Bereiche von Staat und Gesellschaft (HABERMAS 1969) bildet den historischen Hintergrund der 'Verstaatlichung' des Bildungswesens.

Schärfer treten dadurch vor allem die erheblichen verfassungs- und institutionsgeschichtlichen Unterschiede in der Organisation der öffentlichen Gewalt zwischem dem Mittelalter und der Gegenwart hervor, in die auch das Verhältnis zwischen Staat, Kirche und Schule einbezogen ist. Die häufige Rede vom 'Staat' als einer globalen, idealtypischen Kategorie verdeckt, daß es sich dabei um sehr verschiedene Entwicklungsformen und -stufen zwischen der eher partikularen Organisation politscher Herrschaft in der alteuropäischen Gesellschaft und dem eher zentralistisch organisierten, bürokratischen Anstaltsstaat der Gegenwart mit ganz unterschiedlichen Steuerungsinstrumenten und Handlungsmöglichkeiten handelt. Diese notwendigen historischen Differenzierungen im Staatsbegriff berühren insofern auch das Verhältnis von Staat und Schule, als dadurch die wechselseitige Dynamik zwischen der Bildungsentwicklung einerseits und der Entstehung und Entwicklung staatlicher Strukturen andererseits deutlicher hervortritt.

In diesem Zusammenhang sei insbesondere auf die nachdrückliche Warnung NEUGEBAUERS (1985, S. 625) vor einer "Vordatierung des modernen Staates" hingewiesen. In seiner materialreichen Studie hat NEUGEBAUER gezeigt, wie wenig die Schulwirklichkeit im Preußen des 18.Jahrhunderts bereits von den Aktivitäten und Einflüssen des - zunächst nur seinem Selbstverständnis, noch längst nicht der Praxis nach - souveränen Staates und dessen Modernisierungspolitik geprägt war, wie sehr sich hier vielmehr noch die Beharrungskraft und die überdauernden Wirkungen traditioneller Strukturen der dezentralen Organisation politischer und gesellschaftlicher Gewalt erkennen lassen.

Nicht der schon 'fertige' moderne Staat hat sich in einem Akt der 'Verstaatlichung' des Bildungswesens bemächtigt und seiner Steuerung und Kontrolle unterworfen, sondern die Ausformung der staatlichen Schulhoheit ist in den umfassenden Wandlungsprozeß öffentlicher Herrschaft eingebunden. Prägnant hat LANGE (1967, S. 287) diesen inneren Zusammenhang zwischen der Bildungsentwicklung und der Entwicklung staatlicher Strukturen zum Ausdruck gebracht:

> "Damit die moderne Schulorganisation möglich wurde, mußte sich die Struktur des alten Gemeinwesens von Grund auf verändert haben. Nicht der Staat - dieses moderne Phänomen - war schon da und hat sich allmählich auf seine Aufgaben gegenüber dem Schulwesen besonnen, sondern beides geht Hand in Hand: die Umwandlung des alten Gemeinwesens in das Gegenüber von Staat und Gesellschaft, also die Ausbildung der Souveränität nach innen, und die Verwirklichung der Schulhoheit als eines notwendigen Ausflusses dieser Souveränität. Dieselben Ursachen haben den modernen Staat und das moderne Schulwesen heraufgeführt."

IV

Die politische Herrschaftsordnung des Mittelalters läßt sich idealtypisch durch zwei gemeinsame Grundzüge beschreiben: Durch eine ausgeprägte partikularistische Tendenz der Dezentralisierung und Teilung der Herrschaftsgewalt und durch das Überwiegen personaler anstelle anstaltlicher Elemente in der Herrschaftsausübung. Auf der Basis des Lehenswesens und der Haus- und Grundherrschaft bildeten Staat und Gesellschaft, private und öffentliche Sphäre eine Einheit, die idealtypisch das mittelalterliche 'Land' von der modernen

Staats- und Sozialverfassung unterscheidet. Die verschiedenen Herrschafts- und Verwaltungsaufgaben waren auf eine Vielzahl eigenständiger Herrschaftsträger verteilt. Entsprechend zerfiel die 'öffentliche' Gewalt in zahlreiche lokale und ständische Herrschaftseinheiten, zu denen auch die freien Städte zählten, ohne übergreifende einheitliche Rechtsordnung oder eine mit umfassenden Hoheitsrechten ausgestattete Zentralgewalt. Diese Tendenz zur Dezentralisierung überlagerte sich noch mit den rechtlich weitgehend verfestigten sozialen Trennungslinien der 'alten' Gesellschaft.

Auch die Organisation des Bildungswesens war in dieses alteuropäische System der Herrschaftsbeziehungen einbezogen. Die alteuropäische Bildungsverfassung entsprach im großen und ganzen der Struktur der alteuropäischen Herrschaftsorganisation. Es gab weder eine zentrale Instanz, die die pädagogischen und administrativen Zuständigkeiten für das Schulwesen monopolisierte, noch eine einheitliche Rechtsverfassung und Lernorganisation. Befugnisse und Kompetenzen im Bildungsbereich waren nach dem gleichen Organisationsprinzip über verschiedene partikulare Herrschaftseinheiten verteilt wie die Staatsgewalt insgesamt. Weite Bereiche des heutigen Erziehungs- und Bildungswesens waren in die Sozialform des "ganzen Hauses" integriert und nicht in spezialisierte Einrichtungen. Das spiegelt die insgesamt eher subsidiäre Funktion institutionalisierter Bildung im Rahmen einer gesellschaftlichen Organisation, in der die wesentlichen Sozialisations- und Qualifikationsleistungen in erster Linie in den überlieferten Bahnen traditionsgesteuerter Vergesellschaftung erbracht wurden (STRZELEWICZ 1966, 1979; ROESSLER, 1961, S. 61 ff.). So fehlte nicht nur in der politischen Herrschaftsordnung des Mittelalters, sondern auch in der Bildungsverfassung eine Unterscheidung nach privaten und öffentlichen Angelegenheiten.

Die alteuropäischen bzw. mittelalterlichen Bildungseinrichtungen waren weder staatliche oder öffentliche Einrichtungen im modernen Sinne noch ausschließlich kirchliche Einrichtungen. Vielmehr waren sie - im Rahmen der korporativ-ständischen Gliederung der Gesellschaft - jeweils einzelnen, z. T. weitgehend autonomen Herrschaftseinheiten zugeordnet (Kirche, Städte, Stände). Außerhalb der unmittelbaren kirchlichen Lebens- und Bildungswelt konnten die vorhandenen Bildungseinrichtungen dadurch eine mehr oder minder große Autonomie gewinnen, die sich z. B. in der damals häufiger anzutreffenden Rechts- bzw. Finanzierungsform einer Stiftung äußerte. Die Stellung des 'alten' Bildungswesens innerhalb des 'alten' Gemeinwesens spiegelt sozialhistorisch seine insgesamt begrenzten, eher komplementären Funktionen im Rahmen einer Sozialverfassung, in der institutionalisierte Bildung und Ausbildung noch keine zentrale Rolle als 'spezialisierte Medien' der Vergesellschaftung spielten, sondern weitgehend unproblematische Bestandteile der alltäglichen Lebensvollzüge in Hauswirtschaft, Familie, Stand und Zunft waren.

In diesem Sinne konnte der Verwaltungs-, Bildungs- und Sozialhistoriker Lorenz von STEIN (1883, S. 86 ff.) auch davon sprechen, daß das europäische Bildungswesen im Mittelalter seine "öffentlich-rechtliche Gestalt fast nur durch die Entwicklung und jedesmalige Gestalt der europäischen Gesellschaftsordnung empfängt". Die äußere Bildungsorganisation beruht in dieser Zeit weder auf einem staatlichen noch auf einem kirchlichen Monopol, sondern das "Bildungswesen dieser ganzen Epoche ist ein gesellschaftliches." Stellung und Funktion der einzelnen Bildungseinrichtungen ergeben sich aus demselben gesellschaftlichen Gliederungsprinzip, das in Form rechtlicher und sozialer Trennungslinien, ständischer Rechte und Pflichten und korporativer Zugehörigkeiten auch die gesamte gesellschafliche Verfassung bestimmt. Dieser gesellschaftliche Charakter institutionalisierter Bildung hat - so STEIN - seinen rechtshistorischen Ausdruck am deutlichsten in der körperschaftlichen Organisation der Bildung gefunden, für die vor allem die mittelalterlichen Universitäten zum Modell geworden sind.

Zwar waren die ersten, seit dem 8.Jahrhundert nachweisbaren Schulen im deutschen Kulturraum kirchliche Einrichtungen gewesen (BARTH, 1916, S. 166 ff.; ILLMER 1979). Auch wenn diese Schulen - ihrer äußeren Form und ihrem Inhalt nach - kirchliche Lateinschulen waren, so haben sie insofern bereits in gewisser Weise öffentliche Funktionen mitausgeübt, als sie infolge des klerikalen Bildungs- und Schriftmonopols auch die Ausbildung der geistlichen Verwaltungsschicht als Träger des damaligen Amts- und Rechtsverkehrs übernahmen. Deshalb waren diese ersten Lateinschulen funktional "von Beginn an mehr als nur Ausbildungseinrichtungen für kirchlichen Nachwuchs oder Stätten sprachlicher Luxurierung" (SCHULENBERG 1970, S. 398). Liegen bereits darin gewisse Anzeichen für eine (wenngleich noch sehr begrenzte) über die kirchlichen Dienste hinausgehende öffentlich Aufgabenerfüllung, so entstanden seit dem 12.Jahrhundert mit den ersten europäischen Universitäten und - etwas später - mit der beginnenden Entwicklung eines städtischen Schulwesens neue Institutionen, die sich nicht mehr voll in das Bild eines ausschließlich kirchlichen Bildungswesens einfügen.

Die ersten europäischen Universitäten gingen aus genossenschaftlichen Vereinigungen von Lehrenden und Studierenden, aus "geschworenen Einungen" (OEXLE, 1985) hervor, zu denen sich die Angehörigen vor allem deshalb zusammenschlossen, um in einem "Akt der Selbsthilfe" (OEXLE) ihre gemeinsamen Interessen gegenüber den weltlichen und geistlichen Gewalten besser vertreten zu können. In z. T. heftigen Auseinandersetzungen (vor allem mit der Kirche) errangen die Universitäten weitreichende Privilegien und Exemtionen, deren Gesamtheit die korporative Autonomie der Universitäten in der mittelalterlichen Rechts- und Sozialverfassung begründete (BORNHAK, 1910; BOEHM 1970, 1984; GRUNDMANN, 1976). Das städtische Schulwesen des Mittelalters besaß zwar nicht die privilegierte Autonomie der Universitäten (quasi als Stand mit eigenem Rechtsstatus), aber eine vergleichbare Zwitterstellung zwischen der lokalen Kirche, die ihr überliefertes Bildungsmonopol verteidigte, und den städtischen Organen, die auf Erweiterung ihrer Zuständigkeiten drängten. In besonderer Weise zeigt sich das an den lateinischen Pfarr-, Stadt- oder Ratsschulen, die sich von den herkömmlichen kirchlichen Lateinschulen weniger inhaltlich-didaktisch als vielmehr durch ihre administrative Einbindung unterschieden. Der städtische Rat beanspruchte hier schon früh ein eigenes Aufsichts- und Leitungsrecht - z. T. in enger Kooperation, z. T. aber auch in direktem Konflikt mit der örtlichen Kirche. Dadurch gewannen diese städtischen Lateinschulen einen ausgesprochenen Doppelcharakter als zugleich städtisch-bürgerliche wie kirchlich-religiöse Einrichtungen. Noch deutlicher tritt das weltliche Element bei den sog. 'deutschen Schreib- und Rechenschulen' hervor, die zumeist Privatschulen (teilweie gegen kirchlichen Widerstand) waren und ihre Entstehung in erster Linie den Initiativen des gewerblichen und kaufmännischen Stadtbürgertums verdankten (vgl. WRIEDT 1983; ENDRES 1982, 1983).

So wird bereits die Entstehungs- und Frühgeschichte dieser Institutionen - der Universitäten ebenso wie der städtischen Latein- und der deutschen Schulen - von dem spannungsreichen Verhältnis zwischen weltlicher Obrigkeit, Kirche und Bildung begleitet. Jedoch handelte es sich dabei noch nicht um einen prinzipiellen, inhaltlich-pädagogischen oder bildungspolitischen Gegensatz zwischen Staat und Kirche, sondern in erster Linie um die Verteidigung und Abgrenzung relativ autonomer ständischer Rechts- und Einflußsphären, die die gemeinsame Teilhabe an der christlichen Kultur gar nicht in Frage stellten. Dennoch zeigt diese Konfliktlinie deutlich, daß das mittelalterliche Bildungswesen nach einer frühen Phase des kirchlichen Bildungsmonopols weder eindeutig eine kirchliche noch eindeutig eine staatliche oder weltliche Institution war. Die alteuropäische Schulverfassung bestand vielmehr in ihrem Kern aus vergleichsweise selbständigen Einrichtungen, die innerhalb der ständischen Gliederung der Gesellschaft einzelnen Ständen, Korporationen oder anderen Institutionen zugeordnet sind, oder - wie es bei Lorenz von STEIN heißt: "Das Bildungswesen dieser ganzen Epoche ist ein gesellschaftliches", eingebunden in die körperschaftliche Organisation gesellschaftlicher oder rechtlicher Beziehungen.

V

Vor diesem sozial- und verfassungsgeschichtlichen Hintergrund kann dann allerdings die sog. 'Verstaatlichung' des Bildungswesens nicht mehr ausschließlich als ein Vorgang interpretiert werden, in dem Aufsicht und Hoheit über das Bildungswesen einfach von der Kirche auf den Staat übergehen. Die veränderten Beziehungen zwischen Kirche, Staat und Bildung sind vielmehr Ergebnis eines übergreifenden Wandels öffentlicher Herrschaft durch die fortschreitende Differenzierung zwischen Staat und Gesellschaft aus ihrer ursprünglichen Einheit in der altständischen Herrschaftsordnung. Dieser Prozeß der Entstehung und Verfestigung relativ eigenständiger staatlicher Strukturen seit dem Spätmittelalter ist von historisch orientierten Soziologen sowie von Sozial- und Verfassungshistorikern vielfach beschrieben worden. Von soziologischer Seite sei hier nur auf Max WEBER (1922, 1966), Norbert ELIAS (1976) und Jürgen HABERMAS (1969) verwiesen. In einer mehr idealtypischen Weise tritt dabei der säkulare Entwicklungsprozeß des modernen, bürokratisch organisierten Anstaltsstaates durch Konzentration und Vereinheitlichung bislang zerstreuter, aber eigenständiger Herrschaftsbefugnisse und -mittel hervor, an dessen Ende eine gegenüber intermediären, regionalen und ständischen Abhängigkeiten souveräne, organisatorisch und politisch verselbständigte Staatsgewalt steht.

Unter diesen sozial- und verfassungsgeschichtlichen Voraussetzungen bezeichnet die sog. 'Verstaatlichung' der Bildung einen Teilvorgang im Rahmen der historischen Differenzierung zwischen Staat und Gesellschaft: die allmähliche Transformation der gesellschaftlichen Organisation der Bildung in die staatliche. 'Verstaatlichung' in diesem Sinne meint die Jahrhunderte übergreifende Überführung eines nach dem Muster der alteuropäischen Gesellschafts- und

Herrschaftsordnung aufgebauten Bildungswesens in staatliche Einrichtungen bzw. Anstalten. Der sich entfaltende neuzeitliche Staat konnte jedoch überhaupt nur in dem Maße steuernd in das Bildungswesen eingreifen, in dem ihm das die schrittweise Ausbildung oder Aneignung entsprechender Steuerungsinstrumente (rechtliche und curriculare Normierung, Aufsicht und Finanzierung) und seine langsame Befreiung aus intermediären Einbindungen jeweils erlaubte. Deshalb spiegeln sich im Wandel der Schulhoheit und -aufsicht - wenngleich mit manchen zeitlichen Verspätungen - jene Entwicklungsstufen und -schübe, die insgesamt für die Entstehung und Entfaltung des modernen 'souveränen' Staates von seinen territorialen Anfängen bis hin zur bürokratischen Großanstalt der Gegenwart so charakteristisch geworden sind.

Der neuzeitliche Staat hat nicht nur die Schulhoheit als einem regelmäßig zu erfüllenden öffentlichen Aufgabenbereich, der bislang weitgehend 'privaten' Herrschaftsträgern überlassen war, auf dem Wege der Konzentration und Monopolisierung vereinnahmt. Diese Funktionszentralisierung hat selbst in einem nicht unerheblichen Maße zur weiteren institutionellen Differenzierung des Staates, zur Vergrößerung seiner Handlungsautonomie gegenüber ständischen Abhängigkeiten beigetragen. 'Verstaatlichung' des Bildungswesen - "als Teil des Prozesses der inneren Staatenbildung" (LUNDGREEN 1980, S. 28) - bezeichnet eine gesellschaftspolitische Auseinandersetzung über die Steuerung und Kontrolle institutionalisierter Bildung, an der neben der Staatsgewalt (in ihren unterschiedlichen historischen Formen) verschiedene gesellschaftliche Interessen und Kräfte, nicht nur die Kirche, sondern auch andere konkurrierende Träger öffentlicher Gewalt im Rahmen der überlieferten Rechts- und Sozialverfassung beteiligt waren.

> "Die Verwirklichung der Schulhoheit des Staates ... ist eine folgerichtige Konsequenz der Anwendung des Prinzips der Souveränität auf Schule und Unterricht. Auch im Schulwesen sucht der absolutistische

> Staat die bisher den Schulen als Korporationen oder Stiftungen, den Bürgergemeinden, den Ständen oder den Kirchen zukommenden Rechte zurückzudrängen" (SCHEPP 1983, S. 613).

Die Durchsetzung der staatlichen Schulhoheit beinhaltete also keineswegs nur die Zurückdrängung oder Abschaffung der kirchlichen Rechte und Zuständigkeiten, sondern war an die Transformation des gesamten alteuropäischen Herrschaftssystems in den neuen Dualismus von Staat und Gesellschaft gebunden. In derselben Weise vertreten auch LESCHINSKY/ROEDER die These (1976, S. 43 ff.),

> "daß die Entwicklung des öffentlichen Schulwesens Teil des Prozesses ist, in dem sich der moderne zentralistische Staat herausbildet ... Die Schulinitiative läßt sich bestimmen als ein Medium der Auseinandersetzung einer auf Ausweitung ihres Einflusses bedachten Zentralgewalt mit dem überkommenen partikularen Machtinstanzen".

In dieser Weise korrespondiert der Vorgang der nationalen bzw. territorialen Staatenbildung unmittelbar mit der Durchsetzung eines neuen, bürokratischen Kontrollsystems im Bildungswesen. Ebenso wie die Verwaltung der öffentlichen Angelegenheiten war auch das Bildungswesen in der alteuropäischen Gesellschaft primär eine dezentral organisierte Angelegenheit von Haus, Familie, Stand, Zunft oder Kirche. Der allmählichen Auflösung dieser altständischen Verfassung durch die Trennung zwischen öffentlichen und privaten Angelegenheiten und die 'Verstaatlichung' der öffentlichen Funktionen entsprach dann die begleitende 'Verstaatlichung' des Bildungswesens. Dieser Wandel in der Kontrollstruktur spiegelt jenen fundamentalen sozialgeschichtlichen Wandel, den STRZELEWICZ in zahlreichen Arbeiten (z. B. 1966, 1979) als den Übergang der älteren, ständischen 'Vergesellschaftung durch Tradition' in die neue Form einer 'Vergesellschaftung durch Bildung' bezeichnet hat. Traditionsgelenkte Vergesellschaftung konnte sich noch ganz im Rahmen der überlieferten ständischen Institutionen und Körperschaften vollziehen. Dagegen zieht die neuzeitliche Modernisierung der Gesellschaft - durch wachsende Urbanisierung, Industrialisierung, Säkularisierung, soziale Mobilisierung, politische Demokratisierung - auch einen entsprechenden Wandel in der Organisation und in der Kontrolle der Bildung nach sich. Die alten, ständischen Muster werden nunmehr in das neue Modell eines öffentlichen, staatlichen Unterrichtswesens überführt. Erst dadurch konnte das Bildungswesen aus einer eher komplementären Hilfsinstitution in der altständischen Gesellschaft zum zentralen Steuerungsinstrument der gesellschaftlichen Entwicklung (SCHULENBERG 1970) werden.

VI

Sieht man die sog. 'Verstaatlichung' des Bildungswesens in dieser Weise als Bestandteil eines übergreifenden sozial- und verfassungsgeschichtlichen Wandels, dann tritt deutlich der umfassende säkulare Prozeßcharakter dieser Entwicklung hervor, der sich weder auf einen engen historischen Abschnitt (etwa auf den Absolutismus) eingrenzen noch auf einen konkreten Zeitraum datieren läßt. Erste staatliche oder quasi-staatliche Momente hatte es in der Organisation des Bildungswesens bereits vor der Reformation sowohl im städtischen Schulwesen als auch im Universitätsbereich gegeben. Speziell die Entstehung der deutschen Universitäten wurde - anders als bei ihren italienischen oder französischen Vorläufern - erkennbar von territorialen Interessen und Motiven getragen (von WESTPHALEN 1979, S. 15 ff.). PAULSEN urteilt deshalb: "Die Gründung deutscher Universitäten durch die Landesherren ist ... der erste Anfang einer Verstaatlichung des Unterrichtswesens" (1902, S. 32).

Reformation und Absolutismus vergrößerten dann das Gewicht des Staates als gestaltendem Faktor des Bildungswesens im Verhältnis zur Kirche oder den Inhabern ständisch gebundener Rechte, ohne jedoch schon die innere Verflechtung zwischen staatlichem Handeln, regionaler bzw. ständischer Einbindung und der Kirche als Legitimationsträger und Kontrollinstrument prinzipiell aufzulösen. Das in der Reformation etablierte landesherrliche Kirchenregiment stärkte die politische Führungsrolle der jeweiligen Landesgewalten, deren formale Oberhoheit innerhalb des "christlichen Obrigkeitsstaates" (FOOKEN) sich jetzt auch auf größere Teile des Bildungswesens erstreckte. Der Absolutismus hat dann zwar die 'Verstaatlichung' des Bildungswesens im Interesse der eigenen Landesentwicklung weiter vorangetrieben. Nicht nur nahm die Zahl punktueller administrativer Eingriffe und Regelungen erheblich zu, sondern unter seinem Vorzeichen werden auch die ersten umfassenden rechtlichen Normierungsversuche unternommen, wofür die Schulpolitik des brandenburgisch-preußischen Staates gleichsam als Modellfall dienen kann.

Jedoch treten hier auch die Grenzen der absolutistischen Verstaatlichungspolitik deutlich hervor. Nicht nur war der finanzpolitische Spielraum der meisten absolutistischen Staaten bzw. Fürsten für eine durchgreifende Verbesserung der Schulverhältnisse viel zu gering, es fehlte auch der dafür notwendige, von den traditionellen Gewalten (Kirche, Stände, Gemeinden etc.) unabhängige, eigenständige Verwaltungsunterbau (vgl. dazu HEINEMANN 1974). Die Steuerungsinstrumente für eine wirksame staatliche Einflußnahme auf das Bildungswesen waren also bislang überhaupt nur ansatzweise vorhanden, überdies fehlte über weite Strecken auch ein manifestes bildungspolitisches Interesse an einer über merkantilistische Kalküle der Nützlichkeit oder der 'Sozialdisziplinierung' hinausgehenden allgemeinen Hebung der Volksbildung. Daher blieben trotz zahlreicher Edikte und Reglements, mit denen das Bildungswesen stärker in den Interessenhorizont des absolutistischen Staates eingefügt werden sollte, die tatsächlichen Schulverhältnisse viel stärker den überlieferten rechtlichen und sozialen Strukturen verhaftet, als es der bloße Wortlaut staatlicher Verlautbarungen zur Schulfrage erkennen läßt (NEUGEBAUER 1985). Auch wenn Aufklärung und Absolutismus wesentlich dazu beigetragen haben, das Bewußtsein von der Notwendigkeit staatlicher Aktivitäten für Bildung und Erziehung (vorrangig nicht im pädagogischen, sondern im territorialen Interesse) zu schärfen, so blieb doch der 'Verstaatlichungsprozeß' des Bildungswesens unvollständig.

Gerade die schul- und hochschulrechtlichen Teile des Allgemeinen Preußischen Landrechts, immer wieder als Belege für die nominelle Verstaatlichung des Bildungswesens im Absolutismus herangezogen, können die Unabgeschlossenheit und innere Widersprüchlichkeit dieses historischen Vorgangs veranschaulichen. Indem das ALR sich auf der einen Seite durch Aufnahme naturrechtlicher und vertragstheoretischer Elemente durchaus rechtsstaatlichen Tendenzen öffnete, auf der anderen Seite jedoch noch ganz am überlieferten Sozialmodell einer hierarchisch aufgebauten Ständegesellschaft festhielt, gewann es insgesamt ein eigentümliches "Janusgesicht" und wurde zu einem "Gesetzbuch der Kompromisse" (KOSELLECK 1975, S. 24, 143 ff.) im spannungsreichen Übergang der altständischen zur modernen (staats) bürgerlichen Gesellschaft. In ähnlicher Weise stellen auch die schul- und hochschulrechtlichen Regelungen des ALR im wesentlichen einen Kompromiß zwischen traditioneller Bildungsverfassung und den weitergehenden Reformvorstellungen der pädagogischen Aufklärung und den Modernisierungsversuchen des Spätabsolutismus dar. Das ALR beseitigte z. B. nicht den ständischen Dualismus zwischen öffentlicher Erziehung und privater Hauserziehung, so daß

> "sich bis weit in das 19. Jahrhundert hinein unter der Decke staatlicher Planungen und theoretischer Entwürfe die Bedeutung ständisch-hausväterlicher Erziehungspraxis erhalten hat" (FERTIG 1983, S. 392).

Wird bereits dadurch die Staatlichkeit der Bildung wieder im Interesse ständischer Freiräume zurückgenommen, so beschränkt sich weiter die unmittelbare Staatsaufsicht im Schulwesen zunächst ausschließlich auf die Gymnasien und anderen höheren Schulen, während Unterhaltung und Aufsicht im niederen Schulwesen Aufgabe der traditionellen Gewalten bleiben (Kirche, Gemeinde). Auch die vom ALR erneut bekräftigte Schulpflicht (Privaterziehung ausgenommen) - als Inbegriff staatlicher Schulhoheit bereits vorher mehrfach proklamiert - verdeutlicht insofern die Diskrepanz zwischen Rechtsnorm und Sozialrealität, als ihrer vollständigen Durchsetzung noch lange Zeit vielfältige Barrieren in der überkommenen Rechts-, Schul- und Sozialverfassung entgegenstanden. So kann das ALR insgesamt wohl weniger als Beleg für die 'Verstaatlichung' des Bildungswesens als vielmehr im Gegenteil eher für die Unabgeschlossenheit des bisherigen Verstaatlichungsprozesses dienen.

VII

So verlagert sich die Perspektive stärker auf das 19. Jahrhundert, in dem erst die 'Verstaatlichung' des Bildungswesens durch den Aufbau und Ausbau der staatlichen Schulverwaltung und -aufsicht und durch die Übernahme der bildungspolitischen Führungsrolle durch den Staat ihren festen institutionellen Rahmen erhalten hat. Erst jetzt gewann die Schule durch die stufenweise Regelung ihrer Beziehungen zur staatlichen Verwaltung, zur Kirche und zu den Gemeinden bzw. Städten allmählich jene Konturen der 'Staatsschule', die bis in die Gegenwart hinein prägend geblieben sind (NEVERMANN 1984).

In der Zeit der preußischen Reformen und in der beginnenden Restauration wird auch die Schulverwaltung mehrfach reorganisiert, deren wichtigste Folge zunächst in der dauerhaften organisatorischen Trennung der Verwaltung für das höhere Schulwesen von der für die niederen Schulen besteht (NEVERMANN 1982, S. 15 ff.). Während die staatliche Verwaltung und Aufsicht durch Fachbeamte für das höhere Schulwesen (in Preußen) im wesentlichen bereits bis 1830 eingerichtet war, war für das niedere Schulwesen nach den Auseinandersetzungen um das sog. Schulaufsichtsgesetz im Rahmen des Kulturkampfes (vgl. BERG 1973) ein vorläufiger Abschluß erst mit der endgültigen Aufhebung der geistlichen Schulaufsicht durch Abschaffung der Lokalschulinspektion im Jahre 1919 erreicht (NEVERMANN 1982, S. 174 ff; BERG 1976). Auch wenn durch die Zentralisierungspolitik des Absolutismus bereits ein erster Höhepunkt in der 'Verstaatlichung' des Bildungswesens erreicht wurde, so sind doch erst im ausgehenden 19. bzw. beginnenden 20. Jahrhundert die verbliebenen intermediären Einbindungen soweit beseitigt worden, daß man im engeren Sinne von der modernen Staatsschule sprechen kann.

Daß jedoch in der preußischen Reform- und Restaurationszeit im Rahmen der allgemeinen Verwaltungs- und Regierungsreform auch die Neurorganisation der Schulverwaltung eingeleitet wurde (ROMBERG, 1979, S. 123 ff), verweist allerdings auf ein charakteristisches Muster, das die staatliche Schulverwaltung bis heute nachhaltig beeinflußt hat. In Preußen trat zwar zu Beginn des 19. Jahrhunderts an die Stelle des älteren, fürstlichen Absolutismus ein bürokratischer Verwaltungsstaat mit einer rationalen Verwaltungsorganisation (im Sinne Max WEBERs), aber kein konstitutioneller Staat mit einer demokratischen Verfassung. Gegenüber den Prinzipien staatsbürgerlich-demokratischer Teilnahme gewannen dadurch Staat, Verwaltung und Beamtenschaft eine herausragende Stellung, die eine bis 1918 unmittelbar (und danach auch psychologisch noch weiter) wirksame Tradition des bürokratischen Obrigkeitsstaates erzeugte. Spätestens seit 1848 stand dieser Tendenz eine selbständige, auf Beteiligung drängende bürgerliche Gesellschaft nicht mehr gegenüber. Zu den wesentlichen Folgen dieser Entwicklung zählt auch die bis heute spürbare überragende Stellung der Bildungsadministration als bildungspolitisches Handlungszentrum. Ihr gegenüber ist es in den letzten 150 Jahren kaum noch zu einer Artikulation demokratischer Teilhabeansprüche in der Verwaltung und Kontrolle des Bildungswesens gekommen, oder nur dann (und auch das nur in reduzierter Form), wenn die sozialen Statuserhaltungs- oder Statusverbesserungsinteressen wesentlicher Bevölkerungsgruppen berührt wurden. Verlauf und Ergebnisse der verschiedenen Schulreformen im 19. und

20. Jahrhundert sind für diese Tendenz ein gutes Beispiel. Die absolute bildungspolitische Dominanz der Verwaltung ist eine der wichtigsten nachwirkenden Konsequenzen, die die bürokratische Form der 'Verstaatlichung' des Bildungswesens durch das Auseinanderfallen von Verwaltungs- und Verfassungsreform in Deutschland gehabt hat.

Wie im Zuge dieser 'Verstaatlichung' des Bildungswesens zugleich auch die grundlegenden Strukturen (d. h. Aufbau, Übergänge, Abschlüsse etc.) der Bildungsorganisation geschaffen und eine stärkere 'Systembildung' (MÜLLER 1981) zwischen den bis dahin weitgehend unverbunden nebeneinander stehenden Bildungseinrichtungen vollzogen wurden, läßt sich etwa an der mit der Institutionalisierung der Reifeprüfung verbundenen Grenzziehung zwischen Universitäten und Gymnasien ablesen. Die Einführung des Abiturs, das später geradezu zu einem symbolischen Ausdruck der neuen Staatsschule geworden ist, steht gleichsam paradigmatisch für die Umwandlung der herkömmlichen, korporativ verankerten Freizügigkeit des Hochschulzugangs in das neue staatliche Monopol der Studienzulassung (WOLTER 1986). Dieses Beispiel zeigt auch, wie wenig die 'Verstaatlichung' des Bildungswesens von pädagogischen oder bildungstheoretischen Motiven stimuliert wurde, wie sehr sich darin vielmehr die Funktion der Schule bzw. der Universität als ein "öffentliches Instrument zur Steuerung der gesellschaftlichen Entwicklung" (SCHULENBERG 1970, S. 410) niederschlug.

VIII

Bereits die aufklärungspädagogische Diskussion über das Verhältnis von Staat und Bildung war deutlich von dem Bewußtsein geprägt, daß die wachsende staatliche Intervention im Bildungsbereich ambivalente Wirkungen zur Folge haben würde (vgl. BERG 1980): Daß neben einer Verbesserung der materiellen Schulverhältnisse und einer größeren Autonomie gegenüber externen ständischen Einflüssen damit auch die neue Unterwerfung unter die Autorität der staatlichen Gewalt mit allen Konsequenzen für die bürokratische Organisation der Schule zu erwarten sei. So treten in der pädagogischen Diskussion über die Folgen der 'Staatsschule' von Anfang an jene Grundlinien hervor, die auch die aktuelle Diskussion über das Verhältnis von Staat und Bildung durchziehen (vgl. dazu u. a.: SCHWAB 1979, 1980; BUSCH/GLOWKA 1986), als "Kritik der Staatspädagogik" (VOGEL 1982) weiterleben und letztlich immer wieder in den Antagonismus von bürokratischer Restriktion ('verwaltete Schule') und pädagogischer Autonomie münden.

Jedoch kann die historische Analyse auch deutlich machen, daß die gesellschaftspolitische Antwort auf ein bürokratisch erstarrtes Staatsbildungswesen unter den gegenwärtigen Machtverhältnissen wahrscheinlich nicht in Freiräumen für ein (begrüßenswertes) nicht-staatliches, liberales Alternativschulwesen mit größerer Autonomie für pädagogische Reformen und Experimente besteht, sondern in einer (weniger begrüßenswerten) Renaissance ständischer oder korporativer Strukturen in der Bildungsorganisation. Die bildungspolitische Diskussion über 'Eliteschulen' und 'Privatuniversitäten' mag hier zunächst für diese Tendenz und ihre Gefahren stehen. Unter den Bedingungen sozialer Ungleichheit an Lebens- und Bildungschancen und einer immer schärfer hervortretenden Funktion unserer Bildungseinrichtungen als Instanzen der sozialen Positionsverteilung und Statuszuweisung würde ein entstaatlichtes Bildungswesen vermutlich eine neue Hierarchisierung (von Institutionen, Abschlüssen) zur Folge haben, die einen erheblichen Verlust an Einheitlichkeit und (zumindest formaler) rechtsstaatlicher Gleichheit im Bildungswesen bedeuten würde. Eine solche Rückkehr zur gesellschaftlichen Organisation der Bildung ließe soziale Ungleichheiten und gesellschaftliche Abhängigkeiten - nicht mehr über den Staat vorgefiltert - mit sehr viel direkterer Gewalt auf Unterricht, Schule und Hochschule durchschlagen. Deshalb wird es - bei aller pädagogischen Ambivalenz - auf absehbare Zeit zur Staatsschule wohl keine prinzipielle Alternative geben, die (wenigstens halbwegs) zugleich mit pädagogischen wie mit rechts- und sozialstaatlichen Grundsätzen in Einklang steht.

Literatur

BARTH, Paul: Die Geschichte der Erziehung in soziologischer und geistesgeschichtlicher Beleuchtung, 2. Auflage, Leipzig 1916.

BERG, Christa: Die Okkupation der Schule, Heidelberg 1973.

BERG, Christa: Vom geistlichen Herrn zum Herrn Schulrat, in: Schulmanagement, 6/1976, S. 17-22.

BERG, Christa (Hrsg.): Staat und Schule oder Staatsschule? Frankfurt 1980.

BOEHM, Laetitia: Libertas Scholastica und Negotium Scholare. Entstehung und Sozialprestige des akademischen Berufsstandes im Mittelalter, in: Hellmuth ROESSLER/ Günther FRANZ (Hrsg.), Universität und Gelehrtenstand 1400-1800, Limburg 1970, S. 15-61.

BOEHM, Laetitia: Die körperschaftliche Verfassung der deutschen Universität in ihrer Geschichte, in: Mitteilungen des Hochschulverbandes, 3/1984, S. 134-138.

BORNHAK, Conrad: Die Korporationsverfassung der Universitäten, Berlin 1910.

BUSCH, Friedrich W./ GLOWKA, Detlef (Hrsg.): Die Schule und die Perspektiven unserer Kultur, Oldenburg 1986.

ELIAS, Norbert: Über den Prozeß der Zivilisation. Soziogenetische und psychogenetische Untersuchungen, 2 Bände, Frankfurt 1976 (Neuausgabe).

ENDRES, Rudolf: Sozial- und Bildungsstrukturen fränkischer Reichsstädte im Spätmittelalter und in der frühen Neuzeit, in: Horst BRUNNER (Hrsg.), Literatur in der Stadt, Göppingen 1982, S. 37-72.

ENDRES, Rudolf: Das Schulwesen in Franken im ausgehenden Mittelalter, in: Bernd MÖLLER u. a. (Hrsg.), Studien zum städtischen Bildungswesen des späten Mittelalters und der frühen Neuzeit, Göttingen 1983, S. 173-207.

FERTIG, Ludwig: "Schulalternativen" in historischer Sicht. Anmerkungen zum Verhältnis von Familienerziehung und öffentlichem Schulwesen im 18. und 19. Jahrhundert, in: Neue Sammlung 23 (1983), S. 390 ff.

FLORA, Peter: Die Bildungsentwicklung im Prozeß der Staaten- und Nationenbildung, in: Peter Christian LUDZ (Hrsg.), Soziologie und Sozialgeschichte, Sonderheft 16 der Kölner Zeitschrift für Soziologie und Sozialpsychologie, Opladen 1973, S. 294-319.

FOOKEN, Enno: Die geistliche Schulaufsicht in Deutschland und ihre Kritiker im 18. Jahrhundert, in: Paedagogica Historica, 6 (1966), S. 98-142.

FOOKEN, Enno: Die geistliche Schulaufsicht und ihre Kritiker im 18. Jahrhundert, Wiesbaden 1967.

GRUNDMANN, Herbert: Vom Ursprung der Universität im Mittelalter, 2. Auflage Darmstadt 1976.

HABERMAS, Jürgen: Strukturwandel der Öffentlichkeit, 4. Auflage, Neuwied/Berlin 1969.

HATTENHAUER, Hans (Hrsg.): Allgemeines Landrecht für die Preußischen Staaten von 1794, Frankfurt am Main 1970.

HEINEMANN, Manfred: Schule im Vorfeld der Verwaltung. Die Entwicklung der preußischen Unterrichtsverwaltung von 1771-1800, Göttingen 1974.

ILLMER, Detlev: Erziehung und Wissensvermittlung im frühen Mittelalter. Zur Entstehungsgeschichte der Schule, Kastellan 1979.

JEISMANN, Karl-Ernst: Das Erziehungswesen in seiner Bedeutung für die Entwicklung des modernen Staates und der bürgerlichen Gesellschaft, in: Westfälische Forschungen, 24 (1972), S. 64-76.

KOSELLECK, Reinhart: Preußen zwischen Reform und Revolution - Allgemeines Landrecht, Verwaltung und soziale Bewegung von 1791 bis 1848, 2. Auflage Stuttgart 1975.

LANGE, Hermann: Schulbau und Schulverfassung der frühen Neuzeit. Zur Entstehung und Problematik des modernen Schulwesens, Weinheim 1967.

LESCHINSKY, Achim/ ROEDER, Peter Martin: Schule im historischen Prozeß. Zum Wechselverhältnis von institutioneller Erziehung und gesellschaftlicher Entwicklung, Stuttgart 1976.

LUNDGREEN, Peter: Sozialgeschichte der deutschen Schule im Überblick, 2 Bände, Göttingen 1980/81.

MÜLLER, Detlev K.: Der Prozeß der Systembildung im Schulwesen Preußens während der 2. Hälfte des 19. Jahrhunderts, in: Zeitschrift für Pädagogik, 27 (1981), S. 245-269.

NEUGEBAUER, Wolfgang: Zur neueren Deutung der preußischen Verwaltung im 17. und 18. Jahrhundert in vergleichender Sicht, in: Jahrbuch für die Geschichte Mittel- und Ostdeutschlands, 26 (1977), S. 86-128.

NEUGEBAUER, Wolfgang: Absolutistischer Staat und Schulwirklichkeit in Brandenburg-Preußen, Berlin/New York 1985.

NEVERMANN, Knut: Der Schulleiter. Juristische und historische Aspekte zum Verhältnis von Bürokratie und Pädagogik, Stuttgart 1982.

NEVERMANN, Knut: Ausdifferenzierung der Schulverfassung am Beispiel Preußens, in: Martin BAETHGE/Knut NEVERMANN (Hrsg.), Organisation, Recht und Ökonomie des Bildungswesens, Enzyklopädie Erziehungswissenschaft, Band 5, Stuttgart 1984, S. 172-186.

NORDEN, Wilhelm: Die Alphabetisierung der oldenburgischen Künstenmarsch im 17. und 18. Jahrhundert, in: Ernst HINRICHS/Wilhelm NORDEN (Hrsg.), Regionalgeschichte, Hildesheim 1980, S. 103-164.

OEXLE, Otto-Gerhard: Alteuropäische Voraussetzungen des Bildungsbürgertums - Universitäten, Gelehrte und Studierte, in Werner CONZE, Jürgen KOCKA (Hrsg.): Bildungsbürgertum im 19. Jahrhundert, Teil I, Stuttgart 1985, S. 29-78.

PAULSEN, Friedrich: Die deutschen Universitäten und das Universitätsstudium, Berlin 1902.

PAULSEN, Friedrich: Das deutsche Bildungswesen in seiner geschichtlichen Entwicklung, Leipzig 1906.

PETRAT, Gerhardt: Schulunterricht - Seine Sozialgeschichte in Deutschland 1750-1850, München 1979.

RADEMACHER, Bernd: Zentralisierung und Dezentralisierung. Zur Genese der Schulverwaltung in der Konstitutionsphase der bürgerlichen Gesellschaft, dargestellt am Beispiel Preußens, Bad Heilbrunn 1978.

ROEDER, Peter-Martin: Gemeindeschule in Staatshand, in: Zeitschrift für Pädagogik, 12 (1966), S. 539-569.

ROESSLER, Wilhelm: Die Entstehung des modernen Erziehungswesens in Deutschland, Stuttgart 1961.

ROMBERG, Helga: Staat und höhere Schule. Ein Beitrag zur deutschen Bildungsverfassung vom Anfang des 19. Jahrhunderts bis zum Ersten Weltkrieg, Weinheim/Basel 1979.

SCHEPP, Heinz-Hermann: Absolutismus und Schule, in: Zeitschrift für Pädagogik, 29 (1983), S. 605-627.

SCHULENBERG, Wolfgang: Schule als Institution der Gesellschaft, in: Josef SPECK/Gerhard WEHLE (Hrsg.), Handbuch pädagogischer Grundbegriffe, München 1970, Band 2, S. 391-420.

SCHWAB, Herbert: Schulräte und Politik. Sozialwissenschaftliche Analyse des Funktionswandels von Schulaufsicht, Oldenburg 1979.

SCHWAB, Herbert: Schulgesetzgebung - Schutz gegen eine übermächtige Administration im Bildungsbereich? in: Erhard BLANKENBURG/ Klaus LENK (Hrsg.), Organisation und Recht, Jahrbuch für Rechtssoziologie und Rechtstheorie, Band 7, Opladen 1981, S. 207-223.

STEIN, Lorenz von: Die Verwaltungslehre, Teil 6, Die innere Verwaltung, Zweites Hauptgebiet, Das Bildungswesen, Band 2, 2. Auflage, Stuttgart 1883 (Neudruck Aalen 1975).

STRZELEWICZ, Willy: Bildung und gesellschaftliches Bewußtsein. Sozialhistorische Darstellung, in: Willy STRZELEWICZ/Hans-Dietrich RAAPKE/Wolfgang SCHULENBERG, Bildung und gesellschaftliches Bewußtsein, Stuttgart 1966.

STRZELEWICZ, Willy: Bildungssoziologie, in: René KÖNIG (Hrsg.), Handbuch der empirischen Sozialforschung, 2. Auflage, Stuttgart 1979, Band 14 (Religion, Bildung, Medizin), S. 85-237.

WEBER, Max: Staatssoziologie, 2. Auflage Berlin 1966.

WEBER, Max: Wirtschaft und Gesellschaft, Tübingen 1972 (Nachdruck der Erstausgabe von 1922).

WEIL, Hans: Die Entstehung des deutschen Bildungsprinzips, 2. Auflage, Bonn 1967.

WESTPHALEN, Raban Graf von: Akademisches Privileg und demokratischer Staat, Stuttgart 1979.

WOLTER, Andrä: Studienzulassung als gesellschaftliche Institution. Eine problemgeschichtliche Untersuchung, Dissertation, Universität Oldenburg 1986 (erscheint 1987 unter dem Titel "Das Abitur - Eine bildungssoziologische Untersuchung zur Entstehung und Funktion der Reifeprüfung" in der Schriftenreihe der Universität Oldenburg).

WRIEDT, Klaus: Schulen und bürgerliches Bildungswesen in Norddeutschland im Spätmittelalter, in: Bernd MÖLLER u. a. (Hrsg.), Studien zum städtischen Bildungswesen des späten Mittelalters und der frühen Neuzeit, Göttingen 1983, S. 152-172.

FRIEDRICH WIßMANN

Die Kritik der Holländer an der kirchlichen Schulaufsicht in Ostfriesland zu Beginn des 19. Jahrhunderts

1. Zur Struktur der Schulaufsicht in Ostfriesland um 1800

Seit den Anfängen des ländlichen Schulwesens hat es eine enge Verbindung der Schule mit der Kirche gegeben. Diese Zusammengehörigkeit wurde mit LUTHERs Empfehlung an die Landesherren, eine Schule für das einfache Volk zu halten, noch verstärkt. Nicht nur der Inhalt des Unterrichts war auf die Bibel, den Katechismus und das Gesangbuch gerichtet, sondern auch der Lehrer war in seinem Amtsverhältnis dem Ortsgeistlichen untergeordnet. In Ostfriesland gehörten die Schulen in den Dörfern zu einer Kirchengemeinde, zur Parochie. [1)]

Kirche und Schule unterstanden der behördlichen Verwaltung und Aufsicht, auch wenn die Gemeinden selbst für die Kosten ihrer Prediger und Lehrer aufkommen mußten. Das landesherrliche Kirchenregiment wurde im Konsistorium repräsentiert, das dem Fürsten unmittelbar zugehörte. Es setzte sich aus lutherischen Theologen und Juristen zusammen. [2)]

Diese Struktur der Kirchen- und Schulaufsicht hielt sich über die Jahrzehnte seit dem Ausgang der Reformation im 16. Jahrhundert, auch wenn die obliegenden Aufgaben oftmals nicht erfüllt wurden, wie die vielen Klagen und Ermahnungen aus dieser Zeit beweisen. [3)] Dennoch blieb im großen und ganzen sowohl in den Städten Emden, Aurich, Leer, Norden als auch in den Dörfern auf dem Lande ein funktionierendes Schulsystem bestehen. [4)]

Als Preußen im Jahre 1744 Ostfriesland als Provinz übernahm [5], wurde das Konsistorium zum Bestandteil der Regierung in Aurich. Die gewachsenen Ordnungen und Gewohnheiten wurden auf diese Weise bestätigt, wobei die Verwaltungs- und Aufsichtsbehörden an Bedeutung gewannen. Das geschah insbesondere durch zwei gesetzliche Regelungen:

1. das General-Landschulreglement von 1763, das als erstes umfassendes Schulgesetz für das Fürstentum Ostfriesland gelten kann; [6]
2. eine Inspektionsordnung für das Kirchen- und Schulwesen in Ostfriesland und im Harlinger Land von 1766. [7]

Die allgemeine Schulpflicht wurde mit dem Schulgesetz für Ostfriesland eigentlich nur erneuert. [8] Es mußten kaum neue Schulen gebaut werden, denn in allen größeren Ortschaften gab es sie bereits.

Mit der Inspektionsordnung allerdings wurde etwas ganz Neues eingeführt. Unter Berücksichtigung der konfessionellen Besonderheiten wurden die lutherischen Kirchengemeinden in acht, die reformierten in sieben Aufsichtsbereiche gegliedert (vgl. nebenstehende Abbildung). [9]

Das Konsistorium wurde jetzt durch die reformierte Seite komplettiert. Neben den lutherischen General-Superintendenten als höchstem Repräsentanten der lutherischen Geistlichen trat gleichbereichtigt der Praeses (Vorsitzende) der Versammlung (coetus) der reformierten Geistlichen in das Gremium ein. Als Oberinspektoren hatten sie auch die Aufsicht über die Schulen wahrzunehmen. Sie waren die obersten Verwaltungsbeamten der ostfriesischen Volksschulen geworden. Ihnen in der Schulaufsicht nachgeordnet waren die ausgewählten Pastoren aus den 15 Aufsichtsbereichen, die zu Inspektoren ernannt wurden. Diese wiederum hatten die einzelnen Pastoren und Prediger in den Parochien unter sich.

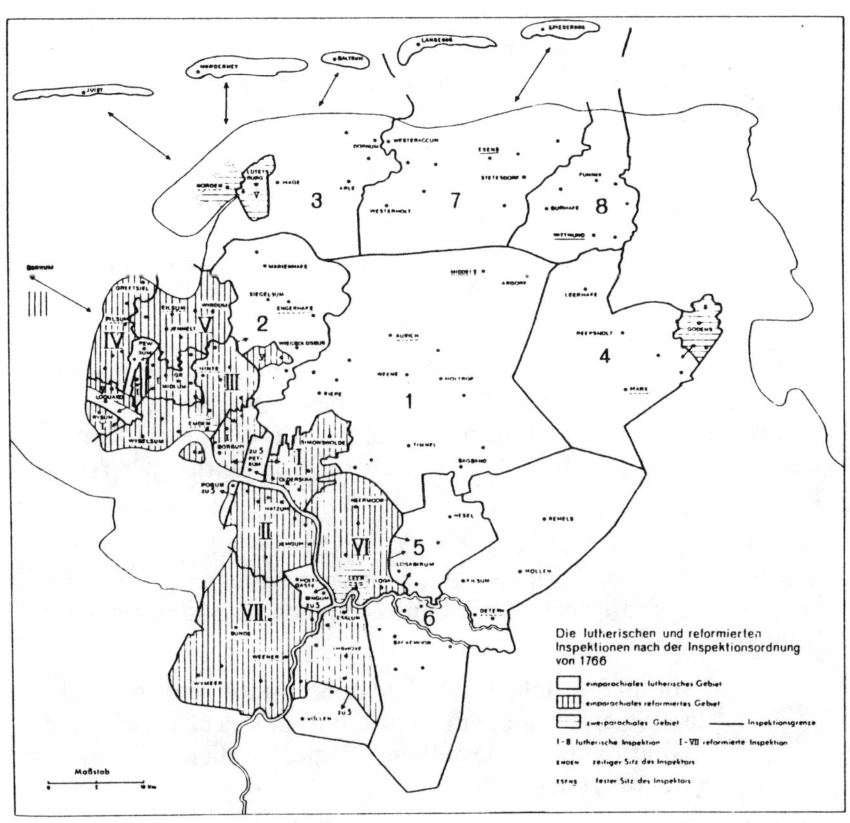

Damit die Aufsicht auch im Interesse des Staates durchgeführt wurde, versah die preußische Regierung die Inspektionsordnung mit "Articuli Visitatorii", die einen Komplex von 52 Fragen über Kirchen und Schulen darstellten, sowie mit "Monita Generalia", die die Aufgaben der Prediger, Lehrer, Küster und Kirchenvorsteher anmahnten. Da dieser zweite Komplex zusätzlich 34 Bestimmungen enthielt, gestaltete sich eine gewissenhafte Visitation und Berichtertattung schwierig und zeitraubend. Die Klagen darüber brachen nicht ab. So wurde die ganze Prozedur mit einem Verzeichnis, "Schul-Catalogus" genannt, vereinfacht, das von den Amtsinhabern in der beschriebenen hierarchischen Reihenfolge einmal im Jahr sorgfältig auszufüllen war. [10)]

Die auf diese Weise vollzogene Bestandsaufnahme des ostfriesischen Kirchen- und Schulwesens vermittelt uns heute noch ein recht deutliches Bild der Arbeits- und Lebensverhältnisse während des Ausgangs des 18. Jahrhunderts, die für das "einfache Volk" oft genug hart und beengt waren. [11)]

Das System der Schulaufsicht und -verwaltung wurde in Preußen 1787 mit der Schaffung des "Ober-Schul-Collegiums" abgeschlossen. Ihm unterstanden die einzelnen Konsistorien in den Provinzen, also auch im Fürstentum Ostfriesland.

Durch das preußische Allgemeine Landrecht (ALR) von 1794 wurden alle bisherigen Aufsichtsanweisungen für das Schulwesen kodifizert. Die Schule unterstand endgültig dem Staat (§ 9):

> "Alle öffentlichen Schulen stehen unter der Aufsicht des Staates, und müssen sich an Prüfungen und Visitationen desselben zu allen Zeiten unterwerfen." [12)]

Um diesen Grundsatz verwirklichen zu können, bediente sich die preußische Administration der Einfachheit halber der Institution Kirche. Alle Prediger wurden zur Beaufsichtigung der Schule verpflichtet und sogar angehalten, am Unterricht selbst mitzuwirken. Der § 49 des ALR schrieb diese Aufgabe fest:

> "Der Prediger des Orts ist schuldig, nicht nur durch die Aufsicht, sondern auch durch eigenen Unterricht des Schulmeisters sowohl als der Kinder, zur

> Erreichung des Zwecks der Schulanstalten thätig mitzuwirken."[13)]

Dieser Anspruch konnte nur dadurch umgesetzt werden, daß die Geistlichen zu "Beamten des Staats" (ALR § 94) erklärt wurden. So konnte es keinen rechtlichen Konflikt geben zwischen staatlicher und geistlicher Schulaufsicht. Anders ausgedrückt hieß das aber nun auch, daß der Lehrer von Staats wegen vom Ortsgeistlichen beaufsichtigt und angeleitet werden sollte. In der Rangordnung der Schule stand er an unterster Stelle, wodurch sein Ansehen in der Bevölkerung nicht gerade gefördert wurde:[14)]

K ö n i g	
Ober-Schul-Kollegium	Regierung
Konsistorium	
--	
Konsistorium	
Inspektor	Kirche
Prediger	
--	
Prediger -	
Schulvorsteher	
Lehrer	Schule
Gehilfe	

2. Bestandsaufnahmen der ostfriesischen Schulen in der Zeit der Besetzung von 1807-1815

Gegen die Aufsicht der Kirche über die Schule hat es seit jeher von seiten aufgeklärter Vernunft starke Vorbehalte gegeben. So hatte schon 1661 ein Professor aus Marburg kritisch festgestellt:

> "Solange die Einbildung währt, daß der status scholasticus notwendig verbunden sei dem statu eccelsiastico, solange werden keine guten Schulen in Deutschland sein."[15)]

Von dieser Einschätzung waren auch die Holländer beseelt, die nach der Niederlage Preußens bei Jena und Auerstädt unter französischer Oberhoheit Ostfriesland und Jever zum "Departement Oost-Vriesland" zusammenschlossen (1807). Sie erhielten auch die politische Verantwortung für das Schulwesen.

Der holländische Generalinspekteur des Volksschulwesens (lagere schoolwezen), VAN DER ENDE, bekam von seinem König im Jahre 1808 den Auftrag, eine ausführliche Bestandsaufnahme der Schulen in Ostfriesland vorzunehmen.[16] Sein Schreiben "aan den Heere Schlechtendal, President der oostfriesischen Regering" war mit einem Fragenkomplex versehen, der die inhaltlichen Anliegen der Untersuchung offenbarte.[17] Es ging VAN DER ENDE in erster Linie darum festzustellen, inwieweit die Schulen mit ihrem Besitz und ihrer Ausstattung von der Kirche abhängig waren. Eigentumsverhältnisse an den Gebäuden, die Bezahlungsfonds für die Lehrer sowie deren Nebenbeschäftigung standen ebenso im Mittelpunkt des Interesses wie die Unterrichtsgegenstände und Lehrbücher, die in den Schulen zu finden waren. Eine ganz ähnliche Bestandsaufnahme erlebte Ostfriesland noch einmal 1813 während der "franzosen-tied", als wiederum überprüft wurde, in welchen Orten Schulen und wo dazugehörige Nebenschulen existierten.[18]
Als dann nach den Einigungen während des Wiener Kongresses Ostfriesland an Hannover fiel, strebten diese ebenfalls danach aufzuklären, wie es mit dem Schulwesen in der neu gewonnenen Provinz aussah. Das geschah im Jahre 1817.[19]

Viele Fragen, die für die Bestandsaufnahmen gestellt wurden, überschnitten sich inhaltlich mit denen aus dem gewohnten "Schul-Catalogus". Die Antworten werden vom Konsistorium in den meisten Fällen auch daraus entnommen worden sein. Dennoch verfolgten insbesondere die Holländer weit über die bloße Erhebung von Daten hinausgehende Absichten. Die wichtigste davon war, die Schulaufsicht über die Schulen im "Departement Oost-Vriesland" neu zu ordnen.

Gemäß der eigenen Inspektionsordnung sollten in Zukunft unter holländischer Verwaltung die Männer der Kirchen vom Konsistorium bis zum jeweiligen Ortsgeistlichen aus den Schulen herausgehalten werden, es sei denn sie wären bereit und fähig dazu gewesen, gegen ein Entgelt von 80 Gulden im Jahr jungen Menschen die "Gelehrtensprache", also Latein, beizubringen. Die künftigen Kommissionen zur Beaufsichtigung des Schulwesens sollten in erster Linie juristisch gebildete Vertreter des öffentlichen Lebens sein, die Autorität genug besaßen, dem zu erwartenden Widerstand der Geistlichkeit entgegenzutreten.[20)]

Der Grund dafür, daß der Generalinspekteur VAN DER ENDE so entschieden die Trennung von Schule und Kirche verfolgte, ist darin zu suchen, daß die konfessionelle Aufteilung in Lutheraner und Reformierte und in weitere kleine Glaubensgruppen aufgehoben werden sollte. Das war 1798 in den Niederlanden für die Schulen gesetzlich verfügt worden und sollte nun auch in Ostfriesland gelten. Die Aufklärung forderte den einen nützlichen Bürger in der einen vernunftgeordneten Gesellschaft! Religionsunterricht mußte deshalb aus der Schule verbannt werden und den Kirchen außerhalb überlassen bleiben, denn nur so konnte das Trennende der Konfessionen wenigstens unter den Kindern von klein an überwunden werden.

Wollte Preußen die Schule in strikter Abhängigkeit von der Kirche halten - der Lehrer mußte jedes Buch, das er verwenden wollte, vom Pastor genehmigen lassen! -, so wollten die Holländer die Schulen aus der Umarmung der Kirche befreien. Die Lehrer sollten ihren Dienst für die Bildung des Volkes unabhängig vom Pastor erfüllen können und andere Inhalte vermitteln als die aus Bibel, Katechismus und Gebetbuch.

Durch die schulpolitischen Bemühungen der Holländer, die mit dem Groninger Schulinspektor Theodorus VAN SWINDEREN einen geachteten Förderer der Lehrer im Rheiderland nach Ostfriesland entsandten, wurden diese im Vergleich zum übrigen Preußen früh an die Kämpfe um die

Unabhängigkeit der Schule von der Kirche herangebracht. Einen besonders festen und zukunftsweisenden Eindruck hinterließ die in diesem Zusammenhang erstmals entstehende Organisierung von Lehrern in "onderwijzergezelschappen". Sie wurden initiiert für die selbstorganisierte Bildung und Weiterbildung der Schulmeister, "mesters" genannt.

Der kritische Vorbehalt der holländischen Schulaufsichtsbeamten, insbesondere des späteren Groninger Universitätsprofessors VAN SWINDEREN, der kirchlichen Schulaufsicht gegenüber war der fruchtbare Boden, auf dem das Unabhängigkeitsstreben der ostfriesischen Lehrer kräftige Wurzeln entwickelte. Die Hochachtung, die VAN SWINDEREN im ganzen 19. Jahrhundert und wohl bis in die Weimarer Republik bei den sich zaghaft organisierenden Lehrern erfuhr, macht deutlich, wieviel ihnen an einem pädagogischen Freiraum und an selbstbestimmter Fortbildung lag.

Anmerkungen

1) Über die Geschichte des Schulwesens in Ostfriesland ist auch heute noch lesenswert: Petrus BARTELS. Abriß einer Geschichte des Schulwesens in Ostfriesland. Aurich 1870. Sowie zur Ergänzung: Ders. Entstehung und Dotation der ostfriesischen Landschulen. In: Emder Jahrbuch" Bd. 8,1 (1888) S. 41-55.

2) Genauere Auskunft darüber ist zu finden bei: Menno SMID. Ostfriesische Kirchengeschichte. (Bd. VI "Ostfriesland im Schutze des Deiches") Leer 1974.

3) Schon die Kirchenordnungen des 16. Jahrhunderts, die die maßgeblichen Aussagen zur Schule enthielten, kommen immer mit Mahnungen zur Ordnung darauf zu sprechen, wenn auch nur indirekt. Dazu: Emil SEHLING: Die evangelischen Kirchenordnungen des 16. Jahrhunderts, Niedersachsen: Die außerwelfischen Lande. 1. Halbband

(mit Grafschaft Ostfriesland und Harlingerland) Tübingen 1963 S. 306-359 (Einleitung mit Literatur)

4) In den verschiedensten chronologischen Aufbereitungen der ostfriesischen Dorfgeschichte wird deutlich, daß nach dem 30jährigen Krieg erst zu Beginn des 18. Jahrhunderts nach und nach von einem funktionierenden Schulwesen in Ostfriesland gesprochen werden kann. Bereits im Jahre 1678 gab die Fürstin CHRISTINE CHARLOTTE eine Verordnung heraus, die den Schulbesuch anmahnte und die Schulaufsicht durch die Pastoren erneuerte. Abgedruckt in: "Emder Jahrbuch" 1888, S. 82-84. "Eine Verordnung der Fürstin Christine Charlotte vom Jahre 1678, das Schulwesen und die Katechisation betreffend." Mitgeteilt von BARTELS. Dazu Rudolf VANDRE. Schule, Lehrer und Unterricht im 19. Jahrhundert. Zur Geschichte des Religionsunterrichts. Göttingen 1973, S. 21 ff.

5) Über die politische Entwicklung Ostfriesland umfassend informiert zu werden, empfiehlt sich: Heinricht SCHMIDT. Politische Geschichte Ostfrieslands (Bd. V Ostfriesland im Schutze des Deiches) Leer 1975. Lesenswert aber auch: Rainer KRAWITZ. "Die historische Entwicklung Ostfrieslands". In: Ostfriesland. Du Mont Landschaftsführer. Köln 1982, S. 11-86.

6) Gedruckt in: U. ULRICHS. Gesetze, Verordnungen, Ausschreibungen ... Aurich 1860, Bd. I, S. 435.

7) St.A. Aurich Rep. 139 (Consistorialakten)

8) Über die Bedeutung des Gesetzes und die Entwicklung des ostfriesischen Schulwesens seit dem Landschulreglement s. Rudolf VANDRE. Schule und Unterricht ... a.a.O.

9) Die Karte ist entommen dem Buch von Menno SMID: Kirchengeschichte Ostfrieslands, a.a.O., S. 411

10) Die Originale sind in St.A. Aurich Rep. 139 einzusehen. Abgedrucht in ULRICHS. Gesetze, Verordnungen ... a.a.O.

11) Viele Erhebungen in den Schulkatalogen sind erhalten und in den entsprechendne Beständen im St.A. Aurich zu erforschen. Es gibt auch Kirchen, die noch Katalogbestände in ihren eigenen Archiven haben. (z. B. Marx, Ochtersum)

12) Der Text ist der Quellensammlung entnommen von MICHAEL/SCHEPP. Politik und Schule von der Französischen Revolution bis zur Gegenwart. Bd. I, Frankfurt 1973, S. 79.

13) Ebd., S. 80. Eine ausführliche Würdigung und Einschätzung des ALR insbesondere zur Schulaufsichtsfrage findet sich bei: Enno FOOKEN. Die geistliche Schulaufsicht und ihre Kritiker im 18. Jahrhundert. Wiesbaden 1967. S. 135 ff.

14) Durch die Nebentätigkeit als Kantor, Küster im kirchlichen Dienst dürfte der Schulmeister wohl mehr Respekt in der Landbevölkerung gehabt haben als durch seine Beschäftigung mit Kindern.

15) Dieses Zitat, das dem Professor Johann Balthasar SCHUPPIUS zugeschrieben wurde, fand sich im "Jahresbericht des Oldenburgischen Landes-Lehrervereins für 1905-1906" hrsg. v. G. LÜSCHEN, Oldenburg, 1906, S. 13.

16) Sein ausführlicher Bericht wurde erst jüngst im Allgemeinen Reichsarchiv in Den Haag gefunden. Er soll noch in nächster Zukunft veröffentlicht werden! In der Einleitung dazu stellt Dr. BOEKHOLT von der Universität Groningen die historischen Zusammenhänge dar.

17) St.A. Aurich Rep. 139 (Consistorialakten) Nr. 14.

18) Ebd., Nr. 15. Die hier enthaltene Bestandsaufnahme gibt im wesentlichen Zahlenmaterial und Übersicht über Schulstandorte wieder.

19) Ebd., Nr. 17. Der hannoversche Bericht ist bislang überhaupt nicht ausgewertet worden. Das liegt auch an der sehr schlechten Lesbarkeit.

20) Vgl. Anm. 16. Der wichtige Teil der Reformvorschläge van der Endes zeigt diese Tendenz allgemein aber auch detailliert für die einzelnen vorgeschlagenen Aufsichtsbezirke.

21) Vgl. Gebhard LÖNING. Zur Vorgeschichte des ostfriesischen Lehrervereins. In: Ostfriesischer Lehrerverein 100 Jahre. Norden 1963, S. 6-13.

Klaus Klattenhoff

Pädagogik und Sonderpädagogik - postmodern ? Zur Frage nach ihren Standorten und Perspektiven

Erziehung und Bildung und die darüber in der Pädagogik und Sonderpädagogik erörterten Theorien sind an der "Schwelle zur Postmoderne" (LENZEN 1985, S. 356) offenbar in eine Sackgasse geraten, aus der noch kein Weg herauszuführen scheint. Aus der Geschichte der letzten Jahrzehnte ist abzulesen, in welchem Maße Theorie und Praxis von Pädagogik und Sonderpädagogik Wandlungsprozessen unterworfen waren und wie sie in die Perspektivlosigkeit hineingeraten sind.

I

Nach dem 2. Weltkrieg konnten sich Pädagogik und Sonderpädagogik - in Anknüpfung an Positionen und Traditionen der Weimarer Zeit - zunächst wieder als Geistesgeschichtliche Pädagogik etablieren. Seit dem "Ende der Wirtschaftswunder" (JANOSSY 1966) sind Neu- und Umorientierungen zu verzeichnen. Durch die "realistische Wendung" (ROTH 1962) und die einige Jahre später diskutierte emanzipatorische Perspektive erhielt die Pädagogik Impulse aus den Sozialwissenschaften. Gleichzeitig setzte eine deutliche Differenzierung der Pädagogik in Teilgebiete ein, die zur Verselbständigung und zu Eigenständigkeitsansprüchen dieser Teilgebiete führten. Mit dieser Umorientierung und Ausdifferenzierung der Pädagogik gingen Schulreformbemühungen einher. Für die 60er Jahre ist erkennbar, daß sich Theorie und Praxis der Pädagogik wechselseitig forderten und formten und dabei in einen gesellschaftlichen Bezugsrahmen eingebunden waren. Dazu ist jedoch zu bedenken, daß pädagogische Theorie, Bildungspolitik und Schulreformpraxis nicht als in sich widerspruchsfreie und funktional zueinander stehende Bereiche einer Einheit gesehen werden dürfen, in der alles geradlinig verlief. In der pädagogischen Theorie wurden unterschiedliche wissenschaftstheoretische Positionen deutlich, die sehr bald unversöhnlich zueinander standen. Nur wenige Pädagogen bemühten sich um Konstrukte, in der die "Frage nach der Kompatibilität divergierender wissenschaftstheoretischer Ansätze" (BLANKERTZ 1974, S. 633) und ihrer Erkenntnisse und Forschungsergebnisse enthalten war. Nicht selten handelten sich diese Pädagogen auch den Vorwurf des Eklektizismus ein. Ebenso standen manche Reformen im Schulsystem dysfunktional zueinander, etwa die Bemühungen um eine horizontale Struktur des Bildungswesens einerseits (Beispiel: Integrierte Gesamtschule) und der Auf- und Ausbau eines eigenständigen Sonderschulzweiges neben der traditionellen Dreigliederung und damit einer weiteren vertikalen Strukturierung des Schulwesens andererseits.

In den 70er Jahren verloren pädagogische Theorien und Schulreformen ihre Perspektiven. Diskrepanzen zwischen Anspruch und Wirklichkeit, zwischen Theorie und Praxis wurden deutlich. Über Ursachen dafür gab es keine Verständigung. Wurden einerseits die Ziele und die sie stützende Pädagogik kritisiert und als illusionär angesehen, so wurden andererseits der fehlende Reformwille und die Reformunfähigkeit des Systems herausgestellt. Einen Ausweg bot vorübergehend die Hinwendung zum Alltag als einer bislang vernachlässigten und unverbrauchten Kategorie in Theorie und Praxis der Pädagogik. Der Alltagsorientierung wurde gar ein paradigmatischer Stellenwert zugesprochen (LENZEN 1980; vgl. auch SCHRÜNDER 1982). Bezüge zur Diskussion in der Sozialphilosophie und anderen Sozialwissenschaften (z.

B. zu HELLER 1970 u. 1978; LEITHÄUSER 1976) ließen sich herausstellen (LENZEN 1980, S. 13). Die Alltagsorientierung bot verschiedenen Überlegungen Raum. Sie kann Rückzug wie auch Durchsetzung von Reformen bedeuten. "Die Hoffnung auf umfassende geschichtliche Veränderung oder die Enttäuschung über deren Ausbleiben ist der Nährboden", auf dem das Interesse am Alltag gedeiht (Hans JOAS in seiner Einleitung zu HELLER 1978, S. 8). Für die Pädagogik wurde darin auch die Chance einer Integration von Empirie und Kritischer Theorie gesehen (SCHRÜNDER 1982, S. 2), der Versuch also, kontroverse Positionen auf einen gemeinsamen Bezugspunkt zu orientieren - ein Schritt, mit dem schon einige der in den 60er Jahren angestellten Überlegungen (THIERSCH 1967) eine neue Qualität erhielten.

Wer sich auf den Alltag besinnt, sieht noch Notwendigkeiten und Perspektiven für Theorie und Praxis der Pädagogik. Wer vom "Ende der Erziehung" (GIESECKE 1985) spricht, hat offenbar einen Schlußpunkt gesetzt. In den 70er Jahren hat es - ausgelöst durch den Einfluß der Sozialwissenschaften - in der Pädagogik eine Verlagerung der Auseinandersetzung mit ihrem Gegenstand gegeben, von der Erziehung zur Sozialisation und von der Bildung zur Qualifikation. Erziehung und Bildung waren anscheinend obsolet geworden. Erziehung wurde als Umsetzungstechnik für eine "Schwarze Pädagogik" gesehen (RUTSCHKY 1977), Bildung als Produkt einer sich in Auflösung befindlichen bürgerlichen Gesellschaft. Eine "Antipädagogik" konnte sich Gehör verschaffen (von BRAUNMÜHL 1975, 1978 u. 1986; von SCHOENEBECK 1982 u. 1985; aber auch KUPFFER 1980). Die Antipädagogik kann als spezifische Variante der "antiautoritären Erziehung" gesehen werden, die sich Ende der 60er Jahre als Alternative zu einer zu sehr an Systembedingungen und technokratisch orientierten Reformen im Bildungsbereich verstehen und ausbreiten konnte. Antiautoritäre Erziehung und Antipädagogik schöpfen beide aus psychoanalytischen Erkenntnissen, jedoch von verschiedenen Ausgangsüberlegungen her. [1] Beiden gemeinsam ist die Absicht, mit Erziehung *nicht* zur Anpassung beizutragen.

Ging es der antiautoritären Erziehung darum, die Stabilisierung des gesellschaftlichen Systems über eine Anpassung im Reproduktionsbereich zu verhindern, befürchten die Antipädagogen eher die Zerstörung der Individualität, der Persönlichkeit des heranwachsenden Kindes, durch die Erziehung. Während antipädagogische Positionen die *Erziehung* und ihre Theorie in den Blick nahmen, wurde gleichzeitig aus der Sicht von *Sozialisation* das "Verschwinden der Kindheit" (POSTMAN 1983), das "allmähliche Verschwinden der Wirklichkeit" aus dem Horizont von Kindern (v. HENTIG 1985), ja gar das "Ende der Erziehung" (GIESECKE 1985) konstatiert. Sowohl für die antipädagogischen Positionen als auch für die Analysen zur Situation der Kindheit gilt, daß sie einerseits in einer interessierten Öffentlichkeit eine gewisse Popularität erreichten, in der Fachdiskussion der Pädagogik und der Alltagspraxis von etablierten Erziehungs-institutionen aber recht wenig Beachtung fanden.

Alltagsorientierung [2], Antipädagogik und Hinweise auf eine spezifische Situation der Qualität von Kindheit heute haben für die Sonderpädagogik keine nennenswerte Resonanz gehabt. Mitte der 70er Jahre hat BLEIDICK den seinerzeit feststellbaren unterschiedlichen Sichtweisen von Behinderung paradigmatische Qualitäten zuzuschreiben versucht. [3] Und hieran hat sich die Diskussion in den folgenden Jahren orientiert. Dabei stellte sich die Frage nach einem "umfassenderen Deutungsrahmen" (BLEIDICK 1976, S. 414) bzw. einem "umfassenden Rahmenparadigma" (BLEIDICK 1977, S. 224), oder auch nach Möglichkeiten der Verknüpfung bzw. Kombinierung verschiedener Paradigmen. Doch Behinderung als zentrale Kategorie sonderpädagogischer Theoriebildung zieht Probleme nach sich, die bis heute ungeklärt blieben, die möglicherweise auch unklärbar sind. Während THIMM (1979) auf fehlende Sinndeutungen verwies, die er für die "Handlungsrelevanz von Behindertenbegriffen" unab-dingbar hält und die eine Behindertenpädagogik ohne erziehungsphilosophische Dimension nicht bereitstellen kann, geht WURM (1985) davon aus, daß eine Lösung des Problems und die Entwicklung weiterführender Perspektiven durch die gesellschaftliche Konstruktion der "Klientelkategorie der Behinderung" (S. 53) verhindert wird. Einen Ausweg sieht er in der "Re-Definition von Behinderung" (S. 59), was auf der Ebene der Praxis eine Integration der heute Ausgesonderten bein-haltet. Von EBERWEIN (1984) wird die Frage nach der Paradigmenverknüpfung ebenfalls auf Integration bezogen. Für ihn

> "verspricht der Begriff 'Integration', wissenschaftssystematisch entfaltet, ein kritisches handlungstheoretisches Grundkonzept abzugeben, das für ein sonder-pädagogisches Paradigma als metatheoretische Orientierung dienen kann." (S. 185)

Für die Pädagogik und für die Sonderpädagogik, so scheint es, zeichnen sich gegenwärtig keine eindeutigen Konturen und Perspektiven ab. Alle hier aufgezeigten Positionen sind durchdacht, stichhaltig, berechtigt und relevant, aber sie sind auch - ebenfalls begründet und berechtigt - umstritten. Und es ist durchaus fraglich, ob es sinnvoll ist, in gegenwärtig vertretenen Positionen nach einem Konsens oder nach Konvergenzmöglichkeiten zu suchen. Meines Erachtens ist die gegenwärtige Situation so ungeklärt und auch nicht weiter klärbar, weil für Pädagogik und Sonderpädagogik ein Defizit festzustellen ist, ein Defizit, das durch das Ausblenden des menschheits- und zivilisationsgeschichtlichen Zusammenhangs bedingt ist.

Man kann nach Gründen für das Ausblenden des Zusammenhangs von Pädagogik und Sonderpädagogik mit der menschheits- und zivili-sationsgeschichtlichen Situation der Gegenwart suchen. Denkbar ist, daß der Zusammenhang in der gegenwärtigen Situation nicht mehr herstellbar ist, z. B. als unfreiwilliges und unbeachtetes Nebenprodukt der Differenzierung und Spezialisierung in den Erziehungswissenschaften der letzten Jahrzehnte. Es ist aber auch möglich, daß die Notwendigkeit der Herstellung eines solchen Zusammenhangs nur nicht mehr bedacht worden ist, weil die in den letzten Jahrzehnten vollzogene Differenzierung und Spezialisierung in den Erziehungswissenschaften mögliche Bezugspunkte aus den Augen verlieren mußte. Und dafür ließen sich auch Gründe finden. Möglichen Gründen kann hier jedoch nicht im einzelnen nachgegangen werden.

Theoriebildung in einer Wissenschaft vollzieht sich *nicht nur* im Spannungsverhältnis von in ihrem Gegenstand, der von ihr untersuchten Realität, liegenden objektiven Erkenntnismöglichkeiten einerseits, und den subjektiven Voraussetzungen der sich um Erkenntnis bemühenden Wissenschaftler mit ihren Erkenntnisinstrumenten andererseits.
Theoriebildung wird *auch* beeinflußt von der menschheits- und zivilisationsgeschichtlichen Situation mit ihren spezifischen gesellschaftlichen und kulturellen Ausprägungen, die zwischen Objekt und Subjekt steht und beide vermittelnd beeinflußt. Es soll deshalb ein Blick auf diese gegenwärtige menschheits- und zivilisationsgeschichtliche Situation geworfen werden, um Determinanten und Perspektiven für die Pädagogik und Sonderpädagogik herausstellen zu können.

II

Nicht erst Ereignisse der jüngeren Zeit (Unfälle von Seweso, Bhopal, Harrisburg und Tschernobyl, deren Folge die Vergiftung und Verseuchung der Lebenselemente Luft, Wasser und Erde war und ist) weisen darauf hin, daß die Menschheit und mit ihr die gesamte Schöpfung in ihrer Existenz bedroht sind und daß diese Bedrohung von den Menschen selber ausgeht, von ihrem Umgang mit sich selbst, von ihrem Umgang mit der Natur, von den Wirkungen, die die Art ihres Zusammenlebens und die Benutzung und Nichtbeachtung ihrer Erkenntnisse auslösen. Schon in dem Anfang der 70er Jahre veröffentlichten "Bericht des Club of Rome zur Lage der Menschheit", der insbesondere auf die "Grenzen des Wachstums" verwies, hieß es:

> "Unsere gegenwärtige Situation ist so verwickelt und so sehr Ergebnis vielfältiger menschlicher Bestrebungen, daß keine Kombination rein technischer, wirtschaftlicher oder gesetzlicher Maßnahmen eine wesentliche Besserung bewirken kann. Ganz neue Vorgehensweisen sind erforderlich, um die Menschheit auf Ziele auszurichten, die anstelle weiteren Wachstums auf Gleichgewichtszustände führen. Sie erfordern ein außergewöhnliches Maß von Verständnis, Vorstellungskraft und politischem und moralischem Mut. ..., einen dauerhaften Gleichgewichtszustand durch geplante Maßnahmen herbeizuführen, (wird) letztlich nur bei grundsätzlicher Änderung der Wert- und Zielvorstellungen des einzelnen, der Völker und auf Weltebene von Erfolg gekrönt sein. ... (Doch) unsere herrschenden Traditionen, unsere Erziehung, unsere gewohnten Tätigkeiten und Interessen machen eine derartige Änderung zu einem sehr schmerzhaften und langwierigen Vorgang. ... (Es dürfte) eine geistige Umwälzung kopernikanischen Ausmaßes" erforderlich sein. (MEADOWS u. a. 1972, S. 172, 174, 175).

Und in der knapp 10 Jahre später veröffentlichten, sehr viel umfangreicheren und differenzierteren Studie "Global 2000" heißt es im Blick auf die Interdependenz von Bevölkerungsentwicklung, Ressourcen und Umwelt in der Zusammenfassung ganz nüchtern:

> "Die Schlußfolgerungen ... sind beunruhigend. Sie deuten für die Zeit bis zum Jahre 2000 auf ein Potential globaler Probleme von alarmierendem Ausmaß. ... Die Zeit zum Handeln ... geht zu Ende." (KAISER (Hrsg.) 1986, S. 19 u. 93).

Die Reaktionen auf die hier angeführten Analysen und Prognosen sind unterschiedlich. Verdrängung, Nichtbeachtung oder die naive Hoffnung, alles werde sich schon so dramatisch nicht entwickeln - das ist eine Gruppe von Reaktionen. Die Suche nach "Wege(n) aus der Gefahr" (EPPLER 1985), die wegen ihrer Beschwerlichkeit vermutlich nur noch "Trampelpfade" sein können (S. 145 ff.), und das konsequente Bedenken der unabwendbaren Folgen aus der gegenwärtigen Situation (z. B. von DITFURTH 1985) - das ist die andere Gruppe von Reaktionen.

Bei der Krise, in die sich die Menschheit bis zur Gegenwart kontinuierlich hineingelebt hat, handelt es sich nicht nur und auch nicht primär um eine durch knapper werdende Ressourcen bedingte und auch nicht nur - wenngleich hier deutlicher zu erkennen und intensiver diskutiert - um eine an Gesellschaftssysteme kapitalistischer Prägung gebundene Krise (vgl. HABERMAS 1976, S. 204 ff). Die Krise ist offenbar verknüpft mit der Situation der Neuzeit, genauer: mit der Situation der durch die Aufklärung begründeten spezifischen Ausprägung der Moderne.

> "Seit je hat Aufklärung im umfassendsten Sinn fortschreitenden Denkens das Ziel verfolgt, von den Menschen die Furcht zu nehmen und sie als Herren einzusetzen ... Das Programm der Aufklärung war die Entzauberung der Welt." (HORKHEIMER/ ADORNO 1969, S. 9).

Die Entzauberung der Welt, gekoppelt mit dem Versuch, den Menschen mit der ihm eigenen Denkfähigkeit und Vernunft zum Herrn über sich selbst zu machen, hat ihn aber beileibe nicht zum souveränen oder gar vernunftgeleiteten Subjekt seines Handelns gemacht. Die in der Aufklärung begründeten zentralen politischen Postulate der Französischen Revolution - Freiheit, Gleichheit, Brüderlichkeit - haben in den modernen Gesellschaften ihren Platz mit unterschiedlichen Gewichtungen gefunden. In der bürgerlichen Gesellschaft wurde der Freiheit ein besonders hoher Stellenwert eingeräumt. Gleichheit und Brüderlichkeit mußten mit ihr und zugleich gegen sie erkämpft werden. Bei diesem Kampf im gesellschaftlichen Raum wurde zu Lasten der Natur gedacht, gehandelt und gelebt, weil die Einheit, das Ganze, dem der Mensch nur als Teil zuzurechnen ist, bei der Verfolgung der dem Fortschritt der Menschen dienenden Ziele nicht einbezogen wurde, sondern unbeachtet blieb.

Psychologisch gesehen ist der Prozeß der Entzauberung der Welt das Abstoßen der Vorstellung von der Allmacht Gottes zu Gunsten einer Allmacht des Menschen und damit die Notwendigkeit für das Ich, alle Wirklichkeit zu leugnen, "die es nicht selbst intellektuell in Besitz genommen hat" (RICHTER 1986, S. 29), beziehungsweise durch seine begrenzte Erkenntnismöglichkeit noch nicht in Besitz nehmen konnte. Der Mensch hat sich selbst zum Gott auf Zeit - seiner Zeit - gemacht. Er sieht sich nicht mehr eingebunden in die Schöpfung als Teil davon, sondern als Herrscher über die Schöpfung, *in* der er nun nicht mehr handelt, sondern die er beliebig *be*handelt und als 'Natur' definiert. Natur ist ihm dabei zu einem Bündel von Naturgesetzen geworden, die er kennen und für seine Zwecke einsetzen will. Gleichzeitig muß das, was der Mensch tut, legitimiert und was er unterläßt verdrängt werden. Legitimation und Verdrängung stützen sich gegenseitig. Aus der Furcht, von Gott verlassen zu werden, ist die Sorge vor dem Verlust der Beherrschbarkeit der Umwelt kraft eigener Fähigkeiten geworden (vgl. auch RICHTER 1986, S. 29). Um die Selbstüberschätzung nun nicht als solche in Erscheinung treten zu lassen, bedarf es einerseits selbsterdachter Sicherungssysteme, z. B. der Rüstungspotentiale, die mit Rationalität oder gar Vernunft nicht mehr begründbar oder erklärbar sind, und andererseits Verdrängungsleistungen, damit realen Gefahren, die z. B. von Kernreaktoren und anderen, schwer zu kontrollierenden und kaum zu sichernden komplizierten technischen Systemen ausgehen, eben *nicht* mehr mit rationalem, vernünftigem Denken begegnet wird. Die mit der Aufklärung dem Menschen zugesprochene Vernunft, die ihn auch nach dem Sinn seines Daseins und seines Tuns fragen lassen kann, muß Ideologien weichen, damit Sinnlosigkeiten nicht erkennbar werden. Die Geschichte der Moderne zeigt, welche Ideologien jeweils wirksam werden konnten.

Gegenwärtig wird deutlicher, welche Konsequenzen sich für die Wissenschaften daraus anbahnen. Es wird analysiert, welche Paradigmen diese Entwicklung in der Neuzeit begünstigt haben und warum wissenschaftliches Denken in der Moderne die eingeschlagenen Wege nehmen konnte. Paradigmenwechsel (vgl. dazu KUHN 1976 u. 1977) werden gefordert, erhofft, vorsichtig angedeutet und in Ansätzen entworfen. Sie sind jedoch noch nicht in allen Disziplinen zu sehen und finden nur begrenzt Zustimmung. Aufmerksamkeit erlangten in jüngerer Zeit naturphilosophische Abhandlungen und wissenschaftsgeschichtliche Analysen in den Naturwissenschaften (z. B. CAPRA 1985 u. 1986; PRIGOGINE/STENGERS 1981; JONAS 1973, 1979 u. 1985). Die Reaktionen darauf sind geteilt. Während einerseits eine recht breite Konsensfähigkeit der Aussagen verdächtig erscheint - das gilt z. B. für die Positionen von JONAS - wird andererseits ein "neuer Spiritualismus" konstatiert - das gilt insbesondere für die Positionen von CAPRA (vgl. NEMITZ 1986). Dennoch - hier ist ein wesentlicher und notwendiger Diskussionsprozeß in Gang gekommen. Für das Verhältnis von Mensch und Natur wird nach anderen Traditionen, nach anderen Grundauffassungen, nach nicht wirksam gewordenen Konzepten gesucht (WERNER 1986).

In der Theologie zeigen jüngere Analysen und Entwürfe, wie auch hier die Situation der Gegenwart ihre Spuren hinterläßt und zur Neubesinnung bzw. Rückbesinnung drängt. Heino FALCKE, evangelischer Probst in Erfurt, stellt fest:

> "Das frohgemute Unternehmen wissenschaftlich-technischer Weltbemächtigung bedroht die Welt mit Selbstzerstörung im Zeitraffer einer atomaren Katastrophe oder im Zeit-lupentempo der ökologischen Krisen. Die Menschheit, die sich als solche konstituieren müßte, um zu überleben, ist drauf und dran, sich zu vernichten, bevor sie sich noch gebildet hat." (FALCKE 1986, S., 278)

Und in Rückbesinnung auf SCHLEIERMACHERs Bildungsbegriff zeigt er das Kontrastprogramm:

> "Die wechselseitige Durchdringung von Geist und Natur gibt die Zielrichtung an und sie bedeutet umfassend: Einheit von Selbstbildung und Naturbildung. Der 'äußere Beruf' des Menschen, Herr der Erde zu sein, und sein 'innerer Beruf', das 'Ebenbild Gottes', das in Christus urbildlich gegeben ist, darzustellen, gehören zusammen." (FALCKE 1986, S. 274)

Der Mensch muß "mit Gott Schritt halten", um ihm ein mündiger Partner zu sein.
Aus der Möglichkeit der Vernichtung der Schöpfung entwickelt auch Dorothee SÖLLE ihre Theologie der Schöpfung: "Das Leben wählen angesichts des Todes - das heißt teilnehmen an dem Prozeß der Schöpfung durch Liebe und Arbeit." (SÖLLE 1985, S. 10)
Von der Umweltkrise, die "nicht nur eine Krise der natürlichen Umwelt der Menschen, sondern nichts weniger als eine Krise der Menschen selbst" ist, geht ebenfalls Jürgen MOLTMANN in seiner "ökologischen Schöpfungslehre" aus (1985, S. 11). Diese Krise, hervorgegangen aus der rücksichtslosen Ausbeutung der Natur, hat ihr Fundament in der Auffassung vom "Gegenüber von Gott und Welt" (MOLTMANN 1985, S. 28/29). Eine Veränderung kann sich durch eine veränderte Auffassung ergeben, nämlich daß Gott als Schöpfer der Welt zugleich in sie eingeht (S. 29) und Schöpfung und Evolution komplementär miteinander verbunden werden (S. 32).

Als Romano GUARDINI 1950 das "Ende der Neuzeit" zum Ausgangspunkt für Überlegungen zu einem zukünftigen Zeitalter veröffentlichte, lagen Zerstörung und Chaos in einem bis dahin nicht gekannten Ausmaß erst wenige Jahre zurück. Schon damals stellte er heraus:

> "All das Furchtbare ist doch nicht vom Himmel gefallen - sagen wir richtiger, aus der Hölle heraufgestiegen! All die unfaßlichen Systeme der Entehrung und Zerstörung sind doch nicht ersonnen worden, nachdem vorher alles in Ordnung war. ...

> Was sittliche Norm, Verantwortung, Ehre, Wachheit des Gewissens heißt, verschwindet nicht in solcher Weise aus dem Verhalten eines Gesamtlebens, wenn es nicht schon längst entwertet war. Das alles könnte aber nicht geschehen, wenn Kultur das wäre, als was die Neuzeit es ansieht." (GUARDINI 1950, S. 98/99)

GUARDINI führte die Diskrepanz von Möglichkeiten des Konzepts Moderne und dem tatsächlichen Gang der Zivilisation auf die durch Technik bestimmten Umwälzungen mit einer daraus resultierenden Fortschrittsgläubigkeit einerseits und den Machtmißbrauch der Menschen andererseits zurück. Folgerichtig sieht er deshalb für das anbrechende neue Zeitalter "ein Wagnis auf Leben und Tod, von dem niemand weiß, wie es ausgehen wird." (S. 99)
Die gegenwärtige, vor allem in den Gesellschaftswissenschaften und in Kultur- und Sozialphilosophie geführte Diskussion ist da weniger klar und eindeutig. Das Leben nach Ausschwitz, Nagasaki, Seweso, Harrisburg, Bhopal und Tschernobyl ist das Leben in einer "Risikogesellschaft" (BECK 1986) und gekennzeichnet durch "Neue Unübersichtlichkeit" (HABERMAS 1985). Ehemals klare Konturen verschwimmen. Forderungen nach einem fundamentalen Wertwandel (vgl. BAUMGARTNER/ IRRGANG 1985) werden von verschiedenen Seiten erhoben, von neokonservativen Positionen her ebenso (vgl. DUBIEL 1985) wie von Vertretern und Anhängern avantgardistischer Theorien. Der "Zeitgeist" kann offensichtlich von verschiedenen Ausgangspositionen aus erkannt werden und die eigene Position stärken. Während Vertreter neokonservativer Positionen eher die 'Wende' nach rückwärts vollziehen und Halt in möglicherweise schon nicht mehr greifbaren Positionen vergangener Zeiten suchen, und im Prinzip alles beim Alten lassen wollen (damit lassen sie auch außer acht, wie die gegenwärtige Problematik zustandegekommen ist), wendet sich ein Teil der sich fortschrittlich verstehenden Theoretiker der mit "Postmoderne" benannten Zukunftszivilisation zu.

In der Diskussion um die Postmoderne - eine denkbare Bezeichnung der dem Zeitalter der Moderne folgenden Periode in der Geschichte der Zivilisation - sind die Postitionen zwar geklärt, jedoch gleichzeitig unklar. Sowohl die Befürworter eines bislang noch unbekannten postmodernen, auf Zukunft ausgerichteten Denkens, als auch die Kritiker vorschneller postmoderner Ansichten, die eher versäumte Auseinandersetzungen der Moderne aufspüren und nachholen möchten, sehen die Gefahren, denen die Schöpfung und mit ihr die Menschheit ausgesetzt sind. Doch die Reaktionen sind verschieden. Während die Protagonisten postmodernen Denkens den der Moderne *auch* innewohnenden Nihilismus fortschreiben, indem sie aus Gründen des Offenseinwollens jedes Festhalten und jede Festlegung von aus der Moderne tradierten Positionen in der Gegenwart und für die Zukunft vermeiden, sehen sich ihre Kontrahenten eher nach Möglichkeiten einer Einlösung von nach wie vor sinnvollen Positionen der Moderne um.

> "Das moderne Zeitalter steht vor allem im Zeichen subjektiver Freiheit. Diese verwirklicht sich in der Gesellschaft als privatrechtlich gesicherter Spielraum für die rationale Verfolgung eigener Interessen, im Staat als prinzipiell gleichberechtigte Teilnahme an der politischen Willensbildung, im Privaten als sittliche Autonomie und Selbstverwirklichung, in der auf diese Privatsphäre bezogenen Öffentlichkeit schließlich als Bildungsprozeß, der sich über die Aneignung der reflexiv gewordenen Kultur vollzieht." (HABERMAS 1983, S. 752)

Das "No Futur" von Theoretikern der Postmoderne steht dem gegenüber und wird als "verharmlosende Aufklärungsskeptik" und "Strategie des Vergessenmachens" bezeichnet. (SCHMIDT 1986, S. 12) Postmoderne Perspektivlosigkeit und neokonservative Programmatik treffen sich hier in gewisser Eintracht. (Vgl. zur Diskussion um die Postmoderne weiter LYOTARD 1982 u. 1985; HABERMAS 1983; SCHULTE 1986; WARTMANN 1986; WEBER 1986)

III

Die Pädagogik an der "Schwelle zur Postmoderne" kann die gegenwärtige zivilisationsgeschichtliche Situation und ihre Perspektiven nicht ausklammern.
Folgt sie Theoretikern der Postmoderne, wird sie zur Pädagogik der Postmoderne oder zur Pädagogik der Vorbereitung auf die Postmoderne. Eine solche Pädagogik ist eine Pädagogik der Perspektivlosigkeit, der Sinnlosigkeit, der norm- und wertfreien Erziehung. Und damit wäre Pädagogik keine Pädagogik mehr - wie sie die Antipädagogik noch ist (vgl. FLITNER 1982; WINKLER 1985) -; sie würde zur Post-Pädagogik.
Welche Perspektiven sind realistisch? Es kann hier keine umfassende Pädagogik für die gegenwärtige zivilisationsgeschichtliche Situation entworfen werden. Es werden aber einige Positionen benannt und entfaltet, die für eine Pädagogik am Ende der Moderne von Bedeutung sind. Dabei wird nicht unterschieden zwischen inhaltlichen und methodologischen Postulaten, die oft miteinander verwoben sind.

Die Pädagogik ist ein Produkt der Aufklärung, wie die Moderne auch.

> "Alle pädagogischen Theorien im modernen Sinne sind in ihren Anfängen verknüpft mit den großen Aufklärungs- und Befreiungsbewegungen der Menschenheit. Aufklärung und Erziehung sind in diesen Anfangszeiten gewöhnlich identische Begriffe. Sie meinen: den Menschen auf sich selbst stellen, auf seine Natur und seine Vernunft, sein Gewissen und seinen Willen, seine Freiheit und Besonderheit." (WENIGER 1985, S. 119)

Erziehung als Aufklärung macht für den Menschen unbekannte und unverstandene Zusammenhänge sichtbar, sie ermöglicht vernünftige Erkenntnis; Aufklärung macht Erziehung zu einer der wichtigsten Aufgaben der Gesellschaft für

Individuum und Gesellschaft. (Vgl. VIERHAUS 1985, S. 25) Der Abschied von der Aufklärung wäre ein Zurücktreten aus der öffentlichen in die private Sphäre, der Verzicht auf vernünftige Erkenntnis und ein Rückfall auf eine vorbewußte (unaufgeklärte) Lebensstufe der Menschen. Eine Verabschiedung aus der Moderne in eine Postmoderne mit Hilfe der Pädagogik gefährdet die Existenz des Individuums und der Zivilisation in mindestens gleichem Ausmaß wie die durch die Moderne geschaffene Situation das Individuum und die Zivilisation potentiell gefährdet.

Die Aufklärung ist unvollendet und als Prozeß vermutlich auch nicht vollendbar. Es kann deshalb nur darum gehen, ihr einen gebührenden Platz am Ausgang der Moderne einzuräumen. Das wäre mit der Aufklärung über die Aufklärung und ihre Folgen möglich. Eine derartige Analyse könnte der weiterhin notwendigen Aufklärung eine angemessene Entfaltung sichern. Dem Denken muß die Vernunft zugeordnet werden, die Vermehrung des Wissens bedarf der ethisch fundierten Steuerung. Menschlichkeit - Ziel jeder aufklärerischen Erziehung - ist an Vernunft gebunden.

Eine in der Gegenwart bedeutsame Pädagogik ist Vermittlungsinstanz zwischen der zukünftigen *Möglichkeit* des Menschen und der die *Faktizität* bestimmenden *Geschichtlichkeit* (FOOKEN 1973, S. 136). Um realistische Möglichkeiten anzusteuern, bedarf es der erziehungsgeschichtlichen Forschung, ohne die Erkenntnisse über die geschichtlich bestimmte Faktizität verkürzt und unvollständig bleiben. Bezogen auf die zivilisationsgeschichtliche Situation der Moderne heute wäre danach zu fragen, wie und warum es zur vernunftlosen Deformation des Denkens in der Moderne kommen konnte und wie die Pädagogik darin verstrickt war und ist. Ob dazu schon die Rückbesinnung auf die mit der Aufklärung einsetzende Periode von Erziehung und darauf bezogene pädagogische Theorie zufriedenstellend sein kann, ist zu bezweifeln. Auch die der Aufklärung zugrunde liegende Ausgangssituation muß einbezogen werden.

In der Pädagogik ist die Notwendigkeit erziehungsgeschichtlicher Analysen offensichtlich wieder deutlich erkannt wor-

den. So ist etwa in der Auseinandersetzung mit der Antipädagogik Bezug auf "Klassiker" aus der Geschichte der Pädagogik (ROUSSEAU, HERBART, SCHLEIERMACHER, TOLSTOJ, BERNFELD u.a.) genommen worden (vgl. FLITNER 1982; WINKLER 1982; OELKERS/LEHMANN 1983). Die Auseinandersetzung mit der Geschichte der Erziehung darf sich dabei nicht auf die Rezeption der in Kompendien niedergelegten Ideen bekannter Pädagogen beschränken. Es muß auch Grundlagenforschung dazu betrieben werden. Insbesondere für die Sonderpädagogik ist weitere geschichtliche Grundlagenforschung dringend notwendig.
In der Auseinandersetzung mit der Geschichte bedarf es neuer Fragestellungen, die der zivilisationsgeschichtlichen Situation der Gegenwart Rechnung tragen. Und es ist wichtig, "vergessene Zusammenhänge" von Kultur und Erziehung (MOLLENHAUER 1985) aufzuspüren; "Umwege" (MOLLENHAUER 1986) sind erforderlich und zu gehen. Die Tendenz der Nichtbeachtung unangenehmer Perioden der Geschichte, z. B. der Zeit des Nationalsozialismus, muß überwunden werden. Neben rezipierten und realisierten Überlegungen und Konzepten sollten insbesondere auch verwirkte, aufgegebene, vergebene und unterdrückte Möglichkeiten Aufmerksamkeit finden. Erkenntnisse aus der Geschichte der Erziehung könnten dann - wenn Erziehung nicht isoliert vom gesellschaftlichen Umfeld gesehen wird - zur Strukturierung und Systematisierung pädagogischen Denkens und Handelns beitragen.

Der frei geborene und dennoch überall in Ketten gelegte Mensch (ROUSSEAU) ist - dank der Aufklärung - ein Wesen, "das auf seine Entscheidungs- und Handlungsmöglichkeiten hin angesprochen werden kann" (FOOKEN 1973, S. 135). Eine Pädagogik nach Ausschwitz, Nagasaki, Seweso, Harrisburg, Bhopal und Tschernobyl kann die Zukunft des Menschen und der Menschheit nicht wertfrei ins Auge fassen.
Entscheidungs- und Handlungsmöglichkeiten brauchen Bezugspunkte und Maßstäbe. Um solche Bezugspunkte und Maßstäbe zu gewinnen, bedarf es noch einmal eines Rück-

blicks auf den Ausgangspunkt der Moderne mit den Postulaten Freiheit, Gleichheit und Brüderlichkeit. Mit ihnen wird ein gleichwertiges Verhältnis von Individuum und Gesellschaft angesprochen. Es darf keine Vorrangstellung von Individuum oder Gesellschaft in diesem Verhältnis geben. Die gegenwärtige Situation der Zivilisation zeigt jedoch Ungleichgewichte. Sie haben sich im historischen Prozeß verfestigen können und sind nur durch darauf abzielende Politik veränderbar.

Es kommt über die Notwendigkeit der Ausbalancierung der Postulate der Französichen Revolution im Spannungsfeld von Individuum und Gesellschaft hinaus darauf an, Erziehungsperspektiven für die Pädagogik zu bedenken. Aufklärung hieß und heißt, Verantwortung und Solidarität zwischen Individuum und Gesellschaft zu praktizieren. Ein auf Zukunft zu denkender kategorischer Imperativ könnte sich am "Prinzip Verantwortung" (JONAS 1979) orientieren. Für die Pädagogik wäre die Herausbildung von Verantwortung in der Erziehung ein Maßstab und Bezugspunkt. "Das Urbild aller Verantwortung ist die von Menschen für Menschen" (JONAS 1979, S. 184). Verantwortung übernehmen, Verantwortung praktizieren, beginnt bei der Verantwortung für sich selbst, setzt sich fort über Verantwortung für andere Menschen bis hin zur Verantwortung für die Gesamtheit, das ist die Verantwortung für die Natur, für die Zivilisation mit allem, was sie angerichtet hat, für die Situation der Menschheit. Es gibt keine zukunftsträchtige Möglichkeit, sich daraus zu verabschieden. Postmoderne ohne aufgearbeite Moderne ist sinnleer und perspektivlos.

Verantwortung übernehmen muß für den einzelnen Menschen aber auch den Schutz vor Unverantwortlichkeiten anderer gewähr-leisten. Verantwortung übernehmen heißt: Heraustreten aus der Anonymität und der schweigenden Duldung. Verantwortung übernehmen bedeutet, an Entscheidungen beteiligt sein können und müssen. Das Individuum kann nur das verantworten, worüber es eine Entscheidung getroffen hat.

Wenn Verantwortung zu einem wesentlichen Prinzip des menschlichen Lebens und Zusammenlebens werden soll, müssen Pädagogik und Sonderpädagogik in Theorie und Praxis nach entsprechenden Möglichkeiten suchen. Sowohl strukturelle Bedingungen als auch Inhalte und Vermittlungsformen sind für den Erziehungs- und bildungsprozeß in Richtung Verantwortung im Hinblick auf ihre fördernden und hemmenden Faktoren zu untersuchen. Es darf bezweifelt werden, daß ein auf Auslese angelegtes Erziehungs- und Bildungssystem Verantwortung hervorbringen kann. Verantwortung, die über eine Verantwortung des Individuums für sich selbst hinausgeht, kann nur aus der Begegnung mit dem entstehen, wofür Verantwortung übernommen werden soll, aus der Begegnung mit Personen, mit allem Lebendigen, mit allem zu Bewahrenden. Verantwortung als Ziel erfordert Verantwortung als Weg zum Ziel.

Verantwortung ist über rationales Denken, über Wissen allein nicht erreichbar. Die Moderne hat vor allem über die gesellschaftliche Verwertung des von anderen menschlichen Fähigkeiten und Qualitäten isolierten Denkens die Zivilisation in ihre gegenwärtige kritische Lage gebracht. Qualitäten des Menschlichen wie Gefühle, Be-Sinnung und Phantasie, wurden als subjektive Faktoren dem Individuum zugestanden aber nicht vergesellschaftet oder als bedeutungsvoll erachtet. Am Individuum festgemacht und eher als Hindernis für rationales Denken empfunden, haben sie eine entsprechend geringe Wertschätzung erfahren.

Im weiteren Verlauf dieser Überlegungen soll die Bedeutung der Gefühle für die Pädagogik und Sonderpädagogik erörtert werden. Gefühle sind in ihrer Qualität, d. h. in ihrer konkreten Ausformung und in ihrem Stellenwert, in ihrer Bedeutung für das Individuum und für die Zivilisation historisch-gesellschaftlich vermittelt. Sie konkretisieren sich z. B. in Leid und Schmerz, in Glück und Freude, in Zufriedenheit und Unzufriedenheit. Sie werden vom Individuum positiv oder negativ empfunden.

Leid und Schmerz werden aus verschiedenen Quellen gespeist. Schmerz bringt das Individuum in sein eigenes Leben. Dagegen kann es demzufolge auch selbst vorgehen oder sich durch Hilfe anderer zur Wehr setzen. Leid wird von außen an das Individuum herangetragen. Dagegen ist es zunächst machtlos. Leid muß deshalb ertragen werden.

> "Fühlen bedeutet, in etwas involviert zu sein. Wir sollen das Leid in Schmerz verwandeln, um in der Sache der Menschheit involviert sein zu können: 'Hilf den andern' heißt 'Hilf dir selbst'." (HELLER 1980, S. 337)

Leiden kann das Individuum z. B. am Zustand der Zivilisation, für den es Verantwortung mitträgt. Am Leid anderer kann das Individuum Anteil nehmen (Mit-Leid). Hier werden Leid und Liebe zu identischen Inhalten ('Ich kann dich gut leiden').

Für Pädagogik und Sonderpädagogik ist es notwendig, über die Entwicklung subjektiver Empfindungen und ihre Vergesellschaftung im Erziehungs- und Bildungsprozeß ebenso nachzudenken, wie über Sinnstiftungen und Phantasieentwicklung. Und diese Seite menschlicher Fähigkeiten und Qualitäten muß mit dem bislang einseitig in den Vordergrund gerückten rationalen Denken zu einem integrierten Konzept verbunden werden.

Verantwortung als Bezugspunkt pädagogischer Theorie und als gelebte Praxis läßt alle Abgesänge auf die Moderne und die in ihr bis zur Gegenwart konzipierte Pädagogik hinter sich und führt nicht in eine sinnleere und perspektivlose Postmoderne.

Anmerkungen

1) Für die antiautoritäre Erziehung wurden die Schriften von Wilhelm REICH und Siegfried BERNFELD rezipiert, für die Antipädagogik sind die Schriften der Schweizer Psychoanalytikerin Alice MILLER von Bedeutung.

2) Vgl. dazu den Aufsatz von Wiebke AMMANN in diesem Band.

3) Heute sieht BLEIDICK sie als historisch aufeinander folgende, aber noch parallel zueinander bestehende Paradigmen; (vgl. BLEIDICK 1985, S. 254 ff.).

Literatur

Akademie der Künste, Berlin: Der Traum der Vernunft. Vom Elend der Aufklärung. Darmstadt und Neuwied 1985.

BARTHES, Roland: Mythen des Alltags. Frankfurt/Main 1974.

BAUMGARTNER, Hans Michael/IRRGANG, Bernhard (Hrsg.): Am Ende der Neuzeit? Die Forderung eines fundamentalen Wertwandels und ihre Probleme. Würzburg 1985.

BECK, Ulrich: Risikogesellschaft. Auf dem Weg in eine andere Moderne. Frankfurt/Main 1986.

BERNFELD, Siegfried: Antiautoritäre Erziehung und Psychoanalyse. Ausgewählte Schriften, 3 Bände, Hrsg.: Lutz von WERDER/Reinhart WOLFF. Frankfurt/Main 1969/1970.

BERNFELD, Siegfried: Sisyphos oder die Grenzen der Erziehung. Frankfurt/Main 1973.

BLANKERTZ, Herwig: Wissenschaftstheorie. In: Christoph WULF (Hrsg.): Wörterbuch der Erziehung. München 1974, S. 630 - 634.

BLEIDICK, Ulrich: Metatheoretische Überlegungen zum Begriff der Behinderung. In: Zeitschrift für Heilpädagogik 27 (1976) 7, S. 408 - 415.

BLEIDICK, Ulrich: Pädagogische Theorien der Behinderung und ihre Verknüpfung. In: Zeitschrift für Heilpädagogik, 28 (1977) 4, 207 - 229.

BLEIDICK, Ulrich: Historische Theorien: Heilpädagogik, Sonderpädagogik, Pädagogik der Behinderten. In: Ulrich BLEIDICK (Hrsg.): Theorie der Behindertenpädagogik. (Handbuch der Sonderpädagogik, Band 1). Berlin 1985, S. 253 - 272.

BRAUNMÜHL, Ekkehard von: Antipädagogik. Weinheim und Basel 1975.

BRAUNMÜHL, Ekkehard von: Zeit für Kinder. Frankfurt/Main 1978.

BRAUNMÜHL, Ekkehard von: Der heimliche Generationenvertrag. Jenseits von Pädagogik und Antipädagogik. Reinbeck 1986.

CAPRA, Fritjof: Das Tao der Physik. Die Konvergenz von westlicher Wissenschaft und östlicher Philosophie. Bern, München, Wien 1985. Siebte Auflage der Neuausgabe.

CAPRA, Fritjof: Wendezeit. Bausteine für ein neues Weltbild. Bern, München, Wien 1986, 11. Auflage.

DITFURTH, Hoimar von: So laßt uns denn ein Apfelbäumchen pflanzen. Es ist soweit. Hamburg 1985.

DUBIEL, Helmut: Was ist Neokonservativismus? Frankfurt/Main 1985.

EBERWEIN, Hans: Probleme der Mehrebenenanalyse und Paradigmenverknüpfung in der Sonderpädagogik - Ansätze zu einem integrierenden Begriffs- und Theorieverständnis. In: Heilpädagogische Forschung 11 (1984) 2, S. 173 - 190.

EPPLER, Erhard: Wege aus der Gefahr. Reinbek 1985.

FLITNER, Andreas: Konrad, sprach die Frau Mama ... Über Erziehung und Nicht-Erziehung. Berlin 1982.

FOOKEN, Enno: Grundprobleme der Sozialpädagogik. Eine Analyse ihrer theoretischen Aufgaben. Heidelberg 1973.

FULLER, Richard Buckminster: Die Aussichten der Menschheit 1965-1985. Frankfurt/Main und Berlin 1968.

FULLER, Richard Buckminster: Erziehungsindustrie. Berlin 1970.

GIESECKE, Hermann: Das Ende der Erziehung. Neue Chancen für Familie und Schule. Stuttgart 1985.

GREIFF, Bodo von: Gesellschaftsform und Erkenntnisform. Zum Zusammenhang von wissenschaftlicher Erfahrung und gesellschaftlicher Entwicklung. Frankfurt/Main und New York 1977, 2. Auflage.

GUARDIN, Romano: Das Ende der Neuzeit. Ein Versuch zur Orientierung. Basel 1950.

HABERMAS, Jürgen: Zur Rekonstruktion des Historischen Materialismus. Frankfurt/Main 1976, zweite Auflage.

HABERMAS, Jürgen: Der Eintritt in die Postmoderne. In: Merkur, 37 (1983), S. 752 - 761.

HABERMAS, Jürgen: Die Neue Unübersichtlichkeit. Frankfurt/Main 1985.

HELLER, Agnes: Alltag und Geschichte. Zur sozialistischen Gesellschaftslehre. Neuwied und Berlin 1970.

HELLER, Agnes: Das Alltagsleben. Versuch einer Erklärung der individuellen Reproduktion. Frankfurt/Main 1978.

HELLER, Agnes: Theorie der Gefühle. Hamburg 1980.

HENTIG, Hartmut von: Das allmähliche Verschwinden der Wirklichkeit. München/Wien 1985, 2. Auflage.

HORKHEIMER, Max/ADORNO, Theodor W.: Dialektik der Aufklärung. Philosophische Fragmente. Frankfurt/Main 1969. (Nachdruck 1986)

JANOSSY, Franz: Das Ende der Wirtschaftswunder. Erscheinung und Wesen der wirtschaftlichen Entwicklung. Frankfurt/Main 1966.

JONAS, Hans: Organismus und Freiheit. Ansätze zu einer philosophischen Biologie. Göttingen 1973.

JONAS, Hans: Das Prinzip Verantwortung. Versuch einer Ethik für die technologische Zivilisation. Frankfurt/Main 1979.

JONAS, Hans: Technik, Medizin und Ethik. Zur Praxis des Prinzips Verantwortung. Frankfurt/Main 1985.

KAISER, Reinhard (Hrsg.): Global 2000. Der Bericht an den Präsidenten. Frankfurt/Main 1986, 52. Auflage.

KUHN, Thomas S.: Die Struktur wissenschaftlicher Revolutionen. Frankfrut/Main 1976. Zweite revidierte Auflage.

KUHN, Thomas S.: Die Entstehung des Neuen. Studien zur Struktur der Wissenschaftsgeschichte. Frankfurt/Main 1977.

KUPFFER, Heinrich: Erziehung - Angriff auf die Freiheit. Weinheim 1980.

LEITHÄUSER, Thomas: Formen des Alltagsbewußtseins. Frankfurt/Main u. New York 1976.

LENZEN, Dieter (Hrsg.): Pädagogik und Alltag. Methoden und Ergebnisse alltagsorientierter Forschung in der Erziehungswissenschaft. Stuttgart 1980.

LENZEN, Dieter: "Alltagswende" - Paradigmenwechsel? In: Lenzen (Hrsg.), Pädagogik und Alltag, a.a.O., S. 7 - 25.

LENZEN, Dieter: Mythologie der Kindheit. Reinbek 1985.

LYOTARD, Jean-Francois: Apathie in der Theorie. Berlin 1979.

LYOTARD, Jean-Francois: Beantwortung der Frage: Was ist postmodern? In: Tumult 4, 1982, S. 131 - 142.

LYOTARD, Jean-Francois u.a.: Immaterialität und Postmoderne. Berlin 1985.

MEADOWS, Dennis: Die Grenzen des Wachstums. Bericht des Club of Rome zur Lage der Menschheit. Stuttgart 1972.

MILLER, Alice: Am Anfang war Erziehung. Frankfurt/Main 1980.

MILLER, Alice: Du sollst nicht merken. Frankfurt/Main 1981.

MOLLENHAUER, Klaus: Vergessene Zusammenhänge. Über Kultur und Erziehung. Weinheim und München 1985, 2. Auflage.

MOLLENHAUER, Klaus: Umwege. Über Bildung, Kunst und Inter-aktion. Weinheim und München 1986.

MOLTMANN, Jürgen: Zukunft der Schöpfung. Gesammelte Aufsätze. München 1977.

MOLTMANN, Jürgen: Gott in der Schöpfung. Ökologische Schöpfungslehre. München 1985, 2, durchgesehene Auflage.

NEMITZ, Rolf: Der neue Spiritualismus. Über Capras 'Wendezeit'. In: Das Argument 28 (1986), Band 155, S. 43 - 56.

OELKERS, Jürgen/LEHMANN, Thomas: Antipädagogik: Herausforderung und Kritik. Braunschweig 1983.

POSTMAN, Neil: Das Verschwinden der Kindheit. Frankfurt/Main 1983.

PRIGOGINE, Ilya/STENGERS, Isabelle: Dialog mit der Natur. Neue Wege naturwissenschaftlichen Denkens. München 1981.

RICHTER, Horst Eberhard: Der Gotteskomplex. Die Geburt und die Krise des Glaubens an die Allmacht des Menschen. Reinbek 1986.

ROTH, Heinrich: Die realistische Wendung in der pädagogischen Forschung. In: Neue Sammlung, 2 (1962) 6, S. 481 - 490.

RUTSCHKY, Katharina (Hrsg.): Schwarze Pädagogik. Quellen zur Naturgeschichte der bürgerlichen Erziehung. Frankfurt/Main,Berlin,Wien 1977.

SCHMIDT, Burghart: Postmoderne - Strategien des Vergessens. Darmstadt und Neuwied 1986.

SCHOENEBECK, Hubertus von: Unterstützen statt erziehen. München 1982.

SCHOENEBECK, Hubertus von: Antipädagogik im Dialog. Weinheim und Basel 1985.

SCHRÜNDER, Agi: Alltagsorientierung in der Erziehungswissenschaft. Weinheim/Basel 1982.

SCHULTE, Günter: Nietzsche und die Postmoderne. In: Anstösse 33 (1986) 2, S. 54 - 62.

SÖLLE, Dorothee: Lieben und arbeiten. Eine Theologie der Schöpfung. Stuttgart 1985, 2. Auflage.

THIERSCH, Hans: Hermeneutik und Erfahrungswissenschaft. Zum Methodenstreit in der Pädagogik. In: Die Deutsche Schule, 58 (1966) 1, S. 3 - 21.

THIMM, Walter: Zur Handlungsrelevanz von Behindertenbegriffen. In: Sonderpädagogik 9 (2979) 4, S. 169 - 175.

THIMM, Walter: Leiden und Mitleiden - ein unbewältigtes Poblem der Behindertenpädagogik. In: Vierteljahresschrift für Heilpädagogik und ihre Nachbargebiete 54 (1985) 2, S. 127 - 141.

VIERHAUS, Rudolf: Aufklärung als Lernprozeß. In: Informationen zur erziehungs- und bildungshistorischen Forschung, Heft 26, 1985, S. 25 - 46.

WARTMANN, Brigitte: "No Future" post-moderner Avantgarde oder: die (ver)letzten Illusionen des patriarchalen Bürgertums. In: Das Argument 28 (1986), Heft 155, S. 29 - 42.

WEBER, Samuel: "Postmoderne" und "Poststrukturalismus". Versuch eine Umgebung zu benennen. In: Ästhetik und Kommunikation 17 (1986), Heft 63, S. 105 - 111.

WENIGER, Erich: Ausgewählte Schriften zur Geisteswissenschaftlichen Pädagogik. Weinheim/Basel 1975.

WINKLER, Michael: Stichworte zur Antipädagogik. Elemente einer historisch-systematischen Kritik. Stuttgart 1982.

WINKLER, Michael: Über das Pädagogische an der Antipädagogik. In: Zeitschrift für Pädagogik 31 (1985) 1, S. 65 - 76.

WURM, Wolfgang: Die gesellschaftliche Konstruktion von Behinderung. In: Sonderpädagogik 15 (1985) 2, S. 49 - 60.

III

PETER GOTTWALD

An Stelle von "Glück" und "Gesundheit": Integrales Bewußtsein als Aufgabe der Gegenwart

Der die seelischen Befunde mitberücksichtigende Therapeut ... weiß, daß sich der Mensch stets *zwischen* Krankheit und Gesundheit, beide in sich tragend, befindet, daß er also in das polare Spannungs- und Kraftfeld, das sich ihnen resultiert, auf ergänzende Weise einbezogen ist; ein Spannungszustand, der zudem Voraussetzung für jede, besonders aber auch für die schöpferische Leistung ist.
J. GEBSER: Über die Polarität (V/1, S. 37)

Gefühlsmäßig haben wir viele Probleme, aber diese Probleme sind keine aktuellen Probleme, sie sind etwas Gemachtes; sie sind Probleme, die von unseren egozentrischen Vorstellungen oder Absichten aufgezeigt werden. Weil wir etwas aufzeigen, gibt es Probleme. Aber eigentlich ist es nicht möglich, auf irgend etwas besonders hinzuweisen.

Glück ist Leid; Leid ist Glück. Es gibt Glück in Schwierigkeiten, Schwierigkeiten im Glück. Wenn auch die Arten unseres Fühlens verschieden sind, sie sind nicht wirklich verschieden, im Wesen sind sie dasselbe.
Sh.SUZUKI: Zen-Geist, Anfänger-Geist (S. 42)

1. Einleitung

"Glück" und "Gesundheit" sind zu Begriffen geworden, d. h. sie werden in *Systeme* des Denkens einbezogen. Damit geraten sie unter die Herrschaft dieses Denkens. Wenn von Systemen der Gesundheitssicherung oder -vorsorge gesprochen wird oder von einem Rechtssystem, dem "Glück" als Grundrecht zugeordnet ist, werden Definitionen, also Eingrenzungen gebraucht, die Glück und Gesundheit faßbar, vielleicht gar meßbar, planbar, anscheinend mit technischen Mitteln erreichbar machen.

Gegen diese technologische Sichtweise will ich eine Betrachtungsweise ins Feld führen, welche die Grenzen der wissenschaftlichen Terminologie vor Augen führt und eine Erweiterung der Wahrnehmung von Wirklichkeit als Aufgabe kennzeichnet.

Ich will deshalb Nutzen und Grenzen des Systembegriffs kurz skizzieren und mit Hilfe des Begriffs "Systase" (GEBSER, 1978) eine Aussage über jene Grenzen hinaus versuchen. Des skizzenhaften Charakters dieses Versuchs bin ich mir bewußt.

2. System

BISCHOF hat 1969 formuliert: "Ein System ist ein konkreter, unter irgendeinem sachgemäßen Gesichtspunkt abgrenzbarer, aus interagierenden Teilen bestehender Ausschnitt aus der materiellen Welt". Diese *Definition* erlaubt eine Beschreibung der Kybernetik als einer Universalmethode wie folgt:

> "Kybernetik untersucht Systeme hinsichtlich der formalen Struktur der für sie geltenden Gesetzlichkeiten ohne Rücksicht auf die Meßvorschrift (Qualität) der in solchen Aussagen erfaßten Variablen." (BISCHOF, 1969)

Ein System setzt sich also aus "interagierenden Teilen" zusammen, seinen *Variablen*, von denen ASHBY forderte, sie müßten "zu jedem Zeitpunkt einen definierten numerischen Wert haben." Die Einschränkung der Variablenauswahl nach einem "sachgemäßen Gesichtspunkt" formulierte ASHBY so:

> "Die Variablen eines mit Gewinn zu studierenden Systems müssen eine gewissen Natürlichkeit der Assoziation haben. Dieses Kriterium ist ein Resultat der Erfahrung. Jeder Versuchsleiter weiß, daß Nichtbeobachten oder Nichtkontrolle einer wirksamen Variable ein System kapriziös werden läßt: Sein Verhalten ist nicht mehr vorhersagbar." (ASHBY, 1960)

Die Beziehungen der Variablen sind durch den Begriff "Wirkung und Wirkungsgefüge" (MITTELSTAEDT, 1966) eindeutig als eine kausale gekennzeichnet, wobei "kausal" auch die "causa finalis", etwa in einem handlungstheoretischen System umfassen kann.[1)]

Auch Robert M. PIRSIG (1978), dessen Auffassung von Qualität ich noch ausführlicher zur Sprache bringen werde, beschäftigt sich mit dem Begriff System:

> "Der Sammelname für ... vielfältig miteinander verknüpfte Strukturen, die Gattung, der die Hierarchie des Enthaltenseins und die Struktur der Kausalität nur als Arten angehören, ist *System*. Das Motorrad ist ein System. Ein echtes System ...
> Dies und nicht mehr ist das Motorrad, ein in Stahl ausgeführtes Begriffssystem. Es ist kein Teil an ihm, keine Form, die nicht in jemandes Kopf entstanden wäre ..." (S. 103)

Der Systembegriff begleitete mich von der Ethologie (GOTTWALD, 1971) in die klinische Psychologie, wo er mir in den Handlungstheorien und in der Familientherapie immer wieder entgegentrat.

Weil sie therapeutisch nutzbringend sind, entwerfen die Familientherapeuten *Systeme.*

Systeme: Wir finden sie nicht etwa vor, sondern konstruieren sie je nach dem praktischen Bedürfnis, das wir haben. Somit gibt es für jede Familie endlos viele Systeme, die sich je und je als nützlich ausweisen und gegen den evtl. Vorwurf verteidigen müssen, sie seien (etwa durch Simplifikation) schädlich. Nach diesen Kriterien sind Systeme den Theorien in den Naturwissenschaften vergleichbar: endlos im Wandel begriffen, Nutzen wie Schaden stiftend. Diese Gemeinsamkeit und auch die gemeinsame Grundlage der beiden Bereiche der Wissenschaft hebt PIRSIG hervor, wenn er sagt:

> "Das wahre System, das eigentliche System ist der derzeitige Aufbau unseres systematischen Denkens selbst, die Rationalität selbst ..." (S. 102).

Innerhalb dieses Gesamtzusammenhangs gilt, daß jedes System, jeder vorgeschlagene Ausschnitt aus der materiellen Welt, sich eine mehr oder weniger lange Zeitspanne bewährt. EINSTEIN sagte:

> "Die Entwicklung hat gezeigt, daß von allen denkbaren Konstruktionen eine einzige jeweils sich als unbedingt überlegen über alle anderen erwies."

Die Dauer dieser Bewährung ist sehr unterschiedlich, jedoch scheint zu gelten, daß mit dem Fortschritt der Wissenschaften die jeweilige Dauer der Geltung eines Systems oder einer Theorie immer kürzer wird.

Wissenschaft als systematische Tätigkeit ist uns heute auch in der Psychotherapie selbstverständliche Forderung. Die Erfüllung dieser Forderung hat jedoch in den Wissenschaften Konsequenzen gehabt, die nicht als positiv einzuschätzen sind. Es ist die Wissenschaft selbst, die nach PIRSIG die Menschheit von einzelnen, absoluten Wahrheiten zu vielfachen, unbestimmten, relativen Wahrheiten führte.

> "Hauptverursacher des sozialen Chaos, der Unbestimmtheit des Denkens und der Werte, die

> durch das rationale Wissen beseitigt werden sollen, ist niemand anderer als die Wissenschaft selbst." (S. 118)

Wissenschaftlich betriebene Psychotherapie hat dieses Dilemma meiner Ansicht nach noch nicht wahrgenommen. Umso weniger gibt es bis heute einen anerkannten Versuch, mit diesem Dilemma fertig zu werden.

Glück und Gesundheit sind, sofern sie als wissenschaftliche Begriffe benutzt werden, in dieses Dilemma eingebunden: Sie müssen definierbar und meßbar gemacht werden, sollen sie in wissenschaftliche Systeme Eingang finden, für wirksam, ja für wirklich erachtet werden.

Sind "Glück" und "Gesundheit" "Ausschnitt aus der materiellen Welt"? Hier mögen sich die Geister scheiden. Der eine mag die Frage bejahen, auch ohne sich deshalb schon einen Materialisten zu nennen, der andere wird zögern. Ist die besondere Art der "Wahrnehmung" innerhalb der Familie und zwischen Therapeut und Familie mit Begriffen wie "materiell, materialistisch" zu fassen? Mit der Art der Verwendung des Wortes "wahrnehmen" hebe ich schon hier hervor, daß es über das System hinaus "mehr gibt": INNERHOFER spricht von der Stufung: sehen, verstehen, annehmen, und Peter KASTNER sagt:

> "Bezugspersonen eines Kindes sind Vermittler von Realität, andererseits die Realität selbst. Anders ausgedrückt: Die Bezugsperson ist 'wahrgebendes' Subjekt und ein 'wahrzunehmendes' Objekt.
>
> Der Begriff 'wahr' deutet auf eine schützende und fürsorgliche Beziehung zu Menschen und Dingen. Im weiteren Umfeld dieser Begriffsdeutung liegt das Vertrauen eingeschlossen, daß ich jemandem die 'Wahrheit' abnehmen kann, die er mir vermittelt. Hier klingt an, daß die Funktion als 'Wahr-Geber' für den 'Wahr-Nehmer' nicht eine bloß objektive, quasi technologische ist, sondern daß die Vermittlung von Wahrnehmung untrennbar verbunden ist

> mit dem Erleben von Vertrauen, und damit eben auch mit all den gefühlsmäßigen Störungsmöglichkeiten dieser grundlegenden Fähigkeit, vertrauensvoll 'in der Welt' zu sein". (S. 16)

In beiden zitierten Texten ist der Systembegriff gesprengt, ohne daß schon deutlich wäre, wie der Schmetterling aussieht, der jenem beengenden Gewebe schließlich entschlüpfte.

Hier ist eine Tiefendimension angesprochen, die eine Basis für Glück und Gesundheit - trotz aller Schicksalsschläge und Krankheiten bildet. Um diese Basis jenseits der Wissenschaften zur Sprache zu bringen, muß ich einen Autor ausführlicher zitieren, der den Systembegriff als *Konstrukt eines Mentalen Bewußtseins* kennzeichnet, das als wissenschaftliches Bewußtsein zur Zeit der Renaissance zum vollen Durchbruch kam, das aber schon vor 2000 Jahren aus dem Mythischen Bewußtsein hervorbrach: Jean GEBSER hat 1953 (Gesamtausgabe, nach der zitiert wird, 1978) die Ergebnisse seiner jahrzehntelangen Bemühungen vorgelegt, ein neues, ein *Integrales Bewußtsein* als Aufgabe der Gegenwart wahrnehmbar zu machen, ein Bewußtsein, das auch den Systembegriff zurechtrückt: er wird nicht nutzlos, aber er wird ergänzt durch einen "akategorialen" Begriff, die Systase, welche der Ausdruck für "... die Anerkennung des Wandels aller Erscheinungen (ist) welchem keine Systematik gerecht werden kann" (1978, III, S. 418 ff.). Mir scheint diese Aussage so wichtig, daß ich sie, ehe ich sie auf Glück und Gesundheit beziehe, durch ein ausführliches Zitat GEBSERs verdeutlichen möchte. GEBSER sieht in der Menschheitsgeschichte eine Folge von Mutationen des Bewußtsein. Auf ein *archaisches*, von dem wir kaum Kunde besitzen, folgte ein *magisches*, das u. a. durch Höhlenzeichnungen, ein *mythisches*, das durch Bildnisse, Schmuck, Geräte überliefert ist und ein *mentales*, dessen späte Erben wir als Angehörige einer wissenschaftlich-technischen Welt sind. Rationalität ist die gegenwärtige Richtschnur dieses mentalen Bewußtseins, sie ist nach GEBSER bereits eine defiziente Form dieses Bewußtseins.

3. Mutationen des Bewußtseins

> "Die dem Ursprung am nächsten 'gelegene' Struktur, die, wie zu vermuten ist, anfänglich mit dem Ursprung selbst identisch ist, bezeichnen wir als die '*archaische Struktur*'. ... Sie ist dem biblischen paradiesischen Urzustande am nächsten, wenn nicht dieser selbst. Es ist die Zeit, da die Seele noch schläft, und so ist sie die traumlose Zeit und die der gänzlichen Ununterschiedenheit von Mensch und All." (1978, II, S. 83)

> "In der *magischen Struktur* wird der Mensch aus dem 'Einklang', der Identität mit dem Ganzen herausgelöst. Damit setzt ein erstes Bewußtwerden ein, das noch durchaus schlafhaft ist: Der Mensch *ist* zum ersten Male nicht mehr nur in der Welt, sondern es beginnt ein erstes, noch schemenhaftes Gegenübersein. Und damit taucht keimhaft auch jene Notwendigkeit auf: nicht mehr nur in der Welt zu *sein*, sondern die Welt *haben* zu müssen."

> "Die magische Welt ist ... auch die Welt des 'pars pro toto', indem 'der Teil für alles' stehen kann und steht. Und die Wirklichkeit des magischen Menschen, sein Bezugsgeflecht, sind diese in der Unität punktartig voneinander geeinzelten Gegenstände, Geschehnisse oder Taten, die beliebig miteinader vertauscht werden können: Eine Welt des bloßen, aber sinnreichen Zufalls, nämlich eine Welt, wo alles dem Menschen Zufallende von von wirkender Gültigkeit ist, da zu allem und unter allen ein Bezug besteht: das noch nicht zentrierte Ich ist noch über die Welt der Erscheinungen zerstreut." (1978, II, S. 88)

"War die archaische Struktur der Ausdruck der nulldimensionalen Identität und der ursprünglichen Ganzheit, war die magische der Ausdruck der eindimensionalen Unität und naturverwobenen Einheit - so ist *die mythische Struktur der Ausdruck der zweidimensionalen Polarität."*

"Die *mythische Struktur* nun führt zu einer Bewußtwerdung der Seele, also der Innenwelt. Ihr Symbol ist der Kreis, der stets auch Symbol der Seele war. Der geeinzelte Punkt der magischen Struktur erweitert sich zu dem zweidimensionalen, die Fläche einschließenden Ring. Er umfaßt alles Polare und bindet es ausgleichend ineinander, so wie im ewigen Kreislauf das Jahr über seine polaren Erscheinungsformen von Sommer und Winter in sich zurückkehrt; so wie der Sonne Lauf über Mittag und Mitternacht, Licht und Dunkelheit umschließend in sich zurückkehrt; so wie die Bahn der Planeten in Auf- und Niedergang, sichtbare und unsichtbare Wege umfassend, in sich zurückkehrt. " (1978, II, S. 113)

"Mythos: das ist ein Schließen von Mund und Augen; und da es damit ein schweigendes Nach-innen-sehen (und ein Nach-innen-hören) ist, ist es ein Ansichtigwerden der Seele, die gesehen, dargestellt, die gehört hörbar gemacht werden kann."

"(Bei der *mentalen Struktur*) handelt es sich um das ansatzmäßige In-Erscheinung-treten des *gerichteten Denkens*. War da mythischen Denken, soweit man es als ein 'Denken' bezeichnen darf, ein 'imaginierendes Bilder-Entwerfen', das sich in der Eingeschlossenheit des die Polarität umfassenden Kreises abspielte, so handelt es sich bei dem gerichteten Denken um ein grundsätzlich anders geartetes: Es ist nicht mehr polarbezogen, in die Polarität, dieses spiegelnd, eingeschlossen und gewinnt aus ihr seine Kraft, sondern es ist objketbezogen und damit auf die Dualität, diese herstellend, gerichtet, und erhält seine Kraft aus dem einzelnen Ich ... Der Mythos von der Geburt der Athene malt es in Bildern und Bezügen, die eine deutliche Sprache sprechen ... Dem entscheidenden Bewußtseinssprung in der griechischen Welt steht um 1225 v. Chr. ein Beispiel gegenüber, in einer Kultur, die ebenfalls für die unsrige konstituierend geworden ist, und in dem das zürnende Element eine bedeutende Rolle spielt: der zürnende Moses, der mit der Schuld des Tötens behaftet ist, ist der Erwecker des Volkes Israel, dem er folgerichtig den strafenden, einzigen Gott gegenüberstellt. Das ist die Geburt des Monotheismus: die Gegengeburt zu dem im Menschen erwachten Ich. Und damit ist es die Geburt des Dualismus: hier Mensch, dort Gott, die sich dualistisch gegenüberstehen und sich nicht mehr polar entsprechen oder ergänzen; denn der einzelne Mensch ist nicht der Gegenpol zu Gott; wäre er es, bedürfte es nicht des Mittlers. Hier entsteht bereits die Trinität, welche die dreidimensionale mentale Struktur mitcharakterisiert." (1978, II, S. 128, 129)

"Das Konkretisieren der Zeit ist eine der Voraussetzungen der *integralen Struktur* ... und wir verstehen dabei unter Integrierung den Vollzug einer Gänzlichung. Die Herbeiführung eines Integrum, d. h. die Wiederherstellung des unverletzten ursprünglichen Zustandes unter bereicherndem Einbezug aller bisherigen Leistungen ... Der Integrierende muß also nicht nur die Erscheinungen, seien diese nun dinglicher, seien sie mentaler Art, konkretisiert haben, sondern er muß es vor allem vermocht haben, seine eigene Struktur zu konkretisieren. Das aber bedeutet u. a. auch, daß ihm nicht nur die verschiedenen Strukturen *durchsichtig* und bewußt werden, die ihn konstituieren, sondern daß er auch ihrer Auswirkungen auf sein eigenes Leben und Schicksal gewahr wird und die defizient wirkenden Kompo-

> nenten durch eigene Einsicht derart meistert, daß sie jenen Grand an Reife und Gleichgewicht erhalten, der Vorbedingung jeder Konkretisierung ist ... (Erst wenn archaische Struktur, mythische Struktur und mentale Struktur) infolge einer Konkretion integriert sind, können sie, zwar nicht mental erhellt, wohl aber *integral durchsichtig und gegenwärtig* werden: d. h. *transparent oder diaphan*. Es kann sich nur um eine *Bewußtseinsintensivierung* handeln ...
>
> (Und an einer späteren Stelle): 1. Alle Strukturen konstituieren uns; 2. Alle Strukturen müssen ihrem konstitutionellen Werte gemäß gelebt werden, wenn wir ein ganzes Leben leben wollen; keine Struktur darf deshalb negiert werden: die Negierung tritt aber in dem Moment ein, da die eine oder die andere Struktur überbetont wird ..." (1978, II, S. 167, 168, 231)

Es ist deutlich, daß GEBSER hier mit der (mental geprägten) Sprache ringt: er muß ihr, die solche kaum in sich birgt, Hinweise auf das "Neue, das als Aufgabe ansteht", abgewinnen. Dabei ist der Gebrauch neuer Worte unumgänglich. Diese "Begriffe" zu nennen, ist nicht ratsam, da von "Begriff" eine "Definition" erwartet werden darf. Noch die "hinweisende" oder "exemplarische" Definitionsform greift hier jedoch zu kurz. Betrachten wir das Bemühen PIRSIGS um "Qualität" als ein Beispiel für das eben Gesagte. Vor eben diesem Problem stand ja auch PIRSIG, als er "Qualität" analysierte, betrachtete, drehte und wendete, sie in Wahrnehmungsexperimenten gemeinsam mit seinen Schülern befragte. Als er schließlich sah, "... daß Qualität nicht einseitig mit dem Subjekt oder dem Objekt in Beziehung gesetzt werden konnte, sondern nur in der gegenseitigen Beziehung zwischen Subjekt und Objekt zu finden war", faßte er sie schließlich als "das Ereignis auf, in dem das Subjekt das Objekt gewahrt." (S. 246)

> "Die Sonne der Qualität, schrieb er, dreht sich nicht um die Subjekte und Objekte unserer Existenz. Sie erhellt sich nicht bloß passiv. Sie ist ihnen in keiner Weise untergeordnet. Sie hat sie *erschaffen*. Sie sind *ihr* untergeordnet!" (S. 247)

Diese Aussage ist nun zweifellos keine Definition; sie ist vielmehr ein Gipfel des Denkens - in der Tat desjenigen Denkens, das am Beginn des mentalen Bewußtseins stand - der Ideenlehre PLATONs. "Qualität" wird (vom Denker) in den Himmel der Ideen versetzt, als "Trinität von Qualität, Subjekt und Objekt", von "Qualität, Geist und Materie" zur Sprache gebracht als ein Philosophem, das sich zur *Philosophie* entfalten läßt (VGL. PIRSIG, S. 253-259).

Eine solche "Definition" der Qualität nach den Regeln der *Metaphysik*, die Qualität als methaphysische Wesenheit bezeichnet, erwies sich jedoch als durchlässig für das, was aus mystischer Erfahrung zur Sprache gebracht werden kann. Qualität, somit im streng wissenschaftlichen Sinn undefinierbar, erweist sich für PIRSIGs Einsicht schließlich als eines mit dem Tao des LAOTSE.

> "Obwohl er (die Qualität) sich bisher ausschließlich in philosophischen Begriffen als metaphysisch gedacht hatte, hatte er sich die ganze Zeit geweigert, sie zu definieren. Dadurch wurde sie auch mystisch. Ihre Undefinierbarkeit befreite sie von den Regeln der Metaphysik ...
> Er begann die Zeilen (des 2400 Jahre alte Tao-Te-King des LAOTSE) zu lesen, die er schon oft gelesen hatte, doch diesmal wollte er sehen, was dabei herauskam, wenn er einen bestimmten Austausch vornahm. Er begann zu lesen und gleichzeitig zu interpretieren: 'Die Qualität, über die ausgesagt werden kann, ist nicht die absolute Qualität', das hatte er gesagt. 'Die Namen, die ihr gegeben werden können, sind keine absoluten Namen. Sie ist der Ursprung des Himmels und der Erde. Benannt ist sie die Mutter aller Dinge ... genau. Qualität

> (romantische Qualität) und ihre Offenbarungen (klassische Qualität) sind in ihrem Wesen dasselbe; man gibt ihr verschiedene Namen (Subjekt und Objekte), wenn sie klassisch offenbar wird. Romantische Qualität und klassische Qualität zusammen können das 'Weltgeheimnis'genannt werden ...' Er las weiter. Zeile um Zeile, Seite um Seite. Nicht *eine* Diskrepanz. Was er die ganze Zeit als Qualität bezeichnet hatte, war hier das Tao, die große zentrale Triebkraft aller Religionen, orientalischer wie abendländischer, vergangener und gegenwärtiger, aller Erkenntnis, aller Dinge." (S. 262)

Aber diese Schau wird als bedrohlich empfunden. "Alles gab unter seinen Füßen nach" (S. 262), und wenn er auch sah, daß der Nutznießer seiner Bemühungen die Vernunft war, und daß er einen Weg gefunden hatte,

> "... die Vernunft *auszuweiten*, so daß sie fortan auch Elemente einbeziehen konnte,die bislang nicht assimiliert werden konnten und deshalb als irrational galten, ..." (S, 265)

so bleibt es doch dem Autor, besser gesagt seinem "alter ego PHAIDROS", überlasen, den Weg zu jenem Gipfel der Erfahrung als einen mystischen Weg zu Ende zu gehen. Was geschah mit PHAIDROS? Ihm offenbart sich Qualität nach einem langen und mühevollen Weg durch die akademische Philosophie in einem Erlebnis, von dem der Autor sagt:

> "Und die Qualität, die *arete*, für die er so tapfer gekämpft, der er Opfer gebracht hat, die er *nie* verraten, aber die ganze Zeit hindurch nicht verstanden hat, offenbart sich ihm jetzt, und seine Seele findet ihre Ruhe." (S. 412)

Wovon ist hier die Rede? Offenbar von etwas Wirklichem, Wirkenden, das jenseits wissenschaftlicher, vielleicht jenseits theologischer und philosophischer Erkenntnismöglichkeit liegt - wovon jedoch (auch sprachlich) Zeugnis abgelegt werden soll: Diese Texte zeugen von Qualität. Wie begegnen wir diesem Zeugnis? Können wir es wirklich verstehen, kann man es überhaupt verstehen, ohne es als Aufgabe in sein eigenes Leben zu integrieren?

Ich setze dort wieder an, wo es um die Entwicklung einer neuen Sprache für eine Wahrnehmung geht, die sich ihrer Sache zwar gewiß ist, sich ihrer sprachlichen Weitergabe aber erst vergewissern muß. GEBSER meint:

> "Nachdem als das Thema der neuen Mutation (zum integralen Bewußtsein) die 'Zeit' in ihrem umfassendsten Sinne erkannt ist, bleibt die Frage zu beantworten: welcher Mittel bedarf es, um die neue Wirklichkeit darstellen zu können? Die neue Mutation ist eine neue Gegebenheit. Neuen Gegebenheiten wird man nur fragmentarisch mit alten Mitteln gerecht. Versuchen wir nun, eine Aussageform zu skizzieren, die über das bloß mentale Begreifen hinausführt und uns möglicherweise die neuen Bereiche der Wirklichkeit erschließt, welche die neue Mutation unserem Bewußtsein zugänglich machen will." (1978, III, S. 414)

4. Systase

GEBSER sieht sein methodisches Problem sehr klar:

> "Angenommen, wir fänden ein 'Ordnungsschema' für die nicht kategorial erfaßbaren 'Größen', so darf es nicht eines der Bezüge oder der Relativierung sein, noch darf es dual im Gegensatz zu den Systemen stehen, *die im mentalen Bereich auch forthin ihre mentale Gültigkeit behalten werden.* Ein Ordnungsschema, das sich auf eine Welt der Bezüge stützt, wäre ein magisches Postulat; eine bloße Relativierung der systematischen Standpunkte wäre ein bloß mythisches Konzept, demzufolge der Bewegungsfaktor und der 'andere' Standpunkt mentalisiert würden; einem bloßen Dualismus dagegen wür-

> den wir huldigen - und damit im dreidimensionalen Raum denkend befangen bleiben -, betrachteten wir die vorzuschlagende Aussageform als Gegenspiel der Systeme, weil bei ihr, im Gegensatz zu der Raumhaftigkeit der Systeme, der Akzent dualistisch auf ihre Nicht-Räumlichkeit gelegt würde; und schließlich darf sich nicht die Vorstellung einnisten, daß die Systeme in einem Kausalverhältnis zu der neuen Aussageform stünden. Diese Vorbehalte aber besagen nichts anderes, als daß die neue Aussageform weder eine Einigung durch Bezüge, noch eine Entsprechungslehre oder eine Relativierung noch eine duale oder kausale Abhängigkeit auslösen darf. Diese 3 Realisationsformen werden nach wie vor durch die magische, mythische und mentale Haltung geleistet. Die neue Aussageform muß integrierender Art sein." (1978, III, S. 418)

> "Das Hilfsmittel, das diese Aussage ermöglicht, ist die *Systase*. Mit dem Ausdruck 'Systase' umschreiben wir die Wirksamkeit aller akategorialen Elemente, also als Manifestationsarten und Aspekte der 'Zeit', die ihres raumlosen Charakters wegen nicht Gegenstand kategorialer Systematik sein können, weil sie keine 'Gegebenheiten' sind, sondern gewissermaßen 'Gebungen'. Die Systase ist ein Zusammentreten oder ein Zusammenfügen der Teile zur Ganzheit." (1978, III, S. 418, 419)

Jetzt wird deutlich, daß der "Exkurs" über Qualität mitten ins Thema führte. Qualität ist ein solches "akategoriales Element", von dem GEBSER nun zu sagen versucht, es habe eine "integrierende (vierte) Dimension, durch welche die dreidimensionale Raumwelt, die stets eine Welt der Teile ist, aussagbar zur Ganzheit zusammengeschlossen wird."

Immer wieder betont GEBSER, daß hier kein dualistischer Gegensatz zum mentalen Begriff "System" ausgebaut wird: "(Systase) ist kein Ordnungsschema *neben* dem des Systems." Wohl habe die Systase innerhalb des Systems "Wirkcharakter", sie sei *integrierend*. GEBSER betont, ohne explizit Bezug auf die Kybernetik zu nehmen, daß ein System "von sich aus ein statisches Abstraktum ist und stets nur Augenblicksgültigkeit besitzt" (S. 419). Wenn uns bewußt wird, daß das "Wandlungsprinzp" (gemeint ist das Auftreten neuer Bewußtseinsstrukturen in der Geschichte) "alle sogenannten idealen Größen" illusorisch macht (d. h. als menschliche Inszenierungen zu bestimmten Zwecken aufzufassen erlaubt), werden Fixierungen zerstört.

> "Die Anerkennung der Wirksamkeit innerhalb jeden Systems dessen, was wir als akategoriale Systase bezeichnen, befähigt uns, anstelle einer bloß mentalen Synthese die integrale Synairese zu setzen." [2)]

Damit sind Aussagen aber akategoriale Elemente (z. B. Qualität, Intensität) gewagt worden, die GEBSER als *Eteologeme* an die Stelle der Philosopheme setzt, wie er ihre Gesamtheit, eine *Eteologie*, an die Stelle der Philosophie rückt. [3)]

> "Die Aufgabe, welche die neue Mutation an uns stellt, ist nur lösbar, wenn wir die rein mentale Raumwelt des systematischen Denkens überwinden. Und wir überwinden sie, indem wir die Gültigkeit der Systase anerkennen, welche die Wirksamkeit der nicht-kategorialen Elemente in den Bereich der Wahrnehmbarkeit rückt. Sie stellt das Hilfsmittel dar, welches es uns ermöglicht, dem konsolidierten Raumbewußtsein das integrierende Bewußtsein vom Ganzen zu erschließen. Dieses integrierende Bewußtsein bewegt uns zur Wahrnehmung und Gegenwärtigung des Ganzen." (1978, III, S. 420)

Die nachfolgende Tabelle gibt einen Überblick über die Sprachformen, nämlich Bilder, Begriffe und Aussagen, mit deren Hilfe das magisch-mythische, mentale und integrale Bewußtsein zur Sprache gebracht werden. Diese Weise des Tabellierens ist der mentalen Ebene zuzurechnen. Dies bewußt zu machen und nicht für das Ganze der Wahrnehmung zu halten, ist schwierig, aber notwendig.

Form u. Weise / Bewußtsein	Realisationsform	Überlieferungsweise	Manifestationsform	Ausdrucksweise (Hilfsmittel)	Wesensform
magisch	Sein	Akt	Bann	Symbiose	Einheit
mythisch	Erleben Bilden	Abbild	Mythos	Symbol Synopse	Polarität
mental	Handeln Abbilden Darstellen	Philosophem Theorem	Philosophie Theorie	System Synthese	Dualität
integral	Aussagen; wahrnehmen u. -geben; gänzlichen	Eteologem	Eteologie	Systase Synairese	Diaphanie

5. Integration als Aufgabe

Es ist klar, daß mit Integration nun sehr viel mehr gemeint ist als das, was heute oft unter diesem Begriff z. B. in der Psychotherapie gemeint ist (z. B. integrative Therapie oder Methoden-Integration). Integration im Sinne GEBSERs ist eine gewaltige Aufgabe, die noch gar nicht ins allgemeine Bewußtsein gerückt ist. Schlimmer als das: wo etwas dieser Art geahnt und entsprechend unbeholfen zum Ausdruck gebracht wird, verfällt es oft der Lächerlichkeit, wird als Spielerei bezeichnet, mit dem zerstörerischen Richtsatz "Zeit ist Geld" konfrontiert usw.

Reicht das, was hier wahrnehmbar wird, schon aus, um die Aufgabe als unsere Aufgabe wahrzunehmen? Die Kraft, dies zu tun, kann nur aus dem Glauben an die Sache kommen. So sagt ENOMIYA-LASSALLE, ein Jesuit und Zen-Meister:

> "Was aber kann der Mensch tun, damit er den Einstieg in das neue Bewußtsein findet? Dafür muß er zunächst um die Sache wissen und an sie glauben ... Doch gibt es Wege, die Empfänglichkeit für das Kommende zu fördern. *Einer ist die Meditation, die heute soviel gefragt wird.* Aber es muß dann eine Art der Meditation sein, die womöglich nicht rational getätigt wird, eine nicht-gegenständliche Weise ...
> Die Zen-Meditation ist insofern besonders dafür geeignet, als sie von Anfang an das Rationale ausschließt. D. h. natürlich nicht, daß das Zen den Bereich des rationalen Denkens für alle Gebiete ausschließt oder ablehnt." (1981, S. 136, 137).

Sind wir bereit, uns an die Aufgabe zu wagen, so könnten wir noch einmal von System und Systase sprechen. GEBSER weist des öfteren darauf hin, daß Systeme und Systase nicht als gegensätzliche Ordnungsschemata aufgefaßt werden dürfen, "und daß auch kein ausschließlicher Kausalzusammenhang zwischen ihnen besteht".

> "Die systatischen Werte oder Kräfte sind in jeder systematischen Größe enthalten. Diese Tatsache war dem Bewußtsein so lange nicht gegenwärtig, als es gezwungen war die Raum-Realität zu realisieren, sich also ausschließlich mit dem Raume und seinen Dimensionen zu befassen."
> "Die akategoriale Systase 'erfaßt' somit im meßbaren Raum/Materie-Zustand die stets latent vorhandene unmeßbare Zeit-/Energie-Komponente. Sie ist ein Ausdruck für die Anerkennung des Wandels aller Erscheinung, welchem keine Systematik gerecht werden kann.
> Die neuere Aussageform, die sich auf Systase und Synairese stützt und der Symbiose, dem Symbol und dem System effiziente Mitgültigkeit beläßt, ist ein Ausdrucksmittel und eine Realisationsform, welche den Inhalt und das Thema der neuen Mutation

> wahrnehmbar macht und zugleich bewußt ihre Wahrgebung vollzieht." (1978, III, S. 422/423)

Wir können nun, um an den Beginn dieser Untersuchung anzuknüpfen, nach Glück und Gesundheit unter der neuen Aufgabenstellung fragen. Sie erscheinen nun als Aspekte von Qualität - und wir können uns, wie wir gesehen haben, mit den von uns konstruierten Systemen auf Qualität zubewegen oder uns von ihr entfernen. Die Liebe zur Sache ist freilich eine Voraussetzung für diese Qualitätssuche, und gerade sie ist systematisch nicht faßbar. Gehen wir einmal mit Liebe an eine Sache heran, so können wir (systemisch) sehr wohl erfassen, wie damit der Mut wächst, die Sache besser wird, neuer Mut zuwächst, kurz, wie ein System positiver Rückmeldung aussieht. Umgekehrt kennen wir das System negativer Rückkopplung, wenn Versagen entmutigt und geringer werdender Mut zu weiterem Versagen führt. Diesen Kreis nennen wir ja "Teufelskreis" in Anklang an ein Bild der mythischen Bewußtseinsebene.

Noch einmal: es ist sinnvoll, einen Dampfkessel zu berechnen, und man wird nicht ohne Not auf diese Technik verzichten, sagt Ludwig WITTGENSTEIN, und PIRSIG wird noch deutlicher in seinen Aussagen über Technik und Qualität:

> "Der Buddha, die Gottheit, wohnt in den Schaltungen des Digitalrechners oder den Zahnrädern eines Motorrades genauso bequem wie auf einem Berggipfel oder im Kelch einer Blüte. Wer das nicht wahr haben will, erniedrigt den Buddha ... Den Teil des Buddha abzulehnen, der sich der Analyse von Motorrädern widmet, heißt den Buddha ganz verfehlen ... Über den Buddha, der unabhängig von allem analytischen Denken existiert, ist viel gesagt worden - manche würden sagen, zu viel, und jeden Versuch noch mehr darüber zu sagen, für fragwürdig halten. Doch über den Buddha, der im analytischen Denken selber existiert und *diesem analytischen Denken seine Richtung gibt* ist so gut

> wie nichts gesagt worden, dafür gibt es historische Gründe." (S. 24, 85)

Und wie es GEBSER für das Verständnis der "Mutationen" wichtig ist zu sehen, daß jedes Bewußtsein einmal effizient war und erst später defizient wurde (aus Mentalität, die den Menschen aus dem Chaos defizienter Mythen befreite, wurde die heutige technisch-wissenschaftliche Rationalität), so ist es für uns heute wichtig zu sehen, daß der Konstruktion von Systemen, dem Umgang mit ihnen, Qualität zugrunde gelegt werden muß. Daß Systeme gut oder schlecht sein können und daß es an uns ist, jedes System daraufhin zu prüfen. Das kann nicht bedeuten, Qualität als "meßbare Variable" in Systemen erfaßbar zu machen. Wie sich am Beispiel des wissenschaftlichen Begriffs "Lebensqualität" zeigt, ist dieser dabei in tausend Fetzen zerrissen worden. Vielmehr geht es um das Wahrnehmen des Ganzen: Gehen wir qualitätsbewußt mit Systemen um *und* erkennen wir die Lebendigkeit des Mythos in uns *und* erleben wir die Einheit mit allem Leben als etwas Wirkliches, so sind wir wohl auf dem Wege zum integralen Bewußtsein. Dieses ist ja nicht erst erreicht, wenn wir eine mystische Erfahrung machen. Das Akzeptieren der grundsätzlichen Unsagbarkeit eines Wirklichkeitsbegriffes, das Fritz KÜNKEL mit dem Begriff "Nonik" ausdrückte, womit er zum Ausdruck bringen wollte, daß das, was man über jene Wirklichkeit aussagen kann, immer nur die Form haben kann: "Sie ist *nicht* dieses oder jenes ..." dieses Anerkennen hat Ludwig WITTGENSTEIN in einem Tractatus logicophilosophicus wie folgt ausgedrückt:

> "Wir fühlen, daß selbst, wenn alle *möglichen* wissenschaftlichen Fragen beantwortet sind, unsere Lebensprobleme noch gar nicht berührt sind. Freilich bleibt dann eben keine Frage mehr; und eben dies ist die Antwort." (6.52)
>
> "Es gibt allerdings Unaussprechliches. Dies *zeigt* sich, es ist das Mystische." (6.522)
>
> "Wovon man nicht sprechen kann, darüber muß man schweigen." (7)

Nun hat WITTGENSTEIN diese strenge Haltung später selbst durchbrochen und in seinen "Philosophischen Untersuchungen" sehr verschiedenartige "Sprachspiele" untersucht; auch hat er in Gesprächen mit seinen Schülern sehr wohl über religiöse Fragen gesprochen. Viele seiner posthum veröffentlichten "Vermischte(n) Bemerkungen" kreisen um religiöse oder ethische Fragen. Dabei stand ihm eine Sprache zu Gebote, die klar, kräftig und ausdrucksstark war. In dem Grenzbereich, den wir bisher betrachtet haben, kann nur eine solche klare, dabei zugleich tastende oder umkreisende Sprache den Bereich transparent machen, um den es geht. Wo eine solche Sprache Bilder benutzt, wird sie sich stets der Bildhaftigkeit ihrerseits bewußt bleiben. So hat somit ganz andere Funktionen als die des Abbildens, die im mentalen Bewußtsein, vor allem im wissenschaftlich-technischen Bewußtsein in den Vordergrund getreten waren. Sie kann aber natürlich jederzeit ermutigen, um Üben anhalten, auf Illusionen oder Trugwahrnehmungen hinweisen, den Menschen helfen, sich einer Gemeinsamkeit näherungsweie zu vergewissern.

6. Noch einmal: Glück und Gesundheit

Was hat dies alles mit "Glück" und "Gesundheit" zu tun? Ich meine, wie die Wahl der Eröffnungszitate zeigt, sehr viel. Freilich kann es nicht darum gehen, "Glück" und "Gesundheit" nachzujagen, sie "mit Macht" erreichen und halten zu wollen. Im Integralen Bewußtsein stellt sich gänzlichend her, was wir in Glück, Gesundheit u. a. Ziele trennen.

Es war zunächst einigermaßen verblüffend, in den Stichwortverzeichnissen der GEBSERschen Werke "Glück" und "Gesundheit" nicht zu finden.

Lediglich in einem Aufsatz, der in Band V/1 abgedruckt ist, geht GEBSER, unter Bezug auf das Werk G. R. HEYERs, auf Gesundheit und Krankheit unter dem Leitbild der Polarität ein. Ich zitiere in Ergänzung zum Eingangsmotto:

> "Überwiegt der eine oder der andere Pol, so nähert er sich, gleichgültig, ob krank oder gesund, der Todesgrenze oder dem bloßen Vegetieren, welches Vegetieren vom Psychischen aus gesehen mit dem Tode verwandt ist. Einen Hinweis auf diesen Sachverhalt verdanke ich G. R. HEYER, der mich auf eine Notiz in der Zeitschrift "Der Wendepunkt" aufmerksam machte, die unter dem Titel "Normalgesund" folgendermaßen lautet: 'Fünfzig Männer wurden von den Psychiatern der Universität Minnesota ausgesucht, die der heutigen Definition von geistiger Normalgesundheit so genau wie möglich entsprachen: gut umweltangepaßt, häuslich, stabil, verläßlich, berufstüchtig. Man untersuchte diese Elite und fand, daß alle ausgesprochen phantasielos, interessenbegrenzt, sozial uninteressiert, ja sogar unaufmerksam für die Erziehung und Laufbahn der eigenen Kinder waren.' (Die Untersuchenden kamen zu dem Schluß: 'Normalgesundheit bedeutet Mangel an schöpferischer Fähigkeit, Vorstellungskraft und Ursprünglichkeit.' So nachzulesen in den "F.-P-Reports on the World of Health", Toronto, den 28. Juli 1962. Dieser Untersuchungsbefund wurde, so wir die pragmatische Denkweise berücksichtigen, von der bereits 1946 wirksam gewordenen Verfassung der "World-Health-Organisation" implizit vorausgenommen, die auch den Begriff "Gesundheit" ausführlich erläutert. Es heißt darin, daß Gesundheit ein Zustand vollkommenen körperlichen, geistigen und sozialen Wohlbefindens, und nicht allein das Fehlen von Krankheiten und Gebrechen ist" (GEBSER, 1978, Band V/1, 37).

Von "Glück" ist auch sonst in seinen Schriften, soweit ich sehen kann, nicht die Rede. Wichtiger als diese traditionelle Redeweise vom hoffenden, wünschenden und fordernden

Menschen schien ihm wohl die Wahrnehmung des Integralen Bewußtseins als Aufgabe jedes Menschen in der Gegenwart.

Vielleicht ergibt sich ein indirekter Hinweis auf das Glück im Integralen Bewußtsein, wenn wir bedenken, daß "Nirwana" mit "immerwährendes Glück" übersetzt werden kann.

Betrachtet man "Nirwana" als Geisteszustand, der durch Meditation erreicht werden *kann*, so ist ein Bezug zu GEBSER und LASALLE gegeben: Das Integrale Bewußtsein in seiner höchsten Vollendung ist wie jenes "wiedergefundene Licht", von dem J. LUSSEYRAN schrieb:

> "Es handelt sich um die Autobiographie "Das wiedergefundene Licht" von Jacques LUSSEYRAN. Er wurde 1924 in Paris geboren, erblindete im Alter von acht Jahren und starb im Jahre 1971. Trotz seiner vollständigen Blindheit war vom ersten Moment seines Blindseins für ihn die Welt nicht dunkel: er, der Blinde, sah das unsichtbare Licht, sah auch die Aura der Menschen, wodurch er davor bewahrt wurde, sich in ihnen zu täuschen; er kämpfte bereits als Sechzehnjähriger in der Resistance, wurde Chef einer Gruppe, kam dann ins Konzentrationslager und war später in Frankreich und dann in den USA Universitätsprofessor für französische Literatur. Er beschreibt auf den ersten zehn Seiten seines Buches dieses Licht und die von ihm ausgehenden Wirkungen auf ihn, wie es all die wenigen getan haben, die dieses Geheimnis je preisgaben: seine Strahlung, das Vertrauen, wahrlich ein "blindes Vertrauen", die einzigartige Ruhe, das innere Gleichgewicht, die unausschöpfbare Freude (das indische "ananda"), die nüchterne Seligkeit und Dankbarkeit, die es verleiht. Es gab nur etwa drei Gründe, die das Leuchten und Strahlen dieses Lichtes vorübergehend minderten: wenn er Angst hatte, wenn er in Zorn oder Ungeduld geriet, wenn er ehrgeizig und ichsüchtig - absichtsvoll wurde. Wie übermäßig wäre seine Be-

glückung gewesen, hätte er die von diesem Lichte durchstrahlte Welt mit geöffneten Augen sehen können. Aber er sah es auch als Blinder, denn dies sieht man nur mit dem inneren Auge. Er selber sagt: 'Ich sah wie von einer Stelle, die ich nicht kannte und die ebensogut außerhalb meiner wie in mir liegen mochte, eine Ausstrahlung ausging, oder genauer ein Licht - das Licht.' Es ist, so dürfen wir sagen, das "Unerschaffene Licht" der Athos-Mönche, es ist der erste Widerschein des "Unzugänglichen Lichtes", von dem Paulus sagt, daß Gott in ihm wohne. Es ist die "Erleuchtung", von der Meister Eckehart spricht. Und es ist Satori. Nur wenn er, ich zitiere: 'die Dinge als feindlich empfand', also das Vertrauen verlor, 'dann bewirkte die Angst, was der Verlust der Augen nicht hatte bewirken können: erst sie machte mich blind'." (aus GEBSER: "Verfall und Teilhabe", Bd. V/1, 139/140)

7. Schluß

Die Wissenschaft wird nicht zu kurz kommen, sondern in dieses Bewußtsein integriert fortschreiten - im Wechsel der jeweils gültigen und mit guten Gründen neu eingeführten Paradigmata. Diese jeweils neuen Perspektiven gehören aber der Welt des mentalen Bewußtseins an: sie finden in dieser auch ihre Begrenzung. Dies bedeutet - noch einmal gesagt - nicht, daß sie nicht mehr von Nutzen sein können. Ein Wechsel in einem Paradigma ist vielleicht "bereichernd", erlaubt der Wissenschaft, sich neuer Bereiche zu bemächtigen (sic!), vermittelt jedoch nicht den Zugang zu den Strukturen eines neuen, des aperspektivischen integralen Bewußtseins. Wo dieses lebendig wird, wird es an Aussagen und Ausgestaltungen nicht fehlen, die wir dennoch nicht als (mentale) Reaktionen bezeichnen werden dürfen. Zweifellos ist dieses Bewußtsein für uns noch weitgehend Utopia; aber dieses "Nirgendwo" als "raumfrei" und "zeitfrei" transparent gemacht zu haben, dieses Verdienst ist GEBSER zuzuschreiben. Nicht durch Reisen in Raum und Zeit ist Utopia je zu erreichen, sondern durch die "Intensivierung des Bewußtseins" zur Freiheit von Raum und Zeit.

So sind auch "Glück" und "Gesundheit" nicht durch Psychologie und durch Psychologen gleichsam wissenschaftlich-technisch manchbar aufgrund der Erkenntnis wissenschaftlich wahrer Systemzusammenhänge; als "Gegenstände des Strebens" treten sie vielmehr vor der Aufgabe zurück, die durch das nun abschließende Zitat von J. GEBSER noch einmal zur Sprache gebracht werden soll:

> "Einst suchte man die Wahrheit: Jahrtausende hindurch hat die Philosophie diese Arbeit geleistet. Einst glaubte man die Wahrheit: Jahrtausendelang hat die 'Relegio' und später die Religion diese Bindung ermöglicht. Immer auch wird, wo wir denken oder glauben, das damit Erreichbare unverlierbar sein. Für jene aber, die das Ganze, das Wahre, zu wahren vermögen, ist dieses Wahren kein philosophisches Suchen mehr, noch ein immer auch zweifelsgestörter Glaube, sondern ein Finden ohne jenes Suchen, das durch Jahrtausende hindurch gleichsam nur Vorbereitung war". (1978, III, S. 693)

Anmerkungen

1) Mittels eines so konstruierten Systemegriffs habe ich 1971 das Verhalten der hungrigen Ratte unter Bedingungen der Bekräftigung durch Nahrung beschrieben, wobei ich die "Sachgemäßheit" der Darstellung ihrer *Bewährung* (durch Einfachheit, Fruchtbarkeit für weitere Experimente usw.) anheimgestellt, die "Ausschnitthaftigkeit aus der materiellen Welt" naiv-realistisch unterstellt, und mich ansonsten nicht um Grenzen der Rationalität (und der Kybernetik) gekümmert habe. Die Folgen dieser Entscheidung kann ich nicht abschätzen; die weitere

Entwicklung eines wissenschaftlichen Bereichs zwischen Lerntheorie und Ethologie habe ich aus den Augen verloren.

2) GEBSER leitet "Synairese" ab von (griechisch) Synaireo, das "Zusammenfassen, Zusammennehmen" bedeutet, und zwar besonders in dem Sinne, daß "alles von allen Seiten, vor allem geistig, erfaßt und ergriffen wird"; die Synairese ist ein Vollzug integraler Art, der "von allen Seiten erfassend", also aperpsektivisch, wahrnimmmt.

3) GEBSER: "Die Eteologie tritt an die Stelle der Philosophie, so wie einst diese anstelle der Mythen trat. Das grch. Eteon als das Wahrseiende, wird in den Eteologemen zur Aussage durch die das Wahre 'gewahrt' wird, durch die es also jene Wahrung erfährt, die aus dem Wahrnehmen-Wahrgeben erwächst. Somit ist die Eteologie keine bloße Ontologie, also keine Seinslehre, noch ist sie eine Existenzlehre. Mit ihr wird die dualistische Fragestellung nach Sein/Nichtsein, die nur dem Mentalen gemäß ist, überwunden; ..." (1978, III, S. 419)

Literatur

ASHBY, W. R. (1960): Design for a Brain. The Origin of Adaptive Behavior. London - Associated Book Publishers.

ENOMIYA-LASSALLE, H. M. (1981): Wohin geht der Mensch? Zürich: Benziger. Wiederaufgelegt bei Herder unter dem Titel: Am Morgen einer besseren Welt.

BISCHOF, N. (1969): Biokybernetik. Unveröffentlichtes Manuskript.

GEBSER, J. (1978): Gesamtausgabe, Bd. I bis VII. Schaffhausen: Novalis.

GOTTWALD, P. (1971): Kybernetische Analyse von Lernprozessen. München: Oldenbourg Verlag.

GOTTWALD, P. (1982): Psychotherapie und kein Ende ... Ein Versuch über Nutzen und Grenzen der Rationalität im Bereich der Psychotherapie. Neue Konzepte der Klinischen Psychologie und Psychotherapie, dgvt/GWG hrsg. von E. BIEHL u. a.

GOTTWALD, P. (1984): Verhaltenstherapie hat eine Vergangenheit - hat sie Zukunft? Versuch über Bedingtheit und Unbedingtheit in der Psychotherapie. Verhaltenstherapie und Psychosoziale Praxis 2, 185-201.

JASPERS, K. (1946): Allgemeine Psychopathologie. Heidelberg: Springer.

KASTNER, P. (1983) Theoretischer Hintergrund: Erleben, Verhalten, Beziehung. In: JAEGGI, E. (Hrsg.): Andere Verstehen. Weinheim: Beltz.

KÜNKEL, F. (1975): Einführung in die Charakterkunde. Stuttgart. Hirzel.

MITTELSTAEDT, H. (1966): Grundprobleme der Analyse von Orientierungsleistungen. Jahrbuch der Max-Planck-Gesellschaft, 120-151.

PIRSIG, R. M. (1978): Zen und die Kunst ein Motorrad zu warten. Frankfurt: Fischer.

SUZUKI, Sh. (1979): Zen-Geist, Anfänger-Geist. Unterweisungen in Zen-Meditation. Zürich: Theseus-Verlag.

WITTGENSTEIN, L. (1968): Tractatus logico-philosophicus. Frankfurt: Suhrkamp.

WITTGENSTEIN, L. (1971): Vorlesungen und Gespräche über Ästhetik, Psychologie und Religion. Göttingen: Vandenhoeck.

WITTGENSTEIN, L. (1977): Vermischte Bemerkungen. Frankfurt: Suhrkamp.

Micha Brumlik

Zur Sittlichkeit pädagogisch professioneller Interaktionen

Georg Wilhelm Friedrich HEGEL hat bekanntlich in seinen Entwürfen zur Rechtsphilosophie eine Unterscheidung von Moralität und Sittlichkeit getroffen.[1]

Gemeinhin wird diese Unterscheidung von Moralität und Sittlichkeit als Unterscheidung zwischen einer nur appellativen, präskriptiven Moral und einem tatsächlich an Moral orientierten, durch Institutionen, Traditionen und Habitualisierungen vermittelten und getragenen Lebenszusammenhang verstanden. In den rechtsphilosophischen Vorlesungen von 1817/1818 charakterisiert HEGEL die Unterscheidung folgendermaßen:

> "Es wird hier ein Unterschied zwischen Moralität und Sittlichkeit gemacht. Moralität ist das Reflektierte; die Sittlichkeit aber ist die Durchdringung des Subjektiven und Objektiven ... Das Recht und die Moralität sind nur ideelle Momente; ihre Existenz ist erst die Sittlichkeit. Die wirkliche Moralität ist nur die Moralität des Ganzen in der Sittlichkeit ... Die Sittlichkeit ist die Wahrheit deswegen, weil hier die Wirklichkeit mit dem Begriff identisch ist ..."[2]

Die neuere Diskussion zur Berufsethik der Sozialarbeit hat sich bis jetzt vornehmlich an dem orientiert, was HEGEL als Moralität bezeichnet; m. a. W.: Bisher wurden vor allem normative Systeme unterschiedlicher Plausibilität und unterschiedlicher Konkretion aufgestellt, die alle in gewisser Weise daran kranken, wenig oder gar nichts über ihre Realitätsadäquanz aussagen zu können.[3]

Auch im folgenden kann es noch nicht darum gehen, diese Spannung aufzulösen, sondern allenfalls darum, einige vorbereitende Überlegungen darüber anzustellen, ob eine Rekonstruktion der Wirklichkeit sozialer Arbeit uns dabei helfen kann, eine nicht nur appellative Berufsethik darzulegen.

Eine solche Untersuchung muß sich im Prinzip an den Realitäten sozialpädagogischer Handlungsfelder erweisen - es gilt zu überprüfen, ob auch in den faktisch existierenden Strukturen sozialer Arbeit Handlungsmaximen auffindbar sind, die das Prädikat "moralisch gerechtfertigt" verdienen. Dabei entsteht sofort die Frage nach dem Kriterium für die Zuschreibung dieses Prädikats bzw. die Frage danach, woraufhin sozialpädagogische Interventionen denn nun zu zielen hätten. Läßt sich diese Frage beantworten, ohne selbst wiederum ein abstraktes moralisches Kriterium vorauszusetzen und somit den möglichen Gewinn einer an der Sittlichkeit ausgerichteten Untersuchung sogleich wieder zu verspielen? Dies wird sich zunächst nur durch ein Analyseraster vermeiden lassen, das die Beschreibung von Handlungsstrukturen stärker gewichtet als ihre Bewertung.

Dem schienen mir phänomenologische und hermeneutisch ausgerichtete Ansätze am ehesten zu genügen. Damit bewegt sich das hier vorgestellte Programm in einer doppelten Frontstellung:

Es wendet sich zum einen gegen sämtliche Ansätze einer Antipädagogik, in dem es nachweisen möchte, daß pädagogische Bezugnahmen in den meisten sozialisatorischen und therapeutischen Interaktionen notwendigerweise enthalten sind.

Es wendet sich aber auch gegen rein moralische (etwa diskursethische) Begründungen pädagogischen Handelns, daß derlei Begründungen nicht nötig, da im Handeln ohnehin präsent sind. Die Moralität pädagogischen Handelns *kann* also nicht abgelehnt werden, weil sie zu seiner Struktur gehört und *muß* aus dem gleichen Grund auch nicht eigens begründet, sondern nur abgelesen und verdeutlicht werden.

Dieses Ablesen und Verdeutlichen der in pädagogischen und therapeutischen Interaktionen angelegten Moralität soll im Hinblick auf den pädagogischen Aktor im einzelnen sowie das pädagogische Handlungsfeld als ganzes geschehen.

Die Struktur des pädagogischen Handlungsfeldes im ganzen soll nach Maßgabe seiner objektiven Richtigkeit mit den Kategorien der von Ulrich OEVERMANN entwickelten "objektiven Hermeneutik" nachgezeichnet werden [4)], wobei ich mich besonders auf die richtungsweisende Arbeit von Rita SAHLE [5)] stützen kann, während die Möglichkeiten und Befindlichkeiten der Akteure nach Maßgabe von HEIDEGGERs in "Sein und Zeit" entwickelten hermeneutischen Fundamentalontologie dargestellt werden soll.

Ich werde also im folgenden

1) Handlungsstrukturen und Existenzialien im pädagogischen Feld unterscheiden, wobei es um die Differenz von Authentizität und Richtigkeit des Handelns geht,

2) auf der Basis dieser Unterscheidung zwischen einem phänomenologischen Begriff der Fürsorge und einem hermeneutischen Begriff der Intervention differenzieren, um

3) zwischen vorspringender und einspringender Fürsorge und

4) zwischen strikt intervenierenden und nur deutendenmäeutischen Interventionen zu unterscheiden.

Schließlich werde ich

5) noch einmal auf zwei Mißverständnisse einer moralischen - hier diskursethisch angelegten - Theorie pädagogischen Handelns eingehen, um endlich

6) ansatzweise zu versuchen, meine Überlegungen mit professionalitätstheoretischen Überlegungen der Sozialpädagogik zu verbinden.

1. Die objektive Hermeneutik, postuliert, daß im Bereich sozialen Handelns der Begriff des Sinns einer Handlung nur im Bezug auf intersubjektive Handlungen verwendet werden kann, mehr noch, daß sinnvolle Handlungen überhaupt nur intersubjektive Handlungen sein können. Die kriteriale Frage nach der Richtigkeit oder Unrichtigkeit läßt sich entsprechend nicht an diese Handlungsstrukturen selbst, sondern allenfalls an die mentalen Repräsentationen der Handlungsstrukturen im Bewußtsein/Unbewußten oder Vorbewußten der Akteure stellen. Daß die Theorie der objektiven Hermeneutik hier über ein Defizit gesellschaftskritischer Begrifflichkeit hinweggeht, ist oft vermerkt worden.

   Dieses Defizit läßt sich korrigieren, wenn zwischen einem methodologischen Begriff der Richtigkeit von Deutungsmustern und einem gesellschaftstheoretischen Begriff der Angemessenheit von Handlungsystemen unterschieden wird. Demnach können die Handlungen von Individuen bzw. das Funktionieren von ganzen Handlungssystemen entweder deshalb mißglücken, weil die Akteure eine falsche Vorstellung von dem haben, was sie tun, bzw. in welchem Rahmen sie handeln oder weil diese Handlungssysteme selbst in bezug auf das ganze Gesellschaftssystem, innerhalb dessen sie verankert sind, unzureichende Leistungen erbringen.

   Pathologien können also entweder durch falsche Selbst- und Weltverständnisse oder durch objektive Fehlentwicklungen ausgelöst werden. Damit ist der Vorwurf des gesellschaftskritischen Defizits der objektiven Hermeneutik um den vielleicht allzu hohen Preis behoben, objektiv angemessene Strukturen von Sozialität ohne Rückgriff auf die subjektiven Befindlichkeiten der Akteure auszeichnen zu müssen. An OEVERMANNs Analsysen der ödipalen Triade als notwendiger Bedingung für die Ausbildung personaler Identität in Bezug auf Alters- und Geschlechtsrollen wird deutlich, wie eine solche Auszeichnung objektiver Strukturen aussehen könnte. Rita SAHLE beschreibt in diesem Sinne die objektive Bedeutung von Professional-Klient-Interaktionen im Rahmen verberuflichter Sozialarbeit folgendermaßen:

> "In den Professionen mit unmittelbarem Klientenbezug stellt der Klient oder Patient eigenverantwortlich und ausschließlich aufgrund von Leidensdruck die Beziehung zum professionalisierten Experten her. Er erteilt gleichsam einen Behandlungsauftrag und delegiert einen Teil seiner lebenspraktischen Autonomie und Entscheidungskompetenz. Diese Delegation bleibt jedoch an die regulative Funktion eines Leidensdrucks gebunden: die Behandlung einzugehen, fortzusetzen und, was strukturell gleichwertig ist, zu beenden. Der Leidensdruck sichert die Autonomie der Lebenspraxis und gewährleistet die Freiwilligkeit der Behandlung. Das Professionsmitglied handelt in Respekt vor dieser lebenspraktischen Autonomie stellvertretend deutend, d. h. unter konsequentem Verzicht auf die Entscheidungsübernahme, Empfehlungen oder Ratschläge. Seine Entscheidungen treffen zwar auf die Lebenspraxis selbst, sie bewegen sich aber im Rahmen der Behandlung oder des Mandats und müssen sich, auf die wissenschaftliche Basis bezogen, begründen lassen, gleichzeitig oder nachträglich z. B. durch den pathologischen Befund." [6)]

Aus der Sicht der objektiven Hermeneutik wird also behauptet, daß tatsächlich in den Systemen institutionalisierter Hilfeleistung eine entsprechende Dialektik zwischen der Autonomie der Profession und der Autonomie des Leidensdrucks herrscht und daß diese Dialektik im Bereich der Sozialarbeit deren Nichtprofessionalisierbarkeit impliziert. Ich übergehe die Begründung der Nichtprofessionalisierbarkeitshypothese und halte lediglich fest, daß auf der Basis dieser Analyse zwei Pathologien möglich sind:

a) Die beteiligten Klienten oder Professionals können diese Nichtprofessionalisierbarkeit verkennen, die wechselseitige Autonomie anzweifeln bzw. überstrapazieren und somit die konstitutiven Strukturen helfender Beziehungen zerstören.

b) Die faktischen institutionellen Strukturen, d. h. Gesetze, Dienstvorschriften o. ä. werden weder der professionellen Autonomie noch der individuellen Autonomie der Leistungsnachfrager gerecht und geraten damit in Widerspruch zu modernen Gesellschaften, in denen die für jede Sozialität konstitutive Individualität der Akteure verwirklicht ist.

Gegenüber dieser Richtigkeit von Handlungen postuliert die Fundamentalontologie das Ergreifen oder Verfehlen individueller Möglichkeiten. Ob derlei individuelle Möglichkeiten ergriffen oder verfehlt werden, hängt nach HEIDEGGER, auf den ich mich hier beziehe, davon ab, ob das Dasein sich seiner konstitutiven Einsamkeit und Freiheit, seiner möglichen Verfallenheit an die Unbewußtheit des "man", d. h. der habitualisierten Strukturen der Alltäglichkeit bewußt wird. Im diametralen Gegensatz zur objektiven Hermeneutik wird hier nicht die Vorrangigkeit von Strukturen der Intersubjektivität, sondern die Vorrangigkeit individueller Selbstvergewisserung im Rahmen einer zur Alltäglichkeit degenerierten Intersubjektivität behauptet. Diese Selbstvergewisserung wird ergeben, daß die Beziehung des Daseins zu sich selbst und zu anderen im Modus der Sorge ausgelegt ist, also eines auf die eigenen Möglichkeiten und Widerfahrnisse hin angelegten Lebens, das seiner Zukünftigkeit besondere Aufmerksamkeit zollt.
HEIDEGGER bezeichnet die Sorge und andere Modi des Daseins als Existenzialien und nicht als Kategorien, da er - hierin noch der HUSSERLschen Phänomenologie nahe - von der Vorrangigkeit der Subjektivität ausgeht, einer Subjektivität, die als Quelle oder Ursprung der Kategorien natur- oder überhaupt wissenschaftlicher Er-

kenntnis nicht in den gleichen Begriffen verstanden werden kann, in denen sie die Natur versteht. Wenn man so will, stellen Existenzialien Begriffe einer Teilnehmerperspektive dar, während (wissenschaftliche) Kategorien hiervon abgeleitete und reifizierte Begriffe einer Zuschauerperspektive sind.

Ob nun ein Dasein seine eigenen Möglichkeiten ergreift oder nicht und sich somit seiner Freiheit und Entschlossenheit stellt, ist für HEIDEGGER deshalb keine moralische Frage im engeren Sinn, weil er über keinerlei Kriterien darüber verfügt, wie und wozu diese Freiheit verwendet werden soll. Ebenso bestreitet er, daß es in einem moralisch relevanten Sinne besser sei, eigentlich als uneigentlich zu sein. Ein moralisch nicht weiter bewertbares angemessenes Selbstverhältnis, das vor allem auf die Stimmigkeit der Handlungen eines Aktors mit seinem Selbstverständnis abhebt, möchte ich als Autentizität bezeichnen.

Postuliert also die objektive Hermeneutik die Kongruenz mentaler Repräsentationen und individueller Handlungsstrukturen bzw. die Kongruenz eines Gesellschaftssystems und seiner Teilsysteme, so postuliert die Fundamentalontologie die Kongruenz eines Individuums mit seinen anthropologisch angelegten Möglichkeiten. Beide Male geht es also um existente Strukturen und deren Möglichkeiten. Schon alleine dieses Beharren auf existenten Strukturen rückt beide Ansätze in eine gewisse Nähe zu dem, was HEGEL als Sittlichkeit bezeichnete - womit keineswegs gesagt ist, daß beide Ansätze auch inhaltlich dem korrespondieren, was HEGEL unter Sittlichkeit versteht.

2. Damit komme ich zu meinem zweiten Punkt. Wie bestimmen hermeneutische Fundamentalontologie und objektive Hermeneutik jenes Verhältnis der Hilfe, in dem mindestens zwei autonome Subjekte in ein asymmetrisches Verhältnis geraten und zwar so, daß ein Subjekt sich seiner Möglichkeiten begibt bzw. ihrer benommen wird

und ein anderes Subjekt bemüht ist, ihm diese Möglichkeiten zurückzugeben.

> "Die Fürsorge" so heißt es bei HEIDEGGER "hat hinsichtlich ihrer positiven Modi zwei extreme Möglichkeiten. Sie kann dem Anderen die 'Sorge' gleichsam abnehmen und im Besorgen sich an seine Stelle setzen, für ihn einspringen. Diese Fürsorge übernimmt das, was zu besorgen ist, für den Anderen. Dieser wird dabei aus seiner Stelle geworfen, er tritt zurück, um nachträglich das Besorgte als fertig Verfügbares zu übernehmen, bzw. sich ganz davon zu entlasten. In solcher Fürsorge kann der Andere zum Abhängigen und Beherrschten werden, mag diese Herrschaft auch eine stillschweigende sein und dem Beherrschten verborgen bleiben. Diese einspringende die 'Sorge' abnehmende Fürsorge bestimmt das Miteinandersein in weitem Umfang, und sie betrifft zumeist das Besorgen des Zuhandenen. Ihr gegenüber besteht die Möglichkeit einer Fürsorge, die für den Anderen nicht so sehr einspringt, als daß sie ihm in einem existenziellen Seinkönnen vorausspringt, nicht um ihm die 'Sorge' abzunehmen, sondern erst eigentlich als solche zurückzugeben. Diese Fürsorge, die wesentlich die eigentliche Sorge - das heißt die Existenz des Anderen betrifft und nicht ein Was, das er besorgt, verhilft dem Anderen dazu, in seiner Sorge sich durchsichtig und für sie frei zu werden." 7)

Diese beiden Formen sind für HEIDEGGER zwei prinzipiell gleichmögliche, nicht auf jeden Fall gleichberechtigte Modi menschlichen Zusammenlebens. HEIDEGGER bestimmt die menschliche Existenz, das Dasein als in das Leben mit und für andere Menschen eingebettet. Dies ist mehr und anderes als die heute geläufige, unter Rückgriff auf HEGEL und MEAD postulierte Intersubjektivität. "Die Welt des Daseins ist Mitwelt. Das In-Sein ist Mitsein mit Anderen. Das innerweltliche Ansichsein dieser ist Mitdasein." [8] An Stelle der Kategorie der Anerkennung, wie sie in den Intersubjektivitätstheorien zu finden ist, finden wir bei HEIDEGGER das Existenzial der Fürsorge. Wenn die menschliche Existenz gleichermaßen auf Sorge (d. h. bewußte Stellungnahme zu ihrer eigenen Zukunft) und auf Mitsein (d. h. auf Cosubjektivität) hin ausgelegt ist, dann verschränken sich beide Modi zu einer Form der Cosubjektivität, in der die Individuen sich wechselseitig und bewußt sowohl zu ihren eigenen als auch darin zu den Zukünften ihrer Mitindividuen verhalten. Und hierbei handelt es sich *nicht* um eine wählbare Möglichkeit, sondern um eine nicht umgehbare Vorgegebenheit. Wählbar ist allein die Art und Weise, in der sich ein Dasein zur Sorge eines anderen Daseins verhält - wählbar ist also nicht die Intersubjektivität selbst, sondern allenfalls die Form der Intersubjektivität.

Ein solcher Begriff der Fürsorge entstammt dem Versuch, radikal und jenseits aller philosophischen Vorgegebenheit auf basale, als ahistorisch und kulturtranszendierend angesehene Universalien des Menschseins hinzuweisen und von ihnen aus ein neues Verständnis dessen zu gewinnen, was die Tradition als "Sein" zwar benannte, aber nach HEIDEGGER in der Sache vergessen mußte. Auf die systematische Haltbarkeit von HEIDEGGERs Vorschlägen gehe ich hier nicht weiter ein.

Der Begriff der "Intervention", wie er in OEVERMANNs objektiver Hermeneutik entwickelt wird, nimmt demgegenüber die historisch-gesellschaftliche Konstitution und Vermittlung wechselseitiger Hilfe zumal unter den Bedingungen einer modernen, durch die Ausprägung von Professionen charakterisierten Gesellschaftsstruktur ernst.

Unter Bedingungen einer funktional ausdifferenzierten, professionell organisierten und durch die Ausprägung moderner Individualität geprägten Gesellschaft nimmt die Autonomie von Handlungspraxen, seien sie nun "privater" oder "beruflicher" Art, eine Schlüsselrolle ein. Für eine Theorie und Praxis helfender Berufe spielt diese tiefliegende Sinnstruktur moderner Gesellschaften deshalb eine besondere Rolle, weil sie deren konstitutives Paradox weder aus psychologischen Unzulänglichkeiten der Akteure noch inkompatiblen Systemimperativen heraus bestimmt, sondern einzig aus den Prinzipien der Modernität selbst. Dem hermeneutischen Grundsatz, Geschichte und Gesellschaft bewußt von jenem Standpunkt aus zu beschreiben, an dem die erfahrende Individualität selbst steht, ist damit systematisch und offensichtlich fruchtbar Rechnung getragen. In dieser Variante objektiver Hermenteutik holt sich die moderne Gesellschaft selbst ein.

> "Der objektive Hermeneut" so postuliert OEVERMANN "geht dagegen prinzipiell von der Möglichkeit aus, daß die Lebenspraxis sich im Rahmen ihrer Autonomie, d. h. ohne die Beanspruchung von Wissenschaft, also selbständig, im Falle von Mißverständnissen zu helfen weiß." [9)]

Systematisch entspricht OEVERMANNs "Autonomie" der (intersubjektiv) gefaßten Lebenspraxis in HEIDEGGERs Individualitätsontologie. Ob das Postulat einer Autonomie von Lebenspraxen als hermeneutische Vorgabe moderner Gesellschaftswissenschaft zwingend oder gar nur plausibel ist, lasse ich hier unerörtert.
Es dürfte aber deutlich geworden sein, daß die Gemeinigkeit des Daseins bei HEIDEGGER und die Autonomie der Lebenspraxis bei OEVERMANN nicht als Postulate, sondern als unumgehbare Grundstrukturen angesehen werden, die von den Individuen - jenseits aller Moral - in ihrer Praxis verfehlt werden können. Kann bei HEIDEGGER das Dasein seine Eigentlichkeit verfehlen und das heißt inauthentisch werden, so können bei OEVERMANN einzelne oder mehrere Individuen die objektiven Sinnstrukturen ihres Handelns verfehlen. In Bezug auf die mitmenschliche Sorge wird die Mög-

lichkeit der Authentizität verletzt, wenn anstelle der vorausspringenden die einspringende Fürsorge geübt wird, derweil im Bereich professionellen Helfens die Autonomie der Lebenspraxis verletzt wird, wenn anstelle vorausspringenden Deutens, d. h. antizipierender Interpretationen objektiver Sinnstrukturen eine ohnehin unmögliche Form omnipotenter Hilfe geübt und postuliert wird.

3. Einspringende und vorausspringende Fürsorge unterscheiden sich bei HEIDEGGER danach, ob dem Anderen die Autonomie der Lebenspraxis einschließlich der Freiheit, über die eigenen Belange zu entscheiden, belassen wird oder nicht. Einspringende Fürsorge negiert genau genommen nicht nur die Autonomie der Lebenspraxis, sondern die Möglichkeit von Praxis überhaupt - insofern im Gedanken der Praxis die bewußte und willkürliche Stellungnahme zur eigenen Zukunft enthalten ist. Die Enteignung individueller Stellungnahmen zur eigenen Zukunft beinhaltet für HEIDEGGER die Möglichkeit von Abhängigkeit und Herrschaft, die in Verkennung der Grundstruktur des Daseins dessen Authentizität beeinträchtigen. In der einspringenden Fürsorge wird dem Anderen das Besorgte nachträglich als Verfügbares zugestellt, wobei er zugleich aus seiner Stelle geworfen wird. Das bedeutet nichts anderes, als daß durch einspringende Fürsorge dem Anderen die eigene Lebenspraxis bzw. die eigene Zukunft als ein technisch bewältigbares Problem zugestellt wird, so daß dem beholfenen Individuum die eigene Zukunft als ein ihm letzten Endes fremdes, nur noch instrumentell lösbares Problem erscheint. Die eigene Zukunft wird durch den instrumentellen Einsatz der Hilfeangebote anderer zum Gegenstand. In dem die einspringende Fürsorge den Anderen aus seiner unvertretbaren Individualität entläßt und sich auf das Besorgen des Zuhanden bezieht, wandelt sie Praxis in Technik, Zuhandenes in Vorhandenes, Existenzielles in Gegenständliches, Praktisches in Theoretisches um.

Die vorausspringende Fürsorge gibt demgegenüber dem Anderen die Sorge, d. h. die bewußte und willkürliche Stellungnahme zur eigenen Zukunft zurück und bezieht sich nicht auf die Mittel und Umstände von dessen Leben, d. h. um dingliche Defizite, sondern um Handlungspositionen. (Daß die Ablehnung des "Was des Besorgens" in einer schlechten Tradition der Hilfe zur Selbsthilfe steht und einer ideologiekritischen Überlegung unterzogen werden muß, ändert prinzipiell jedoch nichts an der Plausibilität von HEIDEGGERs Gedanken. Denn immerhin könnte es ja sein, daß auch und gerade materielle Lebensumstände zureichender Art notwendige Bedingungen autonomer Lebenspraxis sind.)
HEIDEGGER führt nicht weiter aus, wie eine Fürsorge, die den Anderen in seinem existenziellen Seinkönnen vorausspringt, aussehen könnte. Ich habe an anderer Stelle [10)] die Auffassung vertreten, daß die Lösung des Rätsels einer vorausspringenden Fürsorge in einer advokatorischen Ethik liege, deren Grundzüge ich in einem utilitaristischen Rahmen zu skizzieren versucht habe. [11)] Demnach sollen Menschen nicht deshalb zu Personen werden, weil das Personsein intrinsisch besser ist als das Nichtpersonsein, sondern weil das Nichtpersonsein in modernen Gesellschaften mit erheblichen Nachteilen verbunden ist. Daß eine solche utilitaristische Deutung des Prinzips vorausspringender Fürsorge HEIDEGGERs Intentionen mit Sicherheit verletzt und geradezu in ihr Gegenteil verkehrt, liegt auf der Hand. Ob eine diskurstheoretische Variante, der gemäß ein advokatorischer Akt die mögliche Zustimmung des Betroffenen in einer idealiter gesetzten freien Beratung finden müßte, dieses Problem löst, ist eine derzeit offene Frage. [12)]

4. OEVERMANNs Theorie der antizipierenden Interpretationen als des objektiven Sinns allen pädagogischen Handelns legt hier eine andere Lösung nahe:

> "Bezogen darauf liegt es nahe, als Adäquatheitsbedingung pädagogischen Handelns einzuführen, daß der praktizierende Pädagoge, bei welchem konkreten Unterrichtsstoff auch immer, zunächst versuchen muß, das im Unterricht realisierte Interaktionshandeln der Kinder sowie das darin eingebettete sachbezogene Handeln des einzelnen Kindes in seiner latenten Sinnstruktur stellvertretend zu deuten, um die objektive, sinnstrukturelle Richtigkeit bemessen zu können, die darin zum Ausdruck kommt." 13)

OEVERMANN gewinnt seine Theorie pädagogischen Handelns am Modell des schulischen Unterrichts, weswegen wir uns fragen müssen, ob dieses Grundmodell auch auf sozialpädagogische Interaktionen übertragbar ist. Die Theorie schulbezogenen pädagogischen Handelns postuliert einen strengen Primat der Sache, d. h. der mäeutischen Vorwegnahme dessen, was ein Kind ohne Wissen bereits vermag. Die Betonung der Sache tritt an die Stelle sozialtechnischer, intervenierender Maßnahmen, an die Stelle von Konditionierung, Dressur oder Indoktrination.

> Der Pädagoge "verschafft sich damit einen kritischen Bezugspunkt für den pädagogisch angeleiteten Lehrprozeß, in dem es primär darauf ankommt, dem Kind das, was es objektiv ohnehin schon kann, auf einer höheren Stufe der Explikation und mentalen Strukturierung durch Anleitung zum rekonstruktiven Lernen zugänglich zu machen." 14)

Es stellt sich dann erstens die Frage, was "die Sache" der Sozialpädagogik wäre und zweitens ob in sozialpädagogischen Beziehungen von einem ähnlichen oder vergleichbaren Gefälle zwischen Pädagogen und Klienten die Rede sein kann.

Wir können den hermeneutischen Bezugspunkt der Analyse, also die Grundstruktur autonomer Lebenspraxen, als "die Sache" der Sozialpädagogik ansehen und ihr

Handeln als eine Rekonstruktion jener bereits erworbenen Fähigkeiten zum Meistern eines autonomen Lebens verstehen. Im Unterschied zur Situation des schulischen Unterrichts geht es dann nicht nur um eine Rekonstruktion dessen, was ein Kind oder Jugendlicher bereits an sozialen Kompetenzen erworben hat, sondern auch um ein In-Erinnerung-Bringen dessen, was Erwachsene bereits vermochten. Das Prinzip der stellvertretenden Deutung bezieht sich hier nicht nur auf bereits vorhandene, aber noch nicht bewußte Kompetenzen, sondern vor allem auf nicht mehr bewußte, evtl. bereits ausgebildete Fähigkeiten vor allem interaktioneller Art.
Eine ähnlich gelagerte Theorie stellvertretender bzw. begleitender Deutung unter besonderer Berücksichtigung des objektiven Gehalts der in abweichendem Verhalten enthaltenen Utopien hat W. KECKEISEN schon 1976 unter systematischer Bezugnahme auf Ernst BLOCH dargelegt.[14)] TREPTOW hat jüngst diesen liegengebliebenen Faden sozialpädagogischer Theoriebildung wieder aufgenommen.[15)] Ich merke an dieser Stelle, ohne es näher auszuführen, an, daß in BLOCHs und OEVERMANNs Ansätzen - bei aller sonstigen Unterschiedlichkeit - eine strukturelle Gemeinsamkeit herrscht: die Bezugnahme auf eine objektive Struktur, die bei OEVERMANN als Rechtshegelianer als bereits vorhanden gesetzt und bei dem utopisch-messianischen BLOCH als wartend, latent, auf uns zukommend und sich durch unser Handeln verwirklichend angesehen wird.
Auf jeden Fall: Sowohl HEIDEGGER als auch OEVERMANN glauben auf existente Strukturen zurückgreifen zu sollen, die die Individuen in ihrem Handeln verfehlen können. Weder HEIDEGGER noch OEVERMANN verstehen ihre Ansätze als moraltheoretisch - beide Autoren teilen implizit oder explizit mit, daß es ihnen selbst nicht um Appelle, sondern allenfalls um den Hinweis auf verfehlte Möglichkeiten bzw. mißachtete Handlungsstrukturen geht. Gleichwohl beinhaltet sowohl

HEIDEGGERs als auch OEVERMANNs kulturkritische Semantik ganz eindeutige Wertungen derart, daß ein Verfehlen der objektiven Möglichkeiten oder Sinnstrukturen gesellschaftliche Pathologien zur Folge hat. An die Stelle des moralischen Appells tritt der Hinweis auf die negativen Folgen mißachteter Handlungsstrukturen. Wo HEIDEGGER zwar nicht Moral, aber doch Authentizität einfordert, beharrt OEVERMANN auf sachgesetzlichen Handlungsweisen. Beide gehen von nicht hintergehbaren Strukturen aus - HEIDEGGER von der Struktur moderner Subkjektivität, OEVERMANN von der Struktur moderner professioneller Praxis - und glauben damit, einer begründungstheoretisch angelegten Moralität zu entgehen. Der Bezug auf die Wirklichkeit scheint auf den ersten Blick kriterienfrei möglich zu sein, die Auszeichnung der Wirklichkeit alternativenlos. Hier treffen sich HEIDEGGER und OEVERMANN mit dem HEGEL der Rechtsphilosophien.[16)] Ob sich hier freilich mit HEGEL von einer durch Institutionen, Praxis und Traditionen vermittelten Sittlichkeit des Handelns reden läßt, hängt letztlich davon ab, ob vorausspringende Fürsorge und antizipierende Interpretation in Bezug auf die Autonomie von Lebenspraxen in der professionellen Sozialpädagogik auch nur prinzipiell angelegt ist. Dem möchte ich zwei abschließende Überlegungen widmen.

5. Die kritische Theorie der Gesellschaft bis hin zu HABERMAS zeichnet sich durch ein vornehmlich in negativistischer Kritik gehaltene Distanz zu fast sämtlichen existierenden gesellschaftlichen Verhältnissen aus. Bekanntlich hat HABERMAS den Versuch unternommen, dies linkshegelianische Motiv einer Denunziation des Bestehenden im Hinblick auf nicht weiter begründbare Erinnerungen an ein besseres Leben quasi rechtshegelianisch durch Rückgriff auf die tatsächlich im Sprechen wirksamen Präsuppositionen von Wahrheit, Wahrhaftig-

keit, Richtigkeit und Verständlichkeit zu korrigieren. Im Sprechen ist wenn schon nicht die Vernunft selbst, so doch wenigstens ihre Antizipation und damit ein Kriterium zur Beurteilung von Formen des Zusammenlebens *wirklich.*
Die Präsuppositionen des Sprechens geben zugleich die Kriterien für Situationen ab, in denen über praktische Fragen beraten wird - so entsteht die Diskursethik. [17)]
Das diskursethische Prinzip einer faktischen oder advokatorischen Einbeziehung der Betroffenen stellt nun sozialpädagogische Handlungstheorien vor zwei Fragen:

1. Nehmen sie in ihrem Handeln die mögliche Mündigkeit ihrer Adressaten so ernst, daß sie diese gleichberechtigt in ihren praktischen Diskurs aufnehmen?

2. Wie lösen sie das Problem einer advokatorischen Wahrnehmung der Interessen der Betroffenen, wenn diese, aus welchen Gründen auch immer, *nicht* dazu in der Lage sind, an einem sie betreffenden Diskurs teilzunehmen?

Aus diesen beiden Fragen resultieren zwei mögliche Mißverständnisse sozialpädagogischen Handelns:

1. Sozialpädagogisches Handeln sollte idealiter die Form eines praktischen Diskurses annehmen bzw.: jedwedes Handeln, das nicht mindestens durch die Intention auf den praktischen Diskurs ausgezeichnet ist, verdient nicht einmal den Namen pädagogischen Handelns.

2. Sozialpädagogisches Handeln muß mindestens darauf zielen, die möglichen Interessen der möglichen Betroffenen advokatorisch in ihr Handeln aufzunehmen.

Mißverständlich sind diese Postulate wiederum aus mindestens zwei Gründen; Erstens, weil sie kriteriologische Postulate mit Institutionen verwechseln und zweitens, weil sie weder der Eigengesetzlichkeit sozialisatorischen Handelns, das allemal auch durch die *Verinnerlichung von Autorität und hermeneutische Anstrengung* [18] gekennzeichnet ist, noch der Strukturlogik institutionalisierter Hilfe gerecht werden. Das sogenannte Kolonialisierungstheorem, das sich gegen die Monetarisierung und Bürokratisierung von Hilfe wendet [19], darf ja nicht so verstanden werden, als es um die völlige Aufhebung von Professionalität und Institutionalität ginge. Die Stärke einer diskursethisch angelegten Theorie sozialpädagogischen Handelns wird sich letztendlich daran erweisen, wie sie ihre kriteriologischen Postulate in einer Theorie kritischer Berufspraxis rekonstruieren und in einer in praktischer Absicht geleiteten Lehre institutioneller Reform wird verwirklichen können.

6. Dabei bleibt nun freilich nicht nur die Frage offen, ob eine so weit gespannte Forderung überhaupt einlösbar ist, sondern auch das Problem, ob die bescheidenere Forderung nach einer sachgemäßen Professionalität überhaupt zu erfüllen ist. Rita SAHLE, die die professionelle Sozialarbeit mit den Mitteln OEVERMANNs objektiver Hermeneutik untersucht hat, hegt hieran begründete Zweifel.

> "Sozialarbeit scheint vor ein - mit ihren Mitteln - unauflösbares Paradoxon gestellt, das bewirken zu sollen/wollen, was Voraussetzung für die Ausbildung und Institutionalisierung eines professionalisierten Handlungstypus wäre: den reziprozitätsfähigen Armen, der über die notwendigen Subsistenzmittel verfügt, um im Austausch mit den Professionen die Vereinseitigung seines individuellen Interesses gegenüber dem gesellschaftlichen Allgemeinen herbeizuführen. So betrachtet liegt das Handlungsproblem der Sozialarbeit quer zu denen der klassischen Professionen und wäre mit diesen unvergleichlich." [20]

Die jüngere Literatur zur Professionstheorie [21] ist sich bei aller sonstigen Differenz in der Diagnose dieser paradoxen Struktur einig, selbst wenn die Paradoxie jeweils anders gefaßt wird. Daraus folgt in der Regel die Einsicht in die Unmöglichkeit einer klassischen Professionalisierung und die Frage, ob die neuerliche Betonung der Handlungskompetenzen einzelner Sozialarbeit nicht bestenfalls eine der Not entsprungene Tugend sei. [22]
Nach HEIDEGGER und OEVERMANN liegen im Bereich von Fürsorge und Hilfe Möglichkeiten, die von den Akteuren verfehlt werden können. Mindestens nach OEVERMANN müßte die Möglichkeit einer semiprofessionell gestützten Wiederherstellung der Lebenspraxis durch antizipatorische bzw. erinnernde Deutung bestehen. Von Sittlichkeit ließe sich sprechen, wenn tatsächlich unter den Bedingungen bürokratisierter, semiprofessioneller Hilfe Lebenspraxis rekonstruiert werden könnte. Empirische Forschung, die z. B. Sozialarbeit als letzten Endes nicht an den Interessen und Bedüfnissen der Klienten orientierte "Produktion von Fürsorglichkeit" [23] analysiert, d. h. als selbstgenügsame Konstruktion einer Spezialwelt, stützt den Verdacht, daß es hier um alles andere als die Institutionalisierung einer auch moralisch akzeptablen professionellen Tätigkeit geht.
Somit bleibt als Fazit dieser Überlegungen eine Frage. Wenn der appellative Ruf nach einer besseren professionellen Moral bzw. der Ruf nach einer radikal, ja revolutionär geänderten Praxis angesichts der Beharrlichkeit der Verhältnisse zunächst folgenlos bleiben muß; wenn eine genauere Untersuchung der faktischen Verhältnisse aber Zweifel an ihrem sittlichen Charaker entstehen läßt und allenfalls die gesetzlich kodifizierten Gundsätze des Grundgesetzes und des Bundessozialhilfegesetzes, die die Würde des Menschen und die Hilfe zur Selbsthilfe in ihren Mittelpunkt stellen, Hinweise auf eine Sittlichkeit im HEGELschen Sinne geben, dann muß die Möglichkeit offen bleiben, daß Sittlichkeit in diesem Bereich entwe-

der gar nicht oder allenfalls in einem sehr beschränkten Ausmaß möglich ist.
HEGEL zumindest könnte mit dieser Einsicht leben. Anders als wir verstand er unter Sittlichkeit den gesamten Vermittlungszusammenhang von Familie, Staat und Gesellschaft unter kapitalistischen Bedingungen. HEGEL war sich des Umstandes bewußt, daß unter diesen Bedingungen Armut eine je und je notwendig wieder entstehende Erscheinung ist, eine Erscheinung, die die Würde der Armen und somit die Würde und Sittlichkeit des Staates im ganzen beeinträchtigte. Damit entsprechen all jene Einsichten, die auf die Paradoxie und letztlich unfruchtbare Betriebsamkeit der Sozialarbeit/Sozialpädagogik hinweisen.
Sozialpädagogik und Sozialarbeit können, so scheint es, im Rahmen kapitalistischer Gesellschaften weder moralisiert werden noch als unversehrte Beispiele der Sittlichkeit gefaßt werden. Sie stellen in ihrer Paradoxie mehr als nur einen Hinweis auf die grundsätzlich verletzte Sittlichkeit solcher Gesellschaften dar, sie sind - mitsamt der Unwirklichkeit und das heißt Unvernunft - der auf sie bezogenen Berufspraxis geradezu ein Beweis dafür, daß sich ein System der Sittlichkeit unter kapitalistischen Bedingungen nicht herstellen läßt.
HEGEL konnte seinerzeit noch auf einen Sozialstaat hoffen, der diese verletzte Sittlichkeit kompensieren sollte.[24)]
Wir müssen mittlerweile erkennen, daß auch der Sozialstaat den Automatismen des Systems der Bedürfnisse, des Kapitalismus unterliegt und entweder abgebaut oder verunmöglicht wird. Unter analogen Umständen ist HEGEL 1819 geradezu für die Revolution eingetreten:

> "Wir haben früher das Notrecht betrachtet als sich auf ein momentanes Bedürfnis beziehend. Hier hat die Not nicht mehr bloß diesen momentanen Charakter. In dieser Entstehung der Armut kommt die Macht des Besonderen gegen die Realität des Freien zum Dasein ... Diese beiden Seiten, Armut und

> Reichtum, machen so das Verderben der bürgerlichen Gesellschaft aus. Es ist die Forderung, daß allen ihre Existenz gesichert sei."[25)]

Und so bleibt uns die Frage, ob wir uns in einer in ihrer vollständigen Sittlichkeit versehrten Gesellschaft einrichten oder ob wir die Paradoxien sozialpädagogischen Handelns zum Anlaß nehmen wollen, uns der relativen Unzulänglichkeit aller mehr als nur moralischen Ansprüche, die versehrte Sittlichkeit zu restituieren, je und je bewußt zu werden.
Die Mikrostruktur sozialpädagogischen Handelns spiegelt in ihrer paradoxalen Struktur letztlich nur die Paradoxie einer Gesellschaft wider, die zwar Armut bekämpfen möchte, sie aber ebenso immer wieder neu erzeugen muß. Vor diesem von HEGEL genau gesehenen Paradox wird deutlich, daß es mit der Wirklichkeit der Vernunft nicht eben gut bestellt ist.

Anmerkungen

1) HEGEL, G.W.F.: Rechtsphilosophie, Ffm. 1970; Philosophie des Rechts/Die Vorlesung von 1819/20 in einer Nachschrift, hg. von HENRICH, D., Ffm. 1983; Die Philosophie des Rechts - Die Mitschriften WANNEMANN (Heidelberg 1817/18) und HOMEYER (Berlin 1818/19) hg. von ILTING, K.-H., Stuttgart 1983.

2) HEGEL, G.W.F., Stuttgart 1983, S. 89.

3) Dazu gehören sowohl meine eigenen Versuche: BRUMLIK, M.: Normative Grundlagen der Sozialarbeit, in: Neue Praxis, 4/1978, S. 321-325; BRUMLIK, M.: Verstehen oder Kolonialisieren, in: MÜLLER,S./OTTO, H.-U.: Verstehen oder Kolonialisieren. Grundprobleme sozialpädagogischen Handelns und Forschens, Bielefeld 1984, S. 31-62; BRUMLIK, M.: Vom Leiden der Tiere und vom Zwang der Personwerdung. Zwei Kapitel

advokatorischer Ethik, in: v. BRACHEL, U./METTE, N.; Kommunikation und Solidarität, Freiburg/Münster 1985, S. 300-322; als auch - trotz eines erheblich größeren Konkretionsgrades: MÜLLER, B.: Die Last der großen Hoffnungen, München 1985; MÜLLER, B.: Kraft zum Handeln, in: Neue Praxis 2/1984, S. 114 124. Auf die relativ naiven Versuche in der Methodenliteratur gehe ich nicht weiter ein, obwohl sich gerade hier eine bisher nicht beachtete Lösung des Problems abzeichnen könnge. Vgl. etwa: FRIEDLÄNDER, W./PFAFFENBERGER, H.: Grundbegriffe und Methode der Sozialarbeit, Neuwied 1967.

4) OEVERMANN, U.: Hermeneutische Sinnkonstruktion: als Therapie oder Pädagogik mißverstanden, in: GARZ, D./ KRAIMER, K. (Hrsg.) Brauchen wir andere Forschungsmethoden, Ffm. 1983, S. 113-155.

5) SAHLE, R.: Professionalität oder Technokratie - Zur Mikrologie einer Beratungsbeziehung, in: Neue Praxis 2/3 1985, S. 151-170.

6) a.a.O., S. 153.

7) HEIDEGGER, M.: Sein und Zeit, Tübingen 1967, S. 122.

8) a.a.O., S. 118.

9) OEVERMANN, a.a.O., S. 150.

10) BRUMLIK, M.: 1984, S. 62.

11) BRUMLIK, M.: 1985.

12) BRUMLIK, M.: Über die Ansprüche Ungeborener und Unmündiger - wie advokatorisch ist die diskursive Ethik, in: KUHLMANN, W. (Hrsg.) Moralität und Sittlichkeit, Ffm. (im Erscheinen).

13) OEVERMANN, a.a.O., S. 151.

14) BRUMLIK, M./KECKEISEN, W.: "Etwas fehlt" - Zur Kritik und Bestimmung von "Hilfsbedürftigkeit" für die

Sozialpädagogik, in: Kriminologisches Journal 4/1976, S. 241-262.

15) TREPTOW, R.: Raub der Utopie, Bielefeld 1985.

16) Vgl. meinen 1986 auf dem Kongress der Deutschen Gesellschaft für Erziehungswissenschaft gehaltenen Vortrag "Bildungstheoretische Implikationen der Sozialpädagogik", Ms. Heidelberg.

17) Vgl. Fußnote 12.

18) HABERMAS, J.: Moralbewußtsein und kommunikatives Handeln, Ffm. 1983, S. 191.

19) Vgl. Fußnote 10.

20) SAHLE, R.: a.a.O., S. 158.

21) GILDEMEISTER, R.: Als Helfer überleben, Neuwied 1983. WOLFF, S.: Die Produktion der Fürsorglichkeit, Bielfeld 1983. DEWE, B./FERCHOFF, W.: Die Krise des Wohlfahrtsstaates oder die neue Chance für die Idee des Professionalismus, in: OLK, Th./OTTO, H. (Hrsg.): Der Wohlfahrtsstaat in der Wende, München 1985, S. 152-175.

22) DEWE, B./FERCHOFF, W. a.a.O., S. 169-172.

23) WOLFF, S. 1983.

24) HEGEL, G.W.F./HENRICH, D.: 1983, S. 192/193.

25) a.a.O., S. 196.

Wiebke Ammann

Tag für Tag für Tag ...
Überlegungen zur Alltagsorientierung in der Behindertenpädagogik

1. Problemstellung

Alltag - wer dächte da nicht eher an lästige Pflichten, denen man entfliehen möchte, als an liebgewordene Gewohnheiten. Alltägliches erfährt häufig eine eigentümlich ambivalente Bewertung (vgl. FOOKEN 1973, 47).

Was hat es nun auf sich mit dem "Alltag" vor dem Handeln, der Theorie, dem Wissen, der Welt? Handeln wir sonntags anders als alltags, bilden wir sonntags andere Theorien? Was unterscheidet unsere Sonntags- von der Alltagssprache?

Dazu fällt mir zum Beispiel die rote Sametjacke ein, die ich als Mädchen von 10 Jahren nur am Sonntag tragen durfte, der Kirchgang am Sonntagvormittag, der Familienspaziergang am Sonntagnachmittag, die ohne Mutters Hilfe von mir garnierte und verzierte Sonntagstorte und nicht zuletzt die Bastelarbeiten, die am Sonntag zu ruhen hatten. Das Bild eines gewöhnlichen, gewissermaßen alltäglichen Sonntags? Was nun rücken wir seit der "Alltagswende in der Erziehungswissenschaft" (LENZEN 1980) ins Licht, das vorher offenbar eher im Schatten gestanden hat?

Viele Jahre bevor in der pädagogischen Diskussion die Rede vom Alltag hoffähig wurde, hat FOOKEN die "Polarität von Alltagsgeschehen und Sondersituation in der Erziehung als typische faktische Bedingung sozialpädagogischen Erkennens" (1973, 46) bereits als ein Grundproblem akzentuiert. FOOKEN kennzeichnet Erziehung als alltägliches Geschehen, in dessen Verlauf sich sehr viel Gleichartiges häufig und erwartungsgemäß *wiederholt*, das von den Handelnden für fraglos richtig gehalten wird (vgl. 1973, 46/47). In sozialpädagogischen Einrichtungen - und das läßt sich sicherlich auch für sonderpädagogische Einrichtungen sagen - zentriere sich die Aufmerksamkeit auf "Sondersituationen", das "Alltagsgeschehen", das - quantitativ und qualitativ gesehen - wesentlich Erziehung ausmacht, trete dagegen in den Hintergrund (vgl. FOOKEN 1973, 46 ff.). Das Prinzip der Auswahl der für relevant gehaltenen Sondersituationen werde in der Regel nicht mitreflektiert (vgl. FOOKEN 1973, 50). Könnte eine Alltagsorientierung in der Behindertenpädagogik künftig Probleme dieser Art vermeiden helfen? Um eine Antwort auf diese Frage zu finden, möchte ich im folgenden einige Bedeutungsakzente der Begriffe "alltägliche Lebenswelt" und "Alltagswissen" herausarbeiten.

2. Alltägliche Lebenswelt

Der Begriff alltägliche Lebenswelt verweist gleichzeitig auf phänomenologische und wissenssoziologische Traditionen. In ihrer Einführung zum Reader der Bielefelder Soziologen heben MATTHES und SCHÜTZE hervor, daß HUSSERLs Lebenswelt bei Alfred SCHÜTZ zur Alltagswelt ("world of everyday life") werde (1978, 17). Es ist allerdings bemerkenswert, daß SCHÜTZ in den posthum veröffentlichten Manuskripten den Begriff Lebenswelt wieder in den Mittelpunkt stellt. In den von Thomas LUCKMANN 1979 auf der Basis und in Weiterentwicklung der von SCHÜTZ vorgelegten Gliederungsentwürfen veröffentlichten "Strukturen der Lebenswelt" ist von der alltäglichen Lebenswelt die Rede. Sie wird verstanden als der Wirklichkeitsbereich, an dem der Mensch in unausweichlicher, regelmäßiger Wiederkehr teilnimmt. "Die alltägliche Lebenswelt ist die Wirklichkeitsregion, in die der Mensch eingreifen und die er verändern kann, indem er in ihr durch die Vermittlung seines Leibes wirkt" (SCHÜTZ/LUCKMANN 1979, 25). Der Begriff alltägliche Lebenswelt macht deutlich, daß es sich um einen - allerdings besonders bedeutsamen - Teilbereich der menschlichen Lebenswelt handelt. Es ist das Handlungsfeld, in dem ich mich tagtäglich bewege, in dem ich körperlich anwesend bin: z. B. meine Wohnung, meine Arbeitsstelle, meine Freizeitstätten. BERGER/LUCKMANN bezeichnen die alltägliche Lebenswelt - oder Alltagswelt wie sie an anderer Stelle sagen - als die "oberste Wirklichkeit", die "Wirklichkeit par excellence" (1980, 24). So verstanden gehört auch der Sonntag zu unserer alltäglichen Lebenswelt.

Zur Abgrenzung der Wirklichkeit der Alltagswelt von anderen Wirklichkeiten ist nun noch ein nicht genanntes Bestimmungsmerkmal entscheidend: die Intersubjektivität. Während ich z. B. in der Welt meiner Phantasien und Träume allein bin, teile ich meine alltägliche Lebenswelt mit anderen Menschen. Um in der alltäglichen Lebenswelt handlungsfähig zu sein, muß ich mit meinen Interaktionspartnern zeitliche und räumliche Absprachen treffen, muß möglicherweise auf sie warten und muß nicht zuletzt über ihre Sprache verfügen (vgl. BERGER/LUCKMANN 1980). Das erfordert Wissensbestände, die ich mit ihnen teile.

3. Alltagswissen

Alltagswissen ist demnach das Wissen, das wir einsetzen, um unsere tagtäglich auftretenden Angelegenheiten zu bewältigen. MATTHES und SCHÜTZE sprechen vom "alltagsweltlichen Betriebswissen" (1978, 21).

Nun - so könnte man vermuten - ist dieses Wissen in höchstem Maße individuell, abhängig von der Biographie eines Menschen, und von daher unverwechselbar einmalig.

Was rechtfertigt dann die Rede der Wissenssoziologen vom "Jedermannswissen in der Alltagswelt", vom "common-sense knowledge of everyday life" (vgl. BERGER/LUCKMANN 1978)?

Die Antwort ist einfach: Es ist die in Interaktionen zu beobachtende Tendenz, Typisierungen vorzunehmen und alle diejenigen Aspekte außer Acht zu lassen, die wir zwar auch noch in einer Situation wahrgenommen haben, von denen wir aber annehmen müssen, daß sie von unserem Interaktionspartner nicht für wichtig gehalten werden. "Das Alltagswissen des Einzelnen von der Welt ist ein System von Konstruktionen ihrer typischen Aspekte" (SCHÜTZ 1971).

Die Annahme der Intersubjektivität des Alltagswissens läßt sich - so SCHÜTZ (1971, 13) - nur durch zwei Idealisierungen aufrechterhalten:

"1. die Idealisierung der Vertauschbarkeit der Standorte,

2. die Idealisierung der Kongruenz der Relevanzsysteme".

In der Definition von Alltagswissen, die MATTHES und SCHÜTZE vorlegen, kommt ebenfalls zum Ausdruck, daß es sich bei der Annahme der Kongruenz von Wissensbeständen um eine Unterstellung handelt, die allerdings Interaktion erst ermöglicht: "Alltagswissen ist das, was sich die Gesellschaftsmitglieder gegenseitig als selbstverständlichen und sicheren Wissensbestand unterstellen müssen, um überhaupt interagieren zu können" (1978, 20).

Es stellt sich im weiteren die Frage, wie es zum Aufbau unseres Alltagswissens kommt. Ist es so, daß wir die Typisierungen zum großen Teil von unseren Eltern und Lehrern und anderen Sozialisationsagenten übernehmen, die uns - vermittelt über die Alltagssprache - Anleitungen geben "zur Benutzung typischer Mittel, um typische Ziele in typischen Situationen erreichen zu können" (SCHÜTZ 1971, 15)? Oder ist es eher so, daß das Alltagswissen im Vollzug unserer Handlungen in der alltäglichen Lebenswelt entsteht, daß heißt Substrat unserer Alltagserfahrungen ist? Die Arbeitsgruppe Schulforschung unter Leitung von HURRELMANN geht in ihrer Untersuchung zur Erfassung von Alltagstheorien bei Lehrern und Schülern offenbar von dieser Annahme aus und faßt die Zielsetzung ihres Forschungsprojektes folgendermaßen zusammen:

> "Es geht uns um die Erfassung einer auf das eigene Handeln und das Handeln anderer in einer bestimmten sozialen Umwelt bezogenen gewohnheitsmäßigen Alltagstheorie. Darunter sollen jene Typisierungen, Regelvorstellungen, Realitätsinterpretationen und Situationsdeutungen verstanden werden, die in der Bewältigung und routinemäßigen Abwicklung von alltagspraktischen Aufgaben entstanden sind und fortdauernd eingesetzt werden, um handlungsleitende Orientierungssicherheit zu verleihen" (1980, 51/52).

Die hier vorgelegte Definition von "Alltagstheorie" weist unverkennbare Zusammenhänge mit der dargelegten Begriffsbestimmung von "Alltagswissen" auf, gerät aber unversehens zu einer These über ihre Entstehung, die nicht belegt wird, aber auch schwer zu belegen sein dürfte.

Die Rede von der Alltagstheorie wirft außerdem die Frage auf, wie es denn um den Einfluß wissenschaftlicher Theorien bestellt ist, die entweder im Verlauf eines Studiums oder in Form populär-wissenschaftlicher Darbietungen in Massenkommunikationsmitteln rezipiert worden sind.

Vor allem in professionellen (sonder-)pädagogischen Handlungszusammenhängen darf diese Frage nicht außer Acht gelassen werden, da (sonder-)pädagogische Theorien nicht selten vorgeben, die Handlungskompetenz von Pädagogen in schwierigen Situationen zu erweitern. Doch um handlungsleitende Wirksamkeit zu entfalten, müßten wissenschaftliche Theorien zuerst in Alltagstheorien überführt werden, eine Prozedur, die offenbar nicht selbstverständlich gelingt. So begründet z. B. die Forschungsgruppe WAHL, SCHLEE, KRAUTH und MUREK ihr Interesse an der Erforschung "subjektiver psychologischer Theorien" von Lehrern unter anderem damit, daß Lehrer häufig nicht auf die im Studium vermittelten wissenschaftlichen Theorien zurückgreifen, wenn es um die Bewältigung belastender Situationen im Unterricht geht, sondern sich offenbar in ihrem Handeln von anderen Wissensbeständen leiten lassen (vgl. 1982, 2).

Gleichwohl finden sich in zahlreichen alltagssprachlichen Wendungen Versatzstücke sozialwissenschaftlicher Theorien. Doch es wird sich kaum im einzelnen rekonstruieren lassen, aus welchen Quellen sich unser Alltagswissen im konkreten Fall speist.

4. Alltagsorientierung in der Behindertenpädagogik

Warum interessieren wir uns als Pädagogen und speziell als Behindertenpädagogen nun eigentlich für die alltägliche Lebenswelt und das Alltagswissen der als behindert geltenden Kinder, Jugendlichen und Erwachsenen sowie ihrer Interaktionspartner? Was versprechen wir uns von einer stärkeren Alltagsorientierung innerhalb unserer Arbeit?

Interaktionistischen Prämissen gemäß ist erfolgreiches soziales Handeln davon abhängig, ob und inwieweit von den an einer Interaktion beteiligten Personen elementare Verstehensleistungen (role-taking und Empathie) innerhalb einer sozialen Situation erbracht werden können. Dies wird um so eher gelingen, je näher uns die alltägliche Lebenswelt unserer Interaktionspartner, je größer die Überschneidungsfläche unseres jeweiligen Alltagswissens und je ähnlicher unsere Alltagssprache ist. Doch viele Interaktionssituationen in pädagogischen Handlungsfeldern sind dadurch geprägt, daß die Interaktionspartner diskrepante Situationsdefinitionen vornehmen, die auf grundlegende verschiedene Alltagswelten hindeuten (vgl. SCHMETZ 1986). Diskrepanzen dieser Art können dann zum Ausgangspunkt der Definition von Schülern als "gestört" oder "behindert" werden (vgl. HURRELMANN/JAUMANN 1985, 199).

Unter dem Gesichtspunkt der Prävention von Behinderungen bestünde die Aufgabe der in unterschiedlichen sonderpädagogischen Institutionen professionell Handelnden darin, die alltägliche Lebenswelt ihrer Klientel kennenzulernen, an deren Realitätsinterpretation, Situationsdeutung, sowie an deren Alltagswissen anzuknüpfen. Das heißt, es würden Störungen der Funktion zentraler gesellschaftlicher Einrichtungen, die der Konstruktion eines abweichenden Merkmals und die Etikettierung einer Person als "behindert" zur Folge haben könnten (Typ B nach HAEBERLIN 1978), dort bearbeitet werden, wo sie entstanden sind.

Doch selbst wenn das abweichende Merkmal einer Person wahrnehmbar ist (Typ A nach HAEBERLIN 1978), könnten durch eine konsequente Alltagsorientierung der Handelnden möglicherweise Funktionsstörungen reduziert oder gar vermieden werden.

Eine solche tagtäglich in sozialen Interaktionssituationen zu bewältigende Aufgabe böte gleichzeitig die Chance, eine zwischen personaler und sozialer Identität balancierende Ich-Identitätsbildung der Interaktionsteilnehmer zu ermöglichen (vgl. SCHMETZ 1986).

Können wir nun in der Behindertenpädagogik bereits auf Forschungsergebnisse zurückgreifen, die uns Aufschlüsse über die alltägliche Lebenswelt der als behindert geltenden Kinder, Jugendlichen und Erwachsenen und ihrer Interaktionspartner vermitteln?

Es läßt sich sicher nicht behaupten, daß Forschungsprojekte mit alltagsorientierten Fragestellungen "nur so aus dem Boden geschossen" wären, wie THOMMEN (1985, 73) das für den Bereich der Psychologie konstatiert, vielmehr sind es wenige Ansätze, die einen Prozeß des Umdenkens markieren.

So finden sich zum Beispiel in der "Theorie der Behindertenpädagogik", dem ersten Band des 'Handbuches der Sonderpädagogik' (BLEIDICK 1985) nur in einigen Artikeln alltagstheoretische Ansatzpunkte. ELLGER-RÜTTGARDT fordert in ihrem Beitrag zur "Historiographie der Behindertenpädagogik" die Entwicklung einer "Alltagsgeschichte", in der die Perspektiven der Betroffenen zur Geltung gebracht werden (1985, 87).

Alltags- bzw. lebensweltorientierte Gedanken finden sich außerdem in konsequenter Fortführung interaktionistischer Theorieentwürfe in den Artikeln von ANTOR und HURRELMANN/ JAUMANN (1985).

In seinen Ausführungen zur Wissenschaftssystematik diskutiert BLEIDICK (1985) die Alltagsorientierung in der Behindertenpädagogik im Zusammenhang mit dem Verhältnis von Wirklichkeit und Wissenschaft als "Suche" der Wissenschaft "nach ihrem verlorenen Realitätsfundament" (1985, 83).

BLEIDICK greift die von LENZEN (1980, 16) formulierten drei Dimensionen der Alltagsorientierung auf, nimmt allerdings in der Interpretation eine Akzentverschiebung gegenüber LENZEN vor.

BLEIDICK spricht, bezogen auf den Forschungsgegenstand, von einer "Fokussierung auf Alltagstheorien an Stelle wissenschaftlich-analytischer Theorien, die verborgene, alltägliche Deutungsmuster hervorheben ..." (1985,83). Bei LENZEN heißt es - wesentlich weiter gefaßt - "Fokussierung der Forschung auf den Alltag als Gegenstand" (1980, 16), was zum Beispiel empirische Untersuchungen zur alltäglichen Lebenswelt behinderter Menschen mit einschließt. Das erscheint dringend geboten angesichts des verhältnismäßig geringen Wissens, über das wir hinsichtlich der Lebenslage behinderter Menschen verfügen.

In diesem Zusammenhang möchte ich verweisen auf das Forschungsprojekt zum Normalisierungskonzept (vgl. THIMM u. a. 1985), sowie auf die von SCHILLER 1986 vorgelegter Studie zu den sozialen Netzwerken behinderter Menschen, in denen diese Thematik im Vordergrund steht.

BLEIDICKS Ausführungen zum Verhältnis zwischen Alltagstheorie und wissenschaftlicher Theorie machen deutlich, daß der Begriff "Alltagstheorie" offenbar zu Mißverständnissen Anlaß geben kann. Alltagstheorien sollen keineswegs wissenschaftliche Theorien ersetzen, sie sind vielmehr zu verstehen als Wissen der Handelnden in der alltäglichen

Lebenswelt. Dieses Wissen wird nun aber - darin besteht Übereinstimmung zwischen verschiedenen alltagsorientierten Forschungsansätzen - als "theoretisches Wissen" gesehen, da es mit "wissenschaftlichen Theorien in Struktur und Funktion prinzipiell vergleichbar" (THOMMEN 1985, 29) ist. THOMMEN beruft sich dabei ebenso wie RINK/SCHLEE (1986) auf das von GROEBEN und SCHEELE 1977 formulierte "epistemologische Subjektmodell", das auf der Menschenbildannahme eines "aufgrund eigener Theorien handelnden Subjekts" (RINK/ SCHLEE 1986) basiert. Auf der Basis eines solchen Menschenbildes sind wissenschaftliche Theorien "notwendigerweise zum größten Teil als (objektive) Konstrukte über (subjektive) Konstrukte zu formulieren: als Metatheorien (vgl. SCHON KELLY 1970)" (GROEBEN/SCHEELE 1977, 24). In sehr ähnlicher Absicht spricht der Soziologe SCHÜTZ von "Konstruktionen zweiten Grades" (1971, 7).

> "Die gedanklichen Gegenstände, die von Sozialwissenschaftlern gebildet werden, beziehen und gründen sich auf gedankliche Gegenstände, die im Verständnis des im Alltag unter seinen Mitmenschen lebenden Menschen gebildet werden" (1971, 6 f.).

Es liegt nach diesen Überlegungen auf der Hand, daß alltagstheorieorientierte Forschungsprojekte qualitative Forschungsmethoden bevorzugen, die die größtmögliche Gewähr dafür bieten, die "Innensichtperspektive" (RINK/SCHLEE 1986, 9) der Handelnden zu erfassen.

BLEIDICKs Charakterisierung alltagsorientierten methodischen Vorgehens, "an Stelle statistischer Zählung und aufwendiger empirischer Analysen" werde "die Beschreibung von Oberflächenerscheinungen, Erfahrungsberichten, Fallstudien, Interviews, Praxisschilderungen" gesetzt (1985, 83), greift meines Erachtens zu kurz.

Es geht weder darum, Analysen zu ersetzen durch Deskription, noch darum, statistisch-empirischen Aufwand zu vermeiden. Das von WAHL u. a. (1983) durchgeführte Forschungsvorhaben zur Rekonstruktion und Validierung subjektiver psychologischer Theorien von Lehrern mag als Beleg dafür gelten. Es gilt demnach Forschungsstrategien zu entwickeln, die den geschilderten Menschenbildannahmen entsprechen und methodisch ihrem Gegenstand adäquat sind.

Alltagsorientierte Forschung in der Behindertenpädagogik würde unter diesen Prämissen dem Anliegen FOOKENs gerecht, das Alltagsgeschehen in der Erziehung gegenüber den Sondersituationen hinreichend zu gewichten.

Literatur

AMMANN, W./PETERS, H.: Stigma Dummheit. Bewältigungsargumentationen von Sonderschülern. Rheinstetten 1981.

AMMANN, W.: Sonderschülerstatus und Identität. In: Oldenburger Institut für Sonderpädagogik (Hrsg.): Sonderpädagogische Theorie und Praxis. Problemstellungen und Lösungsansätze. Heidelberg 1985, 189 - 200.

ANTOR, G.: Legitimationsprobleme sonderpädagogischen Handelns. In: Bleidick, U. (Hrsg.): Theorie der Behindertenpädagogik. Handbuch der Sonderpädagogik, Band 1, Berlin 1985, 235-250.

BERGER, P./LUCKMANN Th.: Die gesellschaftliche Konstruktion der Wirklichkeit. Eine Theorie der Wissenssoziologie. Frankfurt 1980.

BLEIDICK, U.: Wissenschaftssystematik der Behindertenpädagogik. In: Bleidick, U. (Hrsg.): Theorie der Behindertenpädagogik. Handbuch der Sonderpädagogik, Band 1, Berlin 1985, 48-86.

BLUMER, H.: Der methodologische Standort des symbolischen Interaktionismus. In: Arbeitsgruppe Bielefelder Soziologen (Hrsg.): Alltagswissen, Interaktion und gesellschaftliche Wirklichkeit. Reinbek bei Hamburg 1973.

ELLGER-RÜTTGARDT, S.: Historiographie der Behindertenpädagogik. In: Bleidick, U. (Hrsg.): Theorie der Behindertenpädagogik. Handbuch der Sonderpädagogik, Band 1, Berlin 1985, 87-125.

FOOKEN, E.: Grundprobleme der Sozialpädagogik. Heidelberg 1973.

GROEBEN, N. SCHEELE, B.: Argumente für eine Psychologie des reflexiven Subjekts. Paradigmawechsel vom behavioralen zum epistemologischen Menschenbild. Stadler, M. (Hrsg.): Psychologie und Gesellschaft, Band 4, Darmstadt 1977.

HAEBERLEIN, U.: Identität und Behinderung. In: Zeitschrift für Heilpädagogik, 12/1978, S. 723-735.

HURRELMANN, K. (Arbeitsgruppe, Schulforschung): Erfassung von Alltagstheorien bei Lehrern und Schülern. In: Lenzen, D. (Hrsg.): Pädagogik und Alltag. Stuttgart 1980, 45-60.

LENZEN, D. (Hrsg.): Pädagogik und Alltag. Stuttgart 1980.

LENZEN, D.: "Alltagswende" - Paradigmenwechsel? In: Lenzen, D. (Hrsg.): Pädagogik und Alltag. Stuttgart 1980, 7-25.

MATTHES J./SCHÜTZE, F.: Zur Einführung: Alltagswissen, Interaktion und gesellschaftliche Wirklichkeit. In: Arbeitsgruppe Bielefelder Soziologen (Hrsg.): Alltagswissen, Interaktion und gesellschaftliche Wirklichkeit. Reinbeck 1973, 11-53.

PLESSNER, H.: Einleitung zur deutschen Ausgabe von Berger/Luckmann: Die gesellschaftliche Konstruktion der Wirklichkeit. Frankfurt 1980, IX-XVI.

RINK, J. E./SCHLEE, J.: Die Bedeutung subjektiver Theorien für (sonder)pädagogisches Handeln. (Vortragsmanuskript Fribourg 1986, erscheint 1987 in der VHN).

SCHILLER, B.: Soziale Netzwerke behinderter Menschen - Das Konzept sozialer Hilfe- und Schutzfaktoren im sonderpädagogischen Kontext. Dissertation Oldenburg 1986.

SCHMETZ, D.: Reflexionen zur Konzeption einer Interaktionspädagogik für erschwerte Lernsituationen. In: Zeitschrift für Heilpädagogik 2/1986, 73-85.

SCHÜTZ, A.: Wissenschaftliche Interpretation und Alltagsverständnis menschlichen Handelns. In: Schütz, A.: Gesammelte Aufsätze. Den Haag, 1971, 3-54.

SCHÜTZ, A./LUCKMANN, Th.: Strukturen der Lebenswelt, Band 1, Frankfurt 1979, Band 2, Frankfurt 1984.

THIMM, W./v. FERBER, Ch./SCHILLER, B./WEDEKIND, R.: Ein Leben so normal wie möglich führen ... Zum Normalisierungskonzept in der Bundesrepublik Deutschland und in Dänemark. Bundesvereinigung Lebenshilfe für Geistig Behinderte e.V. (Hrsg.), Marburg 1985.

THOMMEN, B.: Alltagspsychologie von Lehrern über verhaltensauffällige Schüler. Bern, Stuttgart, Toronto 1985.

WAHL, D./SCHLEE, J./KRAUTH, J./MUREK, J.: Naive Verhaltenstheorie von Lehrern. Abschlußbericht eines Forschungsvorhabens zur Rekonstruktion und Validierung subjektiver psychologischer Theorien. Oldenburg 1983.

Uwe Laucken

Bedingungs- und Verweisungsanalyse in der Psychologie

Dieser Beitrag enthält nichts Neues, er strukturiert Vertrautes mit Hilfe einfacher Gedanken, in der Hoffnung klären zu können. Eingebunden und angeschlossen sind einige Folgerungen.

Das aufgegriffene Thema ist so alt, daß vertraute Bezeichnungen ausreichen, es zu umreißen: Grund vs. Ursache, Verstehen vs. Erklären, Handeln vs. Bewegen, Geisteswissenschaft vs. Naturwissenschaft u. a. Hinzuzufügen ist nur noch, daß das Thema im Rahmen der Psychologie durchdacht wird.

1. Ein Moment allen Denkens

Denken ist Gliedern und Fügen! Im ersten seiner Briefe "Über die ästhetische Erziehung des Menschen" offenbart Friedrich SCHILLER dem Herzog von Holstein-Augustenburg diese traurige Wahrheit: Wir müssen einen Gegenstand erst "zerstören", "in Begriffe zerfleischen" und ihn dann wieder erstellen, um ihn zu begreifen. Es gibt kein Denken daneben, darüber oder darunter, etwa ein ganzheitliches oder ein tief emotionales; es sind dies immer nur mehr oder weniger deutlich artikulierte Varianten des Gliederns und Fügens.

Weil das Denken so geartet ist, kann es sich selbst bedenken. So läßt sich ein Denken daraufhin befragen, nach welchen geistigen Maßgaben es gliedert und fügt. Im folgenden seien Denkweisen psychologischen Erklärens betrachtet. Wir verwenden dabei einen weiten Begriff von Erklären, der das "Erklären vs. Verstehen" umfaßt; etwas erklären meint, etwas so gliedern und fügen, daß es uns begreiflich, klar wird.

2. Zwei Erklärungsbeispiele

Zwei Varianten psychologischen Erklärens seien einander gegenübergestellt, um ihre unterschiedlichen Modi der "Artikulation und Strukturierung", so DILTHEY (1894), zu vergleichen.

Stellen wir uns folgende Episode vor: Wir blicken zum Fenster hinaus auf die Straße. Da steht ein älterer Mann an der Bürgersteigkante, er schaut auf die Straße, nach links, nach rechts, er geht einen Schritt auf die Straße, verharrt kurz, geht wieder zurück, wartet das Vorbeifahren eines Autos ab, schaut wieder ... . Indem dies geschieht, läuft ein Junge hinter ihm vorbei, sein Blick richtet sich auf den alten Mann, er geht weiter. Nach wenigen Schritten aber bleibt er stehen, blickt sich um, schaut in Richtung des alten Mannes, der immer noch an der Straße steht und hin und her pendelt. Der Junge geht zu dem alten Mann, spricht ein paar Worte mit ihm, beobachtet dann den Verkehr und geleitet den alten Mann in einer Verkehrspause auf die anderen Straßenseite. - Soweit diese Episode.

Nehmen wir an, wir wollten das beobachtete Tun des Jungen erklären. Zwei Erklärungsansätze seien unterschieden; die Erklärungen werden sehr grob sein, doch kommt es hier nur darauf an, den jeweiligen Ansatz zu verdeutlichen.

Erklärungsansatz I:

Das, was der Junge getan hat, ist ein Fall einer bestimmten Verhaltensklasse, es ist ein Fall von "helping behavior", von prosozialem Verhalten (wir wollen hier einmal alle Zweifel, ob sich diese Verhaltensklasse behavioral fassen läßt, hintanstellen). Ausgelöst wurde das Helfen durch das Vorliegen einer bestimmten Reizkonfiguration: hin und her gehender und blickender Mann an verkehrsreicher Straße. Dies ist ein Fall einer Reizkonfigurationsklasse: "Jemand bewältigt eine Aufgabe nicht" (auch hier sei wieder gesetzt, die Reizaussagen ließen sich in behavioraler Datensprache fassen). Zwischen Reizkonfigurationsklasse und Verhaltensklasse besteht in dem Jungen eine gelernte Verbindung: Wenn er einem Fall der Reizklasse begegnet, so ist die Wahrscheinlichkeit, daß er ein Verhalten, das der oben bestimmten Verhaltensklasse zugehört, zeigt, größer als die Wahrscheinlichkeit, daß er ein Verhalten einer anderen Verhaltensklasse zeigt.

Bei dieser Aufschlüsselung wird die Entstehung der gelernten Verbindung bedeutsam: In der Lerngeschichte des Jungen muß es des öfteren vorgekommen sein, daß er (gemäß irgendeiner Regelmäßigkeitsform) immer dann, wenn er ein prosoziales Verhalten (R) in einer Reizkonfiguration (S_1) zeigte, soziale Anerkennung erfuhr; diese, so hat man in Erfahrung gebracht, ist für ihn ein positiver Verstärker (K+). In anderen Situationen S_2, S_3 ... folgte dem prosozialen Verhalten, das er auch dort gelegentlich zeigte, kein Verstärker; es ist nun zu erwarten, daß er in neuerlichen Fällen von S_2 und S_3 keinen Fall von prosozialem Verhalten zeigt. Begegnet er dagegen einem Fall der Reizklasse S_1, so verhält er sich - dank seiner besonderen Lerngeschichte - irgendwie prosozial. Der alte Mann an der Straße war ein Fall der Reizklasse S_1, das Ihn-über-die-Straße-Geleiten war ein Fall der Verhaltensklasse "prosoziales Verhalten".

Erklärt ist die fragliche Episode, wenn man in der Lerngeschichte des jungen Mannes Zusammenhänge der geschilderten Art ausfindig machen kann.

Erklärungsansatz II:

Das, was der Junge tut, tut er bedacht: Er sieht den alten Mann und erschließt aus seinem Tun, daß er die Straße überqueren will. Im Vorbeigehen denkt er: "vielleicht getraut er sich nicht". Er bleibt stehen, blickt sich um, um seine Vermutung zu prüfen. Das andauernde Hin und Her des Gehens und Blickens bestätigt ihm seine Vermutung. Da der Junge nicht in besonders großer Eile ist und da er es gut findet, wenn Mitmenschen einander helfen, geht er zu dem alten Mann und fragt ihn, ob ... usw. Nach vollbrachter Tat ist er ein wenig stolz auf sich.

Will man erklären, warum ein anderer Junge, der vielleicht kurz zuvor vorüberging, nicht half, so mag man dies auf aktuelle oder dispositionelle Eigenarten dieses Jungen zurückführen: Vielleicht war er in Eile, in Gedanken versunken; vielleicht aber hat er andere Wertmaßstäbe, ihm liegt nicht daran, Mitmenschen zu helfen. Weshalb unterscheiden sich diese beiden Jungen? Auch hier werden wir in die jeweilige Lebensgeschichte zurückverwiesen, doch ist dies dann eine Geschichte geistiger Auseinandersetzungen mit den Werken, Taten und Reden von Mitmenschen. Spricht man hier von "Lernen", so ist dies *Aneignen von geistigen Zusammenhängen*, aus denen heraus das Tun und Lassen eines Menschen in bestimmten Situationen stimmig folgt: Jemand, der in einer bestimmten Situation dies oder jenes will, kann, weiß, tut oder läßt jenes, weil sein Handeln sich aus den Wollens-, Könnens-, Wissens-Prämissen ergibt.

3. Kontrastierender Vergleich

Wir wollen die beiden Arten des Gliederns und Fügens vergleichen. Das Ergebnis vorwegnehmend sagen wir, der Erklärungsansatz I erklärt bedingungsanalytisch, der Erklärungsansatz II erklärt verweisungsanalytisch. Dies sei nun erläutert.

Bedingungsanalyse:

Im Erklärungsansatz I wird das Tun des Jungen zu einem räumlich und zeitlich erstreckten *Ereignis*. Der Begriff "Ereignis" ist wesentlich. Bedeutungsgeschichtlich soll das Stammwort "eraugen" sein. Dies paßte hier trefflich. Ein Ereignis ist etwas, das man sich (objektiviert) gegenüberstellen kann, das man beäugen kann. Man kann es dann "vermessen" als Ausprägungsmuster einschlägiger Merkmalsvariablen.

Neben dem Verhalten wird im Erklärungsansatz I auch die Reizkonstellation zu einem Ereignis. Es ist ein in physikalischer Datensprache erfaß- und fixierbares Geschehen. Beide Ereignisse sind im Prinzip unabhängig voneinander existent und getrennt bestimmbar, jedes kann für sich alleine da sein und gedacht werden. Die Ereignisglieder in unserem Beispiel sind: Reizkonstellation, Verhaltensweise und - in der vorauslaufenden Lerngeschichte - Verstärkung.

Das Bindemittel der Ereignisse ist ein rein zeitliches (nicht ein logisches) "wenn, dann" (besser vielleicht: "erst, dann"). In der Lerngeschichte gab es ein zeitliches Beisammensein von Verhalten und Reiz und ein zeitliches Folgen von Verstärkung. In der erklärten Episode gab es die zeitliche Abfolge: Reiz-Verhalten. Das zeitlich vorauslaufende "wenn"-Ereignis wird zur *Bedingung* des "dann"-Ereignisses, der *Wirkung*.

Natürlich wird die Aussage der zeitlichen Abfolge der Ereignisse logisch hergeleitet, etwa aus einer bestimmten Lerntheorie, doch ist der erforschte Gegenstand für sich nicht logisch, sondern zeitlich organisiert.

Eben diese Art der "äußerlichen" Auffassung des Naturgeschehens war der Durchbruch der modernen Naturwissenschaften (vgl. z. B. BARNETT, 1950) und der ihnen zugehörenden Kraft- und Geschwindigkeitstechnik. Nicht mehr das "innere Warum" interessierte, sondern nur noch das "äußere Wie"; Aristotelisches Denken wurde von Galileischem abgelöst. Auch die neuerliche Rede von dispositionalen Zuständen und deren Verknüpfungen ändert an diesem Grundsatz nichts.

Mit Bedacht haben wir bisher den Begriff "Ursache" oder den Begriff "kausal" vermieden. Beide sind arg "philosophiebeladen". Die moderne Naturwissenschaft vertritt, wie RÖD (1983) es sagt, die *Regelmäßigkeitstheorie der Verursachung*; so verstanden, ist dann Kausalanalyse gleich Bedingungsanalyse.

Verweisungsanalyse:

Im Erklärungsansatz II ist das Helfen kein bewirktes Ereignis, sondern folgerichtige Handlung. Und die Handlung ist kein biomechanisch beschreibbares Geschehen, auch keine Lokomotion, sondern stimmiges Glied eines geistigen Zusammenhanges. Die Glieder dieses Zusammenhanges verweisen aufeinander, sie sind nur innerhalb einer umgrenzten *Verweisungsordnung* bestimmbar, sie bedürfen dieser, wie diese ihrer bedarf.

Ein überklarer Fall einer Verweisungsordnung ist das uns vertraute Zahlensystem; so wie z. B. die Zahl "fünf" als solche nur innerhalb des Zahlensystems Bedeutung hat und ohne dieses nicht denkbar ist, so gibt es auch eine Verweisungsordnung, nur innerhalb derer eine Handlung denkbar ist (näheres in LAUCKEN, 1985). Zu dieser Ordnung gehören z. B. die Verweisungseinheiten: Lageeinschätzung, Absicht, Bewertung, Entscheidung, Plan u.a.

Ein einfacher Test der Vermutung, Teile einer Verweisungsordnung vor sich zu haben, ist der *Wegdenk-Test*: Gesetzt, wir dächten, es gäbe keine Absichten, bleibt dann Handlung noch denkbar? Nein! Also besteht zwischen beiden ein Verweisungszusammenhang.

Wenden wir den Wegdenk-Test auch auf bedingungsanalytisch geordnete Zusammenhänge an, so ist es geradezu Voraussetzung derselben, daß das Wegdenken etwa des "wenn"-Ereignisses, das "dann"-Ereignis nicht undenkbar macht, beide sind im Prinzip unabhängig existent und denkbar.

Im Erklärungsansatz II *ergibt sich/folgt* eine Handlung aus einem bestimmten Tatkalkül. Es wäre nicht die Widerlegung eines Naturgesetzes, sondern schlicht widersinnig, wenn ein Junge, der helfen will, der helfen kann, der sich in einer Situation sieht, in der Helfen möglich ist, ... usw. *nicht* hilfreich handelt. Sollte er dies nicht tun, dann haben wir sein Tatkalkül noch nicht richtig oder unvollständig rekonstruiert; es ist uns dann nicht gelungen, die Sicht, aus der heraus er handelte, einzusehen.

Also: Die Glieder verweisungsanalytischen Erklärens sind geistige Einheiten einer umgrenzten Verweisungsordnung, das Bindemittel ist geistiger/sinnhafter Art.

Auch die verweisungsanalytischen Wissenschaften haben ihre Technik. Es ist dies die "soft-ware"-Seite der Informationstechnik, und die Ingenieure der sogenannten "künstlichen Intelligenz" liefern "Blaupausen" für denkbare Verweisungsordnungen.

Soweit unser Vergleich von Bedingungs- und Verweisungsanalyse. - Ein kampferprobter Behaviorist wird hier vielleicht hintersinnig fragen: Und wie wird aus dem Sinnieren ein manifestes, z. B. raumzeitlich bestimmbares Verhalten? Diese Frage stellte einst GUTHRIE seinem Kollegen TOLMAN. Diese Frage trifft - wenn auch so nicht gemeint - ein wichtiges Moment verweisungsanalytischen Denkens. Die Verweisungsanalyse "entkörpert" ihren Gegenstand ohne ihn freilich "körperlos" zu machen - dazu mehr am Ende dieser Arbeit. Hier geht es vorerst nur um die Arten des Gliederns und Fügens.

4. Psychologisches Denken: so oder so?

Schlägt man irgendein akademisch anerkanntes Lehrbuch zur Einführung in die Psychologie auf und liest man die thematischen und methodischen Bestimmungen der Wissenschaft "Psychologie", so scheint die bedingungsanalytische Denkform unstrittig zu herrschen. Blickt man zurück, so scheint die bald ein Jahrhundert zurückliegende Kontroverse zwischen DILTHEY und EBBINGHAUS eindeutig zugunsten von EBBINGHAUS entschieden zu sein. Begnügt man sich nun aber nicht mit den Selbsterklärungen der Psychologen, sondern befragt man das auf den folgenden Seiten vorgeführte Theoretisieren, so wird man erstaunt feststellen, daß zwischen programmatischem Bekennen und faktischem Theoretisieren eine Lücke klafft, ja, in bestimmten Bereichen - etwa dem der sogenannten kognitiven Psychologie - scheint DILTHEY zu herrschen, gleichsam als heimliches Forschungsprogramm.

Feststellungen dieser Art sind nicht neu; die sogenannten Handlungsanalytiker, von PETERS (1958) bis GORR (1978), argumentieren zwar nicht identisch, aber doch verwandt. In der Psychologie blieben sie aber bislang weitgehend unbeachtet. Vergleichsweise beachteter sind die metatheoretischen Schriften von Jan SMEDSLUND (von 1978 bis 1985); seit etwa Mitte der 70er Jahre und Jahr um Jahr zunehmend klarer analysiert er gängige und weit verbreitete psychologische Theorien, mit dem Ziel ihren "analytischen" Charakter zu zeigen. In Deutschland wurden seine Gedanken von LAUCKEN (1982), MEES (1984) und BRANDSTÄDTER (1984) in unterschiedlicher Weise aufgegriffen.

Wir werden im folgenden aber weder die Analysen der Handlungsanalytiker noch jene SMEDSLUNDs aufgreifen, sondern einige ergänzende Gedanken darlegen.

Die Geschichte der "Methodenkrise" hat verschiedene Spuren hinterlassen. Eine führt von unseren Tagen zurück bis zum Beginn experimenteller Psychologie; sie ist mit dem Begriff "Introspektion" verbunden.

4.1 Introspektion: wo hinein und worauf dort?

In den Anfängen der akademischen Psychologie - so gegen Ende des vorigen Jahrhundert - war die Introspektion *die* "Methode" der Erkenntnisgewinnung. Durch den methodologischen Behaviorismus wurde sie als unwissenschaftlich gebrandmarkt. Im Gefolge der sogenannten kognitiven Wende aber wurde Introspektion wieder hoffähig, zunächst verdeckt, dann offen, was schließlich eine Veröffentlichung von NISBETT & WILSON (1977) mit dem beredten Titel: "Mehr sagen als wir wissen können: verbale Berichte über geistige Prozesse" provozierte. Daran schloß sich eine heftige

Erörterung des Für und Wider an, die bis heute unvermindert andauert.

Für uns ist diese Diskussion deshalb beachtlich und aufschlußreich, weil die "Gegner" der Introspektion meinen, mit deren Infragestellen zugleich z. B. handlungstheoretischem Erklären menschlichen Handelns den Boden zu entziehen. Etwa so: Handlungen lassen sich nicht aus Intentionen erklären, da Intentionen nur introspektiv zugänglich sein können, eine introspektive Erfassung von Intentionsakten aber methodisch höchst problematisch, wenn nicht gar unmöglich ist.

Blicken wir ein paar Jahrzehnte zurück: Für EBBINGHAUS (1919) war das Betätigungsfeld der Psychologen noch beneidenswert klar umrissen:

> "Die Psychologie hat es ..., mit den Gegenständen der Innenwelt zu tun, im Gegensatz zur Physik im weitesten Sinne als der Wissenschaft von den Gegenständen der räumlichen und materiellen Außenwelt" (S. 2).

Die Erklärungsmittel der Physik und der Psychologie sind die gleichen: Ereignisse, erfaßt über Merkmalsvariablen; regelhafte zeitliche Abfolgen, die im Sinne der Regelmäßigkeitstheorie der Verursachung ursächlich begriffen werden. *Denknotwendige* Folge der Übertragung des bedingungsanalytischen Erklärungsansatzes auf die "Innenwelt" ist: Es muß "*innere Ereignisse*" geben, denen man sich gegenüberstellen kann, auf die man blicken kann, die man beschreiben kann. Um dieser "inneren Ereignisse" habhaft zu werden, "... bedarf man einer nach innen gewandten Methode, weil nur diese den gesuchten Gegenstand in seinem direkten So-Sein trifft" (STERN, 1935, S. 67). Es bedarf der Introspektion.

Halten wir fest: Der Begriff der "Introspektion" als Erkenntnisweg ist ein Begriff, der der bedingungsanalytischen Denkform entstammt; er ist dann in ihr denknotwendig, wenn man sie auf das sogenannte "Innenleben" überträgt;

dieses wird zu einer inspizierbaren Welt von psychischen Ereignissen.

In der Folgezeit nun geschah und geschieht etwas wissenschaftsgeschichtlich Kurioses: Bedingungsanalytisch denkende Psychologen nehmen sich den ihrer Denkform entstammenden Introspektionsbegriff vor und "zerpflücken" ihn, ganz zu Recht, wie wir meinen. Doch leiten sie nun daraus ab, daß verweisungsanalytisches Erklären (z. B. "handlungstheoretisches") unhaltbar sei, weil es angeblich auf Introspektion beruhe. Diese Folgerung ist aber barer Unsinn. Verweisungsanalytisches Erklären bedarf keiner "Introspektion"; dies zeigt sich schon darin, daß der Begründer einer veweisungsanalytischen Denkrichtung in der Psychologie, Wilhelm DILTHEY (1894), die Methode der Introspektion einer vernichtenden Kritik unterzog. Wie wird hier eigentlich argumentiert? Innerhalb einer Denkform, der bedingungsanalytischen, wird ein Begriff kreiert, der sich als unhaltbar erweist, dieser wird einer anderen Denkform, der veweisungsanalytischen, zu der er gar nicht paßt, als für sie konstitutiv seiend unterschoben, um dann daraus abzuleiten, daß die eigene Denkform im Vergleich zur anderen wohl doch die geeignetere sei.

Die Verweisungsanalyse erklärt durch das Postulieren von geistigen Zusammenhängen. *Diese sind konstitutiv.* Nehmen wir an, jemand erkläre sich selbst oder einem anderen eine eigene Handlung dadurch, daß er u. a. sagt, daß er dies oder jenes mit ihr zu erreichen beabsichtige, dann hat er damit doch nicht gesagt, er habe in sich hineingeschaut, introspiziert, dort ein mentales Etwas entdeckt, dieses gleichsam von allen Seiten genauestens beäugt und schließlich festgestellt, es handele sich um das geistige Ereignis "eine bestimmmte Absicht verfolgen". Worin aber dann besteht die Erklärung? Sie besteht darin, daß eine Handlung in bestimmter Weise *begründet* wird, d. h. in eine geistige Verweisungsordnung gestellt wird, zu der als wesentliches Moment die Verweisungseinheit "Absicht" gehört, zu dieser wiederum paßt die erklärungsbedürftige Handlung. Genannte

Absicht und vollzogene Handlung sind verweisungsaffin. Natürlich kann man sich selbst oder anderen "etwas vormachen", d. h., neben der verlautbarten Erklärung noch eine andere, eine verheimlichte haben, die man für die eigentliche hält. Man kann auch sagen, man wisse nicht mehr, warum man dies oder jenes getan habe oder man habe sein damaliges Tatkalkül vergessen. All dies sind aber nicht Berichte über psychische Ereignisse, auf die man sein "inneres Auge" gerichtet hat. Was auch sollte ein Gedanke als geistiges Ereignis sein? Sinn oder Bedeutung kann es nicht sein, weil Ereignisse als solche per definitionem sinnlos sind.

Denken wir aber zum Zweck des Argumentierens gleichwohl weiter: Jede Aussage eines Gedankens ruhte dann auf der Introspektion eines entsprechenden Denkereignisses und die Äußerung des Gedankens wäre ein Introspektionsbericht. Dies so zu denken ist der veweisungsanalytischen Denkform gänzlich fremd. Introspektion hat in ihr keinen Platz. Die Introspektion ist ein Ableger der bedingungsanalytischen Denkform, die inspizierbarer Ereignisse bedarf.

Auf eines freilich können die bedingungsanalytisch denkenden Introspektionskritiker hinweisen, darauf nämlich, daß sich handlungstheoretisch erklärende Psychologen von ihrer Kritik getroffen sahen und ihr entgegneten (vgl. z. B. von CRANACH u. a., 1980). Also muß man ihr Denken doch getroffen und nicht "vorbeigeschossen" haben! Man hat es "getroffen", so soll im folgenden belegt werden, weil manch einer, der verweisungsanalytisch theoretisiert, sich selbst bedingungsanalytisch mißversteht; er glaubt im Rahmen einer Denkform zu denken, zu der, wie wir zeigten, die Introspektion gehört, tatsächlich aber denkt er in einer Denkform, der die Introspektion völlig fremd ist.

4.2 Bedingungsanalytischer Trugschluß

Der Einwand, ein Wissenschaftler täusche sich über die Grundlagen seines eigenen Forschens, ist nicht neu. So wurde

Sigmund FREUDs Denken des öfteren reanalysiert, um zu zeigen, daß er sich naturalistisch mißverstehe, er gliedere und füge nicht bedingungs-, sondern verweisungsanalytisch (siehe z. B. RICOEUR, 1969). Die akademische Psychologie ließ sich von solchen Grundsatzerörterungen nicht berühren. Man nahm vielleicht noch zur Kenntnis, daß FREUD eher geistes- als naturwissenschaftlich argumentiert, doch nährte dies allenfalls den schon gehabten Verdacht, die Psychoanalyse gehöre nicht zu einer "recht verstandenen" Psychologie; diese sei zweifelsfrei experimentell-bedingungsanalytisch. Es war der schon erwähnte norwegische Psychologe Jan SMEDSLUND, der diese Selbstgewißheit gründlich erschütterte, vielleicht noch nicht faktisch, wohl aber argumentativ. Konnten nämlich bislang Psychologen unbehagliche *Setzungsanalysen* meist dadurch bewältigen, daß sie das, was andere tun, in Frage gestellt sahen, sich selbst aber ausnahmen, so geht dies seit SMEDSLUND deshalb nicht mehr, weil er sich Bereiche der Psychologie herausgepickt hat, die völlig unstrittig zur akademischen Psychologie gehören.

Wir werden hier, wie schon gesagt, nicht die Analysen SMEDSLUNDs vortragen, sondern ein eigenes Beispiel herausgreifen. Wir wollen durch die Analyse der Setzungen, die ein wichtiges Erörterungsthema innerhalb der Sozialpsychologie fundieren, zeigen, daß dort nicht bedingungs-, sondern veweisungsanalytisch gedacht wird. Es geht um das Thema: Zusammenhang zwischen Einstellung und Verhalten.

Die ehrwürdige Einstellungsforschung begreift sich in den Zeugnissen ihrer Vertreter unzweifelhaft als bedingungsanalytisch. Dies zeigt sich schon bei ALLPORT (1935), dessen Einstellungsdefinition sogar neurale Bestimmungsmomente enthält. Aber auch heute noch - auch nach der kognitiven Wende - sieht sich der Einstellungsforscher als jemand, der kausalen Beziehungen nachspürt; dies selbst dann, wenn man, wie BEM (1972), das Kausalverhältnis umdreht.

Seit der klassisch gewordenen Untersuchung von LA PIERE (1934), die zeigte, daß zwischen dem, was Menschen als Einstellung verlautbaren, und dem, was sie tun, ein überraschend geringer Zusammenhang besteht, wurde dieser Befund mannigfach bestätigt. Es geht uns hier aber nicht um das Einstellung-Verhalten-Problem selbst, sondern um die *gedankliche Grundlage seiner Formulierung.* Dazu zwei Fragen:

a) Warum wird die Frage des *stimmigen* Zusammenhangs zwischen Einstellung und Verhalten überhaupt gestellt?

b) Welcher Art sind die Überlegungen, das Problem des Nicht-Zusammenhangs zu lösen?

Zu a): Ist es sinnvoll, im Rahmen bedingungsanalytischen Denkens zu fragen, ob zwei Ereignisse, ein Denkereignis als Ursache und ein Verhaltensereignis als Wirkung (oder umgekehrt), *zueinander passen*? Zwischen beiden muß doch, dies ist Voraussetzung des bedingungsanalytischen Denkens, prinzipielle Unabhängigkeit bestehen. Zwar wird die bedingungsanalytische Suche nach Regelhaftigkeiten in der Welt von Hypothesen geleitet, und daher kann man natürlich fragen, ob das Denkereignis A das Verhaltensereignis B bewirkt, doch, falls sich ein solcher Zusammenhang nicht finden läßt, so gilt die zugrundeliegende Kausalannahme als widerlegt; aus dem Nicht-Finden des vermuteten Zusammenhangs wird zumindest kein Problem, dem sich ganze Kohorten von Sozialpsychologen zuwenden, zumal der Zusammenhang nicht Teil einer "großen Theorie" ist, die sich in anderen Bereichen bewährt hat und die es deshalb zu erhalten gilt. Warum also wird etwas eigentlich ganz und gar Unproblematisches als derart problematisch behandelt?

Unproblematisch ist der "Nicht-Zusammenhang" allein im bedingungsanalytischen Denkrahmen, zum Problem wird er aber, wenn man zwischen Einstellung und Verhalten einen Verweisungszusammenhang stiftet: Zu einer bestimmten Art von Einstellung (eigentlich: bestimmte Art, über etwas zu denken) und einem Verhalten (eigentlich: bestimmte Art, etwas zu behandeln) besteht ein *geistiger Zusammenhang.* So wie jemand, der "2 + 3" denkt und sagt, "= 5" an die Tafel schreiben sollte und nicht "= 7", so sollte jemand, der eine Contra-Einstellung gegenüber einer Partei hat (analog: "2 + 3" denkt und sagt), dieser Partei gegenüber auch ein Contra-Verhalten zeigen (analog: "= 5" schreiben). Zeigt er nun aber ein Pro-Verhalten (analog: "= 7" schreiben), so stimmt etwas nicht, so weckt dies die Frage: "warum?". Ein Wahlspruch der CSU lautete einst: Wir sagen, was wir meinen, und wir tun, was wir sagen!. Damit ist kein Kausalverhältnis beschrieben, sondern es wird behauptet, man sei aufrichtig und "*berechenbar*". Analog: Wenn wir "2 + 3" denken und sagen, dann schreiben wir auch "= 5".

Wir sehen, das "Mißverhältnis" zwischen Einstellung und Verhalten wird nur innerhalb der veweisungsanalytischen Denkform zu dem Problem, das aus ihm gemacht wurde.

Zu b): Sollte es richtig sein, daß Sozialpsychologen den Zusammenhang zwischen Einstellung und Verhalten nicht, wie sie es sagen, bedingungsanalytisch sehen, sondern veweisungsanalytisch, so müßte sich dies auch in der Art und Weise niederschlagen, wie das Problem des Nicht-Zusammenpassens von Einstellung und Verhalten "gelöst" wird. Und so ist es! Grundlinie aller Lösungen ist - wiederum analog gesprochen - folgende: Wenn jemand an die Tafel schreibt "= 7", dann muß er etwas anderes denken als "2 + 3", er muß zumindest noch etwas Zusätzliches denken (vielleicht: "+ 7 - 5"). Alle Lösungen, die am Einstellungs-Konzept festhalten, laufen darauf hinaus, die Einstellung als *Moment* eines umfassenderen Kalküls aufzufassen, aus dem sich dann *folgerichtig* das "Verhalten": "= 7" ergibt.

Ein Beispiel dafür: "Jemand, der eine bestimmte politische Ideologie akzeptiert und schätzt, muß sich nicht in entsprechender Weise politisch betätigen. Die in der Ideologie geforderten Aktivitäten sind ihm vielleicht zu zeitraubend, zu aggressiv, zu wenig durchdacht, oder der Betreffende ist zu ängstlich oder zu faul" (HERKNER, 1981, S. 249). Auf geht's: Gesetzt wir haben positiv bewertende Aussagen zu einer Ideologie und die Nicht-Teilnahme an einer Demonstration zugunsten dieser Ideologie! In welches Verweisungsgeflecht können wir diese Glieder stellen, damit unsere Versuchsperson gleichwohl als "berechenbar" gedacht werden kann? Dem Erfindungsreichtum sind weite Horizonte eröffnet bis hin zu so ideenarmen Lösungen wie: "Der sagt ja bloß, er denke 2 + 3".

Alle Lösungsbemühungen zielen daraufhin ab, das "Verhalten" als eines auszuweisen, das sich *vernünftig und einsichtig aus praktischen Prämissen ergibt.* Handelt jemand anders, als es die ihm unterstellte Verweisungslage vorschreibt, so ist dies kein empirischer Widerlegungsfall einer Kausalannahme, sondern der Fall einer falschen oder unvollständigen Rekonstruktion des begründenden Tatkalküls.

Es gibt eine Vielzahl theoretischer Entwürfe, die das Tatkalkül umfänglicher entfalten, in der Hoffnung so "stimmige Gleichungen" zu finden (z. B. AJZEN & FISHBEIN, 1977). Stets wird so getan, als betreibe man Bedingungsanalyse. Man kann hier unseren setzungsanalytischen Befund geradezu reflexiv wenden: Wir meinen, das Forschungshandeln der Einstellungsforscher ist dann vernünftig und berechenbar, wenn man ihnen unterstellt, sie dächten in verweisungsanalytischen Denkbahnen.

Was wir hier am Thema "Einstellung und Verhalten" demonstrierten, ließe sich auf dem Felde sozialpsychologischen Forschens mannigfach auch anderswo zeigen: Austauschtheorie, Attributionstheorie, Entscheidungs- und Konflikttheorie, Informationsverarbeitungstheorie, Dissonanztheorie, Theorie sozialer Vergleichsprozesse usw. Stets kontrastiert programmatische Bedingungsanalyse mit faktisch veweisungsanalytischem Denken. Mancher wird hier vielleicht auf die Möglichkeit und den Vollzug von Experimenten in der Sozialpsychologie hinweisen. Ist dies nicht ein Beleg für Bedingungsanalyse? Es sei hier nicht argumentiert, es handele sich dabei um "Pseudo-Empirie" (SMEDSLUND 1978), wir behaupten vielmehr, daß Experiment und Bedingungsanalyse nicht analytisch verkoppelt sind. Natürlich kann man sich über Verweisungszusammenhänge im Unklaren sein und diese Unklarheiten empirisch oder gar experimentell zu beseitigen versuchen. Jeder Besucher einer fremden Kultur versucht sich - an Erfahrungen orientiert - in die ihm unbekannten Verweisungszusammenhänge hineinzufinden. Er formuliert Verweisungshypothesen und erprobt diese in geeigneten Situationen. Wir wenden uns hier gegen eine Verengung des Begriffs "Empirie" auf Bedingungsanalyse.

Es wird damit ein Unterschied zwischen SMEDSLUNDs und unserer Auffassung deutlich. Setzt SMEDSLUND die entscheidende Differenz zwischen "analytisch" und "empirisch", so teilen wir QUINEs (1972) Auffassung (vgl. LAUCKEN, 1982), daß dieser Gegensatz unfruchtbar ist. Wir setzen die entscheidende Differenz zwischen "bedingungs-" und "verweisungsanalytisch". In jedem der so getrennten Bereiche kann mehr oder weniger "analytisch" bzw. "empirisch" gedacht werden, je nach Fragestellung. Natürlich ist bedingungsanalytische Empirie anders geartet als die verweisungsanalytische; die "Daten" der Verweisungsanalyse sind "geistige Gehalte" (vgl. z. B. LAUCKEN & MEES, 1986).

5. Ermöglichungsbeziehung und Substrattheorie

Eine letzte Anmerkung ist notwendig, um einer bestimmten Verarbeitung der vorgängigen Überlegungen vorzubeugen. Denken wir nochmals daran, was GUTHRIE TOLMAN entgegenhielt; auf unser Thema bezogen würde GUTHRIE fragen: Und wie wird aus dem sinnierend dösenden Menschen einer, der einen Fuß vor den anderen setzt, sich bewegt, an der Welt physische Änderungen bewirkt usw.? Wir können unsere Antwort nur in Stichworten umreißen:

- Es ist richtig, wir sagten es bereits, die verweisungsanalytische Denkform faßt allein geistige Zusammenhänge, sie "entkörpert" ihren Gegenstand.
- Ebenso aber ist es richtig, daß sie sich nicht in eine "körperlose" Geistessphäre verflüchtigt, denn natürlich gilt: "Das Ideelle besteht nur, insoweit es sich in irgendeiner Weise sinnlich-stofflich darstellt und sich in

dieser Darstellung verkörpert" (CASSIRER, 1980, S. 42). Behauptet wird allerdings, daß wir z. B. die Skulpturen eines Henry MOORE nicht vom Körperlichen her begreifen können; selbst wenn wir die Mechanik des Herstellungsprozesses denkbar feinst und vollständig erfaßt haben, wird uns dadurch nicht der geistige Gehalt einer Skulptur zugänglich.

- Zwischen geistigem Gehalt und Stoff besteht eine Beziehung des Ermöglichens. Einerseits gilt, der geistige Gehalt von "1 + 1" kann sich mannigfach verkörpern (z. B.: Kreide auf Tafel, Tinte auf Papier, Schallwellenmuster in der Luft), dabei der gleiche bleibend; andererseits gilt, wie Lehrveranstaltungen zur Materialkunde an Kunsthochschulen ausweisen, daß Ermöglichungsspielräume material-spezifisch begrenzt sind, gleichwohl besteht damit zwischen einem Verkörperungsmedium und einem geistigen Gehalt kein Kausalnexus.
- Denkt man in Ermöglichungsbeziehungen, so gerät das Stoffliche, seine Organisation, seine Funktionsweise zum Gegenstand einer Substrattheorie, die ihrerseits sehr wohl bedingungsanalytisch konzipierbar ist, ohne den veweisungsanalytischen Aufbau usurpieren zu müssen. Durch die Begriffe "Ermöglichungsbeziehung" und "Substrattheorie" wird eine Verbindung von Bedingungs- und Verweisungsanalyse denkbar.

Damit kehren wir zum Schluß nochmals zum Anfang zurück, zu "SCHILLERs Briefen": Er bemüht sich, wenn wir es recht sehen, darzulegen, daß das Durchdenken künstlerischen Schaffens nicht dem Durchdenken von etwas zwar Schönem, aber doch alltagsweltlich Abseitigem gleichkommt, sondern dem Durchdenken menschlichen Lebens schlechthin. Der Künstler und sein Schaffen ist ihm nur Paradigma: Der Mensch ist Gestalter.

Literatur

AJZEN, I. & FISHBEIN, M.: (1977) Attitude - behavior relations. A theoretical analysis and review of empirical research. Psychological Bulletin, 84, S. 888-918.

ALLPORT, G.W.: (1935) Attitudes. In: C. C. MURCHISON (Hrsg.) A handbook of social psychology. Worcester (Mass.): Clark University Press.

BARNETT, L.: (1950) Einstein und das Universum. Amsterdam: Bermann-Fischer.

BEM, D. J.: (1972) Self-perception theory. In: L. Berkowitz (Hrsg.) Advances in experimental social psychology. Bd. 6. New York/London: Academic Press.

BRANDSTÄDTER, J. (1982) Apriorische Elemente in psychologischen Forschungsprogrammen. Zeitschrift für Sozialpsychologie, 13, 267-277.

CASSIRER, E.: (1980) Dingwahrnehmung und Ausdruckswahrnehmung. In: Zur Logik der Kulturwissenschaften. Fünf Studien. Zweite Studie. Darmtadt: Wissenschaftliche Buchgesellschaft. S. 34-55 (4. Aufl.).

CRANACH, M. VON, KALBERMATTEN, U., INDERMÜHLE, K. & GUGLER, B.: (1980) Zielgerichtets Handeln. Bern etc.: HUBER.

DILTHEY, W. (1894) Ideen über beschreibende und zergliedernde Psychologe. In: W. DILTHEY, Die Philosophie des Lebens. Eine Auswahl aus seinen Schriften. Stuttgart: Teubner - Göttingen: Vandenhoeck & Ruprecht.

EBBINGHAUS, H.: (1919) Grundzüge der Psychologie. Bd. 1, Leipzig: Veit (4. Aufl.).

GORR, M. (1978) Agency and causation. Journal for the Theory of Social Behavior, 9, S. 1-14.

HERKNER, W.: (1981) Einführung in die Sozialpsychologie. Bern etc.: Huber.

LA PIERE, R. T. (1934) Attitudes vs. actions. Social Forces, 13, S. 230-237.

LAUCKEN, U.: (1982) Aspekte der Auffassung und Untersuchung von Umgangswissen. Schweizerische Zeitschrift für Psychologie und ihre Anwendungen, 41, S. 87-113.

LAUCKEN, U.: (1985) Handlungstheorie oder Handlungslehre? Ideen zu einer Logographie. In. P. DAY, U. FUHRER & U. LAUCKEN (Hrsg.) Umwelt und Handeln. Ökologische Anforderungen und Handeln im Alltag. Tübingen: Attempo. S. 381-402.

LAUCKEN, U. & , U. MEES: (1986) Logographie alltäglichen Lebens. Leid, Schuld und Recht in Beschwerdebriefen über Lärm. Forschungsbericht an das Umweltbundesamt. Druck in Vorbereitung.

MEES, U.: (1984) Zur Bewertung von Explikationen des psychologischen "Common Sense" - Anmerkungen zu Smedslund. Schweizerische Zeitschrift für Psychologie und ihre Anwendunge, 43 (1/2), S. 135-144.

NISBETT, R. E. & T.D. WILSON (1977) Telling more than we can know: Verbal reports on mental processes. Psychological reriew, 84, 231-259.

PETERS, R. S. (1958) The concept of motivation. London: Routledge and Kegan Paul.

QUINE, W. V. O.: (1972) Zwei Dogmen des Empirismus. In: J. SINNREICH (Hrsg.) Zur Philosophie der idealen Sprache. München: Deutscher Taschenbuchverlag, S. 167-194 (dt. Übers. d. Orig. v. 1951).

RICOEUR, P.: (1969) Die Interpretation. Ein Versuch über Freud. Frankfurt a. M.: Suhrkamp

RÖD, W.: (1983) The rationalist theory of double causality as an objekt of Hume's criticism. Erkenntnis, 19, S. 315-329.

SMEDSLUND, J.: (1978) Bandura's theory of self-efficacy: A set of common sense theorems. Scandinavian Journal of Psychology, 19, S. 1-14.

SMEDSLUND, J.: (1985) Necessarily true cultural psychologies. In: K. J. Gergen & K. E. Davis (Hrsg.) The social construction of the person. New York etc.: Springer, S. 73-87.

STERN, W.: (1935) Allgemeine Psychologie. Haag: Nijhof.

Stefan Aufenanger

Am Fall lernen - Sozialpädagogische Kasuistik

Die in der Sozialpädagogik im letzten Jahrzehnt geführte Professionalisierungsdebatte [1] hat sich zwar intensiv mit unterschiedlichen theoretischen Konzepten beschäftigt, die Bedeutung für die Praxis und die Ausbildung dieses neuen Ansatzes betont und mit dem Begriff der Handlungskompetenz [2] eine Weiterführung und Präzisierung von Professionalisierung versucht, meines Erachtens aber eine wesentliche Frage dabei vernachlässigt: Wie läßt sich im universitären Ausbildungsbetrieb Handlungskompetenz - gleich welcher Coleur - vermitteln? Denn trotz der vielfältigen Versuche in Form des Projektstudiums oder der Reform des sozialpädagogischen Studiengangs bleibt die Notwendigkeit bestehen, jene Elemente zu erwerben, die die Handlungskompetenz umfassen soll. Auch wenn genügend Praxiserfahrung gesammelt werden kann, muß nicht nur das methodische Vorgehen reflektiert werden, wie es etwa in der Supervision geschieht, sondern auch das fachliche Urteil und das Pädagogische müssen eine angemessene Würdigung finden. Es wird dabei also in erster Linie darum gehen, die Interventionen des Sozialpädagogen als eine Form des pädagogischen Handelns herauszustellen. Dies setzt natürlich schon eine gewisse Überlegung darüber voraus, was unter dieser Handlungsform zu verstehen ist. Die folgenden Gedanken, die der Kasuistik in der Ausbildung von Sozialpädagogen wieder Geltung verschaffen wollen, werden sich deshalb zuerst diesem Aspekt zuwenden.

Heinz BUDE hat in einem kurzen Essay skizziert, welche wesentlichen Eigenschaften pädagogischen Handelns genannt werden können [3]. Danach ist das Grundthema der Struktur der pädagogischen Beziehung die - schon bei KANT formulierte - Paradoxie 'Werde selbständig' oder: Wie kann unter den Bedingungen einer asymmetrischen Beziehung Autonomie hervorgebracht werden? Pädagogisches Handeln vollzieht sich nach BUDE in drei Aspekten: in der Vermittlung von allgemeinem Regelwissen und individuellem Fallverstehen; in der Vermittlung von Abstinenz und Identifikation in der Pädagogen-Klient-Beziehung; und in den stellvertretenden Deutungen der Handlungsintentionen des Heranwachsenden. Eine gelungen pädagogische Handlung [4] zeichnet sich durch den Vollzug aller drei Aspekte aus. Ich werde mich bei meinen weiteren Überlegungen nur auf den ersten Aspekt beschränken und aufzuzeigen versuchen, was er mit sozialpädagogischem Handeln zu tun hat und wie er in der Ausbildung vermittelt werden kann.

Wenn wir nun unterstellen - und ich meine, daß es dafür plausible Gründe gibt - daß zwischen der Struktur pädagogischen Handelns und der Struktur therapeutischen Handelns eine Äquivalenz besteht, dann muß der Sozialpädagoge in seiner Arbeit dieser Handlungsstruktur folgen. Beide Handlungsformen gehen von der Annahme des Defizits des zu Erziehenden aus, wenn dies auch manchmal für die Struktur des pädagogischen Beziehung bestritten wird. Das Defizit besteht entweder in der Form des Noch-nicht-sozialisiert-seins wie beim Kind, oder Nicht-vollständig-sozialisiert sein, wie beim Patienten in der Therapie. Beide Formen verlangen eine Aufgabe der Autonomie als Voraussetzung der Beziehung: das Kind übergibt sich der Verantwortung des Erziehers, genauso wie es der Patient gegenüber dem Therapeuten tut. Als Äquivalent des für den Therapieerfolg notwendigen Leidendrucks des Patienten kann die Neugierde des Kindes aufgeführt werden, die ermöglicht, sich dem Neuen und dem Ungewissen auszusetzen, um sich weiterentwicklen zu können. Die strukturellen Momente der pädagogischen Handlungsstruktur verlangen eine partikulare Beziehung, die durch ihre Einmaligkeit sich auszeichnet. Genauso wie Eltern ihrem Kind gegenüber nicht allgemeine Regeln der

Erziehungswissenschaft - falls es diese überhaupt gibt - anwenden können [5], muß der Sozialpädagoge die spezifische Gegebenheit des Falles berücksichtigen: er muß den Fall verstehen. Dieser Aspekt des Fallverstehens wird besonders in neueren Ausarbeitungen von Professionalisierungstheorien als wesentliches Merkmal einer Profession angesehen. Nicht das Expertentum oder das Spezialwissen sind entscheidend, sondern die Berücksichtigung der konkreten Fallgeschichte [6].

Nun hat aber die oben schon erwähnte Professionalisierungsdebatte in der Sozialpädagogik diese Perspektive zum Teil überhaupt nicht aufgenommen. Fordern die einen Vertreter eine starke Orientierung am Alltag der Betroffenen und die Übernahme der subjektiven Perspektiven, verlangen andere eine Hinwendung zu einer stärkeren Methodik und halten ein Plädoyer für die Verwissenschaftlichung der Sozialarbeiterausbildung [7]. Dabei muß sich sozialpädagogisches Handeln in den meisten Bereichen das Fallverstehen zu eigen machen. Dieses an dem Arzt/Therapeut-Patient-Modell orientierte Vorgehen verlangt selbstverständlich eine entsprechende Ausbildung. Wird in der traditionellen Ärzte- bzw. Therapeutenausbildung das Fallverstehen neben einer 'impliziten Didaktik' [8] durch die konkrete Arbeit am Fall unter Aufsicht angeeignet, fehlt dieses Moment in der Sozialpädagogenausbildung.

Welchen Stellenwert bekommt die Kasuistik in einer sozialpädagogischen Ausbildung, die das Fallverstehen als bedeutsames Element einer entsprechenden Handlungskompetenz versteht? Die Kasuistik wurde bisher in der Sozialpädagogik als Fallgeschichte verstanden und diente der Darstellung der methodischen Vorgehensweise des Pädagogen aufgrund seiner Diagnose des mitgelieferten biographischen Materials des Klienten. Daneben erlangte die Kasuistik eine besondere Bedeutung als 'Instrument der Persönlichkeitsdiagnostik' [9]. Vor allem in der Psychiatrie, der Medizin sowie in der Heil- und Sonderpädagogik wurde von dieser Darstellungsform ausgiebig Gebrauch gemacht. In der Sozialpädagogik führte etwa die von Konrad POEPPELT herausgegebene Zeitschrift 'Archiv für Angewandte Sozialpädagogik' noch bis 1975 eine eigene Sparte 'Kasuistik', in der Fallgeschichten dargestellt wurden. In den Lexika und Handbüchern der Sozialpädagogik bzw. Sozialarbeit der letzten Jahre taucht dagegen dieses Stichwort kaum noch auf. Es erscheint vielmehr unter dem Stichwort 'Falldarstellung' und bekommt höchstens im Sinne der Aktenanalyse eine phänomenologische Bedeutung [10]. Eine Ausnahme bildet das 'Handbuch Praxis der Sozialarbeit und Sozialpädagogik', herausgegeben von Engelbert KERKHOFF; dort werden verschiedene Betrachtungsweisen unterschiedlicher Disziplinen (etwa Soziologie, Psychologie oder Erziehungswissenschaften) an einem einleitend beschriebenen Fall angelegt. Aber durch diese Vorgehensweise wird die Beschränkung der traditionellen Kasuistik als Falldarstellung deutlich. Denn was faktisch im Anschluß an die Beschreibung der Fallgeschichte gemacht wird, ist eine subsumtionslogische Methodik. Dies heißt, daß nach Theorien gesucht wird, die den Fall erklären wollen. Damit besteht die Gefahr, vorschnell Aussagen über den Gegenstandsbereich zu machen, die möglicherweise diesem nicht gerecht werden. Besonders deutlich wird dies etwa an dem Beitrag von Andreas TREPPENHAUER in dem genannten Handbuch. Hier wird versucht, den Fall eines wegen Fahnenflucht, Waffenbesitz und Fahrens ohne Führerschein angeklagten Jugendlichen mit Devianz- und Adoleszenz- bzw. Identitätstheorien zu erklären. So werden aber nur Passungsstücke einer Theorie für einen konkreten Fall gesucht. Die traditionelle Kasuistik besteht also häufig in der subsumtionslogischen Verwendung von Typen: das Typische des Falles soll herausgestellt werden. Dagegen möchte ich für eine Kasuistik plädieren, die das Typische rekonstruktiv erschließt, d. h. aus dem Fall selbst jene strukturellen Momente herausarbeitet, in denen das scheinbar Besondere als eine prinzipielle Möglichkeit des Allgemeinen erscheint und umgekehrt, das Allgemeine als eine spezifische individuelle Variante auftritt. Diese Sichtweise macht die Differenz von Falldarstellung bzw. geschichte und Fallrekonstruktion deutlich. Letztere scheint mir die für die Aneignung von pädagogischem Handeln fruchtbarere Alternative zu sein.

Was aber heißt Fallrekonstruktion? Sind wir bei der Falldarstellung bestrebt, eine genaue Beschreibung aller möglichen Faktoren und wichtigen Daten vorzunehmen, um anschließend eine von *außen* hervorgebrachte Hypothese über den Fall zu formulieren, beansprucht die Fallrekonstruktion die Geschichte des Falls von *innen* her zu rekonstruieren. Dabei wird von der Annahme ausgegangen, daß jeder Fall eine spezifische Logik seiner Entfaltung enthält und daß diese sich als eine bestimmte Strukturierungsgesetzlichkeit bestimmen läßt. Das Fallverstehen im Sinne der Rekonstruktion jener Gesetzlichkeiten, die eine Struktur bzw. ein spezifisches Sinngebilde hervorbringt, verlangt eine entsprechende Methodologie. Sie ist meiner Überzeugung nach nur in der von Ulrich OEVERMANN ausgearbeiteten objektiven bzw. strukturalen Hermeneutik zu finden[11]. Die klassische Methode des Sinnverstehens wird hier nicht nur auf literarische Texte angewandt, sondern alle Produkte des sozialen Handelns werden selbst als Texte, als Sinngebilde bzw. deren Objektivationen verstanden, deren Bedeutungsgehalte decodierbar sind. Durch diese Ausweitung des Textbegriffs wird es möglich, im Rahmen einer kasuistischen Fallrekonstruktion sich nicht nur auf den Fall eines einzelnen Individuums oder einer Gruppe zu beschränken, sondern auch Interaktionen und Institutionen aufzunehmen. Denn all diese Gebilde haben eine spezifische Fallgeschichte, d. h. eine sich historisch sequentiell entfaltete Sinnstruktur. Der objektive Hermeneut versucht nun einerseits diese Struktur durch Rekonstruktion des objektiven Bedeutungsgehalts zum Vorschein zu bringen und andererseits gleichzeitig jene Regel aufzustellen, die diese Struktur hervorgebracht hat. Letzteres bildet den schon erwähnten Aspekt der Strukturierungsgesetzlichkeit ab, die die innere Dynamik eines Falles bestimmt. Wenn der Interpret diese gefunden hat, kann er erst die genaue Entwicklungsgeschichte eines Individuums oder einer Institution beschreiben.

Für die rekonstruktive Fallanalyse ist nun entscheidend, daß genügend objektive Daten vorliegen, die die Biographie des Falles bestimmt haben. Diese Daten müssen in einem ersten Schritt bezüglich der daraus sich ergebenden Handlungsproblematik interpretiert werden. Denn aus der Konstellation bestimmter biographischer Daten resultieren optional Handlungsmöglichkeiten oder -restriktionen, auf die das Individuum oder die Institution antworten muß. In einem weiteren Schritt müssen die Daten, die über die genannten hinausgehen, hinzugezogen und in den schon interpretierten Zusammenhang gestellt werden. Bei diesen Daten kann es sich um Interviews, Schilderungen Zweiter, Beobachtungen, Texte, Selbstbeschreibungen oder ähnliches handeln. So kann ein umfassendes Bild des Falles vermittelt werden. Der objektive Hermeneut - oder besser noch eine Gruppe von Hermeneuten - rekonstruieren aufgrund all dieser Daten die schon erwähnte Fallstruktur und deren Genese im Sinne einer Strukturierungsgesetzlichkeit. Hierin liegt nun auch der, meines Erachtens entscheidende Unterschied zu der traditionellen Kasuistik, die zwar auch Daten über den Fall sammelte, aber die Struktur des Falles von außen bestimmt und nicht den Fall selbst rekonstruiert hat. Das Aufzeigen von Entstehungsbedingungen eines Falles, wie es also dazu gekommen ist, und des Herauspräparieren der entsprechenden Regeln, ermöglicht es erst, eine gezielte Prognose über den weiteren Verlauf zu stellen, die auf der Kenntnis dieser Regeln oder Gesetzlichkeiten beruht. Und wenn man nun über Interventionen nachdenken will, hat man aufgrund dieser aus der Fallgeschichte begründeten Prognose, sinnvolle Anknüpfungsmöglichkeiten [12].

Diese fallrekonstruktive Vorgehensweise entspricht meines Erachtens genau jenem oben genannten Aspekt des Fallverstehens als Spezifikum pädagogischen Handelns und damit jener der beschriebenen Professionalisierungstheorie. Da den Pädagogen in ihrer Ausbildung meist nur berichtetes Fallmaterial zur Verfügung steht, müssen sie dieses zur Grundlage der Ausbildung professionalisierten Handelns nehmen. Ähnlich wie beim Arzt, der in einer Fallgeschichte

Besonderes und Allgemeines kennenlernt, sollte in der Wiederaufnahme der Kasuistik in der Ausbildung von Sozialpädagogen und Sozialarbeitern [13] die Dialektik von der Anwendung allgemeiner Regeln, die aus der Rekonstruktion von Fallgeschichten gewonnen wurden, und dem spezifischen Eingehen auf einen Fall, ein Habitus vermittelt werden, der das besondere Pädagogische beim Sozialpädagogen herausstellt. Demnach würde dieser nicht nur durch ein Spezialwissen auf der Grundlage wissenschaftlicher Erkenntnisse oder seiner Alltagserfahrung im Umgang mit seinem Klientel geprägt, sondern durch seine Kompetenz des Fallverstehens. Erst in dem Abrücken von einer mehr phänomenologischen oder subsumtionslogisch orientierten Kasuistik hin zu einer hermeneutisch-rekonstruktiven Sichtweise eröffnet sich ein Blick für den Fall, der dessen besondere Strukturierungsgenese offenlegt und damit fundierte Handlungsperspektiven offenbart. Weiterhin darf der Begriff des Falls nicht mehr auf ein Individuum beschränkt sein, sondern Fallgeschichte kann auch der eines Interaktionszusammenhanges oder einer Institution gesehen wurden. Mit dieser Erweiterung wird es auch möglich sein, dem oft an Einzelfällen gemachten Vorwurf der mangelnden gesellschaftskritischen Reflexion zu begegnen. Denn etwa in der Rekonstruktion eines Jugendamtes oder eines Hauses der offenen Tür werden deren gesellschaftliche Bedingungen und die damit zusammenhängenden pädagogischen Handlungsmöglichkeiten offenbar, die erst eine Gesellschaftskritik ermöglichen. Für den Studenten der Sozialpädagogik muß dies heißen, in der Kasuistik an diesem Fall lernen, wie sich Individualität und Allgemeinheit entwickeln und verbinden. Nur auf der Grundlage dieser rekonstruktiven Sichtweise ist es möglich, einem Fall in seiner Besonderheit, aber auch in seiner gesellschaftlichen Bedingtheit gerecht zu werden. Und dazu kann eine sich für neuere sozialwissenschaftliche Konzepte - wie sie die hier skizzierte objektive Hermeneutik und eine entsprechende Professionalisierungstheorie darstellen - öffnende Kasuistik einen wesentlichen Beitrag in der Ausbildung von Sozialpädagogen und Sozialarbeitern leisten.

Anmerkungen

1) Diese Debatte hat sich in vielfältigen Publikationen niedergeschlagen. Stellvertretend sollen dafür genannt werden H.-U. OTTO und K. UTERMANN 'Sozialarbeit als Beruf. Auf dem Weg zur Professionalisierung?, München 1971', sowie einige Aufsätze in den von S. MÜLLER u. a. herausgegebenen zwei Bänden 'Handlungskompetenz in der Sozialarbeit/Sozialpädagogik, Neuwied 1982/1984'.

2) Vgl. zum Beispiel die zahlreichen Artikel hierzu in der 'Neuen Praxis', besonders den Aufsatz von Thomas LAU/Stephan WOLFF 'Grenzen von Modellen sozialpädagogischer Kompetenz, in: Neue Praxis, 12 (1982), S. 299-306', sowie Burkhard MÜLLER 'Zum Stellenwert von Konzepten sozialpädagogischer Handlungskompetenz', in: Neue Praxis 12 (1982), S. 306-317'. Außerdem sei auf die beiden erwähnten Bände über Handlungskompetenz (S. MÜLLER u. a., a.a.O.) verwiesen.

3) Heinz BUDE 'Was ist pädagogisches Handeln? in: Neue Praxis, 15 (1985), S. 527-531'. BUDE läßt leider den Leser darüber im Ungewissen, daß seine Gedanken ausschließlich - größtenteils unveröffentlichten - Arbeiten von Ulrich OEVERMANN entstammen.

4) Unter Handlung darf hier nicht nur ein singuläres Ereignis verstanden werden, sondern auch zeitlich längerdauernde Handlungsketten, wie Jürgen OELKERS in seinem Aufsatz 'Intention und Wirkung: Vorüberlegungen zu einer Theorie pädagogischen Handelns, in: LUHMANN, N./SCHORR, K. E. (Hrsg.): Zwischen Technologie und Selbstreferenz, Frankfurt 1982, S. 139-194' herausgestellt hat.

5) Die 'Gefährlichkeit', die sich in dieser 'programmorientierten' Vorgehensweise von Eltern gegenüber ihren Kindern äußert, drückt sich m. E. schon in dem Alltagsspruch aus: 'Pfarrers Kinder, Bauers Vieh, gedeihen selten oder nie'. Die darin ausgedrückten Vorbehalte hinsichtlich einer intellektualistischen Erziehungshaltung gelten auch für die modernistischen Varianten wie Elternführerschein oder ähnlichem. Man braucht sich heute nur einmal in Beratungsstellen für Kommunikationsstörungen umzuhören, um gesagt zu bekommen, daß hier Kinder von Lehrern und Psychologen überproportional vertreten sind.

6) Ich beziehe mich hierbei auf die bisher unveröffentlichten Arbeiten von Ulrich OEVERMANN 'Professionalisierung der Pädagogik - Professionalisierbarkeit pädagogischen Handelns, Berlin 1981' sowie 'Probleme der Professionalisierung in der berufsmäßigen Anwendung sozialwissenschaftlicher Kompetenz, Frankfurt 1979'. Außerdem ist dieser Ansatz bei Günter BURKHART 'Zur Mikroanalyse universitärer Sozialisation im Medizinstudium: Eine Anwendung der Methode der objektiv-hermeneutischen Textinterpretation, in: Zeitschrift für Soziologie, 12 (1983), S. 24-28' beschrieben.

7) Beispielhaft seien hier die sich gegenüberstehenden Positionen von Reinhard HÖRSTER 'Berufsfeldbezug und Wissenschaftlichkeit, in: Neue Praxis, 16 (1986), S. 249-256' und Uwe WELLER 'Sozialarbeit zwischen Wissenschaft und Praxis, in: Neue Praxis, 16 (1986), S. 170-176' genannt.

8) Günter BURKHART a.a.O. beschreibt und rekonstruiert diese 'implizite Didaktik' anhand einer Analyse einer Chirurgie-Vorlesung.

9) So Michael HESPOS in seinem Aufsatz 'Kasuistik: Verwendungsformen, Verwendungstechniken, in: Archiv für Angewandte Sozialpädagogik, 6 (1975), S. 81-91'.

10) Etwa unter diesem Stichwort 'Akten/Aktenanalyse' in dem von Hanns EYFERTH, Hans-Uwe OTTO und Hans THIERSCH herausgegebenen 'Handbuch zu Sozialarbeit/Sozialpädagogik, Neuwied 1984'.

11) Vgl. zu diesem Ansatz: Ulrich OEVERMANN 'Kontroversen über sinnverstehende Soziologie. Einige wiederkehrende Probleme und Mißverständnisse in der Rezeption der 'objektiven Hermeneutik', in: AUFENANGER, St./LENSSEN, M. (Hrsg.): Handlung und Sinnstruktur. Bedeutung und Anwendung der objektiven Hermeneutik, München 1986'.

12) Wie so eine Fallgeschichte rekonstruiert werden kann und wie aufgrund nur geringfügiger Daten eine treffende Prognose gestellt werden kann, wird in dem Aufsatz von Ulrich OEVERMANN und Andreas SIMM 'Zum Problem der Präseveranz in Delikttyp und modus operandi, Wiesbaden 1985' deutlich. Eine Interpretation eines Beratungsgesprächs findet sich bei Rita SAHLE 'Professionalität oder Technokratie? Zur Mikrologie einer Beratungsbeziehung, in: Neue Praxis, 15 (1985), S. 151.169'.

13) Die Betonung muß hier natürlich vor allem auf der universitären Ausbildung liegen, da an Fachhochschulen häufig Kasuistik-Seminare stattfinden.

IV

FRIEDRICH W. KRON

Noch einmal: Der pädagogische Bezug

1. Zur Begriffserklärung

Seit der ersten systematischen Bearbeitung des Phänomens vom pädagogischen Bezug durch Herman NOHL (1879 - 1960) haben sich bis in die Gegenwart hinein eine Reihe synonymer Begriffe etabliert. Dies hat zu einer gewissen Begriffsverwirrung geführt, so daß vor einiger Zeit vorgeschlagen worden ist, als Oberbegriff für das Phänomen eines face-zu-face-Verhältnisses zwischen einem Erzieher und einem Educandus den Begriff "Pädagogisches Verhältnis" zu gebrauchen (KLAFKI 1970, S. 53; KLUGE 1973, S. VII). Folgt man diesem sinnvollen Vorschlag, dann lassen sich unter dem Begriff "Pädagogisches Verhältnis" folgende weitere Begriffe subsumieren:

1. "Pädagogischer Bezug" (NOHL 1935/1963); Helene HERTZ 1932)
   Auf eine Kurzformel gebracht, kann unter dem pädagogischen Bezug ein sehr intensives persönliches, auf geistig-seelischer Grundlage beruhendes Verhältnis zwischen einem erwachsenen, gebildeten Menschen und einem jüngeren Menschen, der - durch sein Verhältnis zu dem Erwachsenen angeregt - ebenso nach Bildung strebt und daher - wie sein "erwachsenes" Vorbild - einen Bildungswillen entwickelt. Erziehung kann daher als ein grundlegender Prozeß und als ein Medium angesehen werden, in welchem sich diese "Bildungs- und Erziehungsgemeinschaft" verwirklicht.

2. "Erzieherisches Verhältnis" (NOHL 1935/1963); KRON 1971)
   Mit diesem Begriff wird das Verhältnis des "Erziehers zu seinem Zögling", wie es im pädagogischen Bezug verstanden wird, auf die Existenz der beiden in Beziehung stehenden Personen hin radikalisiert. Sie werden des Schutzes ihrer pädagogisch "begründeten" Rollen entkleidet gesehen und stehen sich als Menschen z. B. in einer Krise oder einem Konfliktfall nicht mehr nur gegenüber - sie sind vielmehr in ihrer Existenz getroffen.

3. "Generationenverhältnis" (SCHLEIERMACHER 1926/1957; MOLLENHAUER 1972)
   Mit diesem Begriff wird die Gegenposition zum Verständnis des erzieherischen Verhältnisses markiert. Es wird dabei hervorgehoben, daß alle Beziehungen zwischen Erzieher und Educandus auf der mikrosozialen Ebene in einem grundsätzlichen Bedingungszusammenhang zur makrosozialen Ebene, d. h. zu den geschichtlich-gesellschaftlichen Zusammenhängen stehen. Es wird darauf hingewiesen, daß die individuellen Normen und Wertvorstellungen, die in den Einzelverhältnissen realisiert werden, bereits als generalisierte Normen und Werte in der Gesellschaft gelten, d. h. für die verschiedenen Generationen eine ordnungsstiftende Funktion haben.

4. "Dialogisches Verhältnis" (BUBER 1925/1956)
   Im Unterschied zu der anthropologischen Grunderfahrung von Menschen, in einem "gegenseitigen" Umfassungsverhältnis, z. B. in der Liebe zueinanderstehen zu können, ist das dialogische Verhältnis als ein erzieherisches Verhältnis durch die "einseitige Umfassungserfahrung" gekennzeichnet. Damit wird die Tatsache, daß der zu Erziehende immer im Zustand des "noch nicht" ist, radikalisiert, aber zugleich durch die Fähigkeit des Erziehers ausgeglichen, sich in der "einseitigen Umfassung" auf die Seite des Kindes zu

werfen und dieses in seinem Zustand des "noch nicht" mitzutragen.

5. "Bildungsgemeinschaft" (SPRANGER 1928)
Mit diesem Begriff wird die Sichtweise des pädagogischen Bezugs in bezug auf die Kulturgüter verstärkt. Dabei wird unterstellt, daß den Kulturgütern als "wertvollen Gütern" eine Lebendigkeit innewohnt, die jeden, der sich mit ihnen befaßt, anspricht, wenn er sich ihnen nur öffnet. Hierbei wird auf seiten des Educandus eine Offenheit bzw. ein Bildungswille oder grundsätzlich seine Bildsamkeit unterstellt.

Die kurze Charakteristik der Variationen vom pädagogischen Verhältnis zeigt, daß jeweils ein bestimmter Zug oder ein bestimmtes Moment an dem pädagogischen Grundverhältnis zwischen dem Erzieher und seinem "Zögling" betont wird. Es erscheint daher durchaus gerechtfertigt, den Oberbegriff pädagogisches Verhältnis zu verwenden.

2. Der pädagogische Bezug und seine Struktur

Aus dem Kreis der fünf Variationen soll im folgenden der pädagogische Bezug herausgegriffen und des näheren erörtert werden. Dabei wird sich zeigen, daß dem in den vergangenen Jahrzehnten viel kritisierten pädagogischen Bezug - als ein Phänomen unter anderen betrachtet - jedoch gewisse Strukturmerkmale zugrunde liegen, die für jedes erzieherische Handeln Geltung haben, sei dies im schulischen oder außerschulischen Raum. Nur in dieser Relativierung erscheint es angebracht, das Phänomen vom pädagogischen Bezug noch einmal anzugehen.

In einem modernen Wissenschaftsverständnis hat zum ersten Mal um 1894 Wilhelm DILTHEY (1833 - 1911) den Sachzusammenhang des pädagogischen Bezugs für pädagogische Forschung und pädagogisches Handeln erörtert und pointiert formuliert:

> "Die Wissenschaft der Pädagogik kann nur beginnen mit der Deskription des Erziehers in seinem Verhältnis zum Zögling. Denn zunächst gilt es, *das Phänomen selber hinzustellen* und in einer psychologischen Analyse so deutlich als möglich zu machen" (DILTHEY 1961, S. 190).

Wie nur wenige in der Tradition der Erforschung dieses Phänomens erkennt DILTHEY auch bereits den Zusammenhang zwischen Individuum und Gesellschaft, wenn er formuliert: "Die Erziehung ist eine Funktion der Gesellschaft" (DILTHEY 1961, S. 192). Zugleich legt er jedoch dar, daß sich diese Funktion immer in einem interindividuellen Verhältnis konkretisiert, und zwar zwischen einem Erwachsenen und einem Heranwachsenden oder zwischen einem Gebildeten und einem sich noch in der "Aus-Bildung" befindlichen, kurz gesagt: zwischen einem älteren und einem jüngeren Menschen. Und er hebt besonders hervor, daß alle Aktivitäten des Erwachsenen sowie des Heranwachsenden in der Bildsamkeit des jungen Menschen ihre "Koinzidenzpunkt" haben, d. h. die Bildsamkeit des jungen Menschen fördern sollen.

Hinter diesen Aussagen - so kann angenommen werden - steht die Erfahrung DILTHEYs als Hauslehrer. Dort hat er die Erfahrung gemacht, daß sich Lehren und Lernen, Beurteilen und Beraten, Erziehen und Innovieren, Helfen und Mitleiden nur in konkreten menschlichen Beziehungen realisieren und daß diese Tätigkeiten, wenn sie bedeutsam für den jungen Menschen werden sollen, so vollzogen werden müssen, daß sie den jungen Menschen selbst auch etwas angehen bzw. betreffen. Daraus erhellt sich auch DILTHEYs Feststellung, daß die Bildsamkeit des Menschen das Zentrum aller pädagogischen Bemühungen und zugleich des Zentrum der Eigentätigkeit des Educanden sei. Dieser Feststellung liegen zwei bildungstheoretische Annahmen zugrunde, die DILTHEY aus der Tradition des Neuhumanismus gekannt haben mag: Die erste betrifft das Kulturgut. DILTHEY ist der Auffassung, daß die Kultur kein toter Steinbruch ist, aus dem man sich Stücke heraushauen kann, sondern daß sie verlebendigt, d. h. aus ihrer objektiven Gestalt in das subjektive Sprechen, Handeln und Denken transformiert werden muß, um lebendig zu sein und bildend zu wirken. Damit verbindet sich die zweite Annahme; sie betrifft den Menschen, bzw. den Educandus. Es wird unterstellt, daß Mensch und Welt nicht als zwei sich gegeneinander stehende Blöcke angesehen werden, sondern das Menschen immer schon in der Welt, in der sie leben - dic immer schon eine kulturelle ist -, denken, fühlen und handeln, also die Welt "sinnvoll" gestalten. In diesem Gestaltungsprozeß, der sich an den Inhalten der Kultur vollzieht, entwickeln sich auch immer zugleich die inneren Kräfte des Menschen. Er wird also - um es in der Sprache Wilhelm von HUMBOLDTs zu sagen - gebildet.

Diesem inneren Vorgang der Bildung, der sich im Menschen abspielt, steht in einer unauflöslichen Verzahnung die Erziehung als ein Vorgang zur Seite, der sich zwischen Menschen vollzieht. Dieser Vorgang wird von DILTHEY als so bedeutsam angesehen, daß er selbst zu einem kulturellen Medium wird. Dadurch erfährt die Erziehung eine große Aufwertung. Erziehung und Bildung werden in dieser Denktradition daher immer als zwei Seiten "ein und derselben Medaille" angesehen.

Herman NOHL (1879-1960) hat die Grundauffassungen seines akademischen Lehrers DILTHEY in den 30er Jahren zusammen mit seiner Schülerin Helene HERTZ auf eine wissenschaftliche Formel gebracht. Er etabliert den Fachterminus "pädagogischer Bezug" (NOHL 1935/1963, S. 130) und charakterisiert ihn folgendermaßen: "Die Grundlage der Erziehung (ist) die Bildungsgemeinschaft zwischen dem Erzieher und Zögling mit seinem Bildungswillen" und "Die pädagogische Wirkung geht nicht aus von einem System von geltenden Werten, sondern immer nur von einem ursprünglichen Selbst, einem wirklichen Menschen mit einem festen Willen" (NOHL 1935/1963, S. 132). Also schlußfolgert er:

> "Die Grundlage der Erziehung ist (also) das leidenschaftliche Verhältnis eines reifen Menschen zu einem werdenden Menschen, und zwar um seiner selbst willen, daß er zu seinem Leben und seiner Form komme" (NOHL 1935/1963, S. 134).

NOHL hat den pädagogischen Bezug als ein "Wechselverhältnis" (NOHL 1935/1963), S. 136) beschrieben. Das bedeutet, daß nicht nur dem Erzieher eine entscheidende Rolle im Erziehungsprozeß zukommt: auch dem zu Erziehenden oder - in der Sprache NOHLs - dem Zögling wird eine entscheidende Rolle zugespielt. Da dieses Verhältnis aber ein geistig-seelisches Verhältnis ist, spielen die Inhalte, die in diesem Verhältnis zum Tragen kommen, eine besondere Rolle. Damit kommt ein dritter Faktor ins Spiel, nämlich die Kultur. Da NOHL noch nicht zwischen Enkulturation und Sozialisation und damit zwischen unterschiedlichen Klassen kultureller Inhalte unterscheiden kann, spricht er lediglich von Kulturgütern und meint damit sowohl soziale als auch kulturelle Inhalte zugleich, die aber "wertvoll" sein müssen. Soziale und nicht soziale Inhalte bleiben daher ungeschieden in der Sprache NOHLs, sind aber von großer Bedeutung. Damit entsteht eine Trias oder ein Dreigestirn von konstitutiven Momenten, die den pädagogischen Bezug ausmachen, nämlich: der Erzieher, der Zögling und das Kulturgut.
Die Ausführungen NOHLs über den pädagogischen Bezug lassen eine Reihe von Kriterien erkennen, die im folgenden kurz skizziert werden sollen. Es handelt sich dabei um die folgenden:

1. die zweifache Intentionalität
2. die explizite Anthropologie
3. die Doppelfunktion des Erziehers
4. die "pädagogische Liebe"
5. die "pädagogische Autorität"
6. die "Aufhebung des pädagogischen Bezugs".

Zur zweifachen Intentionalität:

Die Intentionalität des Erziehers kann als ein grundlegendes Strukturmerkmal des pädagogischen Bezugs angesehen werden. Im Unterschied zu anderen Bestimmungen von der Erziehung ist diese Intentionalität aber zweifach gewichtet. Sie betrifft sowohl die Realität des jungen Menschen als auch die Antizipation seiner Idealität. NOHL drückt dies so aus:

> "Das Verhältnis des Erziehers zum Kind ist immer doppelt bestimmt: von der Liebe zu ihm in seiner Wirklichkeit und von der Liebe zu seinem Ziel, dem Ideal des Kindes, beides aber nun nicht als Getrenntes, sondern als ein Einheitliches: aus diesem Kind machen, was aus ihm zu machen ist, das höhere Leben in ihm entfachen und zu zusammenhängener Leistung führen, nicht um der Leistung willen, sondern weil in ihr sich das Leben des Menschen vollendet. Das pädagogische Ziel ist nicht, einen Lebenstypus zu züchten" (NOHL 1935/1963, S. 135/136).

Was NOHL in diesem Zitat am Beispiel der pädagogischen Liebe ausdrückt, das gilt auch für alle Handlungsebenen des pädagogischen Bezugs. In der zweifachen Intentionalität des Erziehrs ist somit nicht nur das Ansprechen des Kindes in seinen funktionalen Lebenszusammenhängen gemeint. Mit dem Ideal des Kindes, das der Erzieher immer wieder "vorwegnehmend" anstreben soll, ist auch klar und unmißverständlich auf den Bildungswillen und die Bildsamkeit des Kindes hingewiesen und nicht auf ein in irgendeiner fernen Zukunft liegendes Ideal. Alle Bemühungen des Erziehers haben darin einzumünden, daß sie die Kräfte, die Spontanität, die Phantasie, kurzum, die geistige Tätigkeit des Kindes wecken; denn nur wenn und insofern diese Selbsttätigkeit geweckt wird und Erziehung und Bildung an sie anknüpfen, kann vom heranwachsenden Menschen Selbstverantwortung und Initiative erwartet werden. Daher dienen Erziehung und Bildung auch der "geistigen Erweckung" des jungen Menschen.

Durch die zweifache Intentionalität wird jene einseitige Auffassung von Erziehung gebrochen, wie sie in der Modellvorstellung von der funktionalen-intentionalen Erziehung zum Tragen kommt.

Zur expliziten Anthropologie:

Das Merkmal der expliziten Anthropologie zeigt ein zweifaches: 1. Im pädagogischen Bezug wird der Educandus stets im Zustand des "noch nicht" gesehen. Zwar steht er in tätiger Auseinandersetzung mit seiner Welt, die auch immer eine kulturelle Welt ist; er muß aber noch lernen, diese bewußt geistig-seelisch zu gestalten. Dafür bedarf er der Anleitung durch den Erzieher. Von diesem Anspruch her gesehen, ist der Erzieher nicht nur aufgrund seines Alters oder seiner physischen Kraft oder seines Wissens und Könnens dem Educandus ein Stück voraus, sondern auch aufgrund seiner Fähigkeit, die kulturelle Welt geistig und sittlich, d.h. verantwortlich zu repräentieren. Demgegenüber besitzt der Heranwachasende noch nicht jene höheren Wertorientierungen, Verhaltensweisen und kulturellen Fähigkeiten und Einsichten, die, vom Anspruch der Idee der Bildung her gesehen, ihn zu einem selbständig und verantwortlich handelnden Individuum machen. Hier ist ohne Frage von einer negativen Anthropologie zu sprechen. 2. Diese wird aber wieder relativiert und zwar durch eine folgenreiche Unterstellung auf seiten des Zöglings. Indem der Mensch und auch das Kind bereits als ein in seiner kulturellen Welt tätiges und verstehendes Wesen angesehen wird, kann Bildsamkeit vorausgesetzt werden, d. h. die Fähigkeit, sich gezielt und geordnet mit der Welt auseinanderzusetzen. Erziehung hat im pädagogischen Bezug diese Tätigkeit also zu unterstützen und sozusagen zu organisieren. Dies hat Folgen in bezug auf die

Rolle des Erziehers: er muß sich immer wieder und letzten Endes überflüssig machen.

Im Merkmal der expliziten Anthropolige wird also auch Ernst gemacht mit der Eigenverantwortung des Heranwachsenden in seinem Erziehungs- und Bildungsprozeß, insofern nämlich auf die Bildsamkeit gebaut wird. Damit wird unterstellt, daß der junge Mensch auch immer schon eine Eigenbewegung im Medium der Kultur einschließlich der sozialen Normen und Werte vollzieht. Auch wenn er noch nicht alle Qualifikationen und Kompetenzen besitzt, so kann doch unterstellt werden, daß er aufgrund seines Bildungswillens und seiner Eigentätigkeit in der Lage ist, die Welt "zu erobern". Der pädagogische Bezug soll und kann hierbei eine Hilfe sein.

Zur Doppelfunktion des Erziehers:

Das Merkmal von der Doppelfunktion des Erziehrs gründet sich in dem Phänomen oder in der Tatsache, daß der Erzieher zwischen Kind und Kultur zu vermitteln hat. Aus der Sicht der Gesellschaft kommen dem Erzieher Rolle und Position eines "Anwaltes der Kultur" oder eines "Anwaltes der Gesellschaft" zu. Im Argumentationszusammenhang von NOHL heißt dies, daß der Erwachsene als der lebendige Träger der Kultur, ihrer Werte und Sinngehalte anzusehen ist. Aufgrund dieser Eigenschaften ist er qualifiziert und kompetent, auf jüngere Menschen einzuwirken. Er muß also erziehen, um der Verwirklichung der Werte und Sinngehalte der Kultur willen, d. h. im modernen Sprachgebrauch um "der Reproduktion" von Kultur und Gesellschaft willen.

Aus der Sicht des Kindes oder in Stellvertretung der kindlichen Bedürfnisse und Interessen hat der Erzieher aber auch zugleich "Anwalt des Kindes" zu sein. Im Horizont der Bildungsidee NOHLs kann dies nur bedeuten, daß der Erzieher die Kulturgüter "verflüssigen" muß, d. h. daß er das Kind mit seinen Ideen, Interessen und Bedürfnissen ins Spiel zu bringen hat. Das hat zur Folge, daß die "Objektivität" oder der "objektive Geist" der Kultur "resubjektiviert" werden muß. Folgerichtig muß das Kind mit der Welt, der Kultur in Auseinandersetzung gebracht werden, es muß sie experimentieren, erproben, ordnen und neu formulieren oder reformulieren lernen. Hierfür sind Experimentier- und Spielraum notwendig. Kultur ist also nur dann lebendig, wenn sie im Handeln, Denken und Sprechen der Menschen realisiert wird. Daher sagt NOHL auch:

> "Bildung ist die subjektive Seinsweise der Kultur, die innere Form und geistige Haltung der Seele, die alles, was von draußen an sie herankommt, mit eigenen Kräften zu einheitlichem Leben in sich aufzunehmen und jede Äußerung und Handlung aus diesem einheitlichen Leben zu gestalten vermag" (NOHL 1935/ 1963, S. 140/141).

Pädagogisches Handeln, heißt nun, zwischen diesen beiden Ansprüchen zu vermitteln bzw. auszugleichen, d. h. die gesellschaftliche Funktion, Anwalt des Kindes zu sein, in ein rechtes Verhältnis zu der Aufgabe zu setzen, auch dem Kind im Erziehungs- und Bildungsprozeß seine individuelle Chance zu lassen.

Zur "pädagogischen Liebe":

Das Merkmal der pädagogischen Liebe verstärkt die drei vorangegangenen Merkmale noch einmal. Mit dem Begriff pädagogische Liebe verbindet NOHL eine sehr weite Auffassung. Er will darauf aufmerksam machen, daß sich die Intentionen des Erziehers sowohl an der Lebensrealität als auch an der Idealität des Kindes ausrichten. Er fordert, daß sich der Erzieher in das Kind einfühlt und sich in es hineinversetzt, so wie es die Eltern auch tun. Aber sein Medium, an dem sich diese Zuneigungen und Aktivitäten realisieren, ist die Kultur, und damit zielt die pädagogische Liebe stets auf das Geistige im Zögling. Daher muß nach NOHL die "pädagogische Liebe" eine hebende, d. h. geistige Liebe sein; sie kann keine erotische oder karitative sein.

Von heute aus gesehen, kann NOHL so verstanden werden, daß er mit Nachdruck darauf hinweisen will, daß pädagogisches Handeln ohne die elementare Zuneigung zum Menschen nicht möglich ist.

Zur "pädagogischen Autorität":

Das Merkmal der pädagogischen Autorität verstärkt das der pädagogischen Liebe. In der pädagogischen Autorität geht es zugleich um den Gehorsam des zu Erziehenden. Pädagogische Autorität hat nach NOHL überhaupt nichts mit der Anwendung von Macht und Gewalt zu tun, sie verbindet sich vielmehr mit der pädagogischen Liebe in dem Ziel, den jungen Menschen zu seiner Selbstbildung gelangen zu lassen.

Ganz in diesem Sinne äußert sich NOHL:

> "Autorität (ist) nichts anderes als das Gewissen jenes höheren Lebens und das Vorbild jener höheren Form, dem die Seele zugeführt werden soll ... Autorität heißt also nicht Gewalt ... und Gehorsam heißt nicht aus Angst tun oder blind folgen, sondern heißt freie Aufnahme des Erwachsenenwillens in den eigenen Willen, spontane Unterordnung als Ausdruck eines inneren Willensverhältnisses, das gegründet ist in der überzeugten Hingabe an die Forderungen des höheren Lebens, das durch den Erzieher vertreten wird" (NOHL 1935/1963, S. 138/139).

Auch bei der pädagogischen Autorität und dem Gehorsam ist die Grundstruktur des pädagogischen Bezugs zu erkennen: Die Wechselwirkung auf der willentlich-geistigen Ebene. So gestaltet denn das "höhere Leben", das in der erzieherischen Hinwendung des Erziehers zum Zögling zur Repräsentanz kommt, sogar die Autorität mit; und im Gehorsam des Zöglings zeigt sich die Akzeptierung des höheren Lebens, dessen erster Ausdruck die Zustimmung des Zöglings ist, sich in die Bildung hineinziehen zu lassen oder sich selbständig im Medium der Bildung zu bewegen, also Selbstbildung und Selbsterziehung zu realisieren. So kann man sich bildlich den pädagogischen Bezug als einen Schmelztiegel vorstellen, in dem von Erzieher und Zögling gleichermaßen Autorität und Gehorsam als innere Verpflichtung eingesehen werden. Ihre Verbindung zur pädagogischen Liebe ist zwingend, wird doch durch diese die Autorität relativiert und der Gehorsam des jungen Menschen "abgekürzt".

Zur "Aufhebung des pädagogischen Bezugs":

Das Merkmal von der Aufhebung des pädagogischen Bezugs ist bereits von SCHLEIERMACHER (1826/1957) aufgezeigt worden. Darauf weist auch NOHL hin, wenn er sagt:

> "Die Erziehung endet da, wo der Mensch mündig wird, das heißt nach SCHLEIERMACHER: wenn die jüngere Generation auf selbständige Weise zur Erfüllung der sittlichen Aufgabe mitwirkend der älteren Generation gleichsteht, die Pädagogik hat so das Ziel, sich selbst überflüssig zu machen und zur Selbsterziehung zu werden, die dann bis zu unserem Tode fortreicht ..." (NOHL 1935/1963, S. 132).

3. Schlußfolgerungen

Auf drei Ebenen lassen sich in gebotener Kürze einige Schlußfolgerungen aus den Erörterungen ziehen: 1. auf der theoretischen und 2. auf der inhaltlichen Ebene sowie 3. in bezug auf die Grenzen des pädagogischen Bezugs.

Zur Theorie:

Die Modellvorstellung vom pädagogischen Bezug hat - wie in der pädagogischen Literatur einhellig hervorgehoben wird (KLAFKI 1971, LASSAHN 1974) - maßgeblich die Theoriebildung der geisteswissenschaftlichen Richtung der Pädagogik mitbegründet und fundiert. Dies ist hinreichend bekannt.

In den letzten beiden Jahrzehnten ist aber immer wieder Kritik an dem pädagogischen Verhältnis geübt worden. Dabei hat sich die Kritik im wesentlichen auf einen Punkt konzentriert. Es wird vorgetragen, daß die Modellvorstellung vom pädagogischen Bezug die Weiterentwicklung der Pädagogik in Richtung einer modernen Sozialwissenschaft verhindert habe. Diese Verhinderung kann - von der Gegenwart her betrachtet - als aufgehoben bezeichnet werden, hat die Pädagogik in der Bundesrepublik Deutschland doch seit den 70er Jahren nicht nur neue sozialwisenschaftliche Theorien rezipiert, sondern auch die empirische Forschung maßgeblich verstärkt, so daß ROTH von einer "realistischen Wende in der Pädagogik" (1969, S. 83 ff) sprechen konnte. In der Gegenwart haben sich denn auch neben der geisteswissenschaftlichen Richtung der Pädagogik eine Reihe weiterer gewichtiger Richtungen etabliert (LASSAHN 1973).

Zum Inhalt:

Die inhaltlich-fachliche Bedeutung der Modellvorstellung vom pädagogischen Bezug zeigt sich in mehrfacher Hinsicht. Zunächst ist hervorzubeben, daß sich der pädagogische Bezug auf einer Bildungstheorie gründet. In dieser wird versucht, Kultur und Mensch auf eine lebendige Weise zusammenzubringen. Diese Lebendigkeit wird dadurch angestrebt, daß alle Bemühungen der Erziehung auf das Individuum gerichtet sind. Daher gewinnt die Individualität eine besondere Rolle. Nur derjenige Mensch, der in der Lage ist, seine Bildsamkeit zu aktivieren und zu erfahren, wird im Prozeß der Verlebendigung der Kultur seine unverwechselbare Individualität herausbilden. Daraus erhellt sich ein drittes. Kultur muß resubjektiviert, d. h. an die Bildsamkeit des Menschen gebunden werden. Zugleich aber muß die Kultur bewertet werden. Es muß also zwischen wertvollen Kulturgütern, die für den Bildungsprozeß bedeutsam sind, und weniger wertvollen Kulturgütern unterschieden werden. Hierbei spielen die Inhalte des klassischen Gymnasiums eine entscheidende Rolle. Wenn in diesem Zusammenhang also von Geist gesprochen wird, dann geschieht dies nicht in einer diffusen Weise, sondern auf dem Hintergrund des Wissens von einem wertvollen Kranz humanistischer Bildungsinhalte, die allerdings von heute aus gesehen problematisiert werden müssen.

Die implizite Anthropologie kann als durchaus positiv betrachtet werden, wird im pädagogischen Bezug doch versucht, die grundlegende anthropologische Differenz zwischen Erwachsenen und Heranwachsenden durch den Bildungsprozeß zu relativieren.

Die Modellvorstellung vom pädagogischen Bezug gibt eine Reihe von menschlich bedeutsamen Momenten frei, die für die Stiftung von Erziehungs- und Bildungsverhältnissen wichtig sind. Daher kann die Modellvorstellung auch heute noch durchaus zur Interpretation und zum besseren Verstehen der menschlichen Beziehungen in Erziehungs- und Bildungsverhältnissen dienen. Dies gilt insbesondere dann, wenn hierzu die verschiedenen Interpretationsansätze des pädagogischen Bezugs herangezogen werden.

Grenzen des pädagogischen Bezugs:

Die Grenzen des pädagogischen Bezugs lassen sich in folgenden Punkten markieren:

1. Das Verhältnis zwischen Erwachsenen und Heranwachsenden bleibt in einer gewissen Engführung. Dies liegt daran, daß nicht nur ausgewähltes Bildungsgut die Beziehung stiftet, sondern daß auch die Beziehung selbst in

ihrer sozialen Funktion auf die Geistigkeit des Educanden ausgerichtet bleibt. Modern gesprochen, könnte man sagen, daß im pädagogischen Bezug lediglich die kognitive Seite der Persönlichkeitsentwicklung des jungen Menschen angesprochen wird; die affektive Seite hingegen nur dann, wenn sie der Kognition dient.

2. Durch die Auswahl des Kulturgutes ist bereits eine Setzung vorgenommen, die eine normative Funktion gewinnt und die die Persönlichkeitsentwicklung eher auf diese Werte fixiert als diese offen hält für weitere tätige und selbständige Auseinandersetzung. Es muß jedoch hier hinzugefügt werden, daß der Bildungsprozeß so angelegt werden soll, daß der gebildete herangewachsene Mensch selbständig in der Lage ist, seine Bildung zu erweitern. Dennoch ist hier Kritik anzumelden.

3. Bei einer ausschließlichen Realisierung des pädagogischen Bezugs führt dies zu einer Ausblendung oder Abblendung der gesamtgesellschaftlichen Realität. Dieser Vorgang hat wohl sehr selten stattgefunden, ist der pädagogische Bezug von der Realität doch stets überholt worden. Gerade dies aber ist kein Beweis dafür, die Modellvorstellung vom pädagogischen Bezug aus der pädagogischen Literatur zu streichen.

Literatur

BUBER, M.: Reden über Erziehung. Heidelberg 1956.

DILTHEY, W.: Pädagogik. Geschichte und Grundlinien des Systems. 3. unveränd. Aufl. Gesammelte Schriften IX. Bd. Göttingen 1961.

HERTZ, H.: Die Theorie des pädagogischen Bezugs. Langensalza 1932.

KLAFKI, W.: Erziehungswissenschaft als kritisch-konstruktive Theorie. In: Zeitschrift für Pädagogik 17 (1971).

KLAFKI, W. u.a.: Erziehungswissenschaft. 3 Bde. Bd. 1 Frankfurt/M. 1970.

KLUGE, N.: Das pädagogische Verhältnis. Darmstadt 1973.

KRON, F. W.: Theorie des erzieherischen Verhältnisses. Bad Heilbrunn 1971.

LASSAHN, R.: Einführung in die Pädagogik. 4. durchges. Aufl. Heidelberg 1982.

MOLLENHAUER, K.: Theorien zum Erziehungsprozeß. Zur Einführung in erziehungswissenschaftliche Fragestellungen. München 1972.

NOHL, H.: Die pädagogische Bewegung in Deutschland und ihre Theorie. 6. unveränd. Aufl. Frankfurt 1963.

ROTH, H.: Pädagogische Anthropologie. Bd. 1 Bildsamkeit und Bestimmung. Berlin, Darmsadt, Dortmund 1969.

SCHLEIERMACHER, F.: Pädagogische Schriften. Hrsg.: WENIGER E. 1. Bd. Die Vorlesungen aus dem Jahre 1826. Düsseldorf/München 1957.

SPRANGER, E.: Kultur und Erziehung. Leipzig 1928.

Maria Fölling-Albers

Die Kibbutzim in Israel – Ihr Erziehungssystem im gesellschaftlichen Wandel *

Die Kibbutz-Bewegung kann nunmehr auf eine 75-jährige Geschichte zurückblicken. Die ersten Kvutzoth (wörtl. Gruppe: Vorläufer der jetzigen Kibbutzim) wurden Anfang dieses Jahrhunderts von osteuropäischen jüdischen Einwanderern in Palästina gegründet. Aus den kleinen, primitiv ausgestatteten, meist nicht mehr als 10 bis 20 Personen umfassenden Siedlungsgruppen haben sich Dörfer entwickelt, in denen z. T. mehr als 1000 Menschen leben, die mehrere Generationen beherbergen, die über ein technologisch hochentwickeltes Wirtschaftssystem mit modernem Management verfügen und die ein sehr ausdifferenziertes und anspruchsvolles Reproduktionssystem aufweisen.

Der strukturelle Wandel des Kibbutz hat auch sein Erziehungssystem nicht unbeeinflußt gelassen; mehr noch: Es scheint eine Affinität zwischen den allgemeinen sozio-strukturellen Veränderungsprozessen der Kibbutz-Bewegung und spezifischen Bereichen ihres Erziehungssystems zu bestehen (vgl. FÖLLING-ALBERS 1977, 1980, 1984).

Es ist das Anliegen dieses Artikels, die jeweilige Art dieser Affinität in den verschiedenen Phasen der Kibbutz-Bewegung zu beschreiben und den Stellenwert zu analysieren, den

---

* Der vorliegende Beitrag ist die überarbeitete und erweiterte Fassung eines Vortrags, den die Autorin im Mai 1985 auf der Internationalen Kibbutz- und Kommune-Konferenz in Ramat Efal (Israel) gehalten hat.

die Erziehung jeweils im Selbstverständnis des Kibbutz als alternative Lebensgemeinschaftsform innehatte bzw. -hat.

1. Die Verknüpfung von Leben und Lernen in der Phase des "Bund"

Die erste Phase, vom Beginn der ersten Kibbutz-Gründungen bis etwa zur Staatsgründung Israels (Mai 1948), von Y. TALMON-GARBER (1959, 1965) als "Bund" bezeichnet, umfaßt sowohl die revolutionär-anarchistische Zeit der Anfänge als auch die Zeit der Konstituierung und Stabilisierung in den 30er und 40er Jahren. Es war das Anliegen der Pioniere der Kibbutz-Bewegung, auf der Basis sozialistischer Genossenschaften ein neues, ein anderes Palästina aufzubauen. Dies geschah im bewußten Gegensatz zum bürgerlich-kapitalistischen Palästina, das sich vor allem in den Städten entwickelte. Die Kibbutz-Bewegung fühlte sich als Avantgarde, und ihr wurde auch von außen diese Rolle zugeschrieben. Die umfassende kollektive Identifikation der Mitglieder war getragen von einer eigenständigen, spezifischen Kultur, die sich ihrerseits herleitete vom sozialistischen Zionismus BOROCHOWscher und GORDONscher Prägung. Die Arbeit am Aufbau des Kibbutz galt für die Mitglieder als wichtigstes Mittel der Selbstverwirklichung. Die Integration von Arbeit und Leben war ein wesentlicher Bestandteil des ideologischen Selbstverständnisses, das sich ausdrückte in kollektiver Produktion, kollektivem Konsum (Mahlzeiten und Freizeitgestaltung) und kollektiver Erziehung. Diese kulturelle und ideologische Orientierung der Pioniere bildete die Basis für das von ihnen entwickelte Erziehungskonzept.

Es galt als das wichtigste Ziel der Erziehung, einen "neuen Menschen" zu schaffen, der die Werte des Kibbutz "wie selbstverständlich" in sich aufnimmt und der "wie selbstverständlich" in die Gemeinschaft hineinwächst. M. SEGAL, einer der führenden Begründer der Kibbutz-Erziehung: "We have conducted our education in line with our aims: first of all to raise a kibbutz type of man, who will be - as a result of his education - fit to go on with kibbutz life." (1965, S. 3).

Die Verknüpfung von Leben und Lernen wurde als das geeignete pädagogische Konzept angesehen, dieses Ziel zu erreichen. Konkretisiert wurde dieses Konzept u. a. durch folgende pädagogischen Prinzipien sowie organisatorischen und curricularen Maßnahmen:

- Errichtung relativ autonomer Kinderhäuser, in denen die Kinder und Jugendlichen nicht nur lernten, sondern auch lebten, d. h. wohnten und schliefen.
- Erziehung zur Gemeinschaft in den Kinderhäusern (Kooperation, Solidarität, kollektive Identität); die Gruppe galt neben den Eltern und den Erziehern als gleichwertige Sozialisationsinstanz.
- Ableitung der Lerninhalte vor allem aus der Umwelt der Kinder; nahezu jeder Kibbutz errichtete seine eigene Grundschule; aber auch die Mittelschulen (Sekundarstufen) wurden im TAKAM, dem größten Kibbutz-Verband, nach Möglichkeit im eigenen Kibbutz erbaut. Der Kibbutz-Artzi, der zweitgrößte Kibbutz-Verband, errichtete für die Jugendlichen Internatsschulen (Mosad), die die Bedeutung des Gruppenlebens besonders stark gewichteten.
- Gleichbewertung von geistiger, seelischer, sozialer und körperlicher Entwicklung des Kindes; Entwicklung und Praktizierung integrativer Unterrichtskonzepte: Fächerintegration, Projektunterricht.
- Erziehung zur Arbeit (Selbstarbeit, körperliche Arbeit) durch die Institutionalisierung täglicher bzw. wöchentlicher Arbeitsstunden in den Produktions- und Dienstleistungsbetrieben. Die Hinführung zur Arbeit beginnt bereits im Kindergarten- und Grundschulalter (Hilfe bei der Reinigung des Hauses und des Hofes; Arbeit auf der Kinderfarm). Der Einsatz der Jugendlichen in den Pro-

duktions- und Dienstleistungsbereichen soll ein Kennenlernen der und Hineinwachsen in die Erwachsenenwelt erleichtern helfen.

Eine der wichtigsten Voraussetzungen für die Realisierung des o. g. Ziels in den Kinderhäusern war, daß die Lehrer und Erzieher nicht nur Vermittler von Wissen, Techniken und Fertigkeiten waren, sondern gleichzeitig auch Freunde und Berater der Kinder - Pädagogen, die sich in hohem Maße mit "ihrem" Kinderhaus jeweils identifizierten.

Dieses ausgeprägte Konzept der Integration von Arbeiten und Leben bei den Mitgliedern und der Integration von Leben und Lernen in den Kinderhäusern implizierte aber gleichzeitig die Einhaltung einer Separation. Für die Kibbutz-Gemeinschaft insgesamt war es die Abgrenzung von Teilen ihrer Lebenskultur von der Landeskultur; für die Erziehung war es die Trennung des Kinderhauses vom Elternhaus (räumliche Trennung, Funktionstrennung). Auch wenn die Pioniere gerade den letztgenannten Aspekt der Trennung aufgehoben sahen in ihrer kollektiven, integrativen Lebensweise insgesamt, in der allumfassenden kollektiven Identität, so kann man doch vor allem im Nachhinein sagen, daß die Merkmale der Segregation und Integration, der Autonomie und Interdependenz als jeweils dialektisch aufeinander bezogene Konstrukte zum einen wesentliche Kennzeichen sind, die die Konzepte der Verknüpfung von Arbeiten und Leben und von Leben und Lernen im Kibbutz charakterisieren; zum anderen lassen sich strukturelle Veränderungen des Kibbutz anhand dieser Merkmale besonders deutlich festmachen. Der von den Kibbutz-Mitgliedern zwar permanent diskutierte, doch von ihnen im wesentlichen akzeptierte und in der Regel sogar offensiv (nach außen hin) propagierte Modus des Zusammenlebens der Kinder im Kinderhaus und die entwickelte Theorie der Kindererziehung beruhten auf der Überzeugung von der besonderen Qualität dieser Lebens- und Erziehungsform.

2. Differenzierung in der Phase der "Commune"

Aus der tiefen Krise der Siedlungsbewegung nach der Staatsgründung ist der Kibbutz verändert hervorgegangen. Der revolutionäre Impetus, der den "Bund" vor allem als eine herausragende alternative Lebensgemeinschaftsform ausgezeichnet hatte, war nur noch wenig spürbar. Vielmehr setzte in zunehmendem Maße eine Orientierung an Produktions- und Lebensformen der Außenwelt ein. Dieser Anpassungsprozeß wurde als notwendig für das ökonomische und soziale Überleben der Bewegung angesehen. Folgende Strukturmerkmale kennzeichnen die "Commune": Industrialisierung und Technisierung im ökonomischen Bereich, soziale Differenzierung und Familialisierung im sozialen System des Kibbutz. Mit dem Ansteigen des Lebensstandards entstand eine größere Konsumfreudigkeit; kollektive Werte mußten neu definiert und individuellen Bedürfnissen angepaßt werden (z. B. Einführung eines privaten Budgets; Einnehmen von Mahlzeiten - zunächst die Teestunde, später auch oftmals das Abendbrot - in der eigenen Wohnung; Privatisierung von Konsumgütern, z. B. Radios, später auch Fernseher; Reduzierung der Funktion der Vollversammlung durch Delegation von Vorentscheidungen an Fachausschüsse etc.). Der Familialisierungsprozeß, der den Einfluß des Elternhauses auf die Erziehung im Kinderhaus vergrößerte (z. B. durch das Schlafenlegen der Kinder durch die Eltern, durch eine stärkere Öffnung des Kinderhauses für die Eltern, durch den Trend hin zur familialen Übernachtung) setzte eine immense Veränderungsdynamik frei.

Der Familialisierungsprozeß wurde vor allem von den jungen Frauen und Müttern forciert. Sie hatten immer weniger an den produktiven Zweigen der Wirtschaft teil und wurden größtenteils in den expandierenden Dienstleistungsbereichen beschäftigt (Küche, Wäscherei, Kindererziehung).

Diese sozialen Veränderungen im Kibbutz hatten auch Einfluß auf das Konzept der Integration von Leben und Lernen in den Kinderhäusern. Die Eltern orientierten ihre Lernerwartungen an die Schule mehr und mehr an den Lern- und Leistungsanforderungen der Stadtschulen. Es fand eine zunehmende Abschwächung der Einheit von Leben und Lernen in den Kinderhäusern statt. Das schulische Curriculum nahm nach und nach immer mehr Elemente des Curriculum der Staatsschulen auf, z. B. durch die Einführung von Lehrbüchern, die auch in Staatsschulen eingesetzt wurden; durch verstärkten Fachunterricht; durch die Errichtung von Mittelpunktschulen im TAKAM, in die die Schüler morgens gefahren und von denen sie am Nachmittag abgeholt wurden; in zahlreichen Siedlungen durch eine Verlagerung des ersten Schuljahres, das in vielen Kibbutzim im Kindergarten unterrichtet wurde, weil dort Spielen und Lernen besser integriert werden konnten, in die Schule.

Zusammenfassend kann festgehalten werden, daß die "Commune" durch den Konflikt gekennzeichnet ist, einerseits einen konstanten technologischen, ökonomischen und sozialen Fortschritt verwirklichen zu wollen, andererseits den Grundsatz der Gemeinschaftlichkeit, die Erhaltung breiter, personaler, spontaner und intensiver Beziehungen zwischen den Mitgliedern des Kollektivs, nicht aufgeben zu wollen. Wie deutlich geworden ist, hat die Erziehung sich den veränderten strukturellen Bedingungen angepaßt und dadurch die Tendenzen zu Veränderungen hin verstärkt. Insgesamt kann man sagen, daß die Funktion der Erziehung widersprüchlich wurde; einerseits sollte sie die ursprünglichen kollektiven ideologischen Werte vermitteln, andererseits "für das Leben im Kibbutz" erziehen, das seinerseits diese Werte nicht mehr in vollem Umfang praktizierte. Die Rolle des Erziehers im Kibbutz verlor an Ansehen; die Bereitschaft der Mitglieder, Erzieher zu werden, nahm deutlich ab.

3. Individualisierung in der "Association" ("Vereinigung")

Mit "Association" wird der moderne, der "urbanisierte" Kibbutz der heutigen Tage umschrieben (vgl. COHEN 1969, 1982). Der Strukturwandel von der "Commune" zur

"Association" wurde nicht durch Krisen, sondern vielmehr durch eine Phase der Konsolidierung eingeleitet; der Übergang erfolgte allmählich etwa von der Mitte der 60er Jahre an. E. COHEN bemerkt: "... nicht nur die Wirtschaft, die ganze Lebensart wird in steigendem Maße von Maßstäben und Werten der übrigen Gesellschaft beeinflußt." (1982, S. 320) Das Vorbild der Mitglieder ist die städtische jüdische Gesellschaft, ihr Lebensstil. Der Familialisierungsprozeß beschleunigte sich. Im TAKAM hat die überwiegende Mehrheit der Siedlungen eine familiale Übernachtung eingeführt bzw. beschlossen; aber auch im Kibbutz Artzi hat dieser Prozeß bereits eingesetzt: Individuelle Selbstverwirklichung in der Freizeit und/oder im Beruf wurde den jungen Mitgliedern zum wichtigsten Bedürfnis. Dies führte zu einem höheren Anspruch auf individuelle Konsumgüter, aber auch zu einer ständig steigenden Nachfrage nach höherer Bildung (Besuch von Hochschule und Universität) sowie nach beruflicher Spezialisierung und Qualifizierung. Letzteres birgt die Gefahr einer hohen Abwanderung mit sich, wenn im Kibbutz keine ausreichende Möglichkeit besteht, entsprechend der Qualifikation dort auch beruflich tätig zu werden. Daten über das Interesse an Mitgliedschaft im Kibbutz bei der im Kibbutz aufgewachsenen jungen Generation scheinen das zu bestätigen: nur ca. 50 % der jungen Menschen stellen Anträge auf Mitgliedschaft. (Vgl. LEVIATHAN 1975, 1982)

Die zunehmende Orientierung der Kibbutz-Mitglieder an den Lebensnormen der mittelständischen städtischen Kultur hat auch die Erziehung im Kibbutz nicht unbeeinflußt gelassen:

- Durch die Einführung des staatlichen Abiturs in etwa 50 % der Kibbutzim wurden Lehrinhalte und -methoden noch stärker denen der Stadtschulen angepaßt. Die Anzahl der wöchentlichen Arbeitsstunden in den Betrieben ging zurück.

- Die geistige Entwicklung des Kindes und die Entfaltung der kreativen Aspekte seiner Persönlichkeit erhielten von der "kognitiven Wende" vom Ende der 60er Jahre an auch bereits in der Vor- und Grundschulerziehung ein herausragendes Gewicht (vgl. auch die sehr intensive Rezeption der Theorie der Intelligenzentwicklung PIAGETs im Kibbutz).

- Der Druck der Eltern auf die Erzieher, daß die Kinder in der Schule "etwas lernen", d. h. formalen Lern- und Leistungsanforderungen genügen, wuchs. Das erste Schuljahr wurde vor allem im TAKAM in zunehmendem Maße aus dem Kindergarten herausgenommen.
- Die theoretischen Konzepte zur Kindergarten- und Grundschulerziehung, die in den vergangenen 10 Jahren unter der Federführung von G. LEWIN und Ch. SHAMIR entwickelt worden sind, sind in einem hohen Maße Individuum-orientiert. Das Ziel ist die optimale Entwicklung und Förderung des einzelnen Kindes; als Begründungen für diese Konzepte werden ausschließlich pädagogische und psychologische Argumente genannt, ideologische spielen keine Rolle.

Es kann abschließend zu dieser Phase festgehalten werden, daß das grundlegende, bereits im "Bund" angelegte Dilemma des Kibbutz, einerseits von den Mitgliedern kollektive Solidarität zu erwarten, die einen gewissen Konformitätsdruck mit sich bringt, andererseits ihnen die Freiheit zu geben, die Grundvorschriften des Kibbutz relativ unabhängig zu interpretieren, z. B. im Sinne einer individuellen Selbstverwirklichung, wie das bei der 2./3. Generation in einem hohen Maße der Fall ist, in dieser Phase besonders zum Ausdruck kommt. Da die Ideale der Pioniere formal nicht aufgegeben worden sind, war der Individualisierungsprozeß vor allem gekennzeichnet als einer, der sich *gegen* die Gemeinschaft oder zumindest gegen die vorherrschende Gemeinschaftsideologie durchgesetzt hat. Dadurch ist ein Widerspruch zwischen öffentlichem Wertsystem und privater, persönlicher Wertorientierung entstanden. Die Diskrepanz zwischen personaler und kollektiver Identität kommt nun in der Rolle der Erzieher im Kibbutz besonders zum Tragen. Wenn sie versuchen, die kollektiven Werte des Kibbutz zu propagieren und sich für sie einzusetzen, kostet das nicht nur große Kraft und hohes Engagement, sondern sie erhalten für ihren Einsatz auch nicht die soziale Anerkennung, die dieser Leistung entsprechen würde, weil der allgemeine Trend des Kibbutz gegen das kollektivistische Konzept gerichtet ist, während sich die Erzieher der ersten Generation in Übereinstimmung mit den allgemeinen Normen wußten und sie im Kibbutz ein hohes Ansehen besaßen - das galt insbesondere für die Zeit, als die Erzieher die ersten Mitglieder der Siedlungen waren, die ein akademisches Studium aufnehmen konnten. Die Erzieher heute jedoch müssen quasi stellvertretend für den Kibbutz insgesamt diesen Konflikt zwischen individualistischer Orientierung und kollektiven Normen täglich aushalten. Von daher ist der gegenwärtige gravierende Lehrermangel im Kibbutz nicht nur ein Personal-, sondern in erster Linie der Ausdruck eines strukturellen Problems des Kibbutz. Die individualistische Orientierung in den neuen theoretischen Konzepten zur Kindergarten- und Grundschulerziehung scheinen aus dieser Sicht einen Ausweg aus dem Dilemma anzubieten.

4. Fazit über die Rolle der Erziehung im Kibbutz als alternatives soziales System

Im folgenden sollen zusammenfassend Schlußfolgerungen über die Rolle der Erziehung im Prozeß der Entwicklung und Veränderung des Kibbutz gezogen werden:

1. Die Erziehung im Kibbutz hat die jeweiligen strukturellen Bedingungen des Kibbutz bekräftigt. Das gilt sowohl für die ersten Ansätze gemeinschaftlicher Erziehungspraxis in den Gründungsjahren, bei denen fast ausschließlich die Frauen als zuständig für die täglichen Betreuungsaufgaben angesehen wurden (und daran hat sich bis heute nichts geändert), obgleich im Prinzip die Erziehungsfrage als eine kollektive angesehen wurde, wofür die Gemeinschaft aufzukommen habe. Für die Frauen war die kollektive Organisation der Kinderbetreuung (anfangs oft im Rotationsverfahren praktiziert) die ein-

zige Voraussetzung dafür, daß sie im täglichen Kampf um die Gleichberechtigung, das hieß vor allem um einen Arbeitsplatz in den produktiven Bereichen der Siedlungen, insbesondere in der Landwirtschaft, gegen die eigenen Mitglieder in der Kommune eine Chance hatten, sich durchzusetzen. Die Stabilisierungs- und Legitimationsfunktion der Erziehung im Kibbutz gilt aber auch für die Theorie der Kollektiverziehung, die in den 30er Jahren von GOLAN, RON-POLANI, SEGAL u. a. entwickelt worden ist, ebenso wie für die heutigen Theorien, die sich vor allem am Individuum orientieren. Man kann somit für die Pionierphase wie für die heutige Zeit festhalten, daß die pädagogischen Theorien jeweils auch Legitimationsfunktionen für die entwickelte Praxis gehabt haben und noch haben.

2. Der in der Kibbutz-Bewegung vollzogene Anpassungsprozeß kann als ein Kompromiß zwischen dem Bedürfnis der Gründer-Generation nach Tradierung und dem Bedürfnis der nachfolgenden Generation nach Veränderung angesehen werden. Die Anpassungen an Normen und Werte der umgebenden Gesellschaft und damit ein Aufweichen des alternativen Charakters des Kibbutz muß als ein Preis angesehen werden, den die Kibbutz-Bewegung zu zahlen hatte bei ihrem Anliegen, a) vor allem über die eigene Nachkommenschaft das Fortbestehen zu sichern, und diese "wie selbstverständlich" in den Kibbutz hineinwachsen zu lassen, und b) als Bewegung nicht eine unbedeutende kleine Splittergruppe zu werden und Anteil zu haben an der ökonomischen und sozialen Entwicklung im Lande.

3. Als eine Konsequenz aus dem o. g. Anliegen, die nachfolgende Generation "für den Kibbutz" zu erziehen und durch die eigene Nachkommenschaft seine Fortführung zu erreichen, geriet ein wichtiges Merkmal des Kibbutz als *alternative* Lebensgemeinschaftsform, *die Freiwilligkeit der Mitgliedschaft*, die die bewußte rationale Entscheidung für oder gegen das Leben in dieser

Gemeinschaftsform voraussetzt, in den Hintergrund. In den früheren Jahrzehnten hat die Entscheidung vom im Kibbutz herangewachsenen jungen Menschen gegen eine Mitgliedschaft im Kibbutz nicht selten bei den Eltern und Kindern erhebliche Schuldgefühle ausgelöst. Das Konzept der Integration von Leben und Lernen, das eine solche selbstverständliche Tradierung des Kibbutz-Wertsystems gewährleisten sollte, hat somit, wenn auch von den Begründern der Konzepte nicht beabsichtigt, zu diesem Dilemma beigetragen. Eine wichtige Voraussetzung für eine freiwillige Entscheidung für oder gegen eine Mitgliedschaft im Kibbutz ist, den Heranwachsenden eine Ausbildung zukommen zu lassen, die es ihnen ermöglicht, auch außerhalb des Kibbutz einen adäquaten Lebensstandard erreichen zu können.

4. Durch seine weitgehende Identifikation mit dem politisch-ökonomischen System der Außenwelt hat der Kibbutz seine politisch-ideologische Avantgarde-Funktion in starkem Maße verloren. (Vgl. dazu COHEN 1982, S. 330 und KEREM 1982, S. 33) Die Selbstdefinition und Identität einer Kommune, die sich als alternativ versteht, kann nur durch einen Bezug auf die umgebende Gesellschaft gewonnen und aufrechterhalten werden, indem ihren Mitgliedern klar wird, durch welches Merkmal sich ihre Lebensgemeinschaft von der sie umgebenden Gesellschaftsform unterscheidet. Dies bedeutet, daß eine Neudefinition des Kibbutz-Selbstverständnisses zwangsweise dann nötig wurde und wird, wenn sich größere Veränderungen in der umgebenden Gesellschaft durchsetzen. Dies war in Israel nach der Staatsgründung und nach dem 6-Tage-Krieg (Juni 1967) der Fall.

5. Der urbanisierte Kibbutz der heutigen Zeit ist vor allem das Produkt der 2./3. Generation. Sie identifiziert sich mit ihm und leitet aus ihm ihre soziale Identität ab. Von daher ist eine grundlegende Veränderung in der ideologischen Orientierung in absehbarer Zeit nicht zu er-

warten, wenn nicht von außen kommende Bedingungen den Kibbutz zu einer Veränderung veranlassen. Die Erzieher im Kibbutz befinden sich in einem besonderen Dilemma. Einerseits sollen sie als Repräsentanten seines Wertsystems dieses an die nachwachsende Generation vermitteln; andererseits sind sie als Mitglieder der 2./3. Generation und auch als Eltern an dem Veränderungsprozeß des Kibbutz hin zu seiner jetzigen Struktur mitbeteiligt gewesen und weiterhin mitbeteiligt. Die gegenwärtig sich vollziehende Umorientierung pädagogischer Konzeptionen hin zu mehr individualisierenden Lernkonzeptionen und formen könnte dazu beitagen, daß die widersprüchlich gewordene Rolle des Erziehers wieder eindeutig definiert, und vor allem, daß sie konstruktiv bestimmt werden könnte. Ob sich diese Chance realisieren läßt, ist derzeit noch nicht abzusehen.

6. Es gilt zu betonen, daß der gegenwärtige Kibbutz der beste Beweis dafür ist, daß ein Zusammenleben von Menschen nach sozialistischen Prinzipien (Verzicht auf Privateigentum an Produktionsmitteln, Verzicht auf ein differenzierendes materielles Entlohnungssystem, Selbstverwaltung, gleiche Ausbildungschancen für alle Heranwachsenden), daß ein Zusammenleben in größeren, mehrere Generationen umfassenden und über mehrere Generationen hinweg existierenden sozialen Einheiten auf hohem technischem, ökonomischem und sozialem Niveau möglich ist. Von daher ist (und bleibt vorläufig) der Kibbutz eine soziale Lebensalternative. Dieses erreicht zu haben, daran hatte die Erziehung einen wesentlichen Einfluß.

Literatur

BARTÖLKE, K./BERGMANN, Th./LIEGLE, L. (Hrsg.): Integrated Cooperatives in the Industrial Society. The Example of the Kibbutz, Assen (Netherlands) 1980.

BOROCHOW, B.: Die Grundlagen des Poale-Zionismus, Frankfurt 1969.

COHEN, E.: Progress and Communality: Value Dilemmas in the Collective Movement, in: International Review of Community Development, 1966, p. 3-18.

COHEN, E: The Structural Transformation of the Kibbutz, Givat Haviva 1969 (mim.).

COHEN, E: Der Strukturwandel des Kibbutz, in: HEINSOHN (Hrsg.), 1982, p. 289-340.

COHEN, E./ROSNER, M.: Relations between Generations in the Israel Kibbutz, in: Journal of Contemporary History, vol. 5, 1970, p. 73-86.

FÖLLING-ALBERS, M.: Kollektive Kleinkind- und Vorschulerziehung im Kibbutz. Eine sozialgeschichtliche und entwicklungspsychologische Analyse, Paderborn, München 1977.

FÖLLING-ALBERS, M.: Sociostructural Change of the Kibbutz and its Impact on Preschool Education, in: BARTÖLKE/BERGMANN/LIEGLE (Hrsg.), 1980, p. 86-94.

FÖLLING-ALBERS, M.: Die Einheit von Leben und Lernen in der Kibbutz-Erziehung. Eine Untersuchung der Institutionalisierung von Lernprozessen im Übergangsbereich Kindergarten - Grundschule, Habilitationsschrift, Universität Oldenburg 1984; erscheint in Kürze im Böhlau-Verlag, Köln.

FÖLLING-ALBERS, M.: The Transition from Kindergarten to Elementary School (hebr.), in: Hachinuch Hameshutaf, Jg. 31, 1981, no. 103, p. 38-40.

FÖLLING-ALBERS, M./FÖLLING, W.: Die Schule im Kibbutz. Eine Alternativschule als Regelschule, in: BUSCH, A./BUSCH, F.W. (Hrsg.): Suche nach Identität. Isabella RÜTTENAUER zum 75. Geburtstag, Oldenburg 1984.

GERSON, M.: The Child and his Family in the Kibbutz: Family, in: JARUS et al. (Hrsg.), 1970, p. 251-262.

GOLAN, Sh.: Collective Education in the Kibbutz, in: Psychiatry, vol. 22, 1959, p. 167-177.

HEINSOHN, G. (Hrsg.): Das Kibbutz-Modell. Bestandsaufnahme einer alternativen Wirtschafts- und Lebensform nach sieben Jahrzehnten, Frankfurt/M. 1982.

JARUS, A./MARCUS, J./OREN, J./RAPAPORT, Ch. (Hrsg.): Children and Families in Israel. Some Mental Health Perspectives, New York, Paris, London 1970.

KEREM, M.: Erziehung im Kibbutz, in: ACKERMAN/CARMON/ZUCKER (Hrsg.): Erziehung in Israel, vol. 2, Stuttgart 1982, S. 9-40.

LEVIATHAN, U.: Factors that determine attachment of kibbutz-born to kibbutz life and reasons of their departure. The institute for study and research of the kibbutz and the cooperative idea, University of Haifa, Israel 1975.

LEVIATHAN, U./ORCHAN, E.: Kibbutz-Members and their Adjustment to Life Outside the Kibbutz, in: Interchange, Jg. 13, 1982, H. 1, p. 16-18.

LEWIN, G.: "Man's Uniqueness - his Activity", Study Center for Children's Activities, Oranim 1981.

LEWIN, G.: Practice and Theory of an Active Pre-School Projekt, Study Center for Children's Activities, Oranim 1983.

LEWIN, G./NIR, Z.: Lets Play for Real. About Activities of Children in the Kindergarten (hebr.), Tel Aviv (Sifriat Hapoalim) 1980.

LIEGLE, L.: Familie und Kollektiv im Kibbutz, Weinheim, Berlin, Basel 1971, 5. erg. Aufl. 1979.

NEUBAUER, P.B. (Hrsg.): Children in Collectives. Child-rearing Aims and Practices in the Kibbutz, Springfield, Ill. 1965.

PORAT, R.: The History of the Kibbutz: Communal Education, 1904-1929, Norwood Editions, Norwood 1985.

RON-POLANI, J.: From Collective Education towards Education in Collectives, in: NEUBAUER (Hrsg.), 1965, p. 330-341.

ROSNER, M./COHEN, N.: Resümee aus: Die zweite Generation - Der Kibbutz zwischen Kontinuität und Wandel, in: HEINSOHN (ed.), 1982, p. 275-286.

SEGAL, M.: Theory and Aims of Kibbutz Education, in: NEUBAUER (Hrsg.), 1965 (a), p. 3-5.

SEGAL, M.: On Learning Process, in: NEUBAUER (Hrsg.), 1965 (b), p. 342-350.

SHAMIR, Ch.: Changes in the Elementary School in the Kibbutz (hebr.), in: Hachinuch Hameshutaf, Jg. 25, 1975, no. 87, p. 1-6.

SHAMIR, Ch.: Changes in the Elementary School in the Kibbutz (hebr.), in: Hachinuch Hameshutaf, Jg. 28, 1979, no. 97/98, p. 59-63.

SHAMIR, Ch:: The "Central Project" in the Elementary School (hebr.), in: Hachinuch Hameshutaf, Jg, 31, 1981 (a), no. 103, p. 2-3.

TALMON-GARBER, Y.: Social Structure and Family Size, in: Human Relations, vol. 12, 1959, p. 121-146.

TALMON-GARBER, Y.: The Family in a Revolutionary Movement. The Case of the Kibbutz in Israel, in: NIMKOFF (Hrsg.): Comparative Family Systems, Boston, 1965, p. 259-286.

ZIONISMUS in der Krise. Israelische Beiträge zur aktuellen Zionismus-Diskussion, mit Beiträgen von G. SCHOCKEM, M. BAR-ON, A. (Lova) ELIAV, Y. LEIBOWITZ, in: Israel und Palästina, Zeitschrift für den Dialog, Sonderheft 5, Deutsch-Israelischer Arbeitskreis für Frieden im Nahen Osten e.V., August 1984.

Heiner Ullrich

Über die Faszination alternativer Erziehungskonzepte. Einige Überlegungen über die Anziehungskraft der Waldorfpädagogik und der Antipädagogik

Die öffentliche Diskussion auf dem Feld der Erziehung ist seit einigen Jahren oberflächlich gesehen einerseits bestimmt durch enttäuschte Erwartungen gegenüber den staatlichen Reformversuchen und der Erziehungswissenschaft, andererseits durch ein steigendes *Interesse an pädagogischen Alternativen,* speziell der Waldorfpädagogik und der sogenannten Antipädagogik. Das Unbehagen wird in erster Linie genährt durch den in verschiedenen politischen Lagern artikulierten Verdruß an der staatlichen Bildungsreform, in deren Dienst sich viele Erziehungswissenschaftler in den letzten beiden Jahrzehnten mit den Zielen der Verbesserung der Qualifikation, der Chancengleichheit und der Integration gestellt hatten. Unter den Schlagwörtern Schulstreß, Bürokratisierung, Verrechtlichung usw. wird eine Diskussion geführt, in der nunmehr auf die eher kontraproduktiven Wirkungen staatlich implementierter Reformen und auf die zunehmende Entsinnlichung der Lebensbezüge in den staatlich verwalteten Bildungsinstitutionen abgehoben wird. Das öffentliche Bildungswesen, das in der Vergangenheit mit immer mehr Aufgaben bedacht worden ist, ist trotz zunehmender Normierung und Verrechtlichung in eine Legitimationskrise gelangt, weil es sein Monopol auf Statuszuweisung verloren hat. Die schulischen Bildungsabschlüsse sind immer mehr nur notwendige, jedoch immer weniger hinreichende

Voraussetzungen für die weitere berufliche und akademische Laufbahn. Das kann bedeuten, daß in der Überfütterung mit vorwiegend wissenschaftsorientierten Lerninhalten und irreal werdenden beruflichen Qualifikationen - durch ein instrumetalisiertes, in sich selbst kreisendes Schullernen - plötzlich der Hunger nach Selbstbildung bzw. nach "bedürfnisorientiertem" Lernen neu entdeckt wird. Initiativen, die als Lernen mit Kopf und Hand programmatisch den Zusammenhang des Lernens mit der persönlichen Erfahrung und die Gleichberechtigung der Lernpartner anstrebten, suchen sich ihren Ort außerhalb des Schulzwangs oder als freie Alternative zu den staatlich kontrollierten Institutionen. Sie werden häufig getragen von jungen Menschen, die, im Rahmen der neuen sozialen Bewegungen ihre kulturkritischen, "postmateriellen" Wertsetzungen selber erproben wollen:

> "Sie stellen Lebens-, Gesellschafts- und Zukunftsentwürfe zur Diskussion, deren Grundideen sich vielleicht in folgende Formulierung fassen lassen: nur in einem neuen Verhältnis zur Natur (ökologische Problematik), zu sich selbst (Autonomie, Subjekthaftigkeit) und zur menschlichen Gemeinschaft (Intimität und Solidarität) kann der Mensch als Subjekt und in Freiheit nicht nur das bloße Überleben (Frieden), sondern auch eine humane Form menschlicher Zukunft sichern" (HORNSTEIN 1984, S. 156).

Die Anhängerschaft einer solchen "alternativen" Orientierung erwartet in der Regel keine Unterstützung mehr von der wissenschaftlichen Pädagogik; vielmehr wird diese entweder als Variante repressiver Sozialtechnologien verfemt oder als überflüssige, weil für den humanen Umgang mit den Heranwachsenden praktisch inhaltsleere Reflexion angesehen.

Solche Vorwürfe finden Rückhalt in der Kritik, die namhafte Erziehungswissenschaftler an der Entwicklung ihrer eigenen Disziplin geübt haben. Andreas FLITNER hat der heutigen pädagogischen Wissenschaft u. a. vorgeworfen, daß sie nach der "realistischen Wende" durch übermäßige Spezialisierung und einseitige Anpassung an die nicht handlungsorientierten Nachbardisziplinen ihre zentralen Themen von Erziehung und Bildung verloren und durch terminologische, methodologische und konzeptionelle Überfremdung ihre einheimischen Begriffe und damit ihre engagierte Reflexion aufgegeben hat. Die Pädagogik dürfe aber als Wissenschaft nicht den ethischen Fragen der Gestaltung einer zukünftigen menschengerechten Welt aus dem Wege gehen. Denn:

> "Ohne einen gegenläufigen anti-technologischen Humanismus, der das Körperlich-Organische, das Emotionale, Altruistische, das Individuelle, das Kreative freisetzt und stärkt, ist Erziehung nicht zu denken" (FLITNER 1978, S. 190).

Günter BITTNER hat der akademischen Pädagogik sogar die praktische Überflüssigkeit bescheinigt und ihr jeden Erkenntnisfortschritt bestritten; im raschen Wandel von Theoriekonjunkturen werde in Wirklichkeit immer nur das Etikett gewechselt. Die "Inhaltsleere" der wissenschaftlichen Pädagogik sei eine Folge der Delegation ihres einstmals zentralen erfahrungsgesättigten Bestandteils - der pädagogischen Menschenkunde - an die inzwischen hochspezialisierte Pädagogische Psychologie.

Selbst wenn man eine solche (Selbst)Kritik der pädagogischen Wissenschaft für undifferenziert oder unangemessen hält, wird man einräumen müssen, daß es im Hinblick auf die Bildung von Lehrern und Sozialpädagogen in den meisten Fällen tatsächlich nicht gelingt, innerhalb der Hochschulen die praxisorientierende Bedeutung der Erkenntnisse und Methoden der zeitgenössischen Erziehungsforschung deutlich zu machen. In der Regel machen nämlich Studenten in Praktika und Projekten gerade die Erfahrung, daß die meisten aktuellen theoretischen Konzepte und Forschungsmethoden im helfenden und belehrenden Umgang mit Kindern und Jugendlichen überflüssig sind. Daraus resultiert dann nur allzu leicht ein theoriefeindlicher Affekt oder eine Absage an das gesamte "Projekt Pädagogik".

Ablehnung der staatlichen Normierung von Erziehung und Bildung und Suche nach einem persönlich-sinnhaften, ganzheitlichen Lernen sowie die Abkehr von einer als inhaltsleer, nicht verantwortungsbereit und praktisch überflüssig erfahrenen pädagogischen Wissenschaft - dies sind wohl die Motivationen, die der Beschäftigung mit den alternativen Pädagogiken seit einiger Zeit einen fruchtbaren Boden bereiten.

Da man nicht von *der* Alternativpädagogik sprechen kann, und es auch wenig nützlich ist, von den Zielen und Prinzipien *der* Alternativpädagogik zu sprechen, soll hier am Beispiel zweier prominenter Richtungen - der Waldorfpädagogik und der sogenannten Antipädagogik - gefragt werden, worin die Anziehungskraft dieser Bewegungen gründet und worin die Risiken solcher pädagogischen Lehren liegen. Die Waldorfpädagogik kann man schlagwortartig als den eher traditionalistisch-konservativen, die Antipädagogik als den antiautoritär-anarchistischen "Flügel" der Alternativpädagogik bezeichnen. Sie erscheinen in ihren inhaltlichen Aussagen und in deren Begründung inkompatibel: Keinem anthroposophisch orientierten Pädagogen wird es in den Sinn kommen, Rückhalt bei der ihm gänzlich "geistlos" und chaotisch anmutenden Antipädagogik zu suchen, und dem sich selbst so bezeichnenden Antipädagogen werden Erziehung und Unterricht nach dem Waldorfprinzip gerade als extreme Varianten von Erziehungsdiktatur und scheinheiliger "schwarzer Pädagogik" erscheinen. Schon der Zugang zur jeweiligen Erziehungslehre bzw. "Antipädagogik" ist sehr verschieden: Die Waldorfpädagogik dokumentiert sich in einer Vielzahl von sich ähnelnden und ergänzenden Praxisberichten über Erziehung und Unterricht an Waldorfschulen, Kindergärten und heilpädagogischen Einrichtungen als auch in diese begründen wollenden, inhaltlich homogenen systematischen Abhandlungen auf der Grundlage der Anthroposophie. "Antipädagogik" ist dagegen eher die militante Parole einer uneinheitlichen sozialen Gruppierung aus engagierten Publizisten und wissenschaftlichen Außenseitern, deren Programmatik sich öffentlich bisher nur vereinzelt konkretisieren konnte (vgl. z. B. FREIE SCHULE WIESBADEN 1986).

Im folgenden sollen wegen ihrer großen Unterschiedlichkeit beide "Flügel" der Alternativpädagogik jeweils für sich in ihren Grundlagen, Zielen und Methoden dargestellt werden. Schließlich wird die These vertreten, daß diese beiden, am weitesten divergierenden Denk- und Handlungsformen alternativer Pädagogik in bezug auf ihre Struktur und hinsichtlich ihrer Funktion für die Anhängerschaft wichtige Gemeinsamkeiten aufweisen. Diese strukturellen und funktionellen Merkmale können auch die Faszination der Waldorf- und der Antipädagogik auf die pädagogisch interessierte Öffentlichkeit erklären.

I

Die Anthropologie der *Waldorfpädagogik* beruht auf der anthroposophischen Geisteswissenschaft Rudolf STEINERs (1861-1925), einem systematischen Lehrgebäude, das letztlich den neognostischen Versuch einer allumfassenden Weltdeutung auf dem Weg der Selbstvervollkommnung des Menschen darstellt. Die Anthroposophie versteht sich als "Erkenntnisweg, der das Geistige im Menschenwesen zum Geistigen im Weltall führen möchte" (STEINER 1924/25; 1976, S. 14). Jeder Mensch soll durch die meditative Schulung der in ihm als geistigem Wesen veranlagten Erkenntniskräfte stufenweise zur "intellektuellen Anschauung" der den Sinnen verborgenen höheren Welten gelangen können, ein Prozeß, der auch eine sittliche "Höherentwicklung" impliziert. Auf der höchsten Stufe der Intuition offenbaren sich dem Geisteswissenschaftler die Gesetzmäßigkeiten der geistigen Welt, nämlich die sich im Siebenerrhythmus vollziehende Chronologie der Weltgeschichte und des menschlichen Lebenslaufs sowie das Gesetz der Wiederverkörperung und Schicksalsverkettung ("Karma") des Menschenwesens. Die menschliche Person wird als Mikrokosmos aufgefaßt, in deren vier "Leibern" bzw.

Wesenheiten sich die vier Elemente bzw. Naturreiche des Makrokosmos widerspiegeln:

> "Wir haben erstens den handgreiflichen, sichtbaren physischen Leib; zweitens den Ätherleib, der die Gestalt des Menschen schafft; drittens die Begierden, Triebe und Leidenschaften - den Astralleib. In diesen Hüllen ist das höhere Ich eingeschlossen. Den physischen Leib haben wir gemeinsam mit dem Mineralreich, den Ätherleib mit dem Pflanzenreich, den Astralleib mit dem Tierreich. Nur das vierte, das Ich, besitzt der Mensch allein. Die Hüllen, die das Ich umgeben, dienen dem Menschen als Instrumente, als Werkzeuge, in denen sich das eigentliche Ich, das, was schon (in früheren Leben - H.U.) vorhanden war, auslebt" (STEINER 1983, S. 58).

Die Entwicklung der Persönlichkeit wird nach der "biologisch-physiognomisch-kosmologischen" Methode STEINERs in der Fortsetzung der antik-mittelalterlichen Jahrsiebtenlehre als ein diskontinuierlich gestufter Prozeß sukzessiver "Geburten" gedacht, im Laufe dessen die kosmischen Wesenheiten bzw. "Leiber" geboren werden und von außen nach innen ausreifen. Im ersten Jahrsiebt wirkt im Wachstum des physischen Leibes der Äther- bzw. Bildekräfte-Leib, im zweiten Jahrsiebt mit dem Zahnwechsel der Astral- bzw. Empfindungsleib auf die Entwicklung des Ätherleibs, im dritten Jahrsiebt mit der Geschlechtsreife das Ich an der Entfaltung des Astralleibs. Nach STEINERs kosmischer Biologie und Psychologie bedeutet dies, daß sich die der jeweils wirkenden Wesenheit entsprechenden Kräfte streng nacheinander in der körperlichen Gestalt und Psyche des Heranwachsenden auswirken: Im ersten Jahrsiebt entwickeln sich demnach Sinnesorgane und Motorik, im zweiten Gedächtnis, Gewissen und Phantasie, im dritten abstraktes Denken, das selbständige Urteil und das verantwortliche Handeln - erst Wollen, dann Fühlen, dann Denken. Erziehung wird damit grundsätzlich als der formale Prozeß harmonischer Kräftebildung verstanden, dessen Logik sich allein aus der (Geist-) Natur des Menschen deduzieren läßt: "Aus dem Wesen des werdenden Menschen heraus werden sich wie von selbst die Gesichtspunkte für die Erziehung ergeben" (STEINER 1907; 1919, S. 7). Erziehung und Unterricht werden demnach als intentionale, homogene Eingriffe zum Zwecke von Regulation und Therapie betrachtet, deren nahezu mechanistische Technologie sich aus dem okkulten Wachstumsgesetz der Person ergibt. Die altersspezifischen waldorfianischen Erziehungsgrundsätze - sie ähneln übrigens auffallend denen des Spätherbartianers Wilhelm REIN lauten: Nachahmung und Vorbild im ersten Jahrsiebt, Nachfolge und Autorität im zweiten, selbständiges Urteilen und Handeln im dritten. Sie beruhen angeblich auf folgendem "Gesetz":

> "Jedes Wesensglied des Zöglings wird vom nächsthöhern Wesensglied des Erziehers erzogen (STEINER). ... Der physische Leib des Zöglings wird durch den Lebensleib des Erziehers regiert und weitergebildet, sein Bildekräfteleib durch dessen Empfindungsleib, sein Empfindungsleib durch das andere Ich" (KIERSCH 1973, S. 22).

Neben der auf der Siebenzahl beruhenden Lebensalterslehre ist die von dem Viererschema geleitete Temperamentenlehre das zweite menschenkundliche Fundament der Waldorfpädagogik. STEINER und seine Schülerschaft betrachten das Temperament als eine Verbindung zwischen dem, was aus der geistigen Welt als Frucht vorhergegangener Lebensläufe "heruntersteigt" und der leiblichen Vererbungslinie. Durch die sich dabei ergebende Dominanz einer der vier kosmischen Wesenheiten bzw. "Leiber" entstehen die vier spätantiken Konstitutionstypen des Melancholikers (Dominanz des physischen Leibes), des Phlegmatikers (Ätherleib), des Sanguinikers (Astralleib) und des Cholerikers (Ich-Leibs). Im Hinblick auf das Temperament, dessen Eigenart psychologisch, physiognomisch und medizinisch eindeutig erkennbar sein soll, besteht die Aufgabe des Erziehers - vor allem im zweiten Jahrsiebt - darin, durch eine vierfach differenzierte, homöopathisch-ausgleichende Methode konstitutionelle Einseitigkeiten zu harmonisieren und damit eine Balance zwischen dem Karma und der genetischen Veranlagung, zwischen den "Gewichten" der vier Wesenheiten und der ihnen entsprechenden körperlichen Funktionen herzustellen.

Die zur modernen wissenschaftlichen Psychologie anachronistische Lebensalter- und Temperamentenlehre hat STEINER konzipiert, noch ehe im Jahre 1919 auf dem Höhepunkt der reformpädagogischen Bewegung in Stuttgart unter seiner Leitung die erste Freie Waldorfschule gegründet wird. Aus seinem normativ-ungeschichtlichen Verständnis von Erziehung versucht er nun, "alle Einzelheiten der Methodik und Didaktik, der Unterrichts- und der Erziehungskunst ab(zuleiten). Nur die werdende Menschennatur und ihre Gesetze konnten zunächst bestimmend sein für das, was das Kind auf jeder Altersstufe zu lernen hat" (HEYDEBRAND 1978, S. 11). In Wirklichkeit adaptiert STEINER für seine neue Lebensgemeinschaftsschule Tendenzen aus den zeitgenössischen reformpädagogischen Initiativen: den Einheitsschulgedanken, die Koedukation, die Abschaffung des Sitzenbleibens, die Ersetzung der Zensuren durch individuelle Charakteristiken bzw. Lernberichte, das Klassenlehrerprinzip in den ersten acht Schuljahren, die Abschaffung der Lehrbücher, den Epochen- bzw. Gesamtunterricht, die Gleichwertigkeit der handwerklichen und künstlerischen Arbeit bis zu Gestaltung des gesamten Schullebens aus dem Geiste der Kunst. Das anthroposophisch ausgelegte reformpädagogische Ganzheits- und Erlebnisprinzip wird schließlich inhaltlich ausgefüllt durch den "geordneten Kosmos" (KIERSCH) des bis heute so respektierten "organischen Waldorflehrplans; dieser stellt indes eine Fortschreibung des herbartianischen Kulturstufenlehrplans dar, mit dem bekanntlich ZILLER und REIN das Problem der entwicklungsgemäßen Konzentration der Lehrinhalte lösen wollten. Gemäß den staatskritischen sozialpolitischen Ideen STEINERs von der sozialen Dreigliederung realisieren sich die Waldorfschulen wie alle anthroposophischen Einrichtungen als gemeinnützige Solidargenossenschaften in freier Trägerschaft. Sie rekrutieren ihren Nachwuchs aus einer eigenen seminaristischen Art der Lehrer- und Erzieherausbildung, bei der anders als an den Hochschulen nicht die Teilnahme am offenen, kontroversen wissenschaftlichen Diskurs, sondern nach dem Muster von Dogma und Handwerk die praxisfähige Aneignung der tradierten Lehr- und Erziehungsmethoden und die eigene "ganzheitliche" Persönlichkeitsbildung auf der verpflichtenden Grundlage der Anthroposophie STEINERs im Mittelpunkt steht (vgl. KIERSCH 1978).

Erziehung bedeutet für den anthroposophischen Pädagogen letztlich Inkarnationshilfe. Sein erzieherisches Ethos ist bestimmt durch das Bemühen, in intensiver Beschäftigung mit der "Natur" jedes Kindes auf der Basis des STEINERschen Lehrgebäudes dessen "Wesensart" zu erfassen und nach den rezeptartigen Maximen STEINERs zur Alters- und Temperamentenspezifik unter der Beachtung von Denken, Fühlen und Wollen den Heranwachsenden zur harmonischen Persönlichkeit zu vervollkommnen. Vor dem Hintergrund der anthroposophischen Lehre von der kosmischen Evolution und Reinkarnation des Geistigen hat sein Handeln Heilungs- und Heiligungsauftrag.

> "Aus dieser Überzeugtheit erwachsen ihm sein erstaunlicher Idealismus, seine Begeisterung, seine Kraft. Lehrer sein ist eine priesterliche Funktion, der man niemals in die Sphäre privaten Daseins entfliehen kann. Im pädagogischen Vollzug bedeutet das: Geduld, Nachsicht, Wachsenlassen, Gewährenlassen, liebevolles Eingehen auf das einzelne Kind ... - es ist unverkennbar, wie hier die Kraft menschlichen Einsatzes das 'Menschliche' weitgehend in 'Ordnung' bringt" (MASCHMANN 1959, S. 476).

Als fragwürdigste Punkte an der Waldorfpädagogik und der ihr zugrundeliegenden Anthropologie sind vor allem bezeichnet worden (vgl. OPPOLZER 1959, PRANGE 1985, ULLRICH 1986):

- Die Waldorfpädagogik ist, so neuartig sie sich auch geben mag, zu den vormodernen "natürlichen Systemen" (DILTHEY) der Pädagogik zu rechnen, die vermeinen, aus obersten Prinzipien oder Einsichten über den Menschen Ziele, Inhalte und Methoden der Erziehung mit absoluter Gültigkeit deduktiv herleiten zu können. Die scheinbar so geschlossene Deduktionskette enthält jedoch unbewußte Entscheidungen für die zahlreichen Detailprobleme der Erziehungspraxis, die sich nur um so eher an die gerade gängigen Denk- und Handlungsformen anschließen. Die Waldorfpädagogik übernimmt auf diese Weise uneingestanden Konzeptionen des Spätherbartianismus und Anregungen der Reformpädagogik.

- Die einfühlsame Beobachtung und Begleitung des Kindes erfolgt nicht unmittelbar und spontan. Sie wird vielmehr dogmatisch bestimmt vom stationären Schema der anthropologischen Menschenkunde und Weltdeutung; das Kind wird in das Gefüge kosmischer Wesenskräfte und Schicksalsketten eingeordnet. Trotz ihrer Orientierung von Kinde aus ist die Waldorfpädagogik daher Menschenführung, nicht etwa Wachsenlassen.

- Die spekulative okkulte Erkenntnisart des Waldorfpädagogen führt ihn zu Aussagen über den Menschen, die für den Außenstehenden eher den Charakter geoffenbarter Glaubenswahrheit als den von jederzeit intersubjektiv nachprüfbarer wissenschaftlicher Theorie aufweist.

- STEINERs Lebensalters- und Temperamentenlehre sind dogmatisierende Rückgriffe auf zahlensymbolisch strukturierte mythologische Weltdeutungen, wie sie für antikes und mittelalterliches Denken bestimmend waren. Als okkulte "Metapsychologie" ersparen sie in ihrer scheinbaren Prägnanz dem Waldorfpädagogen die Auseinandersetzung mit der wissenschaftlichen Persönlichkeits- und Entwicklungspsychologie.

- Für das anthroposophische Denken kennzeichnend ist der weit ausladende, zahlensymbolisch gelenkte "Analogiezauber". Der "Geisteswissenschaftler" ist im tiefsten Grunde überzeugt, daß nichts auf der Welt zufällig ist, sondern sich in jedem einzelnen zeitlich, räumlich und substantiell die Struktur des Ganzen widerspiegelt. In Phasenlehren, Wesensgliederungen u. a. wird deutlich, daß die anthroposophische Geisteswissenschaft als die Wiedergeburt des Mythos (sensu CASSIRER) im Gewande der Wissenschaft angesehen werden muß.

II

Die Anthropologie der *Antipädagogik* beruht auf einem eher unsystematischen Korpus aus wenigen verallgemeinerten gesellschafts- und kulturgeschichtlichen, vor allem aber psychoanalytischen Theoriekonzepten, die zum Zwecke einer vernichtenden Kritik der familialen und schulischen Erziehung und des Selbstverständnisses der Pädagogik verknüpft werden. Von Katharina RUTSCHKY stammt im wesentlichen die Außenperspektive, von Alice MILLER die Innenperspektive der Antipädagogik. RUTSCHKY vertritt, gestützt auf die Arbeiten von ELIAS und ARIES die These, daß der "Erziehungskrieg" ein notwendiges Resultat des Zivilisationsprozesses darstellt, in dem der humanitäre Fortschritt nur um den Preis zunehmender individueller Unterdrückung zu haben sei. Nach der "Entdeckung" der Kindheit seien die Heranwachsenden schrittweise ausgegrenzt und unter der seit dem 18. Jahrhundert durch die Pädagogik legitimierten Erziehungsdiktatur "kolonialisiert" worden. Die zivilsatorischen Zwänge, die vordem nur im Lebensbereich der Erwachsenen als Druck von oben nach unten auftraten, werden nunmehr in der "Figuration Erziehung" als Kampf der Erwachsenen gegen das in den Kindern und Jugendlichen aufbegehrende Naturpotential wirksam. Im "Angriff auf die Freiheit" des Kindes versucht der Erzieher, das eigene Unbehagen an der Kultur illusionär zu bewältigen. Der sich aus dieser Sicht der Erziehung ergebende institutionenkritische Affekt wird von anderen Antipädagogen durch die Gleichsetzung der Bildungs- und Erziehungseinrichtungen mit den "totalen Institutionen" der Anstalten, Asyle und Gefängnisse noch verschärft zu der Forderung, alle Zwangsregelungen auf erzieherischem Gebiet aufzuheben und den Kindern und Jugendlichen die gleichen Freiheitsrechte zuzugestehen. Die Forderung nach einer rechtlichen Gleichstellung der Generationen wird u. a. festgemacht an den Überlegungen Margaret MEADs über die Heraufkunft einer neuen postfigurativen Kulturform, in der

> "die heutigen Kinder einer Zukunft entgegen(sehen), die so weitgehend unbekannt ist, daß man sie nicht, wie wir es gegenwärtig zu tun versuchen, als einen Wandel auf Generationenbasis mit Kofiguration innerhalb einer stabilen, von den Älteren kontrollierten und nach elterlichem Vorbild geformten Kultur unter Einfluß zahlreicher präfigurativer Elemente behandeln kann" (MEAD 1974, S. 80).

Die heutigen Kinder dürfen - in antipädagogischer Deutung dieser These - schon allein deshalb nicht mehr von der älteren Generation erzogen werden, damit sie die kreativen Pioniere einer neuen Kultur werden können.

Den wichtigsten Rückhalt für die Vorstellung von der nahezu mythischen Zerstörungsgewalt des Erziehungsvorgangs erhält die Antipädagogik aus den lebensgeschichtlich-psychoanalytischen Analysen Alice MILLERs. Unter den tiefenpsychologischen Voraussetzungen der weitgehend unbewußten Dynamik der Person und des die spätere Lebensgeschichte determinierenden Triebschicksals der frühen Kindheit interpretiert MILLER anhand ihrer Erfahrungen mit neurotisch schwer Erkrankten den Erziehungsvorgang als einen sich von Generation zu Generation verhängnisvoll fortpflanzenden Prozeß der Unterwerfung des Kindes unter die egoistischen Machtbedürfnisse der Eltern.

> "Zu diesen Bedürfnissen gehören: erstens, das unbewußte Bedürfnis, die einst erlittenen Demütigungen anderen weiterzugeben; zweitens, ein Ventil für die

> abgewehrten Affekte zu finden; drittens, ein verfügbares und manipulierbares lebendiges Objekt zu besitzen; viertens, die eigene Abwehr, d. h. die Idealisierung der eigenen Kindheit und der eigenen Eltern zu erhalten, indem durch die Richtigkeit der eigenen Erziehungsprinzipien diejenige der elterlichen bestätigt werden soll; fünftens, die Angst vor der Freiheit; sechstens, die Angst vor der Wiederkehr des Verdrängten, dem man im eigenen Kind nochmals begegnet und das man dort nochmals bekämpfen muß, nachdem man es vorher bei sich abgetötet hat, und schließlich siebtens, die Rache für die erlittenen Schmerzen" (MILLER 1980, S. 119).

Unter einem tragischen Wiederholungszwang werden die Kinder demnach im Rahmen eines neurotischen Abwehr- und Projektionsmechanismus von ihren Eltern aus Selbsthaß und Rache durch die Tabuisierung ihres Zürnens und ihres "Merkens" an der freien Entfaltung ihres Ichs gehindert. Eltern und Kinder, alle sind Opfer dieser sich perpetuierenden Erziehungsfalle, die auf der Ebene des gesellschaftlichen Handelns den autoritären Charakter und die politische Diktatur gebiert. Ein Entkommen ist nach MILLER nur möglich durch die tiefenpsychologische (Selbst)Analyse des Erwachsenen und durch die Abschaffung der Erziehung überhaupt.

Aus der die Antipädagogik bestimmenden psychoanalytischen Anthropologie resultiert die These von der Spontanautonomie, die neorousseauistisch-romantisierende Auffassung des Kindes als selbstbestimmungsfähige und selbstverantwortliche Persönlichkeit. Kreativität, Autonomie und Sozialität sollen demnach schon in der natürlichen Entwicklung des Kindes angelegt sein; alle Destruktivität sei "reaktiver Herkunft" (MILLER), also gerade durch die Erziehung verursacht. Die Rede von der Erziehungsbedürftigkeit des Kindes komme nur durch gesellschaftliche Definition zustande; die Forderung nach Verinnerlichung der kulturellen Normen - die noch für FREUD unabdingbare Voraussetzung der Humanisierung des Menschen war - diene als Ideologie nur der seelischen Verstümmelung der Heranwachsenden durch die Institutionen. Kennzeichnend für die antipädagogische Auffassung vom Menschen ist somit ein, mit dem soziokulturellen Zusammenhang unvermittelter, naturalistischer Subjektbegriff und eine egoistisch-anarchistische Ethik, die auf STIRNER zurückführt (vgl. OELKERS/LEHMANN 1983).

In einem produktiven Selbstwiderspruch bleiben die Antipädagogen aber nicht bei der Kritik und Destruktion der pädagogischen Denk- und Handlungsform stehen, sondern entwickeln in scheinbarer Deduktion aus ihren Prämissen eine spezifische Ethik des Umgangs der Generationen miteinander. In BRAUNMÜHLs Ratschlägen, man möge das Kind bewußt bevorrechtigt als "König" oder "Richter" agieren lassen, wird exemplarisch deutlich, daß auch der Antipädagoge die Notwendigkeit spezifischer kindbezogener Handlungen anerkennt, damit das Kind seine Spontanautonomie freisetzen kann. Er meint damit den Sachverhalt Erziehung, ohne ihn allerdings so zu nennen. Wie die Anthropologie der Antipädagogen, so hat auch ihre "pädagogische Ethik" kein systematisches Gepräge. Sie läßt sich zusammenfassen in den Postulaten: Unterstützung, Gleichberechtigung, selbstregulatives Lernen: sie erinnert damit oberflächlich bereits an die reformpädagogische Traditionslinie antiautoritärer Erziehung. Alice MILLER hat einen Tugendkatalog für den (nicht-erziehenden) Umgang mit Kindern aufgestellt, aus dem auch hervorgeht, wie stark das Modell der therapeutischen Beziehung in Psychoanalyse und Gesprächstherapie bestimmend ist:

> "... das Kind braucht die seelische und körperliche Begleitung des Erwachsenen in einem sehr hohen Maße. Um dem Kind seine volle Entfaltung zu ermöglichen, muß diese Begleitung folgende Züge aufweisen:
> 1. Achtung vor dem Kind;
> 2. Respekt für seine Rechte;
> 3. Toleranz für seine Gefühle;
> 4. Bereitschaft, aus seinem Verhalten zu lernen:

a) über das Wesen dieses einzelnen Kindes,
b) über das eigene Kindsein, das die Eltern zur Trauerarbeit befähigt,
c) über die Gesetzmäßigkeit des Gefühlslebens ..."
(MILLER 1980, S. 122).

BRAUNMÜHL und SCHOENEBECK sprechen im Hinblick auf jugendliche Heranwachsende ergänzend von Freundschaft und Geschwisterlichkeit, um die Grundsätze der empathischen Unterstützung, der Authentizität und der Non-Direktivität zu verdeutlichen. Diese Orientierung wird flankiert durch die auch politisch verstandene Forderung nach voller rechtlicher Gleichstellung der Kinder. Das Generationenverhältnis soll als gleichberechtigtes Miteinander verstanden werden. Da dem Kind von Geburt an die Fähigkeit und das Recht auf Selbstbestimmung zugebilligt wird, bedeutet der herkömmliche Schonraum der Erziehung die Entmündigung des Kindes. Unter dem Grundsatz der Subjekts- und Gegenwartsorientierung ersetzt Antipädagogik Erziehung durch Beziehung, Lehren durch selbstregulatives Lernen. Das Kind soll jederzeit spontan und autonom entscheiden können, was und wie es lernt, ggf. kann es auch das Lernen verweigern (vgl. FREIE SCHULE WIESBADEN 1986). Es ist daher auch folgerichtig, wenn Antipädagogen die Forderung nach Abschaffung der Schule erheben und die aus der Traditionslinie von MAGER über BORGIUS bis zu ILLICH bekannten Vorwürfe gegen die Schule in psychoanalytischer Pointierung wieder vortragen. RUTSCHKY hält den Schulzwang für eine auf Dauer gestellte Traumatisierung, für eine stille Form des individuellen und gesellschaftlichen Wahnsinns; geschichtlich sei er gegen das Selbsterhaltungsinteresse weiter Volkskreise mit Gewalt von Adel und Bürgertum durchgesetzt worden. Die antipädagogische Schulkritik kulminiert in dem Satz: "Jeder Lehrer, jede Schule muß Kinder dümmer machen, als sie sind, das ist ein Gesetz" (RUTSCHKY 1984, S. 57 f.).

Kritiker der Antipädagogik (FLITNER, OELKERS/LEHMANN, WINKLER usw.) haben übereinstimmend hauptsächlich die folgenden Punkte beanstandet:

- Die Antipädagogen bestreiten den Sinn von Erziehung, setzen an ihre Stelle jedoch praktische Alternativen, die allesamt pädagogischen Charakter haben. Sie entsprechen den reformpädagogischen Grundsätzen des Ausgang vom Kinde, der Eweiterung der Selbsttätigkeit und des kameradschaftlichen Verhältnisses zwischen den Generationen.

- Die Antipädagogen haben einen romatisierenden, euphorischen Begriff von der "Natur" des Kindes. Sie unterstellen ihm eine Souveränität und Originalität, die es faktisch noch nicht haben kann, und vergessen darüber den ebenso naiven Egoismus des Kindes, der unter Gleichaltrigen ohne Gegenwirkung als Tyrannei des Stärkeren sich manifestieren kann.

- Die Antipädagogen proklamieren eine "Erleichterungspädagogik" (OELKERS), die zugunsten grenzenloser Erlebnisgegenwart die Zukunftschancen der Kinder aufs Spiel setzt. Die Auslieferung des Lernens an den Zufall riskiert, daß statt der Erziehung andere, ökonomische und politische Einflußnahmen umso ungehemmter einwirken können.

- Die Antipädagogik MILLERs überträgt die hochgradig spezifischen Erfahrungen aus der psychoanalytischen Behandlung neurotischer Erwachsener unvermittelt auf den Erziehungsprozeß aller. Die These vom unter Wiederholungszwang stehenden Racheakt Erziehung reduziert die Vielfalt der Erziehungsprozesse unter der fragwürdigen Prämisse der Irreversibilität des frühkindlichen Triebschicksals auf ein allzu simples Muster.

- Die Antipädagogik versucht, die Spannungen aufzuheben, die von jedem Heranwachsenden zwischen der Ursprünglichkeit der kindlichen Erlebniswelt und den polyvalenten Erfahrungen des Erwachsenenwerdens bewältigt werden müssen. Sie übersieht den Unterschied zwischen der Notwendigkeit institutionellen Handelns in einer komplexen Gesellschaft und dem Ausgeliefertsein z. B. von psychisch Kranken oder Sträflingen in totalen Institutionen. Mit der Konzentration auf eine quasi naturgegebene Subjektivität entgeht sie der Dialektik von Vergesellschaftung und Individualität. Sie kann auf der theoretischen Ebene das Problem nicht lösen, wie der Umgang mit der jungen Generation so zu gestalten ist, daß die Heranwachsenden sich durch die Auseinandersetzung mit der Sach- und Mitwelt sich schrittweise zu mündigen Persönlichkeiten heranbilden.

III

Die *Anziehungskraft* der Waldorf- und der Alternativpädagogik entsteht insbesondere dadurch, daß beide - trotz ihres diametral unterschiedlichen Selbstverständnisses - ein praxisfähiges erzieherisches Ethos vermitteln, das als die "pädagogische Haltung" für reformpädagogisch inspirierte Erzieher und für die geisteswissenschaftliche Pädagogik bis zum Ausgang ihrer Epoche selbstverständlich war. An Herman NOHLs Theorie der Bildung erinnernd, könnte man davon sprechen, daß beide Alternativkonzepte vom Primat des Subjkets, vom Primat der Gegenwart und vom Primat des personalen Bezugs in der Erziehung beseelt sind. Sie liefern überdies auf der Grundlage von Anthroposophie bzw. Psychoanalyse eine pragmatische Menschenkunde und zugleich eine autonome pädagogische Ethik der Empathie und Unterstützung, die danach strebt, für die Heranwachsenden günstige Erziehungsbedingungen herzustellen. Sie scheinen dadurch den allerorten an den Widrigkeiten der heutigen Erziehungsaufgabe Verzagenden den Optimismus bzw. die Sicherheit zurückgeben zu können, welche die in sich kontroverse Erziehungswissenschaft ihnen vorenthalten hat. Mit der Tradierung des Konzentrationsgedankens kann z. B. die Waldorfpädagogik die akademische Pädagogik daran erinnern, daß sie nicht nur Wissenschaft von der Erziehung, sondern auch Bildungslehre sein und auch heute noch Antworten auf das Problem der Stoffülle zu geben versuchen sollte.

Das Manko der hier betrachteten Konzepte alternativer Pädagogik liegt jedoch darin, daß der moralisch hochqualifizierte Praxisbezug auf der Ebene von Theorie durch den Rückzug in Trivialität und Dogmatik erkauft wird. Waldorfpädagogik wie Antipädagogik repräsentieren den Typus einer naturalistischen, normativen Pädagogik, den schon DILTHEY für rückständig erklärte: Die Ziele und Methoden der Erziehung (bzw. "Nicht-Erziehung") werden nur scheinbar schlüssig aus einer obersten, absolutgesetzten Auffassung über die Geist- bzw. Trieb-Natur des Menschen deduziert; die Geschichtlichkeit der eigenen Position und die Komplexität der Erziehungswirklichkeit werden nicht berücksichtigt. *Die* Erziehung wird als durch das Handeln einer Person bestimmte, einheitliche kausale Wirkgröße betrachtet, die bei Nichtbeachtung der sanktionierten Methoden im Lebenslauf des einzelnen unmittelbar gravierende Fehlentwicklungen auslösen kann. Beide Erziehungslehren benutzen statt eines prinzipienwissenschaftlichen, historisch-systematischen oder sozialwissenschaftlichen Begriffs der Erziehung die suggestive naturalistische Metaphorik der Entwicklungs(leitung) und der Heilung (Therapie); durch die Konstruktion des Theorie-Praxis-Verhältnisses in der naturwissenschaftlichen Manier von Grundlagenwissenschaft, Prognose und Technik geraten sie in die Gefahr eines mechanistischen Erziehungsverständnisses. Jedoch:

> "Alle Reflexionen über die regelhafte Anwendung praktischer Methoden müssen die mögliche individuelle Handlungsfreiheit und die sich daraus ergebenden Konsequenzen einbeziehen. Weil wir den Menschen als ein Wesen verstehen, das auf seine Entscheidungs- und Handlungsmöglichkeiten hin angesprochen werden kann und wird, halten wir Aussagen über 'Erziehungsmittel' in einem streng

technologischen Sinn für ausgeschlossen" (FOOKEN 1973, S. 135).

Waldorfpädagogik und Antipädagogik geben sich jede in bezug auf ihre anthroposophische bzw. tiefenpsychologische Menschenkunde das Flair unantastbarer Wissenschaftlichkeit. Faktisch werden alle diskrepanten Konzepte und Resultate der Humanwissenschaften negiert. Der Waldorfpädagoge kann sich auf der Grundlage seiner okkulten Geheimwissenschaft vor jedem Kritiker durch den Hinweis auf dessen angeblich materialistisch verkürzten Wissenschaftsbegriff schützen, der Antipädagoge kann sich im Rahmen des psychoanalytischen Denkmodells durch die Diagnose einer rationalisierenden Verdrängungsleistung gegen jede Kritik immunisieren. An beiden Konzepten der Alternativpädagogik haften unübersehbar die Züge einer wissenschaftlichen Weltanschauung und "verkappten Religion" (BRY). Sie liefern eine mit absolutem Wahrheitsanspruch auftretende, durch nichts zu widerlegende Gesamtinterpretation, in der sich zum Zwecke praktischer Stellungnahme Erkenntnisse, Einstellungen und Wertungen miteinander verbinden. Nach außen zeigt sich dies auch im Bekennertum und sektenähnlichen Gestus unter der Anhängerschaft. Hier geht es weniger um die wissenschaftliche Analyse des Erziehungsfeldes und um die reflektierte Bewältigung seiner Probleme, vielmehr um die Frage persönlicher Identität und existentieller Geborgenheit. Der Antipädagoge neigt dazu, im Umgang mit den Kindern therapeutisch die eigenen Ohnmachts- und Schuldgefühle des Erwachsenendaseins aufzuarbeiten, der Waldorfpädagoge versucht, als "Führer" des Kindes in die okkulte Welt des Geistigen letztlich sich selber zu finden. Als triviale dogmatische Formen pädagogischen Denkens entlasten die alternativen Pädagogiken von der Komplexität der heute gebotenen erziehungswissenschaftlichen Reflexion, welche beansprucht, unter der Idee allgemeiner Menschenbildung die geschichtliche und gesellschaftliche Wirklichkeit der Erziehung hermeneutisch, empirisch und ideologie-kritisch zu erforschen und zu gestalten. Waldorfpädagogik und Antipädagogik führen aber auch eindringlich vor Augen, daß dies nicht als spezialisierte Wissenschaft allein, sondern nur als "réflexion engagée" glaubhaft gelingen kann. -

Literatur

BITTNER G.: Überflüssige Pädagogik. Neue Sammlung 22 (1982), S. 612 ff.

BRAUNMÜHL, E. v.: Zeit für Kinder. Theorie und Praxis zur Kinderfeindlichkeit, Kinderfreundlichkeit, Kinderschutz. Zur Beseitigung von Unsicherheit im Umgang mit Kindern. Ein Lernbuch. Frankfurt a.M. 1978.

BRY, C. Ch.: Verkappte Religionen. 3. Aufl. Lochham b. München 1964.

FLITNER, A.: Eine Wissenschaft für die Praxis? Zeitschrift für Pädagogik 24 (1978) S. 183 ff.

FLITNER, A.: Konrad, sprach die Frau Mama ... . Über Erziehung und Nicht-Erziehung. Berlin 1982.

FOOKEN, E.: Grundprobleme der Sozialpädagogik. Heidelberg 1973.

FREIE SCHULE WIESBADEN e.V.: Konzept der Freien Schule Wiesbaden. Wiesbaden 1986.

HEYDEBRAND, C. v.: Vom Lehrplan der Freien Waldorfschule. Neuaufl. , Stuttgart 1978.

HORNSTEIN, W.: Neue soziale Bewegungen und Pädagogik. Zur Ortsbestimmung der Erziehungs- und Bildungsproblematik in der Gegenwrt. Zeitschrift für Pädagogik 30 (1984), S. 147 ff.

KIERSCH, J.: Die Waldorfpädagogik. 3. Aufl. Stuttgart 1973.

KIERSCH, J.: Freie Lehrerbildung. Zum Entwurf Rudolf STEINERs. Stuttgart 1978.

MASCHMANN, I.: Die Pädagogik der Waldorfschulen. Die Deutsche Schule 51 (1959), S. 473 ff.

MEAD, M.: Der Konflikt der Generationen. Jugend ohne Vorbild. München 1974.

MILLER, A.: Am Anfang war Erziehung. Frankfurt a. M. 1980.

OELKERS, J./LEHMANN, Th.: Antipädagogik: Herausforderung und Kritik. Braunschweig 1983.

OPPOLZER, S.: Anthropologie und Pädagogik bei Rudolf STEINER. Ein geistesgeschichtlicher Beitrag zur Waldorfpädagogik. Diss. Münster 1959.

PRANGE, K.: Erziehung zur Anthroposophie. Darstellung und Kritik der Waldorfpädagogik. Bad Heilbrunn 1985.

RUTSCHKY, K. (Hrsg.): Schwarze Pädagogik. Frankfurt a. M./Berlin/Wien 1977.

RUTSCHKY, K.: Schullästerung. Oder: Wem nützt die Schulpflicht wirklich? Freibeuter. V'jahreszeitschr. f. Kultur und Politik 19 (1984), S. 47 ff.

SCHOENEBECK, H.v.: Unterstützen statt erziehen. Die neue Eltern-Kind-Beziehung. München 1982.

STEINER, R.: Die Erziehung des Kindes vom Gesichtspunkte der Geisteswissenschaft. (1907). 5.-9. Aufl. Berlin 1919.

STEINER, R.: Anthroposphische Leitsätze (1924/25). Gesamtausgabe Bd. 26. Dornach 1976.

STEINER, R.: Praktizierte Anthroposophie. Beiträge für ein humaneres Leben. Hrsg. v. K. E. BECKER und H.-P. SCHREINER. Frankfurt a. M. 1983.

ULLRICH, H.: Waldorfpädagogik und okkulte Weltanschauung. Eine bildungsphilosophische und geistesgeschichtliche Auseinandersetzung mit der Anthropologie Rudolf STEINERs. Weinheim u. München 1986.

WINKLER, M.: Stichworte zur Antipädagogik. Elemente einer historisch-systematischen Kritik. Stuttgart 1982.

WINKLER, M.: Über das Pädagogische an der Antipädagogik. Zeitschrift für Pädagogik 31 (1985), S. 65 ff.

Klaus Struve

Die Zukunft der Jugend
Zum Verhältnis von wissenschaftlich-technischem und sozialem Fortschritt

I

In den Mittelpunkt meiner Arbeit stelle ich die Frage, auf welche Art und Weise in Wissenschaft und Publizistik die Auseinandersetzungen um die Zukunft der Jugend geführt werden. Eine daran anschließende Frage lautet, ob das, was Wissenschaftler und Publizisten unter 'wissenschaftlich-technischem Fortschritt' verstehen, auch *sozialen* Fortschritt, Fortschritt für die Jugend beinhaltet bzw. unter bestimmten Bedingungen beinhalten könnte. Um Antworten auf diese Fragen zu finden, setze ich mich vor allem mit einer Arbeit von ROPOHL (1985) und einem Artikel von REUTER (1986) auseinander.

Die Auffassung, mit der ich an die Beantwortung dieser Fragen herangehe, kennzeichne ich folgendermaßen: Wenn nach der Zukunft der Jugend gefragt wird, muß zuerst nach den Aufgaben gefragt werden, die der Jugend im gesellschaftlichen Entwicklungszusammenhang gestellt werden. Darüber hinaus muß in einem umfassenden Sinne danach gefragt werden, welche Mittel sie zur Verfügung gestellt bekommt, um diese Aufgaben zu lösen.

Davon ausgehend setze ich mich vor allem mit Positionen auseinander, die sich dem kritischen Rationalismus zuordnen. Besonderes Augenmerk werde ich auf Konsistenz in den Argumentationszusammenhängen legen (Abschnitt II). Bei der vergleichenden Betrachtung der untersuchten Auffassungen werde ich aufzeigen, daß die Wissenschaftler bzw. Publizisten zu unterschiedlichen Schlußfolgerungen bzw. zu divergierenden Vorstellungen über die gesellschaftliche Entwicklung kommen, obgleich sie übereinstimmende wissenschaftstheoretische Positionen einnehmen bzw. einzunehmen scheinen (Abschnitt III). In einem weiteren Abschnitt konfrontiere ich die Darstellungen der kritischen Rationalisten mit Positionen, die in einflußreichen Presseorganen ("Die Zeit" und die "Frankfurter Allgemeine Zeitung") entwickelt werden und die wesentlich umfassender auf Daten und Fakten, aber auch auf Erfahrungen der Jugendlichen selbst eingehen (Abschnitt IV).

II

Der Frankfurter Technikphilosoph Günter ROPOHL setzt sich in seinem 1985 veröffentlichten Buch, 'Die unvollkommene Technik', nicht *ausdrücklich* mit der Zukunft der Jugend auseinander. Seine Aufgabe sei es, kritisch zu prüfen,

> "wie die Technik dort *verbessert* werden kann, wo sie wirklich Mängel zeigt, wie die Technik *ergänzt* werden kann, wo es gegenwärtig an Umweltschutz, an menschlichen Qualitäten und an politischer Kontrolle fehlt; wie sich schließlich die Technik in einem umfassenden Sinn zu *entwickeln* vermag, wenn die Menschen sie mit aufgeklärtem Bewußtsein und mit verfeinerten Organisationsformen zu bewältigen lernen" (a.a.O., 17).

Er wende sich damit an Leser, "denen kritische Rationalität kein leeres Wort" sei (a.a.O., 26). Die kritische Prüfung der technischen und gesellschaftlichen Entwicklung in den nächsten Jahrzehnten muß Aussagen über die Zukunft der Jugend beinhalten. Wer, wenn nicht die Jugend, soll Träger der Entwicklung sein, die einen derart langen Zeitraum umfaßt?

Ich wende mich zuerst der Frage der Militärtechnik, weiter gefaßt der Frage 'Krieg oder Frieden' zu, die ROPOHL aus systematischen Gründen gegen Ende seines Buches untersucht. Die Beantwortung dieser Frage entscheidet wesentlich darüber, ob die Jugendlichen, ob die Menschen mit Hilfe der Wissenschaft die Technik vervollkommnen, verbessern und entwickeln, *in ihren Dienst stellen können.* Die Antwort entscheidet darüber, ob 'gesellschaftliche Einrichtungen' geschaffen werden können,

> "um etwa die produktionstechnische Entwicklung in Zukunft so zu steuern, daß sie auch auf die Bedürfnisse der arbeitenden Menschen Rücksicht nimmt" (a.a.O., 30).

Die Antwort entscheidet schließlich darüber, ob den armen Ländern eines Tages Gerechtigkeit widerfahren wird, oder ob die "Großmächte und ihre jeweiligen Satelliten Unmengen gesellschaftlichen Reichtums für aberwitziges Wettrüsten verschwenden" (a.a.O., 256).

Angesichts der Dringlichkeit gesellschaftlicher Aufgaben und angesichts der Notwendigkeit, die Beziehungen zwischen den sogenannten armen und reichen Ländern gerecht zu gestalten, wendet sich ROPOHL eindringlich gegen den Ausbau der Kriegstechnik. Der gedämpfte Optimismus, "die Menschen könnten mit den ökologischen und psychosozialen Problemen der Technik noch fertig werden, wird fragwürdig", schreibt er,

> "wenn wir uns bewußt werden, daß technische Ingeniosität eben auch ein Waffenarsenal geschaffen hat, mit dem heute so gut wie morgen alles Leben auf dem Planeten ausgelöscht werden kann" (a.a.O., 253).

> "Natürlich muß man die fortgesetzte Aufrüstung, die auch vor chemischen und biologischen Waffen nicht haltmacht und dabei ist, selbst den Weltraum in die strategischen Planungen einzubeziehen, immer wieder als das anprangern, was es in Wirklichkeit ist: die skrupellose Vorbereitung des kollektiven Selbstmords der Menschheit" (a.a.O., 254).

Solche eindringlichen Warnungen vor der Vernichtung der Menschheit durch chemische und biologische, durch atomare und Weltraumwaffen sind in technikphilosophischen Arbeiten selten zu finden. Obgleich ROPOHL sich so entschieden äußert, benennt er keine gesellschaftliche *Ursache* von Krieg und Rüstungswettlauf, die einer kritischen Prüfung standhielte. Hochrüstung und Krieg sind keineswegs Vorbereitung und Vollzug 'kollektiven Selbstmords'. Eine solche Aussage läßt die Verantwortlichen für die Politik der Hochrüstung unbenannt. Sie legt eine falsche, eine massenpsychologische Erklärung der Politik nahe, die andere Völker mit Krieg bedroht.

ROPOHLs kritische Prüfung droht dort auf das Niveau einer alltäglichen Betrachtung zu sinken, wo er behauptet, es gehöre

> "zu den widrigen Tatbeständen der menschlichen Lebenslage, daß andere häufig wollen, was ich nicht will, daß sie, wenn ein Kuchen zu verteilen ist, für sich größere Stücke beanspruchen, als sie mir zuzugestehen bereit sind, und daß sie, wenn sie aufgrund körperlicher Vorzüge oder gesellschaftlicher Vorrechte die Macht dazu haben, ihren Willen auch durchsetzen" (a.a.O., 255).

Wissenschaftliche, kritische Rationalität muß sich unter den gegebenen Umständen und vor dem Hintergrund der Erfahrungen zweier Weltkriege, die untrennbar mit dem deutschen Militarismus und Faschismus verbunden sind, gegen Theorien wenden, mit denen Kriege aus natürlicher Aggressivität zwischen Menschen und Völkern bzw. aus dem Gegensatz von 'Ost und West'erklärt werden.

In ROPOHLs Buch und in dieser Arbeit ist nicht der Raum, Sozialismus und Kapitalismus einer vergleichenden Analyse mit dem Ziel zu unterziehen, die von ROPOHL verwendete vereinheitlichende Redeweise von 'den Großmächten' als unangemessen zu erweisen. Wenn es aber um die wichtigste Frage, um die Frage 'Krieg oder Frieden' geht, dann dürfen mindestens die folgenden Feststellungen und Tatsachen nicht unerwähnt bleiben. In der Sowjetunion verdient kein Mensch und kein 'Konzern' an der Rüstung. Es gibt dort keinen militärisch-industriellen Komplex (vgl. a.a.O., 254). Der Reichtum der Sowjetunion beruht nicht auf der Ausbeutung der Völker in den sogenannten Entwicklungsländern (vgl. a.a.O., 256). Die junge Sowjetunion begann ihr politisches Dasein mit der Veröffentlichung des Dekrets über den Frieden. "Just darum", um den Weltfrieden nämlich, "ging es auch bei der vierten Verlängerung des einseitigen Atomversuchsstopps bis zum Jahresende, die Gorbatschow eben verkündet hat" (BERTRAM 1986, 3). "Die Sowjetunion ist überzeugt", so äußerte sich der Generalsekretär wörtlich,

> "daß ein Abkommen über die Einstellung der nuklearen Tests schnell erreicht und bereits in diesem Jahr bei einem sowjetisch-amerikanischen Gipfeltreffen unterzeichnet werden kann" (ebda., Erklärung Gorbatschows am 19. August 1986).

Atomversuchsstopp in Ost *und* West würde nicht nur eine Abkehr von der atomaren Hochrüstung beinhalten. Er könnte ein erster Schritt zur umfassenden und kontrollierten Abrüstung hier wie dort sein. Er könnte im Sozialismus eine Entfaltung der wissenschaftlich-technischen Entwicklung eröffnen. Er könnte im Kapitalismus nicht nur die Beseitigung von Armut und Ungleichzeitigkeit der gesellschaftlichen Entwicklung einleiten, sondern auch der Berufsnot und der Perspektivlosigkeit der Jugend entgegenwirken.

ROPOHL wendet sich gegen die Politik der Hochrüstung, nicht gegen die Kriegs*technik* selbst. Konsequent spricht er sich gegen die pauschale Technikkritik aus, wie sie von JÜNGER, MUMFORD, SPENGLER und schließlich von SCHELSKY vorgebracht wurde bzw. wird (vgl. 46 ff). ROPOHL bekennt sich zum kritischen Rationalismus (vgl. 75) und distanziert sich vom 'historischen Konservatismus', der geschichtlich als Reaktion auf die Französische Revolution und die Aufklärung entstanden sei und seitdem nicht aufgehört habe, "den historischen Prozeß der gesellschaftlichen Modernisierung rückgängig machen zu wollen." Und da dem historischen Konservatismus bei der Aufklärung "die ganze Richtung" nicht passe, verschließe "er sich nicht nur gegenüber der möglicherweise überzogenen Idee des Fortschritts, sondern vor allem auch gegenüber dem Prinzip der kritischen Prüfung" (a.a.O., 75). Damit und an anderer Stelle (vgl. 82) lehnt ROPOHL sich an Max WEBER an, um das Vorurteil gegen die Zweckrationalität zurückzuweisen; denn das lebe vom konservativen Irrationalismus,

> "der als verhängnisvolle Grundströmung deutschen Denkens die Romantik, die Lebensphilosophie und in seinen Entartungen schließlich auch den deutschen Faschismus *bestimmt* habe. Das Vorurteil (gegen die Zweckrationalität K. S.) lebe auch von der Identifikation des ökonomischen Rationalprinzips, des Rationalisierungsprinzips mit 'wirklicher Rationalität'".

Diese Kritiker, so fährt ROPOHL fort, könnten wissen,

> "daß das ökonomische Rationalprinzip nichts anderes verlangt, als einen bestimmten Nutzen mit geringstmöglichem Aufwand zu erzielen, und überhaupt nichts mit der Prüfung zu tun hat, welcher Nutzen für wen anzustreben ist" (a.a.O., 83, Hervorhebung K. S.).

ROPOHLs Distanzierungen teile ich. Es ist allerdings bedenklich, den Gedanken in der Schwebe zu lassen, eine 'verhängnisvolle Grundströmung deutschen Denkens' könne den Faschismus *möglich gemacht oder begründet haben.* Besondere Formen der Ideologiebildung mögen eine erhebliche Rolle gespielt haben, um vor allem kleinbürgerliche Schichten (Handwerker, Bauern) aber auch Teile der Jugend für den Faschismus und seine verheerenden Kriege gegen die Völker Europas und vor allem gegen die Völker der Sowjetunion zu gewinnen. Die Antriebskräfte für das Grauen und den Tod der jungen Generation sind dagegen im gewöhnlichen Kapitalismus (Wirklichkeit) und in seinem 'ökonomischen Rationalprinzip' (Denkweise, Bewußtsein) zu suchen.

Weil der zweckrationalen Denkweise eine mächtige Wirklichkeit zugrundeliegt, kann sie, die Wirklichkeit, nicht durch eine andere Interpretation, sondern durch eine andere Wirklichkeit überwunden werden (vgl. MARXs Thesen über Feuerbach). Die Veränderung der Wirklichkeit war und ist aber auch durch die Herausbildung einer neuen Denkweise gekennzeichnet. Diese Denkweise, die hier nur für unsere Zwecke konkretisiert wird, beruht im Gegensatz zu ROPOHLs 'getrennter Rationalität' darauf, *immer dort*, wo mit bestimmtem Aufwand ein bestimmter Nutzen erzielt wird, auch und gleich danach zu fragen, ob das der Mehrheit der arbeitenden Menschen Nutzen und - wenn ja - welchen Nutzen bringt. Diese Denkweise, die zur Richtschnur vor allem des Handelns der arbeitenden Jugend gemacht werden kann, ermöglicht auch die Bestimmung der Mittel, die sie braucht, um die Veränderung der Wirklichkeit ihren Interessen entsprechend vornehmen zu können. Welchen Nutzen hat z. B. die arbeitende Jugend in den Werken der Daimler Benz AG davon, daß *sie selbst* dort ungeheure Werte, vielleicht die weltweit besten Personen- und Lastkraftwagen mit dem geringstmöglichen Aufwand produziert? Ich plädiere im Gegensatz zu ROPOHL dafür, daß Wirklichkeit und Bewußtsein *über* die Wirklichkeit, daß Erfahrung und Denken, daß Sach- und Werturteil in ihrer dialektischen Einheit erforscht werden. Die Ergebnisse dürfen nicht nur im Wissenschaftsprozeß, in Büchern ihren Ausdruck finden, sondern müssen auch im politischen Prozeß, in der Planung und Leitung der gesellschaftlichen Entwicklung, in der Organisation der materiellen Produktion selbst ihren Niederschlag finden. Die Politik ist der konzentrierteste Ausdruck der Ökonomik.

ROPOHL symphatisiert zeitweise im Gegensatz zu seinen methodologischen Voraussetzungen mit der *Einheit* von Ökonomie und weltanschaulich-politischer Vernunft, die mit den Bedürfnissen der arbeitenden Menschen vereinbar ist. Obgleich er sich mehr oder weniger offen von MARX,

ENGELS und vom Marxismus distanziert (vgl., u.a., a.a.O., 46 und 99), schließt er immer wieder an Aussagen von MARX bzw. an Forderungen an, die auch der Marxismus in den Mittelpunkt seiner Bestrebungen stellt. ROPOHL spricht von der "persönlichkeitsbeschränkenden Arbeitswelt" im Kapitalismus (a.a.O., 103). Er betont, daß es diesen "Dämon Technik" nicht gäbe. Es seien

> "immer ganz bestimmte Menschen, die bestimmte Techniken herstellen und zum Einsatz bringen. Und es sind bestimmte gesellschaftliche Verhältnisse, von denen die Menschen in ihrem individuellen technischen Handeln beeinflußt werden" (a.a.O., 107).

Gerade in diesem wichtigen Zusammenhang, nämlich der prinzipiellen Bestimmtheit des individuell-gesellschaftlichen Lebens durch die gesellschaftliche Produktionsweise, schließt er schon am Anfang seines Buches an MARX an. Der habe stets den "Scharfsinn" besessen, das Elend, welches der Kapitalismus über die neue Klasse, die arbeitenden Menschen, gebracht habe, "nicht der Technik selbst anzulasten, sondern der Art und Weise, wie sie sozioökonomisch verwendet wurde" (a.a.O., 46). Ich füge hinzu: und verwendet *wird.* Auch diese Ergänzung könnte ROPOHL unterstützen; denn er betont, daß "technischer und gesellschaftlicher Wandel nicht mehr mit fortschreitender Verbesserung der menschlichen Lage gleichgesetzt werden" könne (a.a.O., 74). "Der Gegensatz zwischen selbständigen Kapitaleignern und lohnabhängigen Beschäftigten (sei) im Prinzip geblieben" (a.a.O., 167).

Diese Auffassungen im Anschluß an MARX bzw. mit Nähe zum Marxismus stehen wiederum im Gegensatz zu anderen Aussagen. Zwei müssen m. E. an dieser Stelle genannt werden. (Erstens) Den alten

> "Streit in der politischen Philosophie und in der politischen Praxis, worauf es vor allem ankomme: auf die Bewußtseinsentwicklung der einzelnen

> Menschen oder auf die Gestaltung der gesellschaftlichen Verfassung" (a.a.O., 225),

den mag ROPOHL dort, wo er ihn ausdrücklich thematisiert, nicht mehr zugunsten des gesellschaftlichen Determinismus entscheiden. Nun sind es nicht mehr "bestimmte gesellschaftliche Verhältnisse, von denen die Menschen in ihrem individuellen technischen Handeln beeinflußt werden" (a.a.O., 107). Nun wählt er die "salomonische Lösung", die darin liege, "daß *man* beides zugleich in Angriff nehmen muß" (a.a.O., 225, Hervorhebung K. S.), die Umgestaltung der Gesellschaft und das individuell-gesellschaftliche Bewußtsein. Auch ein 'salomonisches Urteil' setzt das Gesetz nicht außer Kraft, demzufolge das gesellschaftliche Sein das gesellschaftliche Bewußtsein bestimmt. Der Determinismus, die Dialektik von Gesellschaft und Individuum, ist unaufhebbar. ROPOHL muß sein hundertfach verwendetes unbestimmtes Subjekt (man) konkretisieren. Die wichtigste Frage ist: wer kann, wer soll die Umgestaltung der Gesellschaft bewerkstelligen?

(Zweitens) Wie mehrfach aufgezeigt, ist ROPOHL in ständiger Gefahr, den Gedanken zu verabsolutieren, den Gedanken, das Wort für die Tat zu nehmen. Er überlegt, wie das Kapital in Schranken verwiesen werden könne, die "möglichst wenig ökologische und psychosoziale Schadwirkungen" entstehen lassen (a.a.O., 247).

> "In den Phasen der Prüfung, Zulassung und Kontrolle (neuer Technik, neuer Produkte K. S.) muß die normative Technopolitik die Entscheidungsfreiheit privater Wirtschaftseinheiten fallweise über das bisher übliche Maß hinaus einschränken. (...) Diese Vorstellung steht zu unserer demokratischen Verfassung keineswegs im Gegensatz. Man muß nicht einmal von der im Grundgesetz eingeräumten Möglichkeit der Verstaatlichung Gebrauch machen, sondern braucht lediglich die ebenfalls vom Grundgesetz gebotene Sozialpflichtigkeit des Eigentums anzuerkennen" (ebda.).

Ich frage: welche Menschen sollen weiterhin 'psychosoziale Schadwirkungen' hinnehmen? Wer soll von den Artikeln 14 und 15 des Grundgesetzes *keinen* Gebrauch machen, die konservativ-liberale Regierung und die Daimler Benz AG oder die arbeitenden Menschen? Sie, ihre Gewerkschaften und Parteien, tragen die Verantwortung dafür, daß Massenarbeitslosigkeit, neue Armut und die Berufsnot der Jugend beseitigt werden. Sie sind gezwungen, von den Artikeln Gebrauch zu machen, weil aus der verbalen 'Anerkennung der Sozialpflichtigkeit des Eigentums' durch die wirtschaftlich *und* politisch Mächtigen nichts folgt, wie die Geschichte der Bundesrepublik zeigt.

III

Auch Edzard REUTER, Mitglied des Vorstandes der Daimler Benz AG und Autor eines umfangreichen Artikels über "Die Chancen der Vernunft" und "Über die Herausforderung moderner Technik" versteht sich als kritischer Rationalist. Er fordert,

> "daß *wir* Kinder der Aufklärung bleiben müssen und damit Künder jenes kritischen Rationalismus, der *allein* zum vernünftigen Umgang mit Technik befähigt" (1986, 41, Hervorhebungen K. S.).

Selbstbewußt und in Übereinstimmung mit der Wissenschaftsgeschichte, die untrennbar mit der kapitalistischen Produktionsweise verbunden ist, reklamiert REUTER die zweckrationale Denkweise für sich, für das Bürgertum. Niemand wird ernsthaft behaupten können, er wolle mit dem einvernehmenden *Wir* auch die Arbeiterinnen und Arbeiter erfassen, die in den Daimler Benz Werken arbeiten oder gar die arbeitenden Menschen in der Bundesrepublik. Die müßten, wenn sie dann gefragt würden, darauf hinweisen, daß nur sie fähig und in der Lage seien, mit den vielfältig ineinandergreifenden Maschinen und systemischen Anlagen in den Fabriken, Werkstätten *und* Büros umzugehen. So gesehen spiegelt die Aussage von REUTER (nur er und seine Klasse, für die er spricht, sei zum vernünftigen Umgang mit Technik befähigt) nicht Selbstbewußtsein sondern Sendungsbewußtsein bzw. die verdeckte Befürchtung, die einfache und jedem Menschen verständliche Wahrheit könne zum Bestandteil des Bewußtseins einer Mehrheit werden, die auch politisch entsprechend handle.

Einerseits träumt REUTER davon, "es den Vögeln gleichzutun", Visionen zu dienen, "den Hunger aus der Welt zu bannen". Andererseits will und muß alles Denken und Handeln dem Wunsche nützlich sein, "reichen materiellen Gewinn zu ernten" (1986, 42). Dem ist grundsätzlich zu entgegnen: es ist ein unauflösbarer Widerspruch, gleichzeitig die Kapitalverwertungsbedingungen verbessern *und* die Berufsbildungs-, Arbeits- und Lebensbedingungen der Jugend, der arbeitenden Menschen und z. B. der Behinderten auf einen höheren Stand heben zu wollen. Die Sozialbilanz der gegenwärtigen Regierung, die die unternehmerischen Handlungsfreiräume erweitert hat, beweist dies: 1985 blieben 360 000 Jugendliche ohne Ausbildungsplätze und Jahr für Jahr werden die Leistungen für Behinderte gekürzt (vgl. STRUVE 1985).

Dem ist konkret zu entgegnen: es ist keine Anstrengung der Daimler Benz AG oder eines anderen Konzerns bekannt, den Hunger aus der Welt zu bannen. Es gibt keine Initiative des Daimler Benz Vorstandes, den Anteil der Ausbildungsplätze anzuheben, so wie es die Gewerkschaftsjugend mit gutem Recht fordert. Die Lastkraftwagen und Unimogs von Daimler Benz werden in Südafrika vom Militär genutzt, um die Apartheid und die Ausbeutung der Bevölkerungsmehrheit gewaltsam aufrecht zu erhalten. Die Daimler Benz AG hat sich Großbetriebe vor allem aus dem militärisch-industriellen Komplex einverleibt. Dadurch ist sie endgültig zum in der Bundesrepublik führenden und gewinnträchtigsten multinationalen Konzern geworden.

Ich zweifle nicht daran, daß REUTER und alle seine Vorstandskollegen z. B. die Sozialpflichtigkeit des Eigentums anerkennen. Die verfassungsmäßige Ordnung der Bundesrepublik ist doch von ihnen und ihresgleichen geschaffen worden. Allerdings unter dem moralischen Druck, der am Endes des Faschismus vorherrschte: schließlich hatte das Kapital die von den Alliierten zerschlagene Ordnung hervorgebracht. Unter diesen Bedingungen mußten in die neue Verfassung bedeutende Leitbilder und Wertvorstellungen eingehen. Sie sind eingegangen. Um ihre Verwirklichung wurde und wird immer gekämpft. Dafür stehen nicht nur Namen wie Gustav HEINEMANN und Martin NIEMÖLLER. Hat ROPOHL diese Zusammenhänge bedacht?

REUTER weiß - vielleicht im Gegensatz zu ROPOHL -, daß die sozialen Kämpfe nicht intellektuell entschieden werden, aber auch ideologisch ausgetragen werden müssen.

> "Wer den Fortschritt seiner moralischen Kategorie beraubt, ist zum Fortschritt unfähig. Wer glaubt, dies könne ohne Kontroverse abgehen und Kompromissen könne ausgewichen werden, der taugt nicht für humanen Fortschritt. Das sind Herausforderungen, die in harter Alltagspraxis, nicht in Sonntagsfeuilletons bestanden sein wollen" (a.a.O., 43).

So formuliert REUTER das, was von den Gewerkschaften 'Klassenkampf von oben' genannt wird. Er hat die Abschaffung der einheitlichen Arbeitszeitregelung im Auge. Er will die flexible Arbeitszeit durchsetzen. Das ist ein Angriff auf die Alterssicherung der arbeitenden Menschen. Das ist vor allem ein Angriff auf die Alterssicherung der arbeitenden Frauen und auf die Zukunft der Jugend. REUTER geht auf diese Zusammenhänge ein:

> "Nur ein Beispiel: Wie lange kann unser überkommener Maßstab, was unter gerechtem Einkommen zu verstehen ist, noch aufrechterhalten werden? Aus technischen Gründen haben wir wohl zum erstenmal in der Geschichte der Industriegesellschaften die Chance, nicht mehr auf

einheitliche Arbeitszeitsysteme angewiesen zu sein. *Wachsende Freiheit, unter sehr differenzierten Arbeitszeitangeboten wählen zu können, wird aber das traditionelle Rentensystem lebensunfähig, zumindest aber auf dramatische Weise ungerecht werden lassen"* (ebda., Hervorhebung K. S.).

"Gerade wegen der Überlastung der Umwelt und wegen der Arbeitslosigkeit", schreibt REUTER an anderer Stelle, müsse "der *Begriff* des Fortschritts" bewahrt werden (a.a.O., 42, Hervorhebung K. S.).

Diese 'kritische Rationalität', da habe ich keine Zweifel, wird vom Rationalisierungsprinzip beherrscht. Die 'Beteiligten', die 'Betroffenen', die 'Bürger' sollen den Begriff für die Wirklichkeit nehmen. Wir sollen den Gedanken denken, aber nicht tätig werden, jedenfalls nicht aufgrund unserer eigenen Leitbilder und Wertvorstellungen.

In Auseinandersetzung mit REUTERs Überlegungen tritt auch die Schwäche in ROPOHLs Argumentation deutlich hervor: wenn er an seiner engagierten Auffassung festhalten will, daß nicht nur die Technik entwickelt werden müsse, sondern auch die politische Kontrolle der gesellschaftlichen Entwicklung, dann muß er auch der Konsequenz zustimmen, daß die Jugend die gesellschaftliche Wirklichkeit verändert. Jeder kann seinen Fähigkeiten entsprechend mitwirken: nicht zuletzt die Wissenschaftlerinnen und Wissenschaftler mit den Mitteln der Wissenschaft.

IV

Vor allem in der meinungsbildenden Publizistik, existiert m. E. eine weitere Ebene der Auseinandersetzung (vgl. u. a. "Die Zeit" und die "Frankfurter Allgemeine"). Diese Ebene der Auseinandersetzung, auf die ich zum Schluß meiner Arbeit aufmerksam machen will, ist wesentlich empirischer. Die dort publizierenden Wissenschaftlerinnen und Wissenschaftler berücksichtigen mehr Daten und Fakten. Sie sprechen beispielsweise von der Jugend, die "man nicht vor der Tür lassen" könne (SCHNORBUS 1985, 15). Dort wird realitätsnah und gar von den Betroffenen selbst dargestellt und erörtert, daß viele "nicht wissen, wo es langgeht" (RUTAR 1986, 40). Weil die Wirtschaft versage, schreibt Manuel SCHNEIDER, suchten Tausende von Jugendlichen im sogenannten Benachteiligungsprogramm des Staates ihre letzte Chance (vgl. 1986, 20). Trotz der Lehrstellenknappheit bricht - z. B. im Handwerk - jeder fünfte Jugendliche seine Lehre ab. Bei rund 723 000 Lehrverträgen (1984) kam auf jeden siebten Abschluß ein Abbruch (vgl. KURPJUWEIT 1986).

> "Im öffentlichen Dienst ist es nur jeder dreißigste. Die Quote der Abbrüche geht mit wachsender Betriebsgröße zurück. In der kleinen Autowerkstatt mit einem Meister, zwei Gesellen und einem Stift geht man sich offenbar eher auf die Nerven als in der großen Lehrlingswerkstatt von Daimler Benz, wo die Ausbildung auch sonst attraktiver ist. Wer will schon aussteigen, wenn ein Solarmobil gebaut wird, das dann bei einer internationalen Wettfahrt als Sieger über die Ziellinie rollt" (ebda.).

"Im letzten Jahrzehnt", schreibt SCHNORBUS,

> "sind insgesamt 10,3 Millionen junge Menschen neu ins Erwerbsleben eingetreten, aber nur 6,2 Millionen ältere Arbeitskräfte durch Ruhestand, Erwerbsunfähigkeit oder Tod ausgeschieden" (1985, 15).

Betrachten wir vor diesem Hintergrund die Chancen der Jugend, in der großen Industrie einen qualifizierten Ausbildungsplatz zu erhalten und einen sicheren Arbeitsplatz. Ich will mich auf die Situation in der Großindustrie konzentrieren, weil dort die jeweils neueste Technik zum Zuge kommt, weil dort die sich selbst steuernden Arbeitsmaschinen und die prozeßgesteuerten systemischen Anlagen schon das bestimmende, weltweit führende Produktionsniveau bilden.

Der Bundesverband der deutschen Industrie behauptet: "Alle Fakten und statistischen Indikatoren deuten darauf hin, daß der technische Fortschritt mehr Arbeitsplätze sichert oder neue schafft, als daß er Arbeitsplätze vernichtet" (PRIEWE 1986).

Tabelle 1: Ausbildungstätigkeit in Abhängigkeit von der Betriebsgröße

Größe der Betriebe	Auszubildende in %
1 - 9	38 von Hundert
10 - 49	25 von Hundert
50 - 499	22 von Hundert
500 - 999	4,3 von Hundert
über 1000 Beschäftigte	9,7 von Hundert

(KÖBELE 1985), 7)

Tabelle 2: Ausbildungstätigkeit ausgewählter Großkonzerne

Name des Konzerns	Ausbildungsplätze in von Hundert der Belegschaft
Nixdorf	9,2 von Hundert
Gute-Hoffnungs-Hütte	7,9 von Hundert
Siemens	6,7 von Hundert
Daimler Benz AG	5,8 von Hundert

(UNSERE ZEIT, 2. August 1986)

Die Tabelle 1 führt noch einmal die bekannte Tatsache vor Augen, daß mindestens jeder zweite Lehrling im Kleinbetrieb ausgebildet wird. Die sogenannte Mittelindustrie hält sich aus der Ausbildungstätigkeit fast ganz heraus. Für die große Industrie gilt: je größer die Belegschaft, desto geringer die Zahl der Auszubildenden. Zwischen den Branchen sind die Unterschiede sehr groß (vgl. Tabelle 2).

Könnten die Jugendlichen mit Hilfe der Gewerkschaften durchsetzen, daß jeder Großkonzern wenigstens 10 % Ausbildungsplätze bereithält, dann müßte die Daimler Benz

AG 6 780 *zusätzliche* Lehrstellen schaffen. Damit würde der Automobil- und Rüstungsriese auf einem Gebiet "Klotzen statt Kleckern", welches REUTER nicht im Blick hat (1986, 43). Er schreibt über Diversifikation, über qualitatives Wachstum, über Größenwachstum, aber nicht über die Ausweitung der Ausbildungstätigkeit, über die Erhöhung der Zahl der Arbeiter und Angestellten und deren aktive Beteiligung daran, was, wie und warum im Konzern geschieht und geschehen soll. Mit der Finanzierung solcher Forderungen gäbe es keine Probleme; denn der Nettoprofit von Daimler Benz belief sich im Jahre 1985 auf 7, 6 Milliarden DM.

Wie beschäftigungsfreundlich der technische Wandel wirklich ist, zeigt PRIEWEs Untersuchung. Ich zitiere ausführlich:

> "Schauen wir uns zunächst den Zeitraum 1973-79 an: von den 48 Branchen in der Industrie und im Dienstleistungssektor gab es 19 mit einem überdurchschnittlichen Produktionszuwachs, von denen lediglich in *einer* (Luftfahrzeugbau) die Beschäftigung überdurchschnittlich zunahm, während sie in 13 zurückging. Hoher Produktivitätszuwachs, d. h. hohes Rationalisierungstempo, garantiert also keineswegs *mehr* Arbeitsplätze. Nur in vier Branchen insgesamt entwickelte sich die Beschäftigung überdurchschnittlich - und dies waren vor allem der Staat und die sogenannten 'sonstigen Dienstleistungen' (Gastgewerbe, Bildung/Wissenschaft, privates Gesundheitswesen, Rechts- und Wirtschaftsberatung etc.).
>
> Von 1973 bis 81 nahm die Beschäftigung in 35 (von 50) Branchen ab und zwar um ca. 2,2 Mill., in 15 stieg sie indessen um knapp 1,4 Mill. Und dieser Anstieg konzentrierte sich zu 43 Prozent auf den Staat und zu 30 Prozent auf die sonstigen Dienstleistungen. Niemand wird behaupten, dies seien führende High-Tech-Zentren. Der Strukturwandel zugunsten dieser Bereiche - der auch in den

> 80er Jahren angehalten hat - ist nicht technologie- sondern überwiegend nachfragebedingt.
>
> Wie sehr die herrschende Meinung neben der Wirklichkeit liegt, zeigt das Beispiel der High-Tech-Branche 'Büromaschinen- und Datenverarbeitungsherstellung': Hier stieg von 1973 bis 1979 die Produktivität jährlich um 4,5 Prozent! 1973 arbeiteten hier noch 106 000 Menschen, 1981 nur noch 77 000. Die Gleichung 'Technischer Fortschritt = Fortschritt am Arbeitsmarkt' erweist sich als ein falscher Fuffziger" (PRIEWE 1986, Hervorhebungen K. S.).

Das Recht auf qualifizierte Berufsbildung und Arbeit für jeden Jugendlichen ist nur durch den gewerkschaftlichen und politischen Kampf der arbeitenden Menschen (einschließlich der wissenschaftlich arbeitenden Menschen) gegen die private Verfügung über die entscheidenden Produktionsmittel in der Großindustrie durchzusetzen.

Die Verantwortung, die die arbeitenden Menschen und ihre Organisationen dabei für den sozialen Fortschritt übernehmen, wiegt schwer. Lehrstellen für alle Absolventen der allgemeinbildenden Schulen, Übernahme der Ausgebildeten in die Belegschaften der Betriebe, Arbeit für alle, für jung und alt, für Behinderte und nicht Behinderte, das könnte als Erfolgsmeldung mit Fug und Recht als ein *sozialer* Fortschritt bezeichnet werden. Ein solcher Erfolg wäre aber erst der Anfang davon, andere Ursachen und Folgen der bis jetzt praktizierten 'Zweidrittelgesellschaft' zu beseitigen.

Der technische Wandel, der soziale Fortschritt,

> "*die Geschichte* tut *nichts*, sie 'besitzt keinen ungeheuren Reichtum', sie 'kämpft keine Kämpfe'! Es ist vielmehr *der Mensch*, der wirkliche, lebendige Mensch, der das alles tut, besitzt und kämpft; es ist nicht etwa die 'Geschichte', die den Menschen zum Mittel braucht, um *ihre* - als ob sie eine aparte Person wäre - Zwecke durchzuarbeiten, sondern sie ist *nichts* als die Tätigkeit des seine Zwecke verfol-

> genden Menschen" (ENGELS/MARX 1972, 98, Hervorhebungen v. Verf.).

In unserem Lande und zumal im wissenschaftlichen Produktionsprozeß ist es ungewohnt und ungewöhnlich, über solche Kämpfe zu reden und zu schreiben (vgl. STRUVE 1983). Schwerer ist es selbstverständlich, die Kämpfe auszutragen. Diese Kämpfe waren und sind vor allem Kämpfe der Arbeiterjugend. Ihr war und ist bewußt, daß in den Kämpfen Fragen und Probleme der Bildung und Berufsbildung eine große Rolle spielen. MARX schrieb in diesem Zusammenhang (1866):

> "Wenn die Bourgeoisie und Aristokratie ihre Pflichten gegenüber ihren Abkömmlingen vernachlässigen, so ist es ihre eigene Schuld (...). Der aufgeklärtere Teil der Arbeiterklasse begreift jedoch sehr gut, daß die Zukunft seiner Klasse und damit die Zukunft der Menschheit völlig von der Erziehung der heranwachsenden Arbeitergeneration abhängt. Er weiß, daß vor allem anderen die Kinder und jugendlichen Arbeiter vor den verderblichen Folgen des gegenwärtigen Systems bewahrt werden müssen. Das kann nur erreicht werden durch die Verwandlung gesellschaftlicher Einsicht in gesellschaftliche Gewalt, und unter den gegebenen Umständen kann das nur durch allgemeine Gesetze geschehen, durchgesetzt durch die Staatsgewalt" (MARX/ENGELS 1981, 194).

Die verderblichen Folgen haben sich inzwischen geändert. Die Verwirklichung der Forderung steht immer noch aus.

Literatur

BERTRAM, Christoph: Weltmacht-Schach vor dem Gipfel. Der Kremlchef treibt den amerikanischen Präsidenten mit seinem Vorschlag in die Enge, in: Die Zeit, Nr. 36, vom 29. August 1986, S. 3.

DAUENHAUER, Erich: Nicht jeder schafft die Lehre, in: FAZ vom 20. Januar 1986.

KÖBELE, Patrick: Berufsbildung 85 - Klassenwidersprüche 85, in: Unsere Zeit vom 25. Juli 1985, S. 7.

KURPJUWEIT, Dirk: Jeder Siebte hält nicht durch, in: Die Zeit, Nr. 32, vom 1. August 1986.

MARX-ENGELS-WERKE: Band 2, Berlin: Dietz 1972.

MARX-ENGELS-WERKE: Band 16, Berlin: Dietz 1981.

PRIEWE, Jan: Technikwandel als Beschäftigungsprogramm, in: Deutsche Volkszeitung vom 1. August 1986.

REUTER, Edzard: Die Chancen der Vernunft. Über die Herausforderung moderner Technik, in: Die Zeit, Nr. 16, vom 11. April 1986, S. 41-43.

ROPOHL, Günter: Die unvollkommene Technik, Frankfurt/M.: Suhrkamp 1985.

ROPOHL, Günter: Einige Perspektiven der Technisierung, in: Ingrid LISOP (Hrsg.): Bildung und neue Technologien, Frankfurt/M.: Gesellschaft zur Förderung arbeitsorientierter Forschung und Bildung 1986, (Anstösse, Bd. 5).

RUTAR, Sabine: Nicht wissen, wo es langgeht, in: Die Zeit, Nr. 32, vom 1. August 1986, S. 40.

SCHNEIDER, Manuel: Wenn die Wirtschaft versagt, in: Die Zeit, Nr. 32, vom 1. August 1986, S. 20.

SCHNORBUS, Axel: Die Jugend nicht vor der Tür lassen, in: FAZ, Nr. 267, vom 16. November 1985, S. 15.

STRUVE, Klaus: Wissenschaftliche Tätigkeit, gesellschaftliche Verantwortung und die Politik der Berufsverbote, in: BdWi-Forum, Nr. 53/54, Mai 1983, S. 43-46.

STRUVE, Klaus: "Des einen Freud'- des anderen Leid". Zur Behindertenpolitik der Regierung der Bundesrepublik Deutschland, in: G. GERBER u.a. (Hrsg.): Der Beitrag der Wissenschaft zur interdisziplinären Sonder- und Heilpädagogik, Wien 1985, S. 549-558.

ARNULF HOPF

Mütter gegen atomaren Tod und ihre Kinder - Sozialisationstheoretische Überlegungen nach Tschernobyl*

Nach dem Reaktorunfall von Tschernobyl haben sich Gruppen von Müttern zusammengetan und sind öffentlich aktiv geworden: als "Mütter gegen Atomkraft", "Interessengemeinschaft der Frauen und Mütter", "Aktion stillende Mütter", "Frauen gegen atomare Bedrohung", "Friedliche Energie für unsere Kinder". In vielen Städten und Gemeinden der Bundesrepublik sind Mütter und Väter auf die Straße gegangen, um den Ausstieg aus der Kernenergieproduktion zu fordern. Die Mehrheit dieser Frauen und Mütter war unerfahren und ungeübt im politischen Geschäft; aber seit dem Unglück wiederholen etwa in Hamburg Mütter und Väter mit ihren Kindern bis heute an jedem 26. eines Monats (Tschernobyl-Ereignis) die Demonstration. [1)]

Ich habe versucht, die Gruppen näher kennenzulernen. Ich habe Reaktionen der Eltern und Kinder gesammelt. Mich hat die Frage beschäftigt, ob und welchen Einfluß das häufig verzweifelte Verhalten vieler Mütter auf ihre Kinder haben kann. Diese Kinder, die nach meiner Beobachtung den Vor-

* Dieser Aufsatz ist Enno FOOKEN in besonderer Weise gewidmet, der sich als aktives Mitglied der Initiative "Pädagogen gegen Rüstungswahnsinn" seit vielen Jahren gegen die Entwicklung und den Einsatz von Mitteln zur Massenvernichtung und Massenverseuchung einsetzt.

zug gegenüber den Kindern der "68er-Generation" besitzen, daß ihre Eltern sie nicht nach eigenen politischen Vorstellungen "formen" wollen, sondern von den Eltern mit großem Respekt vor ihrer Eigenständigkeit wahrgenommen werden, diese Kinder wurden nun nach den Ereignissen in Tschernobyl zu Objekten fremder und ungewohnter Gewalten. Besonders Kleinkinder erlebten verwirrt, wie aus der geduldigen, erlaubenden Mutter die verbietende, genervte "böse" Mutter wurde.

> "Zuerst dachte ich, das geht uns nichts an. Später reagierte ich panisch und ließ die Kinder nicht raus. Das war bestimmt nicht der letzte Unfall." (Mutter)

> "Ich schrei auf einmal: Komm sofort runter vom Rasen! Ich bin so autoritär wie ich nie sein wollte." (Vater)

> "Wir mußten unseren Kindern zum ersten Mal das Spielen auf den Wiesen und in den Sandkästen verbieten. Das bedeutete für die Kinder: Die tausend Kleinigkeiten auf den Wegen liegen zu lassen, keine Blümchen mehr zu pflücken, um die Wasserpfützen einen großen Bogen zu machen, nicht mehr Ball zu spielen, und und und. D. h.: nicht mehr Kind sein können! Der Erfahrungsbereich unserer Kinder ist plötzlich 'giftig' geworden." (Mutter)

> "Langsam wird mir diese Ruhe der Kinder unheimlich. Sie akzeptieren plötzlich Disziplinierungen, gegen die sie sonst einen Riesenaufstand gemacht hätten." (Erzieherin)

> "Er läßt sich anstandslos jeden Abend abduschen, wozu ich ihn sonst nie gekriegt hätte." (Mutter eines 6jährigen Sohnes)

> "Ich bin fast durchgedreht. Der Unfall hat mir klar gemacht, in welch ungeheurer Bedrohung wir leben. Ich habe mich wie im Krieg gefühlt. Wir Mütter werden jetzt als spinnert und hysterisch abgetan,

aber wir wollen diese Vernichtungstechnologien nicht." (Mutter)

"Mein erster Gedanke war, Gott sei Dank, wir sind ja weit weg. Aber je mehr ich davon erfuhr, desto größer wurden meine Bedenken, ob es nicht verantwortungslos war, noch Kinder in die Welt zu setzen. Ich habe Angst, daß Lukas an den Folgen leiden wird." (Mutter)

"Die Tage danach waren schrecklich, jeden Morgen stand ich auf, sah die immer grüner werdenden Bäume, die strahlende Sonne und dann fiel es mir wieder ein und ich hockte mich vor's Radio oder hängte mich ans Telefon, um nur die richtigen Werte zu erfahren. Sonntagabend um elf ruft mich ein Freund an, daß die Werte am Nachmittag wieder angestiegen waren. Später erfahre ich auch den bisher höchsten Wert überhaupt, nämlich auf 110 Bq/m^3. Ich schreie und weine und ich begreife, daß wir dem ganzen wehrlos ausgeliefert werden. Warum sind nicht sofort überall Lautsprecherwagen herumgefahren und haben die Bevölkerung gewarnt rauszugehen, warum sind wir dieser Strahlendosis so umsonst so vorsätzlich ausgesetzt worden?" (Mutter)

"Das macht mich so wütend, als bekannt wurde, daß die Wolke auch über Hamburg gezogen ist, hab ich die Strahlen auf einmal überall gespürt, auf meiner Haut, das ging in meinen Bauch und das traf mein Kind. Und wenn einem diese kriminelle Atomlobby noch etwas von Unwahrscheinlichkeit vorrechnen will und vom 'Restrisiko' redet, könnte ich ausrasten. Schließlich kann das Restrisiko mein Kind sein." (Mutter, im 5. Monat schwanger)

"Was nützt uns Erziehungsgeld und ähnliche Anreize zur Familiengründung, wenn unsere Kinder einer fragwürdigen Zukunft entgegen gehen? Auch wenn der Lebensstandard der Bevölkerung durch den

> Verzicht auf Kernenergie auf ein Niveau vor der Jahrhundertwende zurückgeworfen würde, scheint mir dies die attraktivere Alternative zur Zukunft." (Mutter)
>
> "Wir werden keine Ruhe geben, bis der Senat was tut! Wir haben Angst aber unser Schrecken darf nicht dabei enden, daß wir resigniert auf die nächste Katastrophe warten." (Mutter)

Noch gibt es kaum Anhaltspunkte darüber, wie Familien mit der atomaren Bedrohung umgehen. Vorliegende Untersuchungen zielen überwiegend auf einzelne Kinder und Jugendliche. Immerhin hat eine Studie aus den USA ergeben, daß sehr wenige Kinder und Jugendliche ihre Ängste vor einer nuklearen Katastrophe mit ihren Eltern besprechen [2)]. Demnach sprechen 51 % "überhaupt nicht", 39 % "selten" über ihre Ängste. Es ist nicht auszuschließen, daß die Sprechhemmung der Heranwachsenden auch bei deren Eltern besteht. Offenbar ergreifen auch diese Erwachsenen nicht die Initiative zu einem Gespräch. Nach einem Überblick über vorliegende Untersuchungen sind folgende Beobachtungen zu unserer Fragestellung zusammenzufassen [3)]:

1. Eltern erscheinen in Familiengesprächen regelmäßig erstarrt, gelähmt und sprachlos. Sie scheinen nicht zu wissen, wie sie mit ihren Kindern über dieses Thema sprechen können. Mehr noch: Sie scheinen die tieferen Ängste zu erfahren und müssen daher noch massiver verleugnen.

2. Kinder und Jugendliche erscheinen in den Gesprächen von Familien über die atomare Bedrohung mutiger, weniger ängstlich, das Thema anzusprechen, Fragen zu stellen und ihrer Empörung unverblümt Ausdruck zu geben.

3. Unter familiendynamischen Gesichtspunkten läßt sich eine ähnliche Umkehrung der Verhältnisse beobachten, wenn die Kinder ihre Eltern im Gespräch beruhigen und zu beschützen suchen.

4. Familien scheinen mit der atomaren Bedrohnung wie mit einem Familiengeheimnis umzugehen. Die Welt, in die hinein die Kinder erzogen werden, ist in ihrer Gesamtexistenz bedroht; die Kinder werden möglicherweise ihre Zukunft nicht mehr erleben. Die Folgen dieser Verdrängung können nur destruktiv sein.

5. Auch das ethisch-moralische Bewußtsein als leitender Wert scheint in Familien bedroht zu sein. Denn Sensibilität für die Bedürfnisse anderer läßt sich nur schwierig mit Abgestumpftheit gegenüber der Bedrohung durch die Atomwaffen vereinbaren. "Achtung vor und Rücksicht auf jeden Menschen lassen sich nur schwierig vermitteln, wenn im gesellschaftlichen Kontext mit dem Geschick von Millionen Menschen ingesamt wie mit Gewinn und Verlustziffern in einer Buchhalterstatistik umgegangen wird" (WETZEL a.a.O., S. 7).

0 0 0

Eine andere, neue Art des Umgangs vieler Mütter mit ihren Kindern nach der atomaren Bedrohnung von Tschernobyl anzunehmen, legen folgende Beobachtungen nahe: Die Ereignisse nach Tschernobyl lösten bei vielen Müttern und Frauen große Verunsicherung aus. Mehr als die Männer, sahen sich Frauen und ihre Kinder massiv bedroht. Frauen hatten das ungeborene Leben vor radioaktiven Strahlen zu schützen und für die lebenden Kinder die unverseuchte Nahrung zu organisieren und mit Kindergärten und Schulen zu verhandeln. Wegen der radioaktiven Niederfälle konnten Kinder weder ins Freie noch die gewohnte Nahrung bekommen. Daß Kinder gegängelt und von ihren alltäglichen Verrichtungen und Gewohnheiten abgehalten werden mußten, erzeugte größte Verwirrung. Die "Gesundheit" und die Bedürfnisse der Kinder ließen sich kaum miteinander vereinbaren. Verbote mußten ausgesprochen werden, die sich gezwungenermaßen gegen die Kinder richteten. Was bisher als "gut" nützlich und "gesund" ausgewiesen war, wurde auf einmal "ungesund" und verboten. Über Nacht sollten Kinder neue Verhaltensregeln akzeptieren und praktizieren können. "Ab sofort" war der Spielsand nicht mehr zu berühren, die Wiesen nicht zu betreten, die tägliche Milchportion nicht zu genießen.

Das alles bedeutete eine Neuorientierung der Kinder. Gerade Kleinkinder erforschen und begreifen ihre Umwelt mit dem Mund, mit den Händen und durch alle Sinne. Kinder konnten ihre angeborene Neugierde nicht mehr befriedigen. Der Bewegungsraum wurde ihnen beschnitten und Verbote, wie "Du darfst nicht in den Sandkasten, nicht ins Schwimmbad, nicht nach draußen", bestimmten den Alltag.

Erziehung war erneut in altbekannte Fahrwasser des autoritären Eingreifens geraten. Sauberkeitsanforderungen, wie "Händewaschen", "Schuhe vor der Haustüre lassen" wurden gestellt, die die Kinder von ihren Eltern sonst nicht kannten. Bemerkenswert war nun die Reaktion Tausender von Müttern und Vätern:

Die durch den Reaktorunfall entstandenen Probleme einer eingeschränkten Lebensqualität und die Angst um ihre Kinder ließen Mütter und Väter in ihrer Not und Wut über die Beschwichtigungs- und Desinformationspolitik der offiziellen Stellen auf legalistisches Verhalten verzichten. Mit ihren Kindern "besetzten" sie in vielen Städten und Gemeinden Rathäuser, um ihre Forderung nach präzisen Informationen durchzusetzen. In vielen Gemeinden organisierten sie Sitzblockaden oder symbolträchtige "Henkersmahlzeiten" in Fußgängerzonen der Stadtzentren. Vor allem waren es die *Mütter*, die vor ihren Kindern nicht mehr verbargen, daß sie weder den wissenschaftlich Beratenden noch den politisch Regierenden länger vertrauten. Ein tiefgreifendes und umfassendes Mißtrauen den "Zentren der Macht" gegenüber prägte von nun an ihr tägliches Verhalten.

Der Frage, welche Auswirkungen das auf die Kinder haben konnte, wird im folgenden unter zwei Blickrichtungen nachgegangen: Einmal hinsichtlich möglicher emotionaler, zum anderen hinsichtlich politisch-moralischer Entwicklungsprozesse. Ich betrachte diese Überlegungen als vorläufige Anmerkungen, die vorerst nur als spekulativ bezeichnet werden können, obwohl die dabei grundlegende Annahme, daß Kleinkinder durch die Wahrnehmung sozial-emotionaler 'Brüche' in ihrer Umwelt in ihrer Entwicklung stark berührt werden, als bewiesen anzusehen ist.

Die Entwicklung des Kleinkindes ist wesentlich mitbestimmt durch den Verlauf der ersten Lebensjahre und die sich dabei entwickelnde und lebenslang wirkende Disposition des Urvertrauens (ERIKSON). Kann ein Kind durch gleichmäßige Bedürfnisbefriedigung und konstante Umweltreize kein Zutrauen in die Welt fassen, wird es auch in späteren Lebensjahren oft ängstliche abwehrende Verhaltensweisen zeigen können, was sich auf andere Lebensbereiche überträgt.

Wie die jüngste Sozialisationsforschung außerdem gezeigt hat, sind nicht Einzelfaktoren, sondern die umfassende Sozialökologie entwicklungsrelevant [4]. Insofern ist der Entwicklungsprozeß der Kinder eingebunden in die Erfahrungen des komplexen Lebens. Dazu gehört auch, daß Kinder bestimmten politischen, sozialen und kulturellen Erfahrungen durch Teilnahme, Anschauung und Erlebnis ausgesetzt sind. Durch die spezifischen Ereignisse nach Tschernobyl konnten Kinder allerdings in identitätsbedrohende Ausnahmesituationen geraten. Die Bedrohung ergab sich aus den beschriebenen Reaktionen vieler Mütter und mancher Väter. Über die Bedeutung solcher spezifischen Sozialisationserlebnisse kann heute noch keine verläßliche Aussage gemacht werden. Dennoch kann als ein gesichertes Ergebnis der Sozialisationsforschung gelten, daß sich das entwickelnde kindliche Ich bei der Auseinandersetzung mit seiner Umwelt an den Verhaltensweisen und Reaktionen des elterlichen Modells orientiert.

So liest bereits das Kleinkind an den elterlichen Interaktionen Regeln der Umwelt- und Konfliktbewältigung ab, wobei besonders die Art und Stabilität des elterlichen Modellverhaltens, die elterlichen Erziehungsstile und der

Grad der kognitiven Differenzierung des Kindes für die Ausbildung der Ich-Funktionen des Kindes wesentlich sind [5].

Das beschriebene Verhalten der Mütter- und Erziehergruppen nach Tschernobyl war zunächst durch Angst und Unsicherheit geleitet. Es war daher unmöglich, daß sich Kinder den Atomängsten "angemessen" aussetzten. Den Ängsten und Verhaltensweisen, die das Unglück bei Erwachsenen ausgelöst hat, haben Kinder oft direkt gegenübergestanden. Die nicht faßbaren, nicht mit den Sinnen wahrnehmbaren Ursachen der Ängste konnten nur über die Eltern vermittelt wahrgenommen werden. Wie Angststudien bei Kindern zeigen, unterscheiden sich die Angstinhalte und die Angstauslöser der älteren Kinder von denen der Kleinkinder [6]. Das Angstgefühl der älteren Kinder unterscheidet sich dabei grundsätzlich von dem der Kleinkinder:

- Ältere Kinder wissen von der Atomgefahr und haben Angst davor.
- Kinder, die mehr über Atomwaffen und Atomkriege wissen, neigen weniger zur Angstabwehr.
- Mädchen haben stärkere Ängste als Jungen.
- Es gibt Zusammenhänge zwischen Kriegsängsten und anderen Ängsten.
- Die Folgen dieser Ängste lassen sich allgemein unter dem Stichwort "nukleare Deprivation" fassen, die sich bei älteren Kindern u. a. in einem gewissen Zynismus gegenüber dem Schicksal der Welt und des Einzelnen und einem Verlust an positiven Identifikationsmöglichkeiten äußert [7].

Kinder haben nach Tschernobyl zu ihrer Angst geantwortet:

> "Jedesmal, wenn es regnet, kriege ich panische Angst. Ich dusche zweimal am Tag. Die Regenklamotten mag ich nicht mehr anziehen. Meine Mutter sagt: Die Sachen sind gewaschen, die Strahlen sind

weg". Das glaube ich nicht. Woher weiß sie das? Sie hat die Strahlen nie gesehen. Ich auch nicht." (Mädchen, 12 Jahre)

"Ich habe von einer großen schwarzen Wolke geträumt. Sie hat versucht, mich einzuholen und zu verschlucken. Die Wolke war radioaktiv verseucht. Ich hatte große Angst und habe ganz laut geschrien. Meine Mutter hat mich in den Arm genommen. Ich war naß von Schweiß und habe gezittert. Am nächsten Morgen in der Schule war ich sehr unaufmerksam." (Junge, 11 Jahre)

"Wie wohl die meisten Leute habe ich auch Angst vor der radioaktiven Strahlung. Das Gemeinste ist, daß man nichts merkt und so total unsicher ist. Die Vorsichtsmaßnahmen finde ich überhaupt nicht überzogen, sondern eher zu schwach." (Mädchen, 14 Jahre)

"Wir sind mit dem Kindergarten hierhergekommen, weil wir Krach machen wollen, um wieder im Sand spielen zu können. Die Atomkraft ist in den Sand gekommen, und jetzt dürfen wir nicht mehr spielen". (Junge, 5 Jahre)

"Ich hatte Glück! Die anderen aus meiner Klasse spielten im Regen Fußball. Ich habe geschwänzt. Meine Mutter hat mich sogar dafür gelobt." (Junge, 11 Jahre)

Ängste sind als existentielle Urempfindungen aufzufassen und können nicht aus dem Leben der Kinder ferngehalten werden. Kinder suchen sogar Erfahrungen im Umgang mit Ängsten, um das eigene Erleben dem ambivalenten Reiz zwischen Angst-Beklemmung und Angst-Lust auszusetzen. Angstgefühle fördern dadurch die seelische Entwicklung und das Selbstbewußtsein.[8)] Das allerdings nur solange, wie für jedes Kind die individuell verschieden erlebte Dosierung möglich bleibt und keine Überforderung, keine Verzweiflung zurückbleibt. Wie oben erwähnt, sind dafür gleichmäßige

Bedürfnisbefriedidung und konstante Umweltreize die wichtigsten Voraussetzungen, um angesichts vorhandener Ängste Urvertrauen zu fassen. Daran gemessen, mußte das Verhalten vieler Eltern nach Tschernobyl die Kleinkinder als widersprüchlich, als eine "doppelte Botschaft", erreichen. Eltern, geliebte und erstrangige Bezugspersonen, forderten plötzlich strikten Gehorsam bei Verhaltensweisen, die zuvor genau das Gegenteil bedeutet hatten. Deren bisher abgelehnten Inhalte wurden nun zu den einzig anerkannten umgewertet. Die Kinder wurden offensichtlich restriktiven Normen unterworfen, die sie in ihrer Entwicklung einschränkten. Für die Kleinkinder bedeutete dieses Verhalten ihrer Eltern eine veränderte Wahrnehmung der elterlichen Autorität. Darunter haben auch viele Mütter und Väter gelitten, so daß verständlich wird, wenn eine Mutter sagt: "Aber die Neins, die wir aufgrund der objektiven Gefahr aussprachen, wurden oft unterschwellig von einem subjektiven Ja begleitet, weil wir das Nein in unserem Innersten als widersinnig und gegen das Kind empfanden". [9)]

Zu vermuten ist, daß die elterliche Angst für die Kinder noch aus einem anderen Grund eine bemerkenswerte Auswirkung gehabt hat. Es kann angenommen werden, daß Kleinkinder von Anfang an Gefühle und Reaktionen der Mutter "ablesen" und adaptieren. So nimmt das Kind in frühester Zeit seiner Selbstwertfindung emotionale Reaktionen der Mutter durch den engen Kontakt mit ihr wahr. Das gilt ganz besonders für Ängste. Das Kind empfindet die Gefühle der Mutter selbst und verbindet sie mit der emotionsauslösenden Situation. Wie Dorothy BURINGHAM in ihrem Buch "Labyrinth . Kindheit" beschreibt, haben gestörte Entwicklungsverläufe hier vielfach ihre Ursache. Kleinkinder fühlen sich in ihre Mutter ein und beweisen dabei eine größere Beobachtungsgabe, als man bisher erkannt hat. Sie beobachten sowohl die direkte Äußerung von Gefühlen wie auch die Bemühungen, lebenswichtige Regungen zu verleugnen. Verdrängte Impulse, die in der Mutter eine Rolle spielen, drängen sich der kindlichen Aufmerksamkeit besonders auf. Meistens richten Eltern ihre bewußten Bemühungen darauf, diesen Affekt vor dem Kind zu verbergen. Oft genug allerdings erfährt man, daß der Erfolg dieser Bemühungen ein zweifelhafter ist. So beschreibt BURINGHAM eine Mutter, die ihr Leben hindurch gegen ihre eigenen aggressiven Impulse anzukämpfen hatte. Es gelingt ihr, dieser Regungen Herr zu werden, aber sie lebt in ständiger Angst, daß die Zwangsimpulse wiederkehren und ihr Leben von neuem zerstören könnten. Unter dem Druck dieser Angst muß die Mutter ihr Kind von Anfang an auf die Anzeichen aggressiver Regungen beobachtet haben. Sie wird unruhig und verzweifelt, wenn sie beim Kind Ähnliches zu bemerken glaubt. Sie möchte nicht, daß das Kind dem gleichen Schicksal verfällt, wie sie selbst. Es besteht kein Zweifel, daß das Kind die Angst der Mutter vor dem Auftauchen affektiver Regungen bei ihr kennt. Das Kind wird ständig aggressiver, so als ob sie die darauf erfolgende Reaktion der Mutter bewußt hervorlocken wollte.[10)]

Weil es schon Kleinkindern möglich ist, durch Situationslernen entsprechende Gefühle ihrer Umwelt aufzunehmen, kommt dem Verhalten auch der Mütter, die unter dem starken Eindruck der Ereignisse von Tschernobyl standen und noch stehen, erhöhte Aufmerksamkeit zu. Mit welchen Konfliktlösungsstrategien gehen sie bei der Bewältigung angstauslösender Situationen um, und vor allem: Mit welchen Folgen für die Kinder?

Während zu vermuten ist, daß Ich-Prozesse bei Kleinkindern im Sinne von Abwehrmechanismen (Projektion, Introjektion, Regression) wirken, weil sie oft in Situationen geraten, die sie mit ihren verfügbaren Deutungs- und Handlungsmustern noch nicht bewältigen können, kommt es sehr darauf an, ob diese Mechanismen sich aufgrund des elterlichen Modelleinflusses verfestigen oder nicht. Eine störungsfreie Entwicklung kann nur angenommen werden, wenn der Einfluß unbewußt wirkender Abwehrmechanismen zugunsten einer rational gesteuerten Impulskontrolle verringert wird. Auch dafür haben Eltern Modellcharakter, wenn sie anstelle unbewußter Konfliktabwehr (Realitätsverleugnung, Regression) durch aktive Mechanismen der Realitätsanpassung dem Kind Gelegenheit zur Ausbildung differenzierter Ich-Funktionen bieten.[11)]

Von einschneidender Wirkung auf Kinder kann dabei das Erlebnis sein, die Eltern ratlos *aber* glaubwürdig, widerspruchsvoll *aber* mit Offenheit handeln zu sehen, zu erleben, wie Eltern Schwierigkeiten haben, *aber* sie nicht verbergen wollen. Dies trifft auf das Verhalten der beschriebenen Mütter und Väter zu. Ihre Konfliktlösungsstrategien im Umgang mit der Angst tragen überwiegend Merkmale bewußter Lösungsmuster. Diese aktiven handlungsbezogenen Formen der Konfliktbewältigung stellen einen wesentlichen Faktor für die Ausbildung von differenzierten Ich-Funktionen dar. Die Kinder konnten die Ängste ihrer Eltern bewußt wahrnehmen.

Es erscheint grundsätzlich angemessen, die Bedrohung unserer Umwelt von Kindern wahrnehmen zu lassen, dadurch aber zu versuchen, die Angst dabei *in Handlungen umzuwandeln*. Es werden Angstblockaden und deren Auswirkungen auf andere psychische Funktionen leichter vermieden werden können, wenn die Erziehenden entsprechende Situationen *aktiv* zu bewältigen suchen;[12)] das Angstgefühl, vermeintlich nichts zur Bekämpfung der Bedrohung tun zu können, macht ohnmächtig und hilflos (gelernte Hilflosigkeit). Andererseits wird der Erwachsene aber auch lernen müssen, seine Angst nicht in Aktionismus auszuagieren.

Nach diesen Kriterien ist zu vermuten, daß unter dem beschriebenen emotionalen und aktiven Verhalten der Mütter und Väter, mehr als durch besondere erzieherische Eingriffe, Eltern durch ihre glaubwürdige Ratlosigkeit *und* ihren aktiven Widerstand gegen die Bedrohung "überzeugen" konnten. Was Mütter und Väter ihren Kindern dabei zeigten, läßt das Vertrauen in die Eltern wachsen: Sie haben die Verantwortung für ihr Leben übernommen, sie haben Mut, zu zeigen, daß und wo ihre Angst groß ist und trotzdem ihren Kindern zu helfen, sich in der gar nicht heilen Welt zurechtzufinden.

0 0 0

Das Vertrauen in die Verläßlichkeit der Eltern ist eine wichtige Voraussetzung auch für die politisch-moralische Entwicklung von Kindern. Angesichts der beschriebenen Zu-Mut-ungen, denen sich die Kinder durch ihre aktiven Eltern ausgesetzt sahen, ist die Frage nach einer möglichen "Verfrühung" von Erfahrungen zu erörtern. Insbesondere sind Vorbehalte hinsichtlich der Verarbeitungskapazität von Kindern zu hören.

Werden die ontogenetischen Entwicklungsphasen von PIAGET zugrunde gelegt, ist die Stufe des anschaulichen Denkens (vierte bis siebte Lebensjahr) durch die Fähigkeit gekennzeichnet, Eigenschaften von Objekten nach einzelnen Dimensionen, aber nicht nach kombinierten Dimensionen zu ordnen. Es handelt sich um "anschauliche Regulierungen", bei denen die Flexibilität logischer Operationen noch nicht erreicht wird. Für die Entwicklung der Moralität mag der Hinweis auf die KOHLBERGschen sechs Stufen der moralischen Entwicklung [13)] genügen. Für die beobachteten Familien und ihre Kinder kann die Problemsituation als das Dilemma zwischen dem "Wert Leben" und der "Einhaltung von Gesetzen" dargestellt werden. [14)]

Wie oben beschrieben, haben Eltern ihre Kinder unter bewußtem Verzicht auf legalistisches Verhalten an Demonstrationen und Besetzungen direkt beteiligt. Orientiert an der KOHLBERGschen Theorie, muß angenommen werden, daß ein sechs- bis siebenjähriges Kind das Dilemma, die Interessen der Allgemeinheit und die Partikularintressen, hier der Atomwirtschaft und ihrer Lobby, dadurch "löst", daß es vor seinen gegen Atomenergie kämpfenden Eltern so redet wie erwartet, und vor Befürwortern der Atomwirtschaft gegenfalls auch, also inkonsistente Äußerungen tut. Entwicklungspsychologisch läßt sich das beschreiben: In Hinsicht auf seine *kognitive* Entwicklung müßte das Kind bereits das Stadium formalen Denkens erreicht haben, um ein so abstraktes Konzept wie das des Allgemeininteresses verstehen und formulieren zu können; es steckt aber noch in der Phase des anschaulichen Denkens. Es ist nur in der Lage, konkret definierte Interessenstandpunkte additiv aneinanderzureihen. In der Entwicklung des *moralischen* Bewußtseins müßte das Kind mindestens ansatzweise in der Lage sein, allgemein verpflichtende Prinzipien zu formulieren, also auf die Stufe postkonventionellen Urteilens gelangen. Um dies zu leisten, müßte es zuvor auf der Stufe konventionellen Bewußtseins stehen, also übernommene Wertungen kennen und beherrschen. Mit sieben Jahren steht das Kind in der Regel aber noch auf der Stufe vor-moralischen Denkens, in dem es konform geht, um belohnt zu werden und Zuneigung nicht zu verlieren.

Bei dieser theoretischen Konzeption bleibt die Entwicklung wesentlich psychologisch begründet; es fällt auf, daß soziologische oder politische Bedingungen wie Randbedingungen behandelt werden. Deshalb haben mehrer Kritiker KOHLBERGs theoretische Perspektive als individualistisch verkürzt bezeichnet. [15)]

In unserem Zusammenhang ist außerdem noch unklar, ob die Entwicklung des politisch-moralischen Verständnisses beim Kind wie im Modell der kognitiven Strukturen eine irreversible Abfolge bildet. Eine der größten Studien zur politischen Sozialisationsforschung bei Kindern zeigte zum Beispiel, daß bereits Schulanfänger politisch nicht völlig ahnungslos waren. Ihnen war, was in unserem Zusammenhang von Interesse ist, wohlbekannt, welche Tugenden man vom "guten Menschen" und speziell vom "guten Staatsbürger" erwarten kann. [16)]

Ebenso noch weitgehend ungeklärt ist das Zusammenspiel von kognitiven und sozialen Elementen und ihrer psychodynamischen Verarbeitungsprozesse. So könnten andere Formen und moralische Stufungen entstehen, "wenn die sozio-kulturelle Umwelt eine andere wäre und damit ein anderes Lernfeld anbieten könnte". [17)] Die von KOHLBERG aufgespürten Stufen des moralischen Urteilens wären dann nicht das Produkt einer zwingenden Logik der Entwicklung, sondern nur noch - aus bestimmten Gründen - realisierte Möglichkeiten. Wenn schließlich die beanspruchte Universalität, Irreversibilität und Homogenität der KOHLBERGschen Stufenfolge zu bezweifeln sind, was von einigen Autoren ausgeführt wird,[18] entpuppt sich der Vorwurf der "Verfrühung" als auch methodisch bedingtes ethnozentrisches Vor-Urteil.

Mir erscheint schließlich die Betrachtung moralischen Urteilens, als eine einzelne, individuelle kognitive Aktivität ungeeignet, den Zusammenhang von Gesellschaftsstruktur, Subjekt und Sozialisationsprozeß ausreichend zu berücksichtigen. Die Kategorie des moralischen Urteiles, wie sie im KOHLBERGschen kognivistischen Stufenmodell gebraucht wird, bleibt so politisch inhaltlich unbestimmt. Wie die tatsächlichen Bedingungen der Situation nach Tschernobyl gezeigt haben, reicht es offenbar nicht mehr aus, zwischen bereits gegebenen "Moralen" logisch-formal zu entscheiden. Es ist nach Tschernobyl deutlich geworden, was das Psychoanalytiker-Ehepaar Mitscherlich schon 1968 erkannte:

> "Das Moralproblem ist nicht gelöst mit dem geglückten Übergang von einer ... heteronomen ... zu einer ... autonomen Moral ... Die Eigenart unserer Situation besteht im Auftauchen von eigentlich unlösbaren moralischen Problemen. Sie werden dadurch unlösbar, weil ein allgemeiner moralischer Grundsatz mit den Pflichten aus der unmittelbaren Situation, in der das Individuum steckt, in Widerspruch gerät. Am eindringlichsten sind die Pflichtkollisionen geworden, welche aus Krieg und Terror herrühren."[19]

In unserer Zeit der atomaren Bedrohung, spätestens seit Tschernobyl, ist etwas über das Gegebene Hinausgehende erforderlich, wie es die ungewöhnlichen und normüberschreitenden Verhaltensformen der couragierten Mütter zeigen. Ihr Verhalten ist in der Lage, Ansätze einer neuen Bewußtseinslage zu entwickeln, "aus der für ein Kollektiv die Ahnung neuer Gewissensverpflichtungen entsteht." [20] Ihr Beispiel hat nicht zuletzt ihren Kindern die Notwendigkeit möglicher Abweichung von herrschender Moral deutlich gemacht, indem auf legalistische und universalistische Prinzipien verzichtet wird. Angesichts konkurrierender politisch-gesellschaftlicher Ordnungsvorstellungen und Interessengegensätze, von denen die einen mit der Reaktorkatastrophe von Tschernobyl gezeigt haben, daß sie die Vernichtung der Menschheit nicht ausschließen können, ist "Moral" schon relativiert. Für den Erziehungswissenschaftler bleibt zu erkennen: Sobald und solange eine herrschende Moral sogar das Leben anderer Menschen bedroht, sollte eine kritische Sozialisations- und Erziehungsforschung versuchen, herrschende Moralvorstellungen, wie die kognitivistische Theorie von KOHLBERG, wieder bewußt der Politik zu verbinden, Form und Inhalt also nicht trennen. Es ist den protestierenden und demonstrierenden Müttern und Vätern augenscheinlich gelungen, auf die in ihrem Erziehungskonflikt enthaltenen politischen Fragen zurückzukommen und auf die dem moralischen Dilemma vorausgesetzten gesellschaftlichen Verhältnisse aufmerksam zu machen.

Anmerkungen

1) Da dies niedergeschrieben wird (Spätherbst 1986), zeigen Elterngruppen, daß gerade sie ein halbes Jahr nach Tschernobyl nicht gewillt sind zu vergessen. Ihre Bereitschaft zum Widerstand gegen atomare Bedrohung und Verseuchung dokumentieren immer neue Aufrufe und Aktionen. Außerdem wird an der bundesweiten Vernetzung der Initiativen auf einem Delegiertentreffen Ende November in Detmold gearbeitet.

2) Vgl. M. EISENBUD, J. VAN HOORN, B. GOULD: Children, Adolescents and the Threat of Nuclear War, Newton 1985.

3) Vgl. N. WETZEL: Nuklearer Wahnsinn - Amerikanische und internationale Untersuchungen zu den psycho-sozialen Kosten des atomaren Wettrüstens, Princeton, USA (Manuskript), o. J.

4) Vgl. U. BRONFENBRENNER: Ökologische Sozialisationsforschung, Stuttgart 1976.
WALTER H./OERTER, R.: Ökologie und Entwicklung, Donauwörth 1979.

5) Vgl. H. HARTMANN: Ich-Psychologie und Anpassungsproblem, Stuttgart 1970

6) Vgl. D. H. BAUER: An exploratory study of Developemental changes in Children's fear; in: J. Child Psychol. and Psychiatry and allied Disciplines. 17, 1976, S. 69 ff

7) Vgl. H. PETRI: In: Demokratische Erziehung 1986, Nr. 6, S. 19

8) So lassen sich z. B. Kinder einzelne Märchen immer wieder erzählen, bestimmte als gruselig empfundene Stellen mehrmals wiederholen.

9) H. ARNOLD, H. BAUMANN, in: M. GAMBAROFF u.a.: Tschernobyl hat unser Leben verändert, vom Ausstieg der Frauen, Hamburg 1986, S. 41 f

10) Vgl. D. BURINGHAM: Labyrinth Kindheit, Beiträge zur Psychoanalyse des Kindes, München 1980, S. 87 ff

11) Das sind sogenannte Coping-Strategien. Vgl. L. MURPHY, Coping Devices and Defense Mechanisms, New York 1968, S. 144 f.

12) Die Märchenforschung hat zeigen können, daß im Märchen Ängste stets im Zusammenhang mit Nichtweiterwissen, nicht Handeln können auftreten. Dagegen konnte der, "der auszog das Fürchten zu lernen" auch immer handeln: Die Gespenster in die Drehbank klemmen, mit Totenköpfen Kegel spielen usw. Nur gegen den Eimer voller Wasser, der über sein Bett geschüttet wurde, gibt es keine Handlungsanweisung -

jetzt lernt er das gesuchte Gefühl kennen. D. h. Angst kann und sollte produktiv im Handeln verarbeitet werden.

13) Vgl. L. KOHLBERG, E. TURIEL: Moralische Entwicklung und Moralerziehung. In: G. PORTELE (Hrsg.): Sozialisation und Moral, Weinheim 1978. Es werden unterschieden:
Präkonventionelle Ebene:
- Orientierung an Strafe und Gehorsam
- instrumentell-relativistische Orientierung
Konventionelle Ebene:
- Orientierung an zwischenmenschlicher Übereinstimmung
- Orientierung an Gesetz- und Ordnungsvorgaben
Postkonventionelle Ebene:
- legalistische Orientierung am Gesellschaftsvertrag
- Orientierung an unversalen ethischen Prinzipien

14) Diese Problemsituation erinnert überraschend deutlich an das bekannte KOHLBERGsche "Heinz-Dilemma", vgl. KOHLBERG, L.: Zur kognitiven Entwicklung des Kindes, Frankfurt/M. 1974, S. 75 ff.

15) G. AUERNHEIMER: KOHLBERGs Verschiebung von der Politik zur Moral. In: Demokratische Erziehung 7/8, 1985, S. 47 bis 50, J. FELLSCHES: Moralische Erziehung als politische Bildung, Heidelberg 1977, S. 63, I. ASELMEIER, In: D. KAMPER (Hrsg.): Sozialisationstheorie, Freiburg 1974.

16) Vgl. R. HESS, J. TORNEY: The Developement of Political Attitudes in Children, Chicago 1967; D. EASTON/J. DENNIS: Children in the Political System, New York 1969.

17) ASELMEIER, a.a.O.: S. 47.

18) Vgl. Anmerkung Nr. 14.

19) A. und M. MITSCHERLICH: Die Unfähigkeit zu trauern. München 1977, S. 188 f.

20) A. und M. MITSCHERLICH: a.a.O., S. 189.

V

Gerhard H. Duismann

Neue Allgemeinbildung und Sonderpädagogik

> "Das Land ist verpflichtet, im Rahmen seiner Möglichkeiten das Schulwesen so zu fördern, daß alle in Niedersachsen wohnenden Schüler ihr Recht auf Bildung verwirklichen können. Unterschiede in den Bildungschancen sind nach Möglichkeit durch besondere Förderung der benachteiligten Schüler auszugleichen." (Niedersächsisches Schulgesetz § 39)

1. Neue Allgemeinbildung - Folge der Veränderungen in Technik, Arbeitsorganisation und Reproduktion

Anlaß der seit Ende der 70er Jahre zögerlich aufgenommenen neuen Diskussion über Allgemeinbildung bzw. neue Allgemeinbildung waren die sogenannten neuen Technologien.

Die Entwicklung der Produktivkraft Technik, insbesondere informationsverarbeitender Systeme für universellen Einsatz in immer kleinerer Bauform mit zugleich größerer Leistungsfähigkeit zu immer geringerem Preis, führte zu einschneidenden Veränderungen. In der nahen Zukunft wird es zu heute zu noch nicht abschätzbaren Folgen in der Produktion, dem Dienstleistungsbereich und auch im privaten Leben kommen (vgl. ROPOHL 1986). Das Bildungssystem, die Schule muß auf die von außen bewirkten Folgen reagieren; Inhalte, Aufgaben und Funktion der einzelnen Schulformen, der -stufen und außerschulischen Bildungseinrichtungen werden in Frage gestellt, Konzepte neuer Bildung, Organisationsformen usw. entwickelt, obwohl die letzte "Reform" - Ende der 60er Jahre eingeleitet - noch nicht einmal als abgeschlossen bezeichnet werden kann.

Eine Analyse der Geschichte von Bildung und Schule lehrt, daß die Entwicklung von Technik (vgl. LISOP 1986) und Arbeitsorganisation (vgl. ROLFF 1986), aber auch die sich in deren Folge verändernden Reproduktionsbedingungen (vgl. AUERNHEIMER u.a. 1979) immer auslösende und entscheidende Determinanten von Veränderungen im Bildungssystem waren.

2. Antwortmöglichkeiten - Weltanschauliche und politische Konzepte

Bei der Diskussion um die neue Allgemeinbildung lassen sich recht unterschiedliche wissenschaftliche und weltanschaulich-politische Standorte und Argumentationsmuster nachweisen. Die drei wesentlichen Stränge - hier vereinfacht, verkürzt zusammengefaßt und bezeichnet - sind:

- konservativ und/oder technokratisch
- liberal und reformerisch
- materialistisch.

Einige der für die Entwicklung des Zusammenhangs von Allgemeinbildung und Sonderpädagogik wichtigen Elemente werden nachfolgend skizziert.

2.1 Konservative und/oder technokratische Konzepte

Für seinen kühnen Entwurf eines völlig neuen Konzeptes von Bildung in einer zukünftigen, von Informations- und Kommunikationstechnik bestimmten Welt beschreibt HAEFNER drei Typen (von Berufstätigkeiten), die als Folge der Entwicklung und des Einsatzes der Technik entstehen:

- *Autonome* (deren Tätigkeiten vorerst nicht durch Informationstechnik beeinflußt wird)

- *Substituierbare* (deren Tätigkeiten weitgehend durch Automaten übernommen werden)
- *Unberechenbare* (deren Tätigkeiten bislang nicht auf technische Systeme übertragbar scheinen)

(vgl. HAEFNER 1985, 170 f).

Die Grenzen zwischen den Gruppen sind fließend, hervorgerufen durch die technische und die politisch gestaltete Entwicklung der Arbeit. Vom Umfang her wird die Gruppe der Substituierbaren immer größer, während die Gruppen der Autonomen und der Unberechenbaren sich sehr stark verringern (vgl. LISOP 1986, 20 ff).

WILHELM (1985) entwickelt, ohne auf die technischen Veränderungen als entscheidende Determinante zu reagieren, eine bildungstheoretische Argumentation, in deren Zentrum eine scharfe Attacke gegen das bildungspolitische Postulat "Gleichheit" geritten wird (vgl. v. HENTIG 1985, 160 f).

Wer die Forderung nach Gleichheit im Bildungswesen erhebt, schreibt WILHELM, "hat den Blick über Gebühr nach rückwärts gerichtet", "gerät in Verdacht, eine gewerkschaftliche Pflichtübung zu absolvieren", zerstört mehr Verantwortung als er produziert, ist unlogisch, und seine Forderung "beruht auf Selbsttäuschung oder Mißbrauch der Macht" (WILHELM 1985, 126). Seine Zusammenfassung und Begründung seien - ohne Kommentar - ausführlich zitiert:

> "Im Augenblick, wo man Allgemeinbildung mit Verantwortung koppelt, wird die Stufung nach Graden und Inhalten zur Selbstverständlichkeit. Das gilt um so mehr, seit wir wissen, wie sehr Fähigkeiten und Erwartungen von genetischen und sozialen Prämissen abhängig sind."
>
> "Allgemeinbildung nimmt auf den verschiedenen sozial-kulturellen Ebenen sehr unterschiedliche Ge-

> stalt an, sowohl was das intellektuelle Niveau betrifft als auch hinsichtlich des Mischverhältnisses von Theorie und Praxis" (WILHELM 1985, 127).

HAEFNER fordert, wesentlich radikaler und unverblümt:

- Qualifizierung für ein "individuell-menschliches Leben" auf Kosten der Vernachlässigung des Trainings rational-intellektueller Fakten und Prozeduren
- Einschränkung von Wissensvermittlung
- Ausrichtung des Bildungssystems auf "Bildungsbeschäftigung", "Sozialmaßnahmen und Betreuung"
- Hochbegabte (zukünftige Unberechenbare) sind speziell zu fördern

(vgl. HAEFNER 1985, 25 f und 259 ff).

LISOP kennzeichnet die Vorschläge drastisch als "ein neues Dreiklassensystem", "eine der antiken Sklavenhaltergesellschaft angenäherte Form" oder als eine "sozialtherapeutisch abgefederte Sklavenhaltergesellschaft" (1986, 17, 24 und 33).

Obwohl, oder gerade weil WILHELM und HAEFNER "lernschwache" oder "behinderte" Schülerinnen und Schüler nicht erwähnen, wird deutlich, welche Stellung diese Heranwachsenden in den Konzepten haben können: eine völlige Außenseiter- und Randposition. Eine Konsequenz, gegen die Sonderpädagogen kämpfen müssen.

2.2 Liberale und reformerische Konzepte

Den sehr unterschiedlich begründeten Ansätzen von KLAFKI, KLEMM/ROLFF/TILLMANN und LISOP ist gemeinsam, daß in ihnen an die aufklärerischen und emanzipativen Traditionen des Bildungsbegriffs angeknüpft wird (vgl. KLAFKI 1985, 12 ff; KLEMM/ROLFF/TILLMANN 1985, 62; LISOP 1986). Hieraus entwickeln alle genannten eine Rechtfertigung zur Wiederaufnahme des Begriffs Bildung.

In der pädagogischen Diskussion schien der Begriff spätestens seit der Kritik von BLANKERTZ (1967/69) nur noch historisch verwendbar. In manchen Wörterbüchern der Pädagogik (der 70er Jahre) sucht man den Begriff Bildung vergebens, er war durch den Begriff und das Konzept Qualifikation (unzureichend) ersetzt worden.

Ein wesentliches Element von KLAFKIs "Konturen eines neuen Allgemeinbildungskonzeptes" ist die Entwicklung von drei "Bedeutungslelementen" der "Bildung als Allgemeinbildung":

- "Allgemeinbildung besagt hier, daß Bildung eine Möglichkeit und ein Anspruch aller (gesperrt im Original) der betreffenden Gesellschaft ... ja letztlich der Menschheit im Ganzen ist"
- "Allgemeinbildung zielt weiterhin auf das Insgesamt der menschlichen Möglichkeiten"
- "Die Bestimmung 'allgemein' im Begriff Allgemeinbildung meint schließlich, daß Bildung sich zentral im Medium des Allgemeinen vollzieht ... d. h. in der Aneignung von und in der Auseinandersetzung mit dem die Menschen gemeinsam Angehenden" (KLAFKI 1985, 17 f).

Das erste Moment der Allgemeinbildung für alle Menschen, "das Ausmaß des Gemeinsamen der Einstellungen, Erkenntnisse und Fähigkeiten aller soweit irgend möglich auszudehnen - führt schulorganisatorisch gesehen mit Notwendigkeit zur Forderung nach der Integrierten Gesamtschule" (KLAFKI 1985, 19).

Zu den "Schlüsselproblemen", die die Inhalte neuer Allgemeinbildung abgeben können (Frieden, Ökologie, Arbeitslosigkeit, Behinderte u.a.), zählt KLAFKI auch "Möglichkeiten und Gefahren des naturwissenschaftlichen, technischen und ökonomischen Fortschritts" zu erarbeiten (vgl. KLAFKI

1985, 21). Ein weiteres Kennzeichen der neuen Allgemeinbildung ist deren Integration in die Berufsausbildung und umgekehrt.

> "Die Basis eines solchen Konzepts müßte innerhalb der Sekundarstufe I gelegt werden, in Form einer neuen Konkretisierung der Grundidee 'Polytechnischer Bildung' bzw. der Weiterentwicklung der 'Arbeitslehre' als eines für alle Schüler verbindlichen Unterrichtsbereichs" (KLAFKI 1985, 28).

KLEMM/ROLFF/TILLMANN weisen auf ähnliche Strukturelemente eines neuen Bildungsbegriffs hin. Sie sehen in der Festschreibung der sozial bedingten Chancengleichheit, die alle Reformen überdauert hat (die regionalen, konfessionellen und sogar die geschlechtsspezifischen Unterschiede wurden überwunden, vgl. 1985, 20 ff), ein entscheidendes Hemmnis für die Demokratisierung der Gesellschaft. Sie verzichten aber auf eine Untersuchung der Ursachen des Scheiterns des Verfassungs-Gebotes zur Herstellung der Chancengleichheit (vgl. auch Niedersächsisches Schulgesetz). KLEMM/ROLFF/ TILLMANN fordern als eines ihrer fünf Merkmale neuer Bildung: "Solidarität - Beschränkungen abbauen und die Schüler stärken" und fahren fort, "Bildung ist kein Privileg einiger Ausgewählter, sondern ein menschliches Grundrecht, das allen zusteht, unabhängig von Geburt, Besitz, sozialer Stellung" (1985, 175). Sie wenden sich entschieden gegen Elitebildung, in der sie ein undemokratisches "Instrument der Herrschaftssicherung" sehen, und warnen vor einer Erziehung zur Freiheit "bürgerlicher Konkurrenz: zur Freiheit des Stärkeren, Tüchtigeren, Leistungsfähigeren, der seine Stärke bedenkenlos einsetzt" (KLEMM/ROLFF/TILLMANN 1985, 176). Sie fordern stattdessen Verantwortung und soziale Solidarität.

LISOP fordert - aus der Perspektive der Berufspädagogik - ebenfalls eine neue allseitige Bildung aller jungen Menschen. "Bildung als Ziel bedeutet Produktivkraft-Entwicklung und

Subjektbildung, vermittelt durch Arbeit". Zur Verwirklichung empfiehlt sie:

> "Eine 'Neue Jugendschule' wäre in Gestalt einer integrierten, einheitlichen Sekundarstufe (Klasse 7 - 12) zu entwickeln, die durch Arbeitsorientierung Denken, Fühlen und Wollen zu Selbst-, Sach- und Sozialkompetenz auf hohem Niveau entfaltet. Dieses Niveau wird weit über dem der jetzigen Realschule liegen können, ohne daß 'schwächere' Schüler ausscheiden müssen oder nur 'mitgeschleift' werden ... die 'Neue Jugendschule' wird neuartige Formen der Verbindung von Lernen und unmittbar nützlicher gesellschaftsbezogener Arbeit entwickeln" (LISOP 1986, 34).

Die Berücksichtigung und vollständige Integration "lernschwacher" und "behinderter" Schülerinnen und Schüler in die drei hier skizzierten Konzepte neuer Allgemeinbildung ist ohne Vorbehalte und mit konkreten Hinweisen auf ihre Verwirklichung ebenso eindeutig wie beeindruckend.

2.3 Das materialistische Konzept

Aus der Sicht materilistischer Erziehungswissenschaftler behielt der Bildungsbegriff, ungebrochen durch die wechselnden aktuellen Tendenzen bürgerlicher Pädagogik, seine Bedeutung. Die Kontinuität der Auseinandersetzung wird deutlich bei Namen wie HEYDORN, RÜCKRIEM, AUERHEIMER und RÜGEMER (vgl. DEMOKRATISCHE ERZIEHUNG 1986).

RÜGEMER hat in verschiedenen Beiträgen Thesen für ein neues, materialistisch begründetes Konzept von Allgemeinbildung angesichts der Herausforderungen durch die neuen Technologien entwickelt (1985). Wie auch KLAFKI (beide beziehen sich auf BAUMGÄRTNER; vgl. KLAFKI 1985, 21) entwickelt RÜGEMER "Schlüsselprobleme" wie Friedenssicherung, Zukunft der Arbeit, Demokratisierung u. a.

als inhaltliche Kategorien. Als besondere, bildungsorganisatorisch und gesellschaftspolitisch entscheidende Frage der Allgemeinbildung bezeichnet er den Einsatz für die kompromißlose individuelle Förderung eines jeden Schülers und einer jeden Schülerin. Er fordert sogar, die "bisher benachteiligten Kinder zunächst einmal stärker zu fördern als andere" (1985, 77) statt einer Elitebildung nachzujagen. Grundsätzlich hat jeder junge Mensch ein Recht auf optimale Förderung alle seiner Möglichkeiten: "Für jedes Individuum, für jede Gruppe von Individuen muß zu jedem Zeitpunkt die jeweilige 'Zone der nächsten Entwicklung' hin zum Allgemeinen gefunden werden." Verwirklicht werden können diese pädagogischen Prinzipien nur in einem "einheitlichen Bildungssystem (der Gesamtschule) und in "enger Verbindung mit der Arbeitswelt"; er faßt zusammen: "Dies bedeutet: Allgemeinbildung muß polytechnisch sein" (RÜGEMER 1985, 76).

RÜGEMER verweist auch auf die engen politischen Schranken, die Erziehung gesetzt bekommt, wenn durch sie die politische Herrschaft bedroht scheint. Anders als fortschrittliche bürgerliche Forderungen nach Allgemeinbildung und Mündigkeit, die sich wesentlich auf die Selbstbestimmung und Gestaltung des privten Reproduktionsbereichs beschränken (vgl. AUERNHEIMER 1977), richtet sich ein materialistisches Konzept auch auf eine konkrete neue Gestaltung der Produktionsverhältnisse, weil erst hierdurch die Bedingungen geschaffen werden, die die Verwirklichung der Allgemeinbildung für alle Menschen ermöglichen.

RÜGEMER berücksichtigt in den von ihm entwickelten Thesen "lernschwache" und "behinderte" Schülerinnen und Schüler und fordert eindeutig ihre vollständige Integration in ein materialistisches Konzept von Allgemeinbildung.

3. Neue Allgemeinbildung und Sonderpädagogik

Nach der anfangs schleppenden Wiederaufnahme der Diskussion um eine neue Allgemeinbildung steht die Auseinandersetzung seit kurzer Zeit im Zentrum pädagogischer Diskussion. Vorläufiger Höhepunkt war der 10. Kongreß der Deutschen Gesellschaft für Erziehungswissenschaft (DGfE) 1986 in Heidelberg. In zahlreichen Kommissionen und Arbeitsgruppen sowie Einzelbeiträgen setzten sich die Teilnehmer mit der Frage der Allgemeinbildung in der Folge neuer Technologien auseinander.

In der Kommission "Sonderpädagogik" gab es allerdings nur einen Beitrag unter der Überschrift "Allgemeinbildung aus sonderpädagogischer Sicht", ein Referat von G. HILLER zum Thema: "Die realitätsnahe Schule - eine didaktische Entschlackungskur!" (vgl. DGfE 1986, 35).

In der sonderpädagogischen Fachliteratur der letzten Jahre ist kein bedeutender Beitrag zum Thema Allgemeinbildung und Sonderpädagogik bekannt geworden, in dem ein Bezug zu den neuen Technologien aufgenommen und diskutiert worden wäre (vgl. DUISMANN 1985).

Erst im Jahre 1986 gab es hier vereinzelt veröffentlichte Abhandlungen. Es besteht daher die Gefahr, daß sich die Sonderpädagogik selbst aussondert, indem sie sich nicht oder nicht angemessen an der zukunftsweisenden allgemeinen pädagogischen Diskussion beteiligt. Dies ist besonders bedeutsam, weil außerhalb der Sonderpädagogik Konzepte zur verstärkten Isolation (konservative und/oder technokratische Konzepte) oder aber Integration (liberale und materialistische fortschrittliche Konzepte) entwickelt werden.

Da der entscheidende Anlaß der Wiederaufnahme der Auseinandersetzungen um Inhalte und Formen neuer Allgemeinbildung in den neuen Technologien und deren Folgen zu sehen ist, seien wesentliche Elemente der Auseinandersetzung der Sonderpädagogik mit diesem Themenbereich erläutert.

3.1 Das "Besondere" der Sonderpädagogik angesichts der neuen Technologien

Die Einzelbeiträge (die hier aus Platzgründen nicht aufgeführt werden, vgl. DUISMANN 1986), in denen sich Sonderpädagogen mit den neuen Technologien im Bereich der Sonderschulen auseinandersetzen, sind fast ausnahmslos auf den Aspekt des computerunterstützten Unterrichts beschränkt, eine in der allgemeinen pädagogischen Diskussion nur am Rande erwähnte Möglichkeit.

Die ausführlichste und sonderpädagogisch programmatisch gemeinte Begründung für diese Selbstbeschränkung legte KANTER vor (wenn man von dem wenig bekannten Gutachten von HANSEN für die Europäische Gemeinschaft 1984 absieht). KANTER hielt im Herbst 1985 das konzeptionsbestimmende Referat "Erwartungen an neue Informationstechnologien aus der Sicht der Sonderpädagogik" auf einer vom BMBW am IPN (Institut für die Pädagogik der Naturwissenschaften an der PH Kiel) durchgeführten Tagung zum Thema "Neue Informationstechnologien und Sonderschule".

KANTER entwickelt hier einleitend die Sonderrolle der Sonderpädagogik als notwendige Hilfe einer "sich human und sozial nennenden Gesellschaft" für Behinderte, die "spezielle über das allfällige Maß pädagogischer Maßnahmen hinausgehende Erziehungs- und Bildungsbedürfnisse haben" (KANTER 1985, 3). Er arbeitet aus diesen am Defekt orientierten besonderen Bedürfnissen zwei "zentrale Punkte im Erwartungsspektrum der Sonderpädagogik an neue Technologien" heraus:

- Es geht der Sonderpädagogik spezifisch darum, zu fragen, "wie weit sich durch den Technologiefortschritt persönliche Lebenserschwernisse behinderter oder von Behinderung bedrohter Kinder und Jugendlicher vermeiden und die Teilnahme der Betroffenen am Leben der Gesellschaft verbessern lassen". Der Sonderpädagogik geht es "vorrangig um präventive, kompensatorische und rehabilitative Möglichkeiten."

- Es ist nach vorliegenden (?!) Befunden davon auszugehen, daß die positiven Möglichkeiten im "pädagogisch rehabilitativen Bereich zügig zur Anwendung kommen ... weil ... mittels neuer Technologien rehabilitative Effekte zu erreichen sind, die bislang nicht möglich waren" (KANTER 1985, 4 f).

Durch verstärkte Differenzierung (d. h. bei computerunterstütztem Unterricht: Einzelarbeit am Computer!) sollen die "höher entwickelten menschlichen Funktionen entwickelt werden." KANTER nennt diesen Anwendungsbereich auch "intelligente Lehr- und Lernhilfen" und weist ergänzend auf prothetische Anwendungsbereiche (bei Gehörlosen, Körperbehinderten usw.) hin. Durch die beschriebene Nutzung sollen als erwünschte "Beiläufige Nebeneffekte" auch der Umgang und die "Benutzung öffentlicher Kommunikationssysteme auf Computerbasis erlernt werden" (vgl. KANTER 1985, 7). KANTER ist aber bewußt, daß durch den Einsatz technischer Mittel pädagogische Probleme nicht lösbar werden, er erhofft sich jedoch durch die neuen Technologien pädagogische Möglichkeiten, die sonst nicht zur Verfügung ständen.

Seine Erfahrungsbasis ist, wie die anderer Pädagogen, gering. Kritische Berichte zu Effekten von computerunterstütztem Unterricht (vgl. BAUERSFELD 1985, FREY 1985, KANDERS/ZIMMERMANN 1985) werden von ihm nicht erwähnt. Dagegen weist KANTER darauf hin, daß geeignete Software (Courseware) noch nicht vorliegt (die eine Erprobung eigentlich erst ermöglichte). Trotzdem faßt er optimistisch zusammen: "Ebenso bedeutsam könnte ihre Anwendung für die Verwirklichung neuer pädagogischer/sonderpädagogischer Konzepte sein, in denen es darum geht, Prinzipien des adaptiven Unterrichts durch Einsatz interaktiver (intelligenter) Lern- und Lehrsysteme zu realisieren", deshalb fordert er Kultus- und Finanzbehörden auf, tätig zu werden, und warnt: "Wer allerdings glaubt, die Entwicklung könne man den Selbstregulierungskräften des öffentlichen Bildungssystems überlassen verschließt entweder die Augen vor der Wirklichkeit oder ... argumentiert mit subtilem Zynismus" (KANTER 1985, 22).

Abschließend weist er darauf hin, daß Behinderte "von Rationalisierungsprozessen in der Wirtschaft und steigenden Anforderungen in Arbeitsfeldern am stärksten betroffen" sind, eine besondere Vorbereitung auf diesen Tatbestand scheint er aber nur im computerunterstützten Unterricht und in prothetischen Hilfen zu sehen.

KANTER nimmt in seinem grundsätzlichen Beitrag mit keinem Wort Bezug auf die Diskussion um die neue Allgemeinbildung und die in diesem Umfeld seit 1984 entwickelten Modelle informations- und kommunikationstechnologischer Grundbildung in der Sekundarstufe I des allgemeinbildenden Schulsystems. Daß er auch fachdidaktische Beiträge zur Berücksichtigung neuer Technologien im Unterricht der Sonderschule nicht einbezieht, sei nur am Rande erwähnt.

Geradezu unverständlich wirkt seine Forderung, daß die Computer zu "Ergebniskontrollen, Aufgaben der pädagogischen Diagnostik, Datenbankfunktion, Test- und Aufgabengenerierung" einzusetzen und selbst über "Präskriptoreneigenschaften verfügen (sollten; G.H. D.) (Erstellung pädagogischer Empfehlungen aufgrund der von Schülern gewonnenen Leistungs- und Persönlichkeitsdaten)" (KANTER 1985, 13). Eine Forderung, die Datenschutz zur Farce werden ließe, eine totale Überwachung ermöglichte und pädagogische Zielentscheidungen Maschinen überließe. "Pädagogische Vorschriften" durch einen Computer erstellen zu lassen, ist bislang in der pädagogischen Diskussion an keiner Stelle vorgeschlagen worden. Es darf vermutet werden, daß KANTER die Tragweite dieser Forderungen nicht voll überblickt hat.

3.2 Sonderpädagogik - Allgemeine Pädagogik

Die Vorstellung von Sonderpädagogik als einer Wissenschaft und Praxis, die sich ausschließlich oder nur vorrangig die besonderen "über das allfällige Maß pädagogischer Maßnahmen hinausgehende Erziehungs- und Bildungsbedürfnis" beschränkt, ist ebenso theoretisch bedenklich wie praktisch unrealistisch. Unterricht in Sonderschulen ist nicht nur auf die Lernprobleme (gleich welcher Ursache) bei der Aneignung der Kulturtechniken beschränkt, sondern immer auf den ganzen heranwachsenden Menschen, auf all seine Möglichkeiten gerichtet. Unterricht zielt somit auf Allgemeinbildung. (Eine hier nicht zu diskutierende Ausnahme kann im sonderpädagogischen Klinikmodell gesehen werden, bei dem die betroffenen Kinder kurzfristig - begleitend oder kompakt - aus dem Unterricht herausgenommen und pädagogisch behandelt werden.)

Es ist schon bemerkenswert, daß in den fortschrittlichen Konzepten neuer Allgemeinbildung (KLAFKI; KLEMM/ROLFF/ TILLMANN; LISOP; RÜGEMER) die "lernschwachen" und "behinderten" Schüler ausdrücklich genannt, konzeptionell berücksichtigt und somit voll integriert werden. Für fortschrittliche, demokratische und materialistische allgemeine Pädagoginnen/Pädagogen scheint heute die Aussonderung "Behinderter" keine sozial akzeptable Möglichkeit und keine pädagogische Notwendigkeit mehr zu sein. Das in den skizzierten technokratischen (HAEFNER) und konservativen (WILHELM) Konzepten nicht nur die Behinderten nicht erwähnt werden, sondern sogar breite Schichten der Heranwachsenden und der Bevölkerung nur auf untergeordneten, wenig verantwortungsvolle, nur geringes Wissen benötigende Beschäftigungen verwiesen und ihnen keine entscheidende Getaltungsfähigkeit und Verantwortung überlassen werden soll, ist erschreckend, aber nicht überraschend. Die Diskussion über Hochbegabte und Elitebildung hat die politisch begründeten Ansichten "undemokratischer Herrschaftssicherung" deutlich werden lassen.

Die Betonung der prothetischen Hilfen für Sinnesgeschädigte und Körperbehinderte durch informations- und kommunikationstechnische Systeme ist allgemein unstrittig.

Die bislang in der Sonderpädagogik vorherrschende, theoretisch fragwürdige und wenig erprobte Beschränkung auf den computerunterstützten Unterricht muß dringend aufgegeben werden, wenn Sonderpädagogik nicht den Anspruch aufgeben will, Pädagogik zu sein. Die vorbehaltlose Einbeziehung der praktischen und theoretischen Sonderpädagogik in die Diskussion um die neue Allgemeinbildung ist überfällig. Die Entwicklung realitätsgerechter Konzepte informations- und kommunikationstechnischer Bildung innerhalb der neuen polytechnischen Allgemeinbildung muß vorangetrieben werden.

Die Entwicklung geeigneter Lehr- und Lernmethoden unter Einbezug der neuen Lehr- und Lernmedien (auf Computerbasis) ist eine unverzichtbare Aufgabe jeder Fachdidaktik und nicht die einer Spezial- oder Sonderpädagogik.

So müßte z. B. jeder Deutschlehrer, jede Deutschlehrerin alle - also auch die neuesten - Methoden und Medien (einschließlich computergesteuerter) kennen und einsetzen können, um bei allen Schülern Lese- und Rechtschreiblernprozesse optimal einleiten zu können.

Lernvorgänge verlaufen bei allen Menschen nach den gleichen Gesetzen, deshalb kann es keine besonderen pädagogischen Verfahren geben. Hier können aber Spezialisierungen im Sinne von Zusatzqualifikationen sinnvoll werden. Praktische Sonderpädagogen können keine Allround-Spezial-Defektlehrerinnen und -lehrer sein. Sonderpädagogik als Wissenschaft kann zwar die theoretischen und systematischen Ursachen und Zusammenhänge erschwerter Lernvorgänge erforschen und lehren, muß aber immer in die Gesamtheit der Pädagogik und der Fachdidaktiken eingebettet sein.

Pädagogik, sowie Pädagoginnen und Pädagogen sind noch weit davon entfernt, den Anspruch des Niedersächsischen Schulgesetzes nach Aufhebung der "Unterschiede in den Bildungschancen" eingelöst zu haben. Gerade Sonderpädagoginnen und -pädagogen müssen aktiv und parteinehmend für die Verwirklichung der neuen Allgemeinbildung aller Heranwachsenden eintreten.

Literatur

AUERNHEIMER, G.: Mündigkeit und Allgemeinbildung als Erziehungsanforderung der bürgerlichen Gesellschaft. In: Demokratische Erziehung 3 (1977), H. 3, 291-301.

AUERNHEIMER, G. u. a.: Reproduktionsqualifikation als eine Determinante von Pädagogik und Bildungspolitik. In: 30 Jahre Bildungspolitik in der Bundesrepublik. Schule und Erziehung VII AS 38. Berlin (West) 1979 (Argument).

BAUERSFELD, H.: Computer und Schule - Fragen zur humanen Dimension. In: Neue Sammlung 25 (1985), H. 2, 109 118.

BLANKERTZ, H. Theorien und Modelle der Didaktik. München 1969 (2. Aufl.) (Juventa).

DEMOKRATISCHE ERZIEHUNG (Hrsg.): Neue Allgemeinbildung aus demokratischer und materialistischer Sicht. Ein Reader. Köln 1986 (Pahl-Rugenstein).

DGfE: Deutsche Gesellschaft für Erziehungswissenschaft: 10. Kongreß Allgemeinbildung (Programm). Heidelberg 1986.

DUISMANN, G. H.:Neue Technologien im Unterricht - Eine Unterrichtseinheit zur Grundlagen der Informationsverarbeitung. In: Sonderpädagogik in Niedersachsen 1985, H. 4, 55-69.

DUISMANN, G. H.: Informations- und kommunikationstechnologische Bildung innerhalb eines Konzepts "Neuer Allgemeinbildung" an Schulen für Lernbehinderte. Vortragsmanuskript (unveröffentlicht) Landesinstitut für Curriculumentwicklung NW, Soest. Oldenburg 1986.

FREY, K.: Computer und Bildung: Auswirkungen, Chancen und Probleme. In: Universitas 40 (1985), H. 9, 971-981.

HAEFNER, Kl.: Die neue Bildungskrise. Lernen im Computerzeitalter. Reinbeck 1985 (Rowohlt).

HANSEN, Jǿrgen: Behindertenpädagogik und -training im Licht der neuen Informationstechnologie. Computerunterstützte Heilpädagogik. (Studien der Kommission der Europäischen Gemeinschaften) Luxemburg 1984 (Amt für Veröffentlichungen der EG).

HENTIG, H. v.: Eine Antwort an Th. WILHELM. In: Neue Sammlung 25 (1985), H. 2, 151-167.

KANDERS/ZIMMERMANN: Schüler am Computer. (AFS Werkheft 21). Dortmund 1985 (AFS/Uni Dortmund).

KANTER, G.: Erwartungen an Neue Technologien aus der Sicht der Sonderpädagogik. Vortragsmanuskript 1985 (Veröffentlichung im Beltz-Verlag in Vorbereitung).

KLAFKI, W.: "Konturen eines neuen Allgemeinbildungskonzepts". In: KLAFKI, W.: Neue Studien zur Bildungstheorie und Didaktik. Weinheim 1985 (Beltz).

KLEMM/ROLFF/TILLMANN: Bildung für das Jahr 2000. Reinbeck 1985 (Rowohlt).

LISOP, Ingrid: Bildungsentwürfe in Technikfolge. In: LISOP, I. (Hrsg.): Bildung und neue Technologien (Symposium im Rahmen der Tagung der DGfE 1986). Heidelberg 1986 (G.A.F.B.).

ROLFF, H. G.: Technologieentwicklung und Arbeitsorganisation als Ausgangspunkte für eine Neufassung des Bildungsbegriffs. In: LISOP, Ingrid (Hrsg.): Bildung und neue Technologien (Symposium im Rahmen der Tagung der DGfE 1986). Heidelberg 1986 (G.A.F.B.).

ROPOHL, G.: Einige Perspektiven der Technisierung. In: LISOP, Ingrid (Hrsg.): Bildung und neue Technologien Symposium im Rahmen der Tagung der DGfE 1986). Heidelberg 1986 (G.A.F.B.).

RÜGEMER, W.: Grundlinien einer neuen Allgemeinbildung. Thesen. In: Demokratische Erziehung 11 (1985), H. 10, 30-33.

WILHELM, Th.: Die Allgemeinbildung ist tot - Es lebe die Allgemeinbildung. In: Neue Sammlung 25 (1985), H. 2, 120-150.

BERNHARD MÖLLER

Logik der Didaktik
Ein Beitrag zur Praxis der Unterrichtsvorbereitung

1. Problemstellung

Hilbert MEYER (1980, S. 181, 208) hat den Begriff "Feiertags"-Didaktik eingeführt und damit außerordentlich treffend auf ein Unbehagen in der Praxis der Unterrichtsvorbereitung hingewiesen: daß nämlich die Praxis der Unterrichtsvorbereitung für besondere Zwecke (vornehmlich für unterrichtspraktische Prüfungen) anders aussieht als für die Alltagspraxis (ohne Kontrolle des Lehrers durch Aufsichtspersonen).

Was kann getan werden, um das Auseinanderklaffen dieser beiden Arten von Unterrichtsvorbereitungen zu verringern? Oder anders ausgedrückt: Wie kann die "Werktags"-Vorbereitung besser (präziser, weniger skizzenhaft) und die "Feiertags"-Vorbereitung weniger zeitraubend und trotzdem wissenschaftsorientiert gestaltet werden?

2. Literaturbericht

GUDJONS u. a. (1981) haben (für den deutschsprachigen Raum) fünf vorrangig in Verwendung stehende didaktische Theorien (und damit Empfehlungen für die Unterrichtsplanung) aufgezeigt: die bildungstheoretische Didaktik nach Wolfgang KLAFKI, die lehrtheoretische Didaktik nach Wolfgang SCHULZ, die kybernetisch-informationstheoretische Didaktik nach Felix von CUBE, die kritisch-kommunikative Didaktik nach Rainer WINKEL und die lernzielorientierte Didaktik nach Christine MÖLLER.

Ich kann bei diesen fünf didaktischen Theorien keine prinzipiellen Unterschiede erkennen, weil alle Theorien zur Vorbereitung des Unterrichts Überlegungen zur Lernzielerstellung, zum methodischen Vorgehen und zur Lernerfolgskontrolle empfehlen (bei KLAFKI 1981, S. 13, "Bedingungsanalyse").

3. Das Curriculum-Formblatt

Indem ich die in den didaktischen Theorien niedergelegten Überlegungen zur Unterrichtsvorbereitung berücksichtigte und meine eigenen Überlegungen ergänze (vgl. Bernhard MÖLLER 1971, S. 33-35), möchte ich für die Vorbereitung des Unterrichts ein Curriculum-Formblatt vorschlagen, das sich in meiner eigenen Schulpraxis und in der Schulpraxis meiner Studenten bewährt hat (vgl. Darstellung 1).

4. Was ist an dem Vorschlag neu?

Das Besondere (oder "Neue") an dem vorgelegten Formblatt kann im Folgenden gesehen werden:

1) Vollständigkeit der bei der Vorbereitung des Unterrichts zu berücksichtigenden Gesichtspunkte. - 2) Logische Anordnung der Gesichtspunkte. - 3) Konsequente Aufforderung zur Begründung der Lernzielentscheidung, des voraussichtlichen Effektes des in Aussicht genommenen Lernvorganges und der Lernkontrollart. (Erst mit solchen Begründungen kann von einer Wissenschaftsorientierung der Vorbereitung und des tatsächlich durchgeführten Unterrichts gesprochen werden). - 4) Brauchbarkeit des Formblattes für die "Feiertags"- und "Werktags"-Vorbereitung.

5. Beispiel für die "Werktags"-Vorbereitung

Als Anwendungsbeispiel für die "Werktags"-Vorbereitung lege ich eine Unterrichtsvorbereitung vor, wie ich sie zusammen mit meinen Studenten in meiner Veranstaltung "Schulalltagsprobleme" gemacht habe (vgl. Darstellung 2).

Diese "Werktags"-Vorbereitung nimmt nicht mehr als 5-10 Minuten Zeit in Anspruch, wenn vorher die Teile des Curriculums entweder schon vorliegen (über Lernpakete, bereits vorbereitetet Unterrichtsmaterialien) oder selbständig erarbeitet wurden. In unserem Falle wurden die Curriculum-Teile auf einem "Arbeitsblatt" erarbeitet (vgl. Darstellung 3).

Die "Werktags"-Vorbereitung kann als Skizze (Vorstufe) für die "Feiertags"-Vorbereitung angesehen werden. In der Regel (insbesondere bei Vorliegen schon ausgearbeiteter Curriculum-Teile) kann diese Art der Vorbereitung für den Schulalltag als vollkommen ausreichend angesehen werden.

6. Die "Feiertags"-Vorbereitung

Die "Feiertags"-Vorbereitung ist in der Regel nur bei der exakten Ausarbeitung von Curricula für Veröffentlichungszwecke oder für Prüfungszwecke bei Lehramtskandidaten erforderlich. Das Formblatt für die "Fcicrtags"-Vorbereitung ist das gleiche wie für die "Werktags"-Vorbereitung. Der Unterschied zwischen "Werktags"- und "Feiertags"-Vorbereitung liegt lediglich darin, daß für die "Feiertags"-Vorbereitung nach Möglichkeit a l l e Felder ausgefüllt werden, die bei der "Werktags"-Vorbereitung noch freiblieben. Dabei kommen Kenntnisse der Basisliteratur für die Lernzielerstellung (z. B. Christine MÖLLER 1973 oder GAGE-BERLINER 1984, S. 37-66), für die Lernorganisation (z. B. Bernhard MÖLLER 1971 oder GAGE-BERLINER 1984, S. 445-648) und für die Lernkontrolle (z. B. SCHWARZER-SCHWARZER 1977 oder GAGE-BERLINER 1984, S. 651-751) zur Anwendung. Als Beispiel für eine "Feiertags"-Vorbereitung kann das kognitive Unterrichtsmodell nach Bernhard MÖLLER 1971, S. 36-85, herangezogen werden.

7. Diskussion

a) Welchen Zwecken dient die "Werktags"-Vorbereitung?

Sie ist für den Berufsalltag des Lehrers vollkommen hinreichend und bei einer Lehrverpflichtung von 20-28 Wochenstunden das einzig Mögliche. Sie ist vor allem dann hinreichend, wenn gut ausgearbeitete Curriculumteile (in Lehrbüchern, Arbeitsbüchern, audiovisuellen Medien) vorliegen. Paradebeispiel: Der Englisch-Kurs "Follow Me" (ALEXANDER - KINGSBURY 1979).

b) Welchen Zwecken dient die "Feiertags"-Vorbereitung?

Zur genauen, auch theoretischen Überprüfung eines Lehramtskandidaten und für die Erstellung von Lehrmaterialien (Lernpaketen), wie sie von Verlagen, Lehrerarbeitsgemeinschaften und Forschungsinstitutionen bereitgestellt werden.

c) "Werktags"- oder "Feiertags"-Vorbereitung?

Diese in der Problemstellung angedeutete Frage kann nun einigermaßen befriedigend beantwortet werden: Beide Arten von Unterrichtsvorbereitungen haben ihre Berechtigung. In der Regel wird der an der "Front" arbeitende Lehrer mit der "Werktags"-Vorbereitung sogar das Niveau einer "Feiertags"- und damit wissenschaftsorientierten Unterrichtsvorbereitung erreichen, wenn er auf bereits vorgefertigte, didaktisch aufbereitete Curriculummaterialien zurückgreifen kann.

8. Zusammenfassung

Es werden zwei Arten von Unterrichtsvorbereitungen unterschieden: die "Werktags"- und die "Feiertags"-Vorbereitung. Für beide in Verwendung stehende Arten von Unterrichtsvorbereitungen wird ein Modell gesucht, das als "Werktags"-Vorbereitung weniger skizzenhaft und als "Feiertags"-Vorbereitung weniger ausschweifend und trotzdem wissenschaftsorientiert ist. - Bei den im deutschsprachigen Raum vorherrschenden didaktischen Theorien und damit Empfehlungen für die Praxis der Unterrichtsvorbereitung werden keine prinzipiellen Unterschiede gesehen. - Es wird ein Curriculum-Formblatt vorgeschlagen, das mit den Rubriken Lernplanung (Lernzielerstellung), Lernorganisation und Lernkontrolle und insgesamt 13 Unterabteilungen sowohl den bekannten didaktischen Theorien als auch den Ansprüchen einer "Werktags"- und "Feiertags"-Vorbereitung genüge tut. - Ein Beispiel für die "Werktags"-Vorbereitung wird vorgelegt. Auf ein Beispiel für die "Feiertags"-Vorbereitung wird hingewiesen. - Zweck und Brauchbarkeit der beiden Arten von Unterrichtsvorbereitungen nach dem vorlegten einheitlichen Modell werden diskutiert.

Darstellung 1: Das Curriculum-Formblatt

Möller
Praxis der Unterrichtsvorbereitung
Curriculumblatt
Beschreibung des geplanten Unterrichtsablaufes
WS 19 / /SS 19
Kurs (Fach):
Gruppe (Lehrer):
Thema:

Abkürzungen/Symbole:
LP Lernplanung
LO Lernorganisation
LK Lernkontrolle
Nr. Nummer (des LZ)
LZ Lernziel
Z Zeit

k kognitiver Lernbereich
1.00 Wissen
2.00 Verstehen
3.00 Anwendung
4.00 Analyse
5.00 Synthese
6.00 Bewertung

psm psychomotorischer Lernbereich
1.00 Imitation
2.00 Manipulation
3.00 Präzision
4.00 Handlungsgliederung
5.00 Naturalisierung

M Medien
A Arbeitsblatt
D Dias
F Film
S Schaubild
T Tonbildschau
TB Testblatt
TP Tageslichtprojektor

L Lernstufen (implizite Lernzielformulierung)
Pr Problemstellung
ME methodische Entwicklung
SZ Sichtung und Zusammenfassung
SU Sicherung des Unterrichtseffektes

aff affektiver Lernbereich
1.00 Beachtung
2.00 Beantwortung
3.00 Werten
4.00 Wertzuordnung
5.00 Festlegung der Persönlichkeit durch einen Wert oder Wertkomplex

U Unterrichtsform
d darbietend/dozierend
e erfragend-entwickelnd
a Alleinarbeit
g Kleingruppenarbeit
f freie Diskussion

R Raumaufteilung
O Kreis
U Halbkreis
⊔ Hufeisen
||| frontal
□ Kleingruppe

LP (Was soll gelernt werden ?)					**LO** (Wie soll gelernt werden ?)						**LK** (Was ist gelernt worden ?)		Anmerkung
Nr.	L	LZ-Ordnung	Lernzielbeschreibung (explizite Lernzielformulierung)	Begründung für Lernzielentscheidung	Z	U	M	R	Lernvorgang (geplantes Lehrerverhalten, Medieneinsatz, erwartetes Schülerverhalten)	Begründung für Effekt des Lernvorganges	Testaufgabe/ Rating (mit Löser)	Begründung für Lernkontrollart	

Darstellung 2: Beispiel einer "Werktags"-vorbereitung

Möller
Praxis der Unterrichtsvorbereitung
Curriculumblatt
Beschreibung des geplanten Unterrichtsablaufes
WS 1985/86 / SS 19
Kurs: Schulalltagsprobleme
Gruppe: 5 b
Thema: Das selbstgemachte Klassenzimmer

Abkürzungen/Symbole:
LP Lernplanung
LO Lernorganisation
LK Lernkontrolle
Nr. Nummer (des LZ)
LZ Lernziel
Z Zeit

L **Lernstufen (implizite Lernzielformulierung)**
Pr Problemstellung
ME methodische Entwicklung
SZ Sichtung und Zusammenfassung
SU Sicherung des Unterrichtseffektes

k **kognitiver Lernbereich**
1.00 Wissen
2.00 Verstehen
3.00 Anwendung
4.00 Analyse
5.00 Synthese
6.00 Bewertung

aff **affektiver Lernbereich**
1.00 Beachtung
2.00 Beantwortung
3.00 Werten
4.00 Wertzuordnung
5.00 Festlegung der Persönlichkeit durch einen Wert oder Wertkomplex

psm **psychomotorischer Lernbereich**
1.00 Imitation
2.00 Manipulation
3.00 Präzision
4.00 Handlungsgliederung
5.00 Naturalisierung

U **Unterrichtsform**
d darbietend/dozierend
e fragend-entwickelnd
a Alleinarbeit
g Kleingruppenarbeit
f freie Diskussion

M **Medien**
A Arbeitsblatt
D Dias
F Film
S Schaubild
T Tonbildschau
TB Testblatt
TP Tageslichtprojektor

R **Raumaufteilung**
O Kreis
U Halbkreis
⊔ Hufeisen
||| frontal
□ Kleingruppe

LP (Was soll gelernt werden ?)					**LO** (Wie soll gelernt werden ?)						**LK** (Was ist gelernt worden ?)		
Nr.	L	LZ-Ordnung	Lernzielbeschreibung (explizite Lernzielformulierung)	Begründung für Lernzielentscheidung	Z	U	M	R	Lernvorgang (geplantes Lehrerverhalten, Medieneinsatz, erwartetes Schülerverhalten)	Begründung für Effekt des Lernvorganges	Testaufgabe/Rating (mit Löser)	Begründung für Lernkontrollart	Anmerkung
1	Pr	k 1.00			1'	d	S	⊔	Schaubild 1				
2	ME	1.00 2.00			15'	d	F		Film				Fernsehaufzeichnung vom 28.3.1985
3	ME SZ	1.00 2.00 5.00			5'	e d	S		Schaubild 2				
4	SU	3.00			10'	e	-		Übungen (Anwendung)				
5	SU	4.00			10'	f	-		Diskussion				
6	SU	6.00			1'	e/d	-	↓	Vorschläge für Projekte				
					42'								Auf eine Lernkontrolle wird verzichtet, da Kurs im Wesentlichen nur Orientierung vermitteln soll

Darstellung 3: Arbeitsblatt

WS 1985 1986
SS 19..
Moller
Titel der Veranstaltung: Schulalltagsprobleme
Gruppe Nr. 5b / Mitarbeiter:
Thema: Das selbstgemachte Klassenzimmer
Basistext/Seite: Meynersen 1984. S. 241-264

1.00 Schaubild 1:

1 6 a
2 U 5
3 4 b

Problemstellung/Einordnung des Themas in den Titel der Veranstaltung/Überblick/Anknüpfung an das vorhergehende Thema (k 5.00)

Elternmitwirkung
a) Eltern im Unterricht
b) Das selbstgemachte Klassenzimmer

U = Unterricht
1 = Schulanfang
2 = Schülersorgen
3 = Minderheiten
4 = Zusammenarbeit
6 = Schulleben

2.00 Schaubild 2: zum Thema/Zusammenfassung (k 5.00)

S. 253

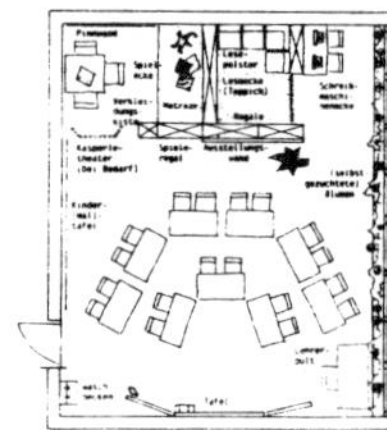

3.00 Begriffe (k 1.00. 2.00)

Seite	Begriff	Definition (Umschreibung)	Beispiel
entfallt			

4.00 Befunde (k 1.00. 6.00)

Autor	Jahr	Problemst.	Methode	Ergebnis	Folgerung
entfallt					

5.00 Übungen (k 3.00, 4.00, 6.00) 5.10 Anwendung 5.11 Eigene Erfahrungen mit Klassenzimmern a) als Lehrer b) als Schüler	Lösungsvorschläge: 5.10
5.20 Diskussion 5.21 "Ecken" oder Sonderräume für Deutsch, Mathematik etc. ? 5.22 Informal Teaching - in der BRD realistisch ?	5.20
6.00 Vorschläge für Projekte (k 6.00) 6.10 Erkundungsprojekt (für 1. - 3. Semester) 6.11 Bestandaufnahme der Klassenzimmer in verschiedenen Schulen (Grundschule, Orientierungsstufe, Hauptschule, Realschule, Sekundarstufe II)	Anmerkungen:
6.20 Unterrichtsprojekt (für 4. - 7. Semester)	
6.30 Forschungsprojekt (für 8. - 10. Semester : Hausarbeit, Diplomarbeit, Dissertation) 6.31 Seite 254 : "Durch Spielecken Freiarbeit Förderung der Selbständigkeit, Schulung des Sozialverhaltens". - Überprüfung dieser Hypothese	Abkürzungen: k kognitiver Lernbereich 1.00 Wissen 2.00 Verstehen 3.00 Anwendung 4.00 Analyse 5.00 Synthese 6.00 (kritische) Bewertung

Verzeichnis wichtiger Begriffe

Curriculum	Der für eine bestimmte Lernerpopulation und einen bestimmten Zeitraum geplante Begründungszusammenhang von Lehrzielen, Lehrinhalten,Organisationsformen und Lehrzielkontrollen, dessen Vorbereitung, Verwirklichung und Ergebnisse als Dokument festgehalten werden können (SCHWARZER - SCHWARZER 1977, S. 66). Oberbegriff zu Lernplanung (Lernzielerstellung), Lernorganisation und Lernkontrolle (Bernhard MÖLLER).
Feiertags-didaktik (Feiertags-Vorbereitung)	Gängige didaktische Konzepte der Unterrichtsvorbereitung im Blick auf ihren Stellenwert in der späteren Berufspraxis (MEYER,) 1980, S. 181). Eine ausführliche, schriftliche Vorbereitung des Unterrichts mit Angabe von Begründungen zur Lernzielentscheidung, Lernorganisation und Lernkontrolle (Bernhard MÖLLER).

Werktags-didaktik (Werktags-Vorbereitung)	Eine skizzenhafte schriftliche Vorbereitung des Unterrichts ohne Angabe von Begründungen zur Lernzielentscheidung, Lernorganisation und Lernkontrolle (Bernhard MÖLLER).

Literatur

ALEXANDER, L.G. und KINGSBURY, Roy 1979. Follow Me. Englisch für Anfänger. München: Langenscheidt-Longmann.

GAGE, NATHANIEL L. und BERLINER, David C. 1984 (3rd edition). Educational Psychology. Boston: Houghton Mifflin.

GUDJONS, Herbert, TESKE, Rita und WINKEL, Rainer (Hrsg.) 1981. Didaktische theorien. Aufsätze aus der Zeitschrift Westermanns Pädagogische Beiträge. Braunschweig: Westermann.

KLAFKI, Wolfgang 1981. Die bildungstheoretische Didaktik im Rahmen kritisch-konstruktiver Erziehungswissenschaft. Oder: Zur Neufassung der Didaktischen Analyse". In: GUDJONS, Herbert u. a. 1981: 11-26.

MEYER, Hilbert 1980. Leitfaden zur Unterrichtsvorbereitung. Königstein/Taunus: Scriptor.

MEYNERSEN, Klaus (Hrsg.) 1984. ZDF. Elternsache: Grundschule. Das Buch zur Sendung. Anregungen, Hilfen, Tips. Niedernhausen/Taunus: Falken.

MÖLLER, Bernhard 1971 (2. Aufl.). Analytische Unterrichtsmodelle. Ergebnisse und Probleme der Lernorganisation. München: Reinhardt. Tokyo: Meiji Tosho (in japanischer Übersetzung).

MÖLLER, Christine 1973 (4. Auflage). Technik der Lernplanung. Methoden und Probleme der Lernzielerstellung. Weinheim: Beltz.

SCHWARZER, Christine und SCHWARZER, Ralf 1977. Praxis der Schülerbeurteilung. Ein Arbeitsbuch. München: Kösel.

ARNO SCHMIDT

ΠΡΟΒΛΗΜΑΤΑ

Ziel dieses Beitrages ist es zu zeigen, daß schon bei den Griechen sich für das Wort πρόβλημα eine große Vielfalt der Bedeutungen entwickelt hat. In diesem Zusammenhange werden die Schriften des ARISTOTELES besonders berücksichtigt werden; denn die sehr scharfe Ausprägung der Konturen dieses Begriffes bei diesem Philosophen ist sowohl im allgemeinen vorbildlich für den exakten Umgang mit der menschlichen Sprache als auch im besonderen von Bedeutung für die Entwicklung wissenschaftlichen Denkens. Zunächst seien hier einige Worte zur Wortfamilie bzw. zur Etymologie gesagt: πρόβλημα gehört zum Verb βάλλειν bzw. προβάλλειν. βάλλειν heißt "werfen, προβάλλειν heißt "vorwerfen, hinwerfen". Da das Suffix - μα in aller Regel ein Ergebnis bedeutet, könnte man πρόβλημα mit "das Vorgeworfene" übersetzen. Der genannten Grundbedeutung nahe kommt die Verwendung bei HOMER, freilich noch nicht das Substantiv πρόβλημα, sondern das Adjektiv προβλής. Interessanterweise werden an den einschlägigen Stellen nicht die Partizipien des Aorist Passiv oder des Perfekt Passiv verwendet. In der Ilias (M 259) heißt es: στήλας τε προβλῆτας ἐμόχλεον ... "Sie unterwühlten die vorspringenden Grundpfeiler"; denn HOMER beschreibt in der sogenannten Teichomachie, wie die Troer das Schiffslager der Griechen angreifen und die Mauer zum Einsturz bringen wollen. In der Odysee (ε 404 f.) beschreibt er, wie ODYSSEUS, um sein Leben schwimmend, die Insel der Phaiaken zu erreichen sucht, aber statt eines flachen Strandes nur Klippen sieht: οὐ γὰρ ἔσαν λιμένες νηῶν ὄχοι ... ἀλλ'ἀκταὶ προβλῆτες . "Denn da waren keine Schiffe bergende Buchten

... sondern vorspringende Klippen ..." Die bei HOMER erkennbare Bedeutung kommt also dem Sinne, der vom Verb προβάλλειν unmittelbar abgeleitet werden kann, sehr nahe. Die ἀκταὶ προβλῆτες des HOMER erscheinen im Ajas des SOPHOKLES (1216 ff. 3. Stasimon) als πρόβλημα ἁλίκλυστον : γενοίμαν, ἵν' ὑλᾶεν ἔπεστι πόντου πρόβλημ' ἁλίκλυστον... τὰς ἱερὰς ὅπως προσείποιμεν Ἀθήνας . "Wäre ich doch, wo waldreich ragt ins Meer das wogenumspülte Vorgebirge ... damit wir das heilige Athen begrüßen können". Den hier aufgeführten Stellen gemeinsam ist, daß sie - im eingeschränkten Sinne auch in der Teichomachie - in den Bereich der Seefahrt einzuordnen sind. Hier leuchtet die Grundbedeutung noch sehr plastisch durch.

Für den unkundigen Seefahrer kann ein Vorgebirge Gefahr und Tod bedeuten, für den Bewohner des Landes ist ein Vorgebirge auch so etwas wie Schutz; denn es bricht die Wellen und schützt den Strand oder auch einen Hafen. Freilich wird die Bedeutung "Schutz" schon losgelöst vom nautischen Bereich verwendet. Eine interessante Stelle des Überganges vom Konkreten zum Abstrakten bietet uns PLATON in seinem Dialog Timaios (74 b 3 - b 8): 'Gott hat sich die Gattung der Sehne und des Fleisches ausgedacht, τὴν δὲ σάρκα προβολὴν μὲν καυμάτων, πρόβλημα δὲ χειμώνων, ἔτι δὲ πτωμάτων ... "das Fleisch als einen Schirm gegen intensive Hitze, aber auch gegen große Kälte, außerdem gegen häufiges Hinfallen ..." Das Wort χειμών meint den Sturm zur Winterzeit, der dem Seemann zu schaffen macht. Während PLATON die Begriffe προβολή/πρόβλημα noch unterschiedslos nebeneinander verwendet, differenziert sein Schüler ARISTOTELES schon sehr genau, indem er dem Wort πρόβλημα eine Spezialbedeutung zuweist; πρόβλημα wird bei ARISTOTELES ein terminus technicus.

Schon vor PLATON setzt eine Bedeutungsentwicklung ein, die sich vom Ursprung des Wortes entfernt. Bei AISCHYLOS (Th. 662 f. Wecklein) heißt es: φέρ' ὡς τάχος κνημῖδας , αἰχμῆς καὶ πέτρων προβλήματα.

"Bringe möglichst schnell meine Gamaschen, gegen Lanzenstich und Steinwurf Schutz!" Einige Verse zuvor spricht der Dichter vom kreisrunden Schild, der den Körper schützt (527 Wecklein). Insgesamt aber bleibt der Begriff im militärischen Umfeld wohl auch deswegen, weil es dort vorrangig um Sicherung und Schutz geht. Den militärtechnischen Ursprung kann πρόβλημα auch dort nicht verleugnen, wo der Philosoph sich seiner annimmt, um einen bestimmten Denkstil zu erläutern: PLATON nimmt die Übertragung vor: 'Es scheint wohl wahr zu sein, daß die Sophisten eine schwer einzufangende Sorte Menschen sei.' φαίνεται γὰρ οὖν προβλημάτων γέμειν, ὧν ἐπειδάν τι προβαλῇ, τοῦτο πρότερον ἀναγκαῖον διαμάχεσθαι, πρὶν ἐπ' αὐτὸν ἐκεῖνον ἀφικέσθαι (Soph. 261a 6 ff.)

"Denn <diese Sorte> scheint Bollwerke die Menge zu haben, von denen immer dann, wenn sie wieder eines vorn errichtet hat, dieses zuvor durchkämpft werden muß, bevor jemand zu ihr selbst gelangen kann." SCHLEIERMACHER übersetzt πρόβλημα mit "Verschanzung", so wie wir gelegentlich sagen, es verschanze sich jemand hinter bestimmten Äußerungen (um etwas zu verbergen!). Gleichwohl scheint "Bollwerk" hier besser zutreffen, weil es deutlich macht, daß vor der eigentlichen Verteidigungslinie etwas errichtet ist, was zuvor erobert werden muß, bevor man unmittelbar auf die Front stößt. πρόβλημα also als etwas, das den ersten - hier - geistigen Ansturm brechen soll.
Von hier gelangen wir leicht zu folgender sehr instruktiver, jegliche Herrschaftspraxis kennzeichnenden Stelle bei SOPHOKLES (Aias 1073 - 1076): 'In einer Polis können Gesetze nicht segensreich wirken, wenn sie nicht mit Abschreckung verbunden sind', οὔτ' ἂν στρατός γε σωφρόνως ἄρχοιτ' ἔτι, μηδὲν φόβου πρόβλημα μηδ' αἰδοῦς ἔχων.

"Noch dürfte ein Heer sich vernünftig mehr führen lassen, wenn Furcht oder Achtung es nicht mehr zügeln." Gemeint ist hier, daß φόβος und αἰδώς hindernde Bollwerke sind, die ein Heer davor bewahren, in die Zügellosigkeit abzugleiten.

Der hohen Sprachebene nicht ganz angemessen wäre wohl die Übersetzung von πρόβλημα als Hemmschuh. Auf jeden Fall ist πρόβλημα etwas, was den ungehinderten Lauf einer Sache oder eines Ereignisses verhindert oder doch wenigstens behindert.

Von hier bis zur Verwendung des Begriffes im naturwissenschaftlichen Bereich, genauer: bis zu dem, was jemand in der Antike darunter verstand, ist nur ein kleiner Schritt. Sowohl im Corpus Hippocraticum wie bei AELIANUS - immerhin liegen etwa 600 Jahre dazwischen - finden wir Belege für die Bedeutung Hindernis - z. B. Ael. N.A. 2.13: ὄψεως πρόβλημα.

Auch in der Sprache des Gerichtsredners entfernt sich πρόβλημα nicht sehr weit von der Grundbedeutung. Hier ist es etwas, was man so als Entschuldigung vorführt, nennt, womit man einen Sachverhalt bemäntelt (Demosthenes XLV 69): πρόβλημα τοῦ τρόπου.

Grundsätzlicher äußert sich ARISTOTELES im 3. Buch der Rhetorica (Γ 1414 a 30 ff): ἔστι δὲ τοῦ λόγου δύο μέρη. ἀναγκαῖον γὰρ τό τε πρᾶγμα εἰπεῖν περὶ οὗ, καὶ τότ' ἀποδεῖξαι ... τὸ μὲν πρόβλημα, τὸ δὲ ἀπόδειξις. "Die Rede hat zwei Teile; denn es ist notwendig, daß man den Gegenstand anspricht, um den < es geht >, und dann erläutert ... Das eine <ist> die Aufgabe, das andere die Erläuterung." Durchaus zutreffend wäre auch die Übersetzung "Thema", nur verstehen wir unter "Thema" einen Begriff oder kurzen Satz; wie wir noch sehen werden, meint ARISTOTELES noch mehr damit. Auch die Übersetzung von ἀπόδειξις als Erläuterung trifft die Intention nicht ganz; denn gemeint ist damit auch das, was wir die Ausführung nennen. Insgesamt muß aber hier schon festgehalten werden, daß πρόβλημα als terminus technicus aus der Rhetorik die Funktion eines Wendepunktes hat. Von der Grundbedeutung, die sich in verschiedene Spezialbedeutungen zerlegte, wendet sich die Bedeutung ab und wird Bestandteil der aristotelischen Logik.

Doch wir bleiben noch eine kurze Strecke bei πρόβλημα, soweit der Ausdruck in der Naturwissenschaft angewendet wird.

In einer Schrift, die den Titel "Problemata" trägt und nach übereinstimmender Meinung auf ARISTOTELES zurückgeht, aber insgesamt nacharistotelisch ist, heißt es (A 863 a 10 ff.): ποῖα τέμνειν καὶ ποῖα καίειν ... καίειν δὲ τὰ πλατέα τῶν φυμάτων καὶ πολὺ προβλήματα ἔχοντα.

"Welche muß man schneiden und welche muß man ausbrennen? ... Ausbrennen muß man die Geschwülste, die flächig sind und starke Vorsprünge haben." Mit Sicherheit kann nicht behauptet werden, daß es sich bei den φύματα nur um Geschwüre oder, wie eben übersetzt, um Geschwülste handelt. Es leuchtet aber auch dem Laien ein, daß durch das Ausschneiden gerade der vorspringenden Lappen der Blutverlust zu groß ist, daher die Empfehlung zu brennen.
Auf ein sehr ausgeprägtes Beobachtungsvermögen des ARISTOTELES läßt der folgende Satz schließen (PA 672 a 19-20): ἀντὶ σαρκὸς οὖν ἡ πιμελὴ πρόβλημα γίνεται τοῖς νεφροῖς.
"Anstelle des Fleisches nun ist das Fett Schutz für die Nieren". Fett ist sozusagen als Bollwerk vorgeworfen, um die empfindlichen Organe wie die Nieren zu schützen - wie wir heute wissen, handelt es sich um das braune Fett, das in den Mitochondrien verbrannt wird; bei diesem Vorgang kann es den Sauerstoffverbrauch um das Achtzigfache steigern.
Etwas weiter unten in derselben Schrift (686 a 18-19) heißt es: ὁ δ' αὐχὴν ... πρόβλημα ... ἐστι και σῴζει ταύτην καὶ τὸν οἰσοφάγον κύκλῳ περιέχων.

"Der Hals ist etwas Vorgeschaltetes und schützt, wobei er sowohl diese (die Luftröhre) als auch die Speiseröhre umgibt." Ganz interessante Gesichtspunkte ergeben sich, wenn die Vorsokratiker betrachtet werden; denn hier findet sich ein Entwicklungsstrang, der nicht so ohne weiteres auf das Grundwortfeld zurückführbar ist. Über PYTHAGORAS heißt es (58 B 3 Diels): ... διότι τῶν ἐν γεωμετρίᾳ προβλημάτων τὰ μὲν εὗρε τὰ δὲ ἐκ τῆς Αἰγύπτου πρῶτος εἰς τοὺς Ἕλληνας

ἤνεγκεν ...
"... von den Problemata in der Geometrie fand er die einen selbst, die anderen hat er als erster von Ägypten zu den Hellenen gebracht ..."
Zunächst kann es nicht als sicher gelten, daß PYTHAGORAS selbst den terminus πρόβλημα für den noch zu ermittelnden Sachverhalt verwendet hat; denn der aufgeführte Satz stammt aus DIODOR, der seinerseits den Kallimachos zitiert. Da wir aber außerdem, wenn auch verstümmelt, den Hinweis auf eine Schrift des Demokrit finden, die als Titel zumindest προβλήματα aufweist, hat die Vermutung eine gewisse Wahrscheinlichkeit. Eigentlich müßte es Erstaunen erregen, wenn angesichts der agonalen Struktur griechischen Denkens nicht schon sehr frühe mit πρόβλημα das verbunden worden wäre, was wir heute im engeren Sinne mit Problem aussagen. Ein Beleg dafür, daß πρόβλημα schon früh ein terminus technicus in der mathematischen Logik war, ist eine Stelle aus dem Kommentar des PROKLOS zum ersten Buch des EUKLEIDES (p. 201 F.): οἱ δὲ περὶ Ζηνόδοτον ... διώριζον τὸ θεώρημα τοῦ προβλήματος, ᾗ τὸ μὲν θεώρημα ζητεῖ, τί ἐστι τὸ σύμπτωμα τὸ κατηγορούμενον τῆς ἐν αὐτῷ ὕλης, τὸ δὲ πρόβλημα, τίνος ὄντος τί ἐστιν."Die Mitarbeiter um Zenodotos ... versuchten abzugrenzen das Theorem vom Problem, insofern als das Theorem untersucht, was die ausgesagte Besonderheit des in ihm liegenden Stoffes sei, das Problem hingegen, zu welchem Seienden was gehört."
So könnte man wohl das Theorem als Lehrsatz fassen; denn er ist etwas, was ich auf Grund eines bestimmten Erkenntnisprozesses gewonnen habe; es geht dabei um die Erkenntnis von Eigenschaften eines Gegenstandes, während es beim Problem um das Sein selbst und um Zuordnung geht. Das Prädikat ζητεῖ lenkt den Leser in die Richtung, die durch eine neue Bedeutung gekennzeichnet ist; πρόβλημα ist so etwas wie Existentialfrage im Unterschied zur Modalfrage = θεώρημα.
So kommen wir auch an die Bedeutung von πρόβλημα bei PYTHAGORAS; es muß sich um die Fragestellung handeln, wobei

der Genannte eben einen Teil der Fragestellungen selbst fand, bzw. auf diese stieß, einen Teil brachte er aus Ägypten mit. Diese Bedeutung finden wir auch bei ARISTOTELES. In seiner Poetik beginnt ein Satz (1460 b 6): Περὶ δὲ προβλημάτων καὶ λύσεων ... ὧδ' ἂν θεωροῦσιν γένοιτ' ἂν φανερόν.
"Über die Probleme und ihre Lösungen ... dürften die Betrachter auf folgende Weise zur Klarheit gelangen ..."
In einem anderen Zusammenhange - etwa bei PYTHAGORAS - müßte die Übersetzung lauten: "Über die Aufgaben und ..." Es gibt da eben die Aufgabe, aus drei Vorgaben ein Dreieck zu konstruieren, das Dreieck ist dann die Lösung (λύσις). Bei ARISTOTELES liegt aber ein anderer Kontext vor, und wir müssen zugleich auf den letzten Satz der Poetik schauen: Περὶ μὲν οὖν τραγῳδίας καὶ ἐποποιίας...καὶ περὶ ἐπιτιμήσεων καὶ λύσεων εἰρήσθω ταῦτα.
"Über die Tragödie nun und das Epos, über Beanstandungen und Lösungen sei dieses gesagt."
Da findet sich nämlich neben der λύσις die ἐπιτίμησις d. h. "Beanstandung", Rüge,Tadel", auch 1460 b 21 - 23: ὥστε δεῖ τὰ ἐπιτιμήματα ἐν τοῖς προβλήμασι ἐκ τούτων ἐπισκοποῦντα λύειν.
"Daher ist es nötig, die Beanstandungen bei den Problemen in Ansehen dieser Tatsachen zu beheben."
Wir wissen, daß schon recht früh bei den Griechen (XENOPHANES) Homerkritik eingesetzt hat. Man entdeckte vielfältige Schwierigkeiten sprachlicher, metrischer, kompositionstechnischer und moralischer Art; PLATON schließlich, der wie kaum ein anderer sich über die Erziehung der Jugend Gedanken gemacht hatte, sprach schließlich das Anathema über HOMER aus. Auch ARISTOTELES hatte sich schon in seinem Werk Προβλήματα 'Ομηρικά, das uns leider verlorengegangen ist, zu Worte gemeldet. Wie Alfred GUDEMAN dargetan hat, ist das hier zur Debatte stehende 25. Kapitel der Poetik in diesen Diskussionsstrang einzuordnen und stellt wohl eine versteckte Platonkritik dar.[1] Denn ARISTOTELES sucht nach der λύσις (1462 b 22 - 25): τὰ μὲν οὖν ἐπιτιμήματα ἐκ

πέντε εἰδῶν φέρουσιν . ἢ γὰρ ὡς ἀδύνατα ἢ ὡς ἄλογα ἢ ὡς βλαβερὰ ἢ ὡς ὑπεναντία ἢ ὡς παρὰ τὴν ὀρθότητα τὴν κατὰ τέχνην. αἱ δὲ λύσεις ἐκ τῶν εἰρημένων ἀριθμῶν σκεπτέαι, εἰσὶν δὲ δώδεκα.

"Die Beanstandungen nun kommen in fünferlei Hinsicht zum Tragen: denn entweder beziehen sie sich auf Unmögliches oder auf Unvernünftiges oder auf Schädliches oder auf Widersprüchliches oder auf Verstöße gegen die Regeln der Kunst. Die Lösungen aber sind von den genannten Gesichtspunkten her zu betrachten, es sind zwölf." GUDEMAN spricht mit Recht davon, daß die προβλήματα und ihre λύσεις den Grundstock philologischer Hermeneutik bildeten (S. 419). Was die προβλήματα betrifft, so sehen wir jetzt wohl klarer: Der kritische Blick nimmt Anstoß (ἐπιτίμησις) und in sein Bewußtsein rücken bestimmte προβλήματα .
Auf jeden Fall befindet sich der Denker in einer aporetischen Situation, und er geht auf die Suche (ζητεῖν). Das Ergebnis ist die λύσις . Während also die ἐπιτίμησις die subjektive Seite des Forschungsprozesses darstellt, ist das πρόβλημα die Forschungsaufgabe, die gelöst wird (oder auch nicht). Leider sind die Konturen von ἐπιτίμησις und πρόβλημα nicht so scharf, wie wir uns das wünschen; beide Begriffe gehen oft, wie am Ende der Poetik, ineinander über. Die hier vorgenommene Trennung ist idealtypisch und soll nur zeigen, daß auch ARISTOTELES die subjektive und die objektive Seite des Forschungsprozesses wohl sieht.
Im Sinne von Forschungsgegenstand oder Untersuchungsgegenstand verwendet ARISTOTELES πρόβλημα in seinen Schriften durchgehend, vor allem in den naturwissenschaftlichen Schriften: ἔστι δὲ τὸ πρόβλημα καθόλου μέν , διὰ τίν' αἰτίαν ἄγονον ἢ ἄρρεν ἢ θῆλύ ἐστιν.
"Es gibt aber die Forschungsaufgabe ganz allgemein, aus welchem Grunde unfruchtbar ist entweder Männliches oder Weibliches." (GA 746 b 12 ff.). Weniger spezifisch finden wir πρόβλημα in der Politik verwendet: ἐμπίπτει δ' εἰς ἄλλο πρόβλημα καὶ σκέψιν ἑτέραν.

" <Das > gehört in ein anderes Gebiet und in eine spätere Betrachtung" (1268 b 25 - 26). 1284 b 3 wird πρόβλημα sogar im Sinne von "politische Aufgabe" verstanden.

Carl PRANTL entdeckte schon im vorigen Jahrhundert an der Schrift des ARISTOTELES, die den Titel Problemata trägt, das "Gepräge späterer Zeit"[2]. πρόβλημα wird hier durchweg wie in einer gesicherten Tradition - ja fast schon formelhaft - verwendet im Sinne von "wissenschaftliches Problem, Forschungsgegenstand, klärungsbedürftiger Sachverhalt". So wirkt das Wort bis in unsere Tage.

Die ethischen Schriften stellen einen interessanten Sonderfall dar [3]: εἰ δ' ὅλως ἐξαιρετέον καὶ οὐδὲν ἀπὸ τύχης φατέον γενέσθαι ... τοῦτο μὲν οὖν ἄλλο πρόβλημα ἂν εἴη·

"Ob der Zufall gänzlich zu eliminieren sei und wir sagen müßten, daß nichts auf Grund eines Zufalls geschieht ..., das dürfte ein anderer Untersuchungsgegenstand sein." (EE 1247 b 4 ff). Anders sieht die Bedeutung bei folgendem Satz aus: τοῦτο δὲ τὸ ... πρόβλημά ἐστι, πότερον τὸν φίλον ἢ τὸν σπουδαῖον εὖ ποιητέον μᾶλλον.

"Das ist die Frage, ob man eher dem Freunde als dem wertvollen Menschen wohl tun muß." Da es sich um eine nur schwer oder gar nicht lösbare Frage handelt, ist hier wohl der terminus "Aporie" angemessen. In den Folgesätzen könnte man πρόβλημα sogar als "Schwierigkeit" fassen. Den Erläuterungen von DIRLMEIER (l. c.) vermag ich nicht ganz zu folgen. [3]

An einer anderen Stelle (Fr. 1496 a 3 ff.) legt ARISTOTELES die Frage vor, in welche Gattung von Problemen wohl die Erscheinung gehöre, daß ein Magnet Eisen anziehe. Die Antwort: ταῦτα φυσικὰ προβλήματα - "das sind Probleme der Physik". Und er führt dann noch systematisierend weitere Problembereiche auf, die ethischen, von denen wir schon hörten und die logischen, über die noch zu sprechen sein wird. Schließlich fügt er hinzu, daß es in Bezug auf diese drei Problemata noch dialektische Probleme gibt. Wir erleben also ARISTOTELES sowohl als Analytiker als auch als Sy-

stematiker. Hier erhalten die προβλήματα ihr unverwechselbares Profil, sie werden zum terminus technicus in der Syllogistik.
Ein gutes Beispiel für λογικὸν πρόβλημα findet sich im 5. Buch der Topik. Da werden die propria erörtert. ARISTOTELES unterscheidet das proprium an sich vom relativen proprium und weist daraufhin, daß sich bei der Behandlung des relativen propriums 2 oder 4 προβλήματα ergeben können. 129 a 29 - 31 heißt es dann: λογικὸν δὲ τοῦτ' ἔστι πρόβλημα πρὸς ὃ λόγοι γένοιντ' ἂν καὶ συχνοὶ καὶ καλοί.
"Dasjenige aber ist ein logisches Problem, das zu zahlreichen nützlichen Diskussionen führen kann." Im übrigen ist - natürlich - das Organon voll von logischen Problemen.
Das dialektische Problem ist in der Topik (104 b 1 ff.) definiert und erläutert: πρόβλημα δ' ἐστὶ διαλεκτικὸν θεώρημα τὸ συντεῖνον ἢ πρὸς αἵρεσιν καὶ φυγὴν ἢ πρὸς ἀλήθειαν καὶ γνῶσιν.
"Ein dialektisches Problem ist ein Satz, der insgesamt auf Zustimmung oder Ablehnung zielt oder auf Wahrheit und Erkenntnis." ARISTOTELES erklärt das sehr ausführlich; verkürzt sei hier nur darauf hingewiesen, daß es im Gespräch - daher wohl auch "dialektisch" - bei dem Problem, ob die Lust erstrebenswert sei oder nicht, nur eine αἵρεσις oder eine φυγή gibt - also "ja" oder "nein". Bei der Frage, ob die Welt ewig sei, geht es um die Wahrheit oder Erkenntnis.
Jetzt stehen wir vor dem Spezialfall, den wir mit dem unverwechselbaren terminus technicus Syllogismus bezeichnen; hier hinein gehört πρότασις und πρόβλημα. Da beide Begriffe in der Syllogistik immer wieder auftreten, wollen wir sie untersuchen und einordnen.

In der Topik heißt es (101 b 15 - 16): γίνονται μὲν γὰρ οἱ λόγοι ἐκ τῶν προτάσεων . περὶ ὧν δὲ οἱ συλλογισμοί , τὰ προβλήματά ἐστι. "Disputationen entstehen nämlich aus vorgeschalteten Sätzen; das aber, womit sich die Schüler befassen, das sind die Probleme." Hier schon sehen wir, daß der aristotelische Problemabegriff dem Schulbetrieb entstammt und durch diesen wohl auch bis zur Vollkommenheit verfeinert worden ist. Gewiß wertet ARISTOTELES Unterrichtserfahrung aus, wenn er den Unterschied zwischen Protasis und Problema als einen der Form sieht: Er ordnet nämlich der Protasis die einfache Satzfrage zu; beispielsweise: 'Ist ein auf dem Lande sich bewegendes, zweifüßiges Lebewesen die Bestimmung für Mensch?' (TOPIK 101 b 28 ff.) Wenn der Gefragte dann die Frage beantwortet hat, muß in der Gesprächssituation der Partner als Opponent die Gegenthese vertreten und den Defendenten zu widerlegen versuchen. Die These des Defendenten ist Protasis, die des Opponenten Symperasma (TOPIK 159 b 4 ff.) genannt. Der epistemologische Status einer Protasis ist der des ἔνδοξον (TOPIK 100 a 30 ff.); denn bei obersten wissenschaftlichen Sätzen darf man nicht nach dem Warum fragen, sondern danach, ob sie unmittelbar evident oder doch wenigstens im Höchstmaß wahrscheinlich sind (also ἔνδοξον). Dem πρόβλημα hingegen ist die Doppelfrage zugeordnet; beispielsweise: 'Ist der Kosmos ewig oder nicht?' Oder: 'Ist ein auf dem Lande sich bewegendes, zweifüßiges Lebewesen die Bestimmung für Mensch oder ist sie es nicht?' Während also die Protasis Ausgangspunkt eines Streitgesprächss ist oder doch sein kann [4], steht das πρόβλημα am Anfang der Forschung - natürlich auch am Anfang einer Diskussion. Es wird sozusagen eingeladen, sich für einen Teil der Doppelfrage zu entscheiden, wobei der epistemologische Status des Forschenden die Aporie ist. [5] πρόβλημα ist dann der Teil der Antwort, für die man sich entschieden hat. Insofern ist πρόβλημα auch eine θέσις ; aber der Stagirite betont auch, daß nicht jede Thesis ein Problema ist: ῎Εστι μὲν οὖν καὶ ἡ θέσις πρόβλημα. οὐ πᾶν δὲ πρόβλημα θέσις , ἐπειδὴ ἔνια τῶν προβλημάτων τοιαῦτ' ἐστι περὶ ὧν οὐδετέρως δοξάζομεν. (TOPIK 105 b 29 ff)

"Es ist nun auch die Thesis ein Problem; aber nicht jedes Problem ist eine Thesis, weil einige Probleme derart sind, daß wir in Bezug auf sie in keiner von beiden Richtungen eine Meinung haben." Die Überlegungen zu πρόβλημα müssen

enden bei der Syllogistik des ARISTOTELES (TOPIK 101 b 15 f.); daher präzisierend:
"Denn es nehmen ihren Ausgang die Unterrichtsgespräche von < zu verteidigenden > Thesen; worüber aber mit Schlüssen < gearbeitet wird>, das sind die Problemata." Mit den Syllogismoi wird menschliches Denken auf die Ebene der Wissenschaft gehoben, und für jede Wissenschaft wird durch die Syllogismoi der Grund gelegt: "Also ist der Syllogismos eine Denkweise, bei der unter der Voraussetzung der Setzung gewisser Sachverhalte mit Notwendigkeit etwas anderes als das Gesetzte auf Grund des Gesetzten herauskommt" (TOPIK 100 a 25 ff-).[6]
So ist Problema ein tragender Begriff der Wissenschaftstheorie des ARISTOTELES.

Anmerkungen:

1) ARISTOTELES: Poetik - Einleitung, Text und adnotatio critica ... von Alfred GUDEMAN, Leipzig 1934, S. 418 ff.

2) PRANTL, Carl: Über die Probleme des Aristoteles, in deen Abhandlungen der Bayrischen Akademie der Wissenschaften (Sitzung vom 6. Juli 1850), München 1853, S. 341 ff., v.a. S. 355.

3) ARISTOTELES: Eudemische Ethik, übersetzt und kommentiert von Franz DIRLMEIER, Berlin 1984, S. 452
= Band 7 der von GRUMACH und FLASHAR herausgegebenen Übersetzung der Werke des Aristoteles.

4) SCHENK, Günter: Inhalt und Bedeutung der Aristotelischen Syllogistik in: Aristoteles als Wissenschaftstheoretiker, herausgegeben von Johannes IRMSCHER und Reimar MÜLLER, = Schriften zur Geschichte und Kultur der Antike, Akademie der Wissenschaften der DDR, Berlin 1983, S. 70 f.;
SPRUTE, Jürgen: Die Enthymemtheorie der aristotelischen Rhetorik, Göttingen 1982, S. 50 = Abhandlungen der Akademie der Wissenschaften zu Göttingen, phil.-hist. Klasse, 3. Folge, Nr. 124.

5) Hadgopoulos, G. J.: Protasis and Problema - Phronesis 21/1976, S. 273 ff.

6) cf. anal.pr. 24 b 18 ff.

Otto Lange

Wieviel Steuerung bei problemlösendem Lernen?

1. Reflexion über 'Selbständigkeit' und 'Probleme lösen können'

Selbständigkeit ist eines der wichtigsten Ziele in jedem Bildungswesen und in jedem Ausbildungssystem. Sogar wenn in einzelnen Fällen absehbar sein mag, daß dieses Ziel nur in bescheidenem Maße verwirklicht werden kann, dürfen wir dennoch nicht darauf verzichten, es sei denn, wir entschlössen uns zu lebenslanger Anleitung. In allen Fällen hingegen, in denen ein organisatorisches Ende des pädagogischen Verhältnisses beabsichtigt ist, *muß* Selbständigkeit explizit oder implizit zu den Hauptzielen gehören, damit der Übergang in eine nicht mehr pädagogisch vorstrukturierte Realität, verantwortlich planbar wird. - Wer solche Überlegungen nicht gelten lassen will, setzt sich dem Verdacht aus, sein Programm enthalte - vielleicht verdeckt - die Absicht, die endlich Entlassenen weiter in Abhängigkeit zu halten. Mithin ist 'Selbständigkeit' einer der Begriffe, mit denen das Postulat 'Emanzipation' gefüllt werden kann.

Prinzipiellen Feststellungen wie dieser wird man auch dann leicht zustimmen können, wenn man sich über die Sache selbst (hier also: die Selbständigkeit) noch keine genaueren Gedanken gemacht hat. Für Überlegungen, die Konkreteres beabsichtigen, muß man jedoch in Einzelheiten gehen. Wir wollen deshalb zwei Aspekte hervorheben, die zur Analyse des Begriffes notwendig sind.

Erstens ist aufzudecken, daß es 'Selbständigkeit' eigentlich nur im Komparativ gibt. Weder absolute Selbständigkeit noch totale Unselbständigkeit sind einsichtig beschreibbar, sondern wir können, wenn wir genau sein wollen, nur bei vorliegenden Fällen zu beurteilen versuchen, ob es sich um mehr oder um weniger Selbständigkeit handelt als bei anderen Fällen, die wir zum Vergleich heranziehen.

Zweitens ist zu bedenken, daß 'Selbständigkeit' in recht unterschiedlichen Sachbezügen erscheinen kann. Dies wird sichtbar, wenn wir fragen, worin oder woran sich denn die Selbständigkeit zeigt: beim schematischen, routinierten Arbeiten (weil jemand fähig und bereit ist, sich selbst zu kontrollieren), beim Urteilen (weil jemand genug Erfahrung und Übersicht hat), beim konvergenten Denken (weil jemand deutliche Vorstellungen bilden, klare Einsichten gewinnen und genaue Schlüsse ziehen kann), bei Entscheidungen (weil jemand keinen Präzedenzfall benötigt), beim Improvisieren (weil jemand genug Einfälle hat), in der Diskussion (weil jemand sowohl die hier gültigen Regeln beherrscht als auch in dem diskutierten Sachverhalt gut genug Bescheid weiß). Die Liste wäre unschwer zu verlängern. Gemeinsam ist den aufgezählten Beispielen, daß es sich dabei immer um *Tätigkeiten* handelt. Es gibt keine Selbständigkeit schlechthin, sondern wir beobachten selbständiges schematisches Arbeiten, selbständiges konvergentes Denken, selbständiges Urteilen, selbständiges Entscheiden usw.

Bei jeder Handlung können Schwierigkeiten unterschiedlicher Art auftreten, - beispielsweise Konflikte, Störungen, unzureichende Energie, veränderte Bedingungen. Wenn solch eine Schwierigkeit nicht behoben werden kann mit Mitteln, die routinemäßig zur Verfügung stehen und routinemäßig benutzbar sind, sagen wir, hier sei ein Problem aufgetaucht. Will der Betroffene nicht vor der Schwierigkeit kapitulieren, gilt es, das entstandene Problem zu lösen.

'Probleme lösen können' und 'Selbständigkeit' sind auf zwei Arten eng miteinander verflochten. Einerseits benötigt man selbständiges produktives Denken, um Probleme lösen zu können, andererseits bewahrt oder erkämpft man sich jeweils ein Stück eigener Selbständigkeit durch jede eigenständige

Problemlösung. In Fortführung dieses Gedankenganges bietet es sich geradezu an, ein Selbständigkeitstraining und das Erlernen von Problemlösestrategien zur Förderung des produktiven Denkens miteinander zu verbinden.

Auf die Frage gewendet, die mit der Überschrift gestellt wurde, scheint man somit leicht eine vorläufige Antwort geben zu können:

Möglichst wenig Steuerung beim problemlösenden Lernen !

2. Konzepte zum Problemunterricht, die den Aspekt 'Selbständigkeit' berücksichtigen

Es sei zunächst an einige Konzepte erinnert, die hierzu einen Beitrag leisten.

Ein erster Schritt ist der Abbau des sogenannten "Lehrerechos", d. h. der bestätigenden Wiederholung richtiger Antworten und der sofortigen Einrede oder Korrektur bei nicht akzeptierten Äußerungen (K. L. JÜNGST 1977). Diese Angewohnheit stellt sich nur zu leicht ein, wenn sich jemand - nicht nur in der Rolle des Lehrers - für die Richtigkeit alles dessen, was in einer Gesprächsrunde geäußert wird, allein verantwortlich fühlt. Schleift sich dieser Vorgang ein, so hat das für die übrigen Gesprächsteilnehmer bald zur Folge, daß sie sich auf die Bestätigung oder Ablehnung einer Antwort bequem verlassen und auf eigene kritische Überprüfung verzichten können. Dann erlahmt das selbständige Nachdenken bald auch in anderen Situationen.

Ein sehr hoher Anspruch wird mit dem Konzept des "Sokratischen Gespräches" verfolgt, bei dem sich der Gesprächsleiter zurückzuhalten hat, indem er seine eigene Position nicht herausstellt, Belehrungen weitgehend vermeidet, nur auf Sorgfalt des Denkens, Präzision von Formulierungen, Konzentration aufs Thema und Toleranz bei Auseinandersetzungen achtet sowie voreilige Schlüsse verhütet.

Auch *Hilfen* sind Steuerungen, und zwar nicht nur durch die Frequenz, die Intensität und den gewählten Zeitpunkt, sondern auch durch die Art der Hilfen. Gerade für problemlösendes Lernen ist - wie im übrigen für jedes verstehende Lernen - die Unterscheidung zwischen ergebnisorientierten und prozeßorientierten Hilfen sehr wichtig, weil ergebnisorientierte Hilfen einen verschwindend geringen Transfereffekt haben.

Weitere wichtige Elemente zur Steuerung liegen schon in der Art der *Aufgabenstellung*. Unterschiedliche Vorgaben sind sowohl hinsichtlich der sachlichen Information über den Realitätsbereich, aus dem das Problem stammt, als auch hinsichtlich der anwendbaren Operationen, Verfahren, Methoden usw. möglich. Zu verweisen ist hier auf "Typen des Bekanntheitsgrades" von Problemen und Methoden, die W. L. LIBBY betrachtet (SCHOLZ 1980), auf "Stufen wachsenden Selbständigkeitsgrades", die K. TOMASCHEWSKY (1965) beschreibt, sowie auf "Typen selbständiger Arbeiten der Schüler", die P. I. PIDKASSISTY herausgearbeitet hat (PIDKASSISTY 1975). - Diese Konzepte wurden im Projekt ELPLUS (= Entdeckendes Lernen, problemlösender Unterricht, Selbständigkeitstraining) an der Universität Oldenburg mit benutzt, um eine möglichst viele Fälle von Problemaufgaben erfassende Taxonomie von abgestuften Vorgaben für die jeweilige Ausgangssituation, den methodischen Bereich und die Zielvorstellungen zu entwerfen (LANGE/WILDE 1979 und 1981a). Wichtig war dabei, die drei Hauptdimensionen Ausgangssituation, Methodenbereich und Zielvorstellungen getrennt darzustellen, um jeder dieser drei Dimensionen ihren eigenen Platz im Konzept eines problemlösenden Unterrichts zu sichern; Hauptzweck der so entworfenen Taxonomie aber ist, ein Instrument für die Vorbereitung problemlösenden Unterrichts zu konstruieren, das es dem Lehrer ermöglicht, jeweils die nächste Problemaufgabe so zu gestalten, daß auf jeder dieser drei Dimensionen ein weiterer Schritt über die hier bereits erreichte Selbständigkeit hinaus versucht werden kann und daß es im Falle des Scheiterns nicht nötig wird, wieder ganz von vorn anzufangen, sondern auf jeder Dimension Zwischenstationen erkennbar werden, die eine günstigere Ausgangssituation für den neuen Versuch bilden können.

Ansätze, um den aktuellen Stand selbständigen Denkens von Schülern beim Problemlösen prozeßorientiert beurteilen zu können, stammen von A. ROHR (1968 u. 1975), H. SCHEIBLECHNER (1972) und U. WOHLRAB (1978).

3. Zusammenhang mit Sozialformen des Unterrichts, insbesondere mit dem Lehrervortrag

Wesentliche Elemente beim Ablauf des Unterrichts gemäß den soeben genannten Konzepten sind Reaktionen, die das eigene Überlegen der Schüler voraussetzen. Die Reaktionen können dabei in der Form von Ergebnissen oder als Äußerungen während des Arbeits- und Denkprozesses auftreten. Dem entspricht auch, daß im Klassenunterricht für problemlösendes Lernen solche Sozialformen bevorzugt werden, die eine eigenständige Aktivität der Schüler wenigstens ansatzweise zulassen, also Unterrichtsgespräch, Gruppenarbeit, Partnerarbeit, Einzelarbeit, aber auch Planspiele, Rollenspiele usw.

Daß ein nur darstellender Frontalunterricht ebenfalls problemlösendes Lernen fördern könnte, wird aus dieser Perspektive fast nicht für möglich gehalten; mindestens *erarbeitend* müßte der Unterricht schon durchgeführt werden, um die notwendige eigenständige Aktivität der Schüler zu gestatten.

Wäre dies richtig, könnten rein darstellend arbeitende Medien (Buch, Rundfunk) wohl ebensowenig zum problemlösenden Lernen beitragen wie ein Lehrervortrag. Film und Fernsehen sind in dieser Hinsicht etwa vergleichbar mit einem Vortrag, bei dem Anschauungsmaterial benutzt wird (Zeichnungen, Bilder, Modelle, Demonstrationsexperimente). Auch sie verurteilen den Schüler zum passiven Aufnehmen und scheinen mithin nur geeignet, seine Auffassungsfähigkeit zu üben und sein Gedächtnis zu füllen.

Wir haben uns zu fragen, wie es einem Autor eines Buches oder einer Sendung für den Schulfunk gelingen kann, ein Problem so aufzubereiten, daß der Leser oder Hörer davon einen Gewinn für sein eigenes Problemlöseverhalten hat. Nicht zulassen wollen wir dabei die Möglichkeit, daß der Autor das Problem zwar angibt, auch einige wohldosierte Informationen und methodische Hilfen bereitstellt, dann aber seinen Text oder die Sendung beendet mit der Aufforderung, die Lösung bis zu einem bestimmten Zeitpunkt einzuschicken, und die Veröffentlichung der Lösung erst für einen späteren Zeitpunkt in Aussicht stellt. Nur, wenn wir solch eine zwischenzeitliche Rückkopplung des Lesers bzw. Hörers mit dem Autor ausschließen, haben wir ein Analogon zu dem Sonderfall des reinen Lehrervortrages vor uns, den wir einmal annehmen wollen, um unsere Überlegungen entsprechend vereinfachen zu können. Auch bei einem Telefongespräch wären die Bedingungen nicht mit dem Fall vergleichbar, der uns hier interessiert. - Räumliche Distanz und Mangel an Rückkopplung zwischen einem Autor und seinem Publikum sollen uns lediglich dazu dienen, die Schwierigkeiten deutlicher sichtbar zu machen, die sich ergeben, wenn ein Informationskanal nur in *einer* Richtung benutzt wird oder nur so benutzbar ist.

Nachdem dies geklärt ist, wiederholen wir unsere Frage: Wie kann es einem Autor gelingen, ein Problem in einem Lesetext oder in einer Hörfunksendung so zu behandeln, daß der Empfänger einen Gewinn für sein eigenes Problemlöseverhalten davon hat?

Soweit wir voraussetzen können, daß die Problemhaltigkeit nicht auf Schwierigkeiten der sprachlichen Erfassung beruhen soll, gelten hier zunächst einmal alle Forderungen, die im Hinblick auf gute Verständlichkeit an jeden Text zu stellen sind:

a) Treffende Wortwahl; Vermeidung von nicht geläufigen Fremdwörtern; an Fachterminologie nur das Nötigste.

b) Übersichtlich gegliederte, nicht zu kompliziert gebaute Sätze.

c) Leicht überschaubare Gedankenführung in Schritten mit vernünftig angemessener Reichweite.

d) Eine gewisse Redundanz, damit genug Zeit bleibt, die vorgetragenen Gedanken mitzudenken.

e) Persönliches Engagement des Vortragenden muß spürbar sein.

f) Der Hörer muß sich einbezogen fühlen; nötig ist also eine sozusagen "sozialintegrative" Rhetorik.

Gibt es darüber hinaus Ratschläge, die speziell für die Behandlung von *Problemen* gelten? Einige solcher Ratschläge können sein:

1. Herkunft (Entstehung) des Problems schildern.

2. Gewicht des Problems verdeutlichen; Leser (Hörer) in die Schwierigkeiten hineinversetzen.

3. Wichtig ist vermutlich, daß der Leser bzw. Hörer alle Lösungsschritte des Autors, auch die falschen Ansätze, unverkürzt erfährt. (Ein berühmtes Gegenbeispiel war GAUß, aus dessen Veröffentlichungen kaum etwas zu entnehmen ist über die Schwierigkeiten, mit denen er zu kämpfen hatte. Erst sein schriftlicher Nachlaß hat genauere Einblicke in seine Arbeitsweise ermöglicht.) Der Autor sollte nicht nur seine eigenen Überlegungen zusammen mit allen von ihm selbst beschrittenen Irrwegen möglichst ausführlich darstellen, sondern vielleicht darüber hinaus andere Irrwege, die ihm bekannt geworden sind oder die er für möglich hält, wenigstens erwähnen. (Zur leicht verwertbaren Dokumentation seines eigenen Löseprozesses könnte der Autor die Methode des "lauten Denkens" benutzen und eine Tonbandaufnahme davon machen.)

4. Bei Lösungen, die sehr intensives Nachdenken erfordern, sollte der Autor außerdem seinen Lesern oder Hörern die entsprechenden Partien *vordenken*, allerdings nicht im Sinne von "vorausdenken", sondern im Sinne von "vorführend denken".

5. In Entscheidungsprozessen sollten auch die Gründe mitgeteilt werden, soweit sie dem Autor klargeworden sind.

6. Da ein realer Dialog in dieser Situation nicht geführt werden kann, muß der Autor ihn ersetzen durch einen inneren Dialog, in dem er sich selbst Einwände macht und ihre Auswirkungen verfolgt. Dabei ist es nur eine Frage der Zweckmäßigkeit, ob er in dieser Absicht verschiedene Standpunkte auf Personen einer fingierten Gesprächsrunde verteilt (Kunstform des Dialogs in der Literatur) oder eine monologische Erörterung führt, durch die das pro et contra argumentativ abgewogen wird. Auf irgendeine Art muß ein Ersatz für die fehlenden Dialogpartner geschaffen werden.

7. In diesen Zusammenhang gehören auch sogenannte Gedankenexperimente, deren Brauchbarkeit sich freilich nicht auf monologische Situationen beschränkt.

8. Eine ganz andere Richtung wird durch das Berichten über fremde Lösungen (etwa wichtige Erfindungen oder Entdeckungen) eingeschlagen. Doch sollte man sich dabei nicht mit der emotionalen Seite der Sache begnügen, sondern den Leser oder Hörer an den aufgetretenen Schwierigkeiten und Zweifeln in Einzelheiten, soweit vermittelbar, teilnehmen lassen.

9. Bei jedem dieser Verfahren wird es nützlich sein, den Lösungsweg insgesamt zu rekapitulieren, damit die Strategie der Problemlösung bewußt wird, und aus einzelnen wichtigen Einsichten, Umorientierungen oder neuen Konstruktionen allgemeinere heuristische Prinzipien zu abstrahieren. Mit solchem Bemühen kann eventuel eine Transfermöglichkeit beim Leser/Hörer angeregt werden.

10. Wie bei der Lösung realer Probleme sollte auch bei jedem Beispiel, das zu Übungszwecken durchgeführt wird, nach der Lösung noch eine Überlegung darüber angestellt werden, was nun eigentlich erreicht worden ist und welche Möglichkeiten es daraufhin für die künftige Arbeit in diesem Bereich gibt (Verwendbarkeit; neue Fragen).

4. Grenzen dieses Ansatzes

Leicht ist einzusehen, daß der Autor eines Buches oder einer Schulfunksendung in zwei Richtungen auf Schwierigkeiten stößt, die gerade aus seiner Lage entspringen und die für ihn dementsprechend eigentlich unüberwindbar sind (und Entsprechendes gilt mit nur geringen Abschwächungen für den Lehrer beim 'reinen' Vortrag):

a) Die Interessen seiner Leser oder Hörer kann ein Autor nur vermuten. Mit jedem Thema hofft er, auf Interessenten zu stoßen; mit jedem Problem hofft er, daß es Leser oder Hörer geben wird, die dieses Problem auch als ihr Problem erkennen und aufgreifen. Aber mehr als Vermutungen und eine Hoffnung sind hier nicht möglich.

b) Es gibt eine Relativierung des Problemgehaltes durch den Bearbeiter in dem Sinne, daß dieselbe Aufgabe je nach Informationsstand und Lerngeschichte für den einen Bearbeiter eine Routineaufgabe darstellt, für den anderen jedoch zu einer Problemaufgabe wird. Dies einzuschätzen, ist selbst für Schulfunksendungen mit Angaben der Altersstufe, für die die Sendung bestimmt ist, nicht möglich; man kann dabei immer nur Durchschnittswerte für das Mittelfeld anstreben.

Dies sind zwei schwerwiegende Gründe dafür, daß der 'reine' Lehrervortrag ebenso wie Buch oder Schulfunksendung nur als unvollkommener Ersatz angesehen werden dürfen für Problemlösesituationen, in denen die Schüler selbst tätig werden können. Zwar haben Autoren keine andere Wahl, aber für Lehrer dürfte es wohl äußerst selten sein, daß sie, statt einen Vortrag zu halten, nicht auch ein Unterrichtsgespräch führen könnten. - Andererseits haben unsere Überlegungen aber gezeigt, daß man sogar bei einem Vortrag einige Mittel und Griffe zur Verfügung hat, die ein zugehöriges Problem auf eine Weise zu behandeln gestatten, die es Schülern über die bloße Kenntnisnahme der Lösung hinaus ermöglicht, auch ihr Können für die Bearbeitung künftig auftauchender ähnlicher Probleme zu verbessern. Wir können unsere erste Antwort also ergänzen, indem wir hinzufügen:

Auf eine angepaßte Behandlung von Problemen braucht man bei keiner Sozialform des Unterrichts, auch nicht beim Vortrag, zu verzichten.

5. Nachschrift zum Thema Binnendifferenzierung

Wir wollen dieses Ergebnis noch anwenden auf eine Unterrichtssituation, für die es auf den ersten Blick gar nicht bedeutsam zu sein scheint, nämlich auf eine Form von Binnendifferenzierung. Als Differenzierungsparameter wählen wir dabei die Fähigkeit, Probleme selbständig zu lösen. Die Wahl dieses Parameters ermöglicht es, den zeitlichen Vorsprung, den selbständigere Lerner bei Differenzierungsmaßnahmen bald gewinnen, fruchtbar zu nutzen, ohne künstlich einige mühsam auszuwählende "Zusatzstoffe" bereitstellen zu müssen. Wir brauchen einfach die gewonnene Zeit der selbständigeren Schüler dazu zu verwenden, daß sie die nächsten Aufgaben als Problemaufgaben lösen, weil sie ihnen mit sehr sparsamen Vorgaben gestellt werden. Dadurch beanspruchen und fördern wir ohne großen Aufwand die Selbständigkeit dieser Schüler und reduzieren zugleich ihren zeitlichen Vorsprung.

In extremen Fällen können diese Schüler ein nächstes Thema problemlösend vorbereiten, um ihr Arbeitsergebnis dann, wenn das Mittelfeld den Anschluß erreicht hat, dem Plenum vorzutragen (LANGE/WILDE 1981b).

Für solch einen Schülervortrag sind alle Ratschläge nützlich, die oben für Autoren und für den 'reinen' Lehrervortrag formuliert wurden.

Literatur

JÜNGST, K. L.: Konstruktion und erste Evaluierung eines Curriculums zur Förderung problemlösenden Verhaltens. Diss. Saarbrücken 1977.

LANGE, O./WILDE, G.: Ein Hilfsmittel für strategische Überlegungen zum Einüben selbständigen Problemlöseverhaltens. In: Lernzielorientierter Unterricht 8 (1979), 4, 1-5.

LANGE, O./WILDE, G.: Wege zum Erwerb eines selbständigen Problemlöseverhaltens. In: Lernzielorientierter Unterricht 10 (1981 a), 2, 1-16.

LANGE, O./WILDE, G.: Bewertung von Problemaufgaben und Beurteilung von Problemlöseprozessen als Voraussetzung zur Binnendifferenzierung bei problemlösendem Unterricht. In: Lernzielorientierter Unterricht 10 (1981 b), 4, 1-13.

PIDKASSISTY, P. I.: Typen selbständiger Arbeiten der Schüler. In: Aktivität und Erkenntnis. Berlin (Volk und Wissen) 1975, S. 288-312.

ROHR, A.: Komplexes Denken. Weinheim usw. (Beltz) 1968.

ROHR, A.: Kreative Prozesse und Methoden der Problemlösung. Weinheim usw. (Beltz) 1975.

SCHEIBLECHNER, H.: Das Lernen und Lösen komplexer Denkaufgaben. In: Zeitschrift für experimentelle und angewandte Psychologie 19 (1972), 3, 476-506.

SCHOLZ, F.: Problemlösender Unterricht. Essen (Neue Deutsche Schule) 1980.

TOMASCHEWSKY, K.: Zu einigen Problemen der Gestaltung von Lernaufgaben im Unterricht. In: Unterricht als Aufgabenfolge: Wissensch. Zeitschr. der Humboldt-Universität zu Berlin. Sonderband 1965. S. 11-23.

WOHLRAB, U.: Konstruktion eines lerndiagnostisch orientierten Programms aussagender Denkaufgaben. In: CLAUß/ GUTHKE/LEHMANN (Hrsg.), Psychologie und Psychodiagnostik lernaktiven Verhaltens. Tagungsbericht. Berlin (Ges. f. Psych. d. DDR) 1978, S. 89-96.

PETER SEHRBROCK

Wo Problemlösefähigkeit selbst zum Problem werden kann, oder wer bestimmt eigentlich, was wem zum Problem wird?

"Ich habe einen kleinen Freund, Tobias, er ist 13 Jahre alt, ein Grübler, Querdenker und Phantast. Langeweile kannte er nie. Schon früh spielte er Theater, malte Miniaturen und wandbreite Bilder und fertigte ohne Baupläne und Anleitungen historisch und ethnologisch getreue Schiffe, Häuser, Waffen, Kostüme. Selten verbringt er einen Nachmittag vor dem Fernseher. Das Leben von Tobias wäre ausgefüllt und glücklich, gäbe es die Schule nicht. Besser sein zu müssen als andere - das will ihm nicht in den Sinn, obwohl er seine Sache stets so gut wie nur möglich machen will. Das tägliche Einnehmen festgesetzter Wissensportionen in vorgeschriebener Eile stößt ebenso auf seinen Widerspruch wie der anschließende Tauschhandel von abgefragtem Wissen gegen Noten im Schiedsgericht der Prüfung. Diese Zwänge lassen ihn nachts nicht einschlafen und früh vor der Schultüre wieder umkehren. Daß die Mehrheit der Kinder seiner Stadt die Schule akzeptiert, irritiert ihn nicht. Dies ist nicht *seine* Schule. *Seine* Fragen findet er nicht beantwortet, die angebotene Information interessiert ihn selten. Er war bereits soweit, den Sinn des Lebens anzuzweifeln, falls sie - die Schule - der Sinn des Lebens sein sollte." (BIEGERT, 1979, S. 7)

1. Der Zusammenhang: Problemlösen und befreites Handeln

Der Versuch, den didaktischen Begriff des problemlösenden Unterrichts mit den Belangen meines Berufsfeldes, der sogenannten Behindertenpädagogik, zu verbinden, führt zunächst zur Klärung des Literaturfeldes. Bei der Lektüre der Veröffentlichungen zum Thema fällt auf, wie breit der Fragezusammenhang angelegt ist:

- Problemlösen wird bearbeitet von den Fachwissenschaften Physik, Technik, Mathematik, Geometrie, Germanistik, Geschichte, Sport (wahrscheinlich ist die Aufzählung unvollständig);
- didaktische und curriculare Belange werden überall mitbedacht;
- Anforderungen und Bedingungen der "Glieder unseres Schulsystems" finden ihre Berücksichtigung;
- internationale Erfahrungen und Fragen kamen und kommen zu Wort.

Da es bei der Pädagogik nicht ohne Psychologie zu gehen scheint, war der Zusammenhang des Problemlöseverhaltens auch dort aufzusuchen. Gestaltpsychologie (METZGER, 1963), Denkpsychologie (DUNCKER, 1935, LÜER, 1973, PIAGET, 1980), westliche - östliche Lernpsychologie (LEONT'EV, 1977) geben sehr einsichtige Verstehenshilfen. Wesentliches ist dort erkannt, vieles bleibt aufzufinden.

Die Lektüre der Dokumentationen der "Problemlösekonferenzen" in Oldenburg zeigt, daß zumindest von den Initiatoren der Kongresse problemlösender Unterricht als im Ansatz immer mit "entdeckendem Lernen" verbunden betrachtet wird (WILDE, 1982) *und* emanzipatorische Intentionen stets vorhanden sind (LANGE, 1982). Diese Verbindung von problemlösendem Unterricht, entdeckendem Lernen *und* Emanzipation scheint mir von konstitutiver Bedeutung und - sofern sie beibehalten wird - damit von erheblicher innovativer Wirkungsmöglichkeit in Theorie und Praxis des Unterrichtens in einem sich demokratisch verstehenden Gemeinwesen.

Da aus meiner Sicht mit dieser Verbindung ein didaktischer Ansatz existiert, der auch behinderungsspezifische Belange gut zu integrieren vermag, ergibt sich für mich die Notwendigkeit und das Bedürfnis, die Überlegungen pointiert auf die didaktische Frage zuzuschneiden: "Wer bestimmt eigentlich, was wem zum Problem wird?". Obwohl die Art der Beantwortung der Frage nicht behindertenspezifisch sein wird/ nicht sein kann, möchte ich sie in diesem Feld der pädagogischen Bemühungen ansiedeln. Zum einen deshalb, weil es sich um mein Berufsfeld handelt, in dem ich schon seit längerem ähnlichen Fragen nachgehe (SEHRBROCK, 1981, 1982, 1984 a, b), zum anderen aber auch, um offenzulegen, daß auch bei Auflösung der Verbindung von Problemlöseverfahren, entdeckendem Lernen einerseits und Emanzipation andererseits im überwiegend formalisierten Unterricht der "Regelschule" Fähigkeiten entwickelt werden, diese sich aber auf Grund ihres technokratischen Charakters rasch gegen den Menschen und seine Freiheit wenden können. So vermag z. B. Schule über die äußere Bewertung unterschiedlicher Problemlösestrategien in Verbindung mit der alltäglichen Zuschreibung und Ettiketierung so etwas wie Behinderung zu produzieren.

2. Technokratie der "reinen Bestandteile"

Um verstehbarer zu machen, welche Art von Bedeutung aus meiner Sicht der Verbindung von Problemlösen, entdeckendem Lernen und Emanzipation zugehört, wende ich mich zunächst den isolierten Bestandteilen zu.

Betrachtet man Problemlösen abgehängt von allen pädagogischen und personalen Rücksichten, so finden sich schnell sehr überzeugende und klare Darstellungen dessen, was an Gesetzmäßigkeiten beim Probleme lösen als vorhanden vermutet wird; Strategien und ihre innere Struktur tauchen auf,

Wege zur Verfahrensverbesserung werden skizziert (vgl. z. B. LÜER, 1973). Wird sodann dieses Wissen durch den (traditionellen) Unterricht der Schule isoliert umgesetzt, vermag dies durchaus zu einer Steigerung der Problemlösefähigkeit zu führen. Durch den Erwerb, bzw. die Erweiterung der Problemlösestrategien an "Musterproblemen" curricularer Vorgabe, die Transferierung der erworbenen Fähigkeiten auf Probleme ähnlicher Art kann die Flüssigkeit der Denkvorgänge in formalisierten Rastern erhöht, die Optimierung von Problemlöseprozessen vorangetrieben werden.

Aber außer der Stabilisierung und Verfeinerung von Routinedenkfertigkeiten, welche die 'künstlichen Intelligenzen' übrigens wesentlich umfangreicher und sicherer beherrschen, ist - gerade in humaner Hinsicht - nichts erreicht. Die erworbenen Problemlösefertigkeiten sind auf Grund der Art ihres Zustandekommens letztlich für jedes Problem, für jeden Zweck nutzbar zu machen, ohne daß in ihnen Werthaltungen ein Korrektiv sein könnten.

Über eine besondere Affinität zu bestimmten pädagogischen und didaktischen Grundentscheidungen läßt sich beim Problemlöseverfahren an sich nichts sagen. Es paßt in jede Didaktik, in jeden Unterrichtsplan; in seiner Isoliertheit als reines Verfahren ist Computerisierung des Lernens und Arbeitens in der Schule und anderswo (wie allgemein beobachtbar) die logische Folge.

Nimmt man das in der Literatur ohnehin meist im Zusammenhang diskutierte Entdeckende Lernen hinzu (vgl. z. B. NEBER, 1981), so vermag unter einem bestimmten isolierten, wiederum künstlichen Blickwinkel, das Gleiche zu gelten, wie für das isolierte Problemlösen allein: Eine auf menschliche Selbstbestimmtheit bezogene methodische Leerformel, die zu allem verwendbar ist, auch zur Entmündigung des Menschen.

Wenn Problemlösen und Entdeckendes Lernen überwiegend im naturwissenschaftlichen und mathematischen Fragebereich angesiedelt wird, als wesentliche Merkmale Untersuchen, Erforschen und unmittelbare Erfahrung genannt werden (vgl. z. B. Beiträge zur Reform der Grundschule u. a. 6/7, 16/17), als Erfolg der Zuwachs an intellektueller Potenz, an verbesserten Behaltens- und Transferleistungen herausgestellt wird (BRUNER, 1961, S. 17; WILDE, 1982, S. 14), es in der Forschung überwiegend um das Entwickeln und Erproben von Instruktionsverfahren geht (NEBER, 1981, S. 81, in NEBER), dann ist über das angegebene Hauptziel des Problemlöseunterrichts und des entdeckenden Lernens - das der Selbständigkeit - nicht mehr gesagt, als daß der Schüler im vorgenannten Rahmen selbständig an naturwissenschaftlichen - mathematischen Problemen sein Problemlöseverhalten verbessert und spezifische kognitive Fähigkeiten ausbaut, daß er z. B. orientiert an wissenschaftlichen Disziplinen selbständig deren innere Struktur internalisiert, daß er Fachpropädeutik betreibt, ohne, daß das *Wozu* geklärt ist. Diese Selbständigkeit vermag ebenso eingesetzt zu werden für die Optimierung der Urbarmachung von Wüsten, der Bekämpfung von Krankheiten, der Lösung von ökonomischen Fragen, wie für die Optimierung des Kernwaffeneinsatzes in einem Nuklearkrieg, der Verwaltung des Menschen durch Bürokratie, der kostengünstigen Beseitigung von Sondermüll.

Es ist bei dieser Sicht des Problemlösenden Unterrichts und des entdeckenden Lernens auch ungeklärt, *Wer* seine Selbständigkeit erhöht, der derartig beschulte Schüler, oder der von kritischen Nachfragen zur Bewertung von Problemlösungen entlastete Machtträger. Denn der Übergang von extrinsischer zu intrinsischer Motivation beim Lernen (BRUNER, a.gl.O.) sagt lediglich so viel, daß der Lernende innerhalb des bestehenden Wissenschafts- und Herrschaftssystems optimaler funktioniert. Dieser Übergang sagt nichts aus darüber, ob damit *auch* eine intrapersonale Befreiung von äußeren Setzungen stattgefunden hat, daß die "Entkolonisierung des Kindes" (MENDEL, 1973) auf den Weg gebracht wurde.

3. Der Dialog als emanzipatorische Klammer

Der spezifische Blickwinkel, aus dem heraus Problemlösen und entdeckendes Lernen bisher eher als Gefahr beschrieben wurde, ignoriert erfolgreich das eigentlich entscheidende Prinzip dieses Ansatzes und damit seinen emanzipatorischen Gehalt: den andauernden Dialog zwischen Lehrer und Kind (vgl. BRUNER, 1961, S. 17; vgl. PLOWDEN-Report, 1966, S. 242).

Durch das Aufnehmen des Prinzips des andauernden Dialogs werden Problemlösestrategien und und Problemlösefähigkeit im engeren Sinne (vgl. z. B. LÜER) natürlich nicht aufgehoben. Sie werden in spezifischer Weise erweitert und damit nicht mehr ohne weiteres der Verfügung durch andere zugänglich sein; zur Selbständigkeit im und durch Problemlösen gesellt sich die Selbstbestimmtheit.

Selbständigkeit mit Selbstbestimmtheit als wesentliche Beschreibungen von Emanzipation (vgl. u. a. GREIFENHAGEN, 1973; HARTFIEL, 1975) heben in dem hier diskutierten Zusammenhang nicht ab auf Maschinenstürmerei, Zurück-zum-Grabstock oder Laßt-die Köpfe-rollen. Sie beinhalten als Angaben über Voraussetzungen für die Existenzmöglichkeit eines demokratischen Gemeinwesens auch nicht die Aufforderung, als im Bewußtsein "Befreite" die anderen zu befreien. LANGE warnt zu Recht mit Nachdruck vor der Gefahr der allgemeinen Emanzipation durch eine Emanzipationselite, da die Gefahr bestehe, daß dabei lediglich "ein Wechsel von Herrschaft" herausspringe (LANGE, 1982, S. 52). FREIRE formuliert in seiner Pädagogik der Unterdrückten (S. 32):

> "Soll der Kampf gegen Unterdrückung einen Sinn haben, dann dürfen die Unterdrückten bei ihrem Versuch, ihre Menschlichkeit wiederzugewinnen (als Mittel, um sie zu schaffen), nicht ihrerseits Unterdrücker der Unterdrückten werden, sondern sie müssen vielmehr die Menschlichkeit beider wiederherstellen."

Selbständigkeit und Selbstbestimmtheit als Indikatoren für demokratische Emanzipation beschreiben vielmehr die Befreiung von Schülern *und* Lehrern aus dem Zwang etablierter Problemlösungseliten hin zu der Fähigkeit, Probleme selbst zu sehen und anzugehen (vgl. LANGE, 1982, S. 53) durch das Prinzip des andauernden Dialogs.

4. Dialog als symmetrische Kommunikation

Daß das Prinzip des andauernden Dialogs die angesprochenen Wirkungen zeitigen kann, hängt mit der Eigenheit von Dialog zusammen. Dialog beschreibt (immer) eine symmetrische Form von Kommunikation. Dies bedeutet, daß die am Dialog beteiligten Personen prinzipiell gleich sind, also im Dialog keine Unterordnung oder Abhängigkeit besteht.

Mit dieser Bestimmung scheint allerdings Dialog out und dasmit demokratische Emanzipation durch Problemlöseunterricht und Entdeckendes Lernen erledigt, aber nur vordergründig. "Natürlich" drängen Rahmenrichtlinien, Organisationserlasse, Notengebung, Beamtengesetz den Lehrer in die Rolle des Lehrenden, in die Rolle dessen, der gibt, der, weil er mehr weiß, auch sagt, "wo's lang geht"; "natürlich" zählt das Kind, ebenso wie der alte Mensch, wie der Behinderte zur Gruppe derer, denen man helfen muß, weil es "noch nichts kann", weil er "nichts mehr kann", weil er "nicht alles kann". Dem liegt offen zu Grunde eine Sicht des Menschen, die als dessen wesentliche Eigenart seine Arbeit sieht, deren Wert unter ökonomischen und produktiven Vermarktungsgesichtspunkten einer kapitalistischen Gesellschaft beurteilt wird. Kind sein ist damit nicht vollwertiges Menschsein und Dialog zwischen Erwachsenen und Kindern nicht möglich.

Wird der Wert menschlicher Arbeit jedoch unter anderen Gesichtspunkten als den genannten beurteilt, verschiebt sich möglicherweise auch die Dialogchance. Als eine veränderte Sicht des Wertes menschlicher Arbeit möchte ich die der personalen Gleichwertigkeit der Entäußerungen (i. e. Arbeit) eines jeden Menschen einführen. Gemäß dem jeweiligen Zusammenhang von z. B. Lebensalter, kulturellen Anregungen, ökonomischer Ab-/Unabhängigkeit mag die Arbeit und das Ergebnis der Arbeit sehr unterschiedlich sein. Der Bezugspunkt des "Wertes" dieser Arbeit und ihres Ergebnisses ist die Person des Arbeitenden, des sich Entäußernden. So vermag das Entwickeln einer entsprechenden Software zu einem Computerlehrgang im Zusammenhang mit der Ableitung und Anwendung der Formel der Hyperbel durch einen 15jährigen Schüler eines Gymnasiums gleichen *personalen* Wert besitzen, wie das Ausgestalten eines Blattes mit Kopfmännchen, Stamm-Strichbäumchen und gelochter Umrandung durch ein 7jähriges Kind aus der Lernbehindertenschule. Da die außen-orientierten Kriterien der Vermarktung wegfallen, verbleibt der intraindividuelle Bezugsrahmen; mit welchem Recht und mit welcher Begründung vermöchte jemand dem einen oder anderen eine höhere/niedrigere *menschliche* Existenzstufe zuzuschreiben?

Eine weitere Anmerkung bleibt zu machen. Nicht nur der Erwachsene in einer industriell genormten Jugendlichkeit ist der Prototyp menschlicher bzw. menschenwürdiger Existenz, sondern die ganze Breite der Formen menschlichen Daseins - vom Fötus bis zum Sterbenden, vom Kleinkind bis zum alten Menschen, vom Behinderten bis zum unbeeinträchtigten Menschen - kann gleiche Wertigkeit beanspruchen. Das bedeutet für unser Prinzip des andauernden Dialogs, daß die Äußerungen von Lehrern und Kindern prinzipiell menschlich gleichwertig und, daß beim Lernen/Lehren beide, wenngleich in unterschiedlicher Weise, als Lernende/Lehrende gleichermaßen beteiligt sind (vgl. LEWIS et. al., 1974). Somit ist die scheinbar erledigte Position des andauernden Dialogs nicht beseitigt, sondern die kapitalistischen Kriterien der Vermarktung auf den Prüfstand menschenwürdiger, d. h. selbständiger/selbstbestimmter Existenz gehoben, die Frage nach der Aufhebung der Entfremdung der Entäußerung in der Arbeit gestellt. In der personalen, menschlichen Gleichwertigkeit der unterschiedlichen Existenzform eines

Kindes und eines Erwachsenen - keiner ist mangelhaft, unfertig, sondern anders - ließe sich Entfremdung als aufgehoben betrachten, da die Verfügung über die Entäußerung nicht einem anderen (z. B. dem Lehrer über Notengebung) obliegt.

Ich nehme diese "idealistische" Position auf und versuche, sie in die Fragestellung des Problemlösenden Unterrichts und des entdeckenden Lernens einzubeziehen.

Jeder Mensch hat auf Grund der Umstände seiner individuellen Existenz unterschiedliche Probleme, Konzepte, Lebensentwürfe, bzw. Fragestellungen gleicher Art sind möglicherweise unterschiedliche Bedeutungen/Betroffenheiten zu eigen. Dies, so scheint mir, gilt für Erwachsene und Kinder in gleichem Maße. Wenn das aber so ist, so ist nicht einzusehen, daß der Lehrer qua curricularer Vorgabe und auf Grund institutioneller Gepflogenheiten den Schülern benennt, was das Problem ist, an dem über entdeckendem Lernen Problemlösen zu entwickeln ist.

Zugespitzt auf die "Behindertenbelange" ist zu fragen: Warum wird Problemlösender Unterricht/entdeckendes Lernen so wenig besprochen und diskutiert unter dem Gesichtspunkt, daß Befreiung aus Behindertsein nicht zwingend aus vorgesetzten naturwissenschaftlichen-mathematischen Problemlösetrainingsaufgaben entsteht, sondern überwiegend durch das Aufarbeiten ihres Problems des Behindertwerdens. Denn wie anders als so kann unter dem Anspruch einer demokratischen Gemeinde die grundgesetzliche Norm der Gleichheit aller Menschen (GG, Art. 3) realisiert werden?

5. Dialog als Widerspiegelung meiner/deiner menschlichen Wertigkeit

Ich möchte erneut abheben auf das Prinzip des andauernden Dialogs und seiner demokratisch-emanzipatorischen Wirkungsmöglichkeiten. Wie schon oben angesprochen, wird hier Dialog verstanden als eine symmetrische Form von Kommunikation, der, da sie andauernd sein soll, Prozeßcharakter eignet.

In diesem Prozeß finden im schulischen Handlungsfeld gegenseitige Subjektbegegnungen statt, in denen sich zwischenmenschliches Handeln in wechselseitigen Einwirkungen und Antizipationen vollzieht (MAURER, 1983). Der Schüler stellt sich unter dieser Sicht nicht dar als ein "isoliertes Aktionszentrum" (GRUNDKE, 1975, S. 12), das es in seiner menschlichen Unfertigkeit zu vollenden gilt. Vielmehr erfährt der Schüler über die Begegnung seines Ichs mit dem Ich des Lehrers seine personale Bedeutung. Denn das Ich des Menschen fungiert "als Steuerungsprinzip des subjektiven Bewußteins und der sozialen Interaktion" (MAURER, 1983, S. 263). Es baut sich von außen nach innen auf, "vom sozialen Umfeld her - und das heißt immer: vom *konkreten* Mitmenschen her. In seiner Identität erfährt der Mensch sich immer nur mittelbar, im Umweg über die sozialen Beziehungen zu seinen Mitmenschen, die ihm sein Wesen quasi zuspiegeln. Ohne Widerhalt im Ich des anderen könnte sich mein Ich (meine persönliche Identität) nicht konstitutieren" (ebda., S. 262/ 3). Lebenssinn und Identität werden mir 'zugespiegelt' und Schritt um Schritt in meine eigene innere Wirklichkeit übernommen (vgl. ebda., S. 270).

Das bedeutet für unseren Zusammenhang, daß bei Dominanz der curricularen Vorgaben des Stoffplanes beim problemlösenden Unterrichten/entdeckenden Lernen und dem Überwiegen der rezeptiven Verfahren des tradierten Unterrichtens dem Schüler vermittelt wird, daß *seine* Fragen, Gedanken, Probleme, Strategien, die er aus seinen vor- und außerschulischen Lebensbereichen in das Lernen der Schule miteinbringt, letztlich nur dazu gut sind, besser "schulische" Bedeutsamkeit in ihm zu etablieren. Motivation als Bezeichnung des Beweggrundes des Lernenwollens gerinnt dann schnell zur Technologie der Einpassung des Schülers in ein ihn fremdbestimmendes System, innerhalb dessen er aber auf vorgeschriebenem Wege selbständig werden soll. Vermögen Kinder all dem Neuen, Unverständlichen, ja Bedrohlichen des skizzierten schulischen "Lebens" "nicht mehr ichhaft zu widerstehen und es in Eigenes, Verständliches, Sinnvolles umzuschmelzen, ... und die persönliche Identität wiederherzustellen ..." (MAURER, S. 270) reagieren sie z. B. durch selbstschützende Passivität, Aggressivität, Neurosen usw. Verweigern in diesem Schulsystem aber wird als Versagen interpretiert, Beeinträchtigung als Behinderung definiert und mit der Begründung der angemessenen Bildung wird segregiert.

Problemlösender Unterricht und entdeckendes Lernen gewinnen ihre emanzipatorische Dimension *nur* über den andauernden Dialog,

- weil sich in ihm Schüler und Lehrer gegenseitig personale Bedeutsamkeit zuspiegeln,
- weil sowohl die Vorstellungen des Lehrers als auch die der Kinder eine gleiche Verwirklichungschance besitzen,
- weil die für gesellschaftliche Zukunft scheinbar bedeutungslose, gar hinderliche gegenwärtige Problemlage, Fragehaltung, Interessensitution von Kindern Unterricht trägt,
- weil die scheinbar unfertigen Problemlösestrategien eines Kindes nicht an absoluten Standards qualifiziert, sondern in ihrer Vorläufigkeit akzeptiert werden,
- weil als Lebenssinn nicht fremdbestimmter gegenwärtiger Gestaltungsverzicht zu Gunsten einer diffusen Zukunft signalisiert wird, sondern die gemeinsame, creative Problemlösehaltung aller am Lernen/Arbeiten/Leben Beteiligten gilt. Zukunft ist damit in meiner Gegenwart bedeutsamer Bestandtteil.

So verstandener problemlösender Unterricht/entdeckendes Lernen vermag tatsächlich demokratische Emanzipation zu erleichtert, da eine ganze Reihe von Abhängigkeiten erst gar nicht geschaffen wird. Eine Elite von Problemlösern wird sich nur schwer etablieren können, da die gut verteilte Fähigkeit von Kindern, Probleme selbst zu sehen und anzugehen erst gar nicht verschüttet wird (um sie, wie es heute oft geschieht, später wie Phönix aus der Asche wieder auferstehen zu lassen). Problemlösestrategien und Untersuchungsverfahren existieren nicht als isolierte Technologien, sondern gewinnen ihren Stellenwert in Verbindung mit der gemeinsam entwickelten Problemlage, die damit auch die Antwort auf das Wer, das Warum, das Wozu einschließt.

6. Didaktische Realisation - open education

Problemlösender Unterricht und entdeckendes Lernen unter emanzipatorischer, i. e. selbstbestimmter Hinsicht sind für mich am ehesten im Zusammenhang mit dem didaktischen Konzept der open education - des Offenen Unterrichts - auch praktisch zu verwirklichen. Da Offener Unterricht bisher nur grundstufen-bezogen durchgeführt wird, wäre für meine Überlegungen in der Mittel-/Oberstufe das Prinzip des Projektunterrichtes einzuführen.

Open education in der Kürze des zur Verfügung stehenden Platzes angemessen darzustellen will mir nicht gelingen, das habe ich an anderer Stelle getan (SEHRBROCK, 1984 b). Deshalb werde ich hier lediglich mit zwei konzeptuellen Schlaglichtern versuchen, das didaktische Konzept auf meine Überlegungen zu beziehen:

1. Im Offenen Unterricht wird das dialogische Prinzip in der Umkehrung der festgeschriebenen Lehr-Lern-Rollen in einer festgelegten Institution konsequent aufgenommen.

> "Die Lernenden werden nicht länger als Empfänger einer Ausbildung, als Konsumenten vorgegebenen Wissens, in ihren Fähigkeiten unzulängliche und darum anleitungsbedürftige Schüler, kurz als Objekte institutioneller Behandlung angesehen, sondern die Institution Schule dient dazu, Bedingungen herzustellen, unter denen die Lernenden die Freiheit und Kraft entdecken, ihre Lernumwelt, Ziele und Wege ihres Lernens möglichst weitgehend selbst zu

gestalten" (KASPER, 1978, S. 13; vgl. auch PLOWDEN-Report).

Der heute überwiegend praktizierten Art der open education scheint die Auffassung aus reformpädagogischer Bewegtheit von der inneren Unmittelbarkeit einer naturwüchsigen Entwicklung und einer daraus resultierenden pädagogischen Haltung der Nichteinmischung nicht mehr zu eigen. Vielmehr wird auch offener Unterricht als in die Dialektik von Führen und Freisetzen eingespannt gesehen. Diese Dialektik schlägt sich nieder in dem immer wieder beobachtbaren Gespräch zwischen Lehrer und Schüler über Inhalt und Verfahren des Lernens. Allerdings ist die daraus resultierende Frage nach den "Strukturen der Offenheit" eher eine Frage nach den Strukturen des Lernens als nach den Strukturen des Lehrens. Diese Position drückt sich in pädagogischen Grundannahmen offenen Unterrichtens aus als:

- alle Kinder sind verschieden,
- deshalb müssen die Kinder verschieden unterrichtet werden,
- im Unterricht kann jedes Kind selbst am besten entscheiden, welcher Lernschritt als nächster zu wählen ist.

Das bedeutet praktisch, daß im Unterricht der Lerngruppe stets verschiedene Angebote bereitgehalten werden, sowohl den Inhalt als auch das Schwierigkeitsniveau betreffend, daß die Fragen und Interessen der Kinder auch ad hoc sich durchsetzen können. Es wird nicht erwartet, daß alle Kinder zur selben Zeit das Gleiche tun, daß verschiedene Kinder einen Lehrgang (z. B. in Mathematik) in der gleichen Zeit bewältigen. Es ist im offenen Unterricht alltägliche Praxis, daß in denselben Lerngruppen Kinder auf den unterschiedlichsten Leistungsstufen arbeiten, ohne daß die langsameren als "schlechte Schüler" etikettiert würden.

2. Bei dem Versuch, neben dem gemeinsamen *praktischen* Nenner offenen Unterrichtens noch eine stärkere *begriffliche* Klärung des Konzeptes zu erreichen, könnten die von Neville BENNETT erarbeiteten elf differenzierten Überblickelemente von "progressivem" und "traditionellem" Unterricht hilfreich sein.

Progressiver Unterricht	Traditioneller Unterricht
1. Fächerübergreifende Thematik	1. Fächerung
2. Lehrer unterstützt Lernerfahrungen	2. Lehrer bietet Wissensstoff dar
3. Aktive Rolle des Schülers	3. Rezeptive Rolle des Schülers
4. Schüler nehmen an der Planung des Unterrichts teil	4. Schüler sind von der Unterrichtsplanung ausgeschlossen
5. Lernen erfolgt vorwiegend durch Entdecken	5. Schwergewicht auf Memorieren, Übung
6. Externe Belohnungen und Strafen sind nicht notwendig; intrinsische Motivation	6. Externe Belohnungen werden eingesetzt; extrinsische Motivation
7. Geringer Nachdruck auf überkommenem Leistungsstandard	7. Formale Leistungen haben besondere Bedeutung
8. Kaum Leistungskontrollen (Tests)	8. Regelmäßige Leistungskontrollen
9. Betonung kooperativer Gruppenarbeit	9. Wettbewerbsorientierung
10. Unterricht auch außerhalb des Klassenzimmers	10. Unterricht ist weitgehend auf das Klassenzimmer beschränkt
11. Betonung kreativen Ausdrucks	11. Geringe Bedeutung kreativen Ausdrucks

(aus: BENETT, 1979, S. 52, in der Übers. von KASPER, 1978 S. 14)

Will man als Lehrer in der skizzierten Weise mit Kindern in der Schule zusammen arbeiten, hat dies, so meine ich, bestimmte Konsequenzen.

So muß der Lehrer für sich eine Haltung entwickeln, die eine hohe Empfindsamkeit zuläßt im Hinblick auf kindliche Bedürfnisse und ihre selbstbestimmte Realisierung in der Schule. Diese Empfindsamkeit zu entwickeln ist keine Sache nur des Kopfes, sondern auch des berühmten "Bauches". D. h., daß diese Fähigkeit nicht nur über Seminare, Vorlesungen und Diskussionen von den künftigen Lehrern entwickelt werden kann, sondern der Erkenntnisgegenstand muß zur Methode werden: Handlungsfähigkeit im Offenen Unterricht fordert entsprechende Handlungserfahrungen im Studium. Die angemessene hochschuldidaktische Form ist sicher die des Projektstudiums im Zusammenhang der ELAB, wie sie zur Zeit noch in Oldenburg praktiziert wird.

7. Zusammenfassung

- Problemlösender Unterricht an sich hat, auch mit Wissen über Strategien, keinen wirklich befreienden Wert. Er ist isoliert methodische Hülse, ohne innewohnenden eigenständigen Wertrahmen.
- Problemlösender Unterricht in Verbindung mit "entdeckendem Lernen" und dem Prinzip des Dialogs gibt sehr viel eher an, zu welcher menschlichen, d. h. selbstbestimmten Werthaltung er in spezifischer Weise beizutragen vermag.
- Die dabei zentrale didaktische Frage ist: "Wer bestimmt eigentlich, was wem zum Problem wird?".
- Jedem Menschen sind Probleme, Fragen, Entwürfe zu eigen. Sie sind bedeutsam. Dies gilt uneingeschränkt so auch für Kinder.

- In der Reaktion meines Gegenüber, meines Mitmenschen auf meine Anfrage, mein Verhalten etc. wird mir die Bedeutsamkeit meiner Probleme, letztlich meiner Person widergespiegelt.
- Schule in traditioneller Ausformung spiegelt den Kindern ständig wider, daß ihre Fragen, ihre Probleme, ihre Interessen so nicht gefragt sind. Kinder passen sich irgendwann an oder werden behindert.
- Das didaktische Konzept der open education - des Offenen Unterrichts - vermag die Verbindung von Problemlöseverhalten und entdeckendem Lernen unter emanzipatorischer, i. e. selbstbestimmter Hinsicht am ehesten auch praktisch zu verwirklichen.
- Die hierbei veränderte Rolle von Lehrer und Schüler wird durch das Prinzip des Dialogs geprägt: Lehren und Lernen wird als ein nie abschließender offener Prozeß aller Beteiligten verstanden.
- Diese Haltung hat persönliche Konsequenzen und hochschuldidaktische Auswirkungen.

Da sich emanzipatorisches Problemlöseverhalten nicht einstellt durch das Reden über Problemlösen und Offener Unterricht nicht vorstellbarer wird durch Thesenpapiere, sei auf die persönliche Antwort eines Lehrers auf die Anfrage von behinderten Kindern verwießen (SEHRBROCK, HEISIG: 40 Min. Video-Aufnahmen eines Offenen Unterrichts in einer Klasse 1 + 2 an einer Sonderschule für Lernbehinderte.)

Literatur

BENETT, N.: Unterrichtsstil und Schülerleistung (Übersetzt aus dem Englischen) Stuttgart. Klett, 1979, 1. Aufl.

BEITRÄGE zur Reform der Grundschule, Arbeitskreis Grundschule e.V. Ffm. Bd. 6/7, Materialien zum Lernbereich Biologie im Sachunterricht der Grundstufe. Bd. 16/17, Entdeckendes Lernen im Lernbereich Biologie.

BIEGERT, C.: Indianerschule. Als Indianer überleben - von Indianern lernen. Survial Schools. Rowohlt, Reinbek 1979 (Sachbuch rororo 7278).

BRUNER, J. S.: Der Akt der Entdeckung. In: NEBER, H. (Hrsg.) Entdeckendes Lernen. 1981, S. 15 ff. Aus: Havard Educational Review, 1961, S. 21-32.

DUNCKER, K.: ZUr Psychologie des produktiven Denkens. Springer, Berlin 1935.

FREIRE, P.: Pädagogik der Unterdrückten. Bildung als Praxis der Freiheit. Rowohlt, Reinbek bei Hamburg 1973.

GREIFENHAGEN, M. (Hrsg.): Emanzipation. Hamburg, 1973.

GRUNDGESETZ für die Bundesrepublik Deutschland vom 23. Mai 1949.

GRUNDKE, P.: Interaktionserziehung in der Schule. Modell eines therapeutischen Unterrichts. Juventa Verlag München, 1975.

HARTFIEL, G. (HRSG.): Emanzipation. Opladen, 1975.

KASPER, H./PIECHORWOSKI, A. (Hrsg.): Offener Unterricht an Grundschulen. Berichte englischer Lehrer. Ulm, Vaas-Verlag, 1978.

LANGE, O.: Vorbereitende Übungen zum Problemlösen mit abgestuften Vorgaben von Problemen und Methoden. In: LANGE, O. (Hrsg.): Problemlösender Unterricht und selbständiges Arbeiten von Schülern. ZpB. Oldenburg, 1983, (Materialien), S. 23 ff.

LEONT'EV, A.: Tätigkeit, Bewußtsein, Persönlichkeit (Aus demRuss.) Stuttgart, Klett, 1977 (Klett Psychologie, Theorie).

LEWIS, M./ROSENBLUM, L.A. (edit.): The Effect of the Infant o its Caregiver. New York, London etc. Wiley, 1974.

LÜER, G.: Gesetzmäßige Denkabläufe beim Problemlösen. Ein empirischer Beitrag für eine psychologische Theorie der Entwicklung des Denkens. Beltz, Weinheim/Basel, 1973.

MAURER, F.: Kindliche Sprachstörungen als Beziehungsstörungen. In: Wege zum Menschen (35) 1983, S. 258-274.

METZGER, W.: Psychologie. Die Entwicklung ihrer Grundannahmen seit der Einführung des Experiments. 8. unver. Aufl. Vgl. Steinkopf. Darmstadt, 1963 (Wissenschaftliche Forschungsberichte, Naturwissenschaftliche Reihe, Bd. 52 Psychologie.

MENDEL, G.: Plädoyer für die Entkolonisierung des Kindes. Soziopsychoanalyse der Autorität. Freiburg i. Br.: Walter-Vlg., Olten 1973.

NEBER, H. (Hrsg.): Entdeckendes Lernen. 3. völlig überarb. Aufl. Weinheim/Basel: Beltz, 1981.

Ders.: Neuere Entwicklungen zum entdeckenden Lernen. In: NEBER (Hrsg.): Entdeckendes Lernen. 3. völlig überarb. Aufl. Weinheim/Basel: Beltz 1981, S. 45 ff.

PIAGET, J.: Von der Logik des Kindes zur Logik des Heranwachsenden. Essay über die Ausformung der formalen operativen Strukturen. Stuttgart. Klett-Cotta, 1980.

PLOWDEN-Report: Children and their Primary Schools. London, HMSO, 1966, Vol. 1.

SEHRBROCK. P.: Die Lerngeschichte eines Lehrers, oder Gedanken über Offene Strukturen und Projektarbeit an der Grundstufe der Sonderschule für Lernbehinderte. In: Sonderschule in Niedersachsen 4/81.

Ders.: Yüksel oder der Ramadan. Überlegungen zu und Erfahrungsmomente aus der Arbeit mit türkischen Kindern an der Grundstufe einer Lernbehindertenschule. In: Sonderschule in Niedersachsen 4/82.

Ders., unter Mitarbeit von HEISSIG, P.: Offener Unterricht in einer Klasse 1 + 2 an einer Sonderschule für Lernbehinderte. Video-Aufnahmen, 40 min. 1983.

Ders.: Uwe und das Boot. Gedanken über "Erziehung", "Bildung", "Therapie" (sprach)behinderter Kinder im Zusammenhang mit dem didaktischen Modell des "Offenen Unterrichts". In: Der Sprachheilpädagoge 2/84a.

Ders. (Hrsg.): Selbstbestimmtes Lernen. Das Beispiel Projekt 19. ZpB. Oldenburg 1984 b (Materialien).

WILDE, G. Förderung der Selbständigkeit durch entdeckendes Lernen und problemlösenden Unterricht. Eine Einführung. In: LANGE, O. (Hrsg.): Problemlösender Unterricht und selbständiges Arbeiten von Schüler. ZpB. Oldenburg 1982 (Materialien), S. 11 ff.

VI

GERHARD W. LAUTH

Ein Mediatorenprogramm zur Verminderung sozialer Isolierung in der Schule

1. Theoretischer Bezugsrahmen

Wir wollen hier über eine Intervention zur Verminderung sozialer Isolierung in der Schule berichten, die im Rahmen einer Diplomarbeit konzipiert und erprobt wurde. Angefertigt wurde diese Diplomarbeit von Studenten der Pädagogik, sie wurde gemeinsam mit Herrn Professor Dr. FOOKEN betreut. Sowohl in der Themenwahl als auch in der Betreuung manifestiert sich eine Interdisziplinarität, die gleichzeitig ein Beleg für den lebhaften Austausch zwischen Pädagogik und Psychologie ist.

Im nachfolgenden gehen wir zunächst auf das Konzept der sozialen Isolierung ein, wie es in der vorliegenden Arbeit verwendet wurde. Sodann wird die Bedeutung der sozialen Isolierung bei Schülern dargelegt und im dritten Schritt werden die Intervention sowie ihre Ergebnisse geschildert.

1.1 Zum Begriff soziale Isolierung

Das Problem der sozialen Isolierung, mangelnder sozialer Kontakte oder Einsamkeit findet in den letzten Jahren zunehmende Beachtung (THOMAS 1984, LAUTH u. VIEBAHN 1987, PEPLAU u. PERLMAN 1982). Die Gründe dafür liegen einerseits in gesamtgesellschaftlichen Bewegungen, die dazu führten, daß ganze Gruppen von Personen marginal zu werden drohten (etwa Arbeitslose, alte Menschen), aber auch darin, daß sich die Psychologie zunehmend alltagsnäheren und komplexeren Problemen zugewandt hat.

Im Verlaufe der Auseinandersetzung mit der sozialen Randsituation von Personen sind erste praktikable Konzepte zur "sozialen Isolierung" entstanden, die die Bedingungen und Folgen sozialer Isolierung innerhalb eines Gesamtkonstruktus erfassen (LAUTH u. VIEBAHN 1987): In einer kognitionspsychologischen Sichtweise wird soziale Isolierung als negatives Erleben definiert, das eine Person angesichts ihrer unzureichenden Sozialkontakte empfindet. Dieses Erleben resultiert aus der Einschätzung, daß persönlich wichtige soziale Bedürfnisse nicht befriedigt sind. Soziale Isolierung ist damit eine wertende Einschätzung der Person: Ihre gegenwärtigen sozialen Beziehungen (Ist-Lage) entsprechen nicht ihren sozialen Wünschen im Hinblick auf soziale Nähe (Soll-Lage). Grundlegend für soziale Isolierung ist also eine Ist-Soll-Diskrepanz im sozialen Bereich.

Die soziale Isolierung ist das Ergebnis vielfältiger Vorausbedingungen. Dabei kann unterschieden werden zwischen distalen (z. B. individuelle Ressourcen, Grundprinzipien der Gesellschaft, gruppenbezogene Faktoren) und proximalen Vorausbedingungen, die spezifischer mit der Entstehung sozialer Isolierung verknüpft sind. Im einzelnen können die nachstehenden Faktoren an der Entstehung sozialer Isolierung beteiligt sein:

- Interne Faktoren der Person (z. B. Schüchternheit, mangelnde Fertigkeiten, mangelnde soziale Kenntnisse).
- Externe Erfahrungen der Person (z. B. Scheidung, Verlust von Bezugspersonen, Wohnortwechsel).
- Materiell-ökologische Situation (z. B. Wohnumwelt, Gestaltung von Schulen).
- Gruppenspezifische Faktoren (z. B. Stigmatisierung, Abweichung von normativen Standards).

Die soziale Isolierung hat naheliegende (proximale) Konsequenzen für die Gefühle (z. B. Einsamkeitserleben), Kognitionen (z. B. negatives Selbstbild, negative Selbstkommunikation) und das Verhalten (z. B. verminderte soziale Aktivität, verstärkte Fertigkeitsdefizite). Ihre Folgen sind vielfältig und hängen ganz besonders davon ab, wie sich der Betroffene die unbefriedigende soziale Situation erklärt. YOUNG (1982) hat 12 verschiedene Erlebensmuster unterschieden (z. B. Traurigkeit, Langeweile, sozialer Rückzug, Depressivität), die jeweils mit typischen Überlegungen der Person in Verbindung stehen.

Offensichtlich ist es nützlich, die soziale Isolierung als einen zeitlichen Prozeß zu sehen, so daß neben proximalen Konsequenzen auch langfristige (distale) Folgen entstehen (vgl. Abb. 1, nächste Seite). Als kurzfristige Folgen der sozialen Isolierung finden sich Einsamkeitserlebnisse, Langeweile und Selbstzweifel; als langfristige Folgen sozialer Isolierung (10 Jahre und mehr) Verfestigungen des Erlebens (z. B. Depressivität), der Kognitionen (z. B. Entfremdung) und des Verhaltens (z.B. verminderte Handlungsbereitschaft).

1.2 Soziale Isolierung bei Schülern

Bei etwa 8 % der Schüler wird eine starke soziale Isolierung nachgewiesen. So ergab eine direkte Befragung von Kindern auf nationaler amerikanischer Ebene (Foundation for child development 1978), daß sich 8 % sehr einsam fühlten. In einer älteren soziometrischen Untersuchung von amerikanischen wurden 6 % der befragten Dritt- und Sechstklässlern (GRONLUND 1959) von keinem ihrer Mitschüler gewählt und weitere 12 % von nur einem Mitschüler, 18 % der Schüler können demnach als sozial wenig integriert gelten. Bei bereits psychisch auffälligen Schülern ist der Anteil sozial isolierter Personen weit größer: GREHSAM (1981) berichtet, daß 15 % der Kinder, die Schulpsychologen vorgestellt wurden, von Isolierung betroffen sind. Insgesamt deuten die vorliegenden Untersuchungen daraufhin, daß die soziale Isolierung - im wesentlichen durch die geringe Beliebtheit bei den Mitschülern definierbar (vgl. Halford 1983) - weniger durch ihre allgemeine Verbreitung als vielmehr

Abb. 1

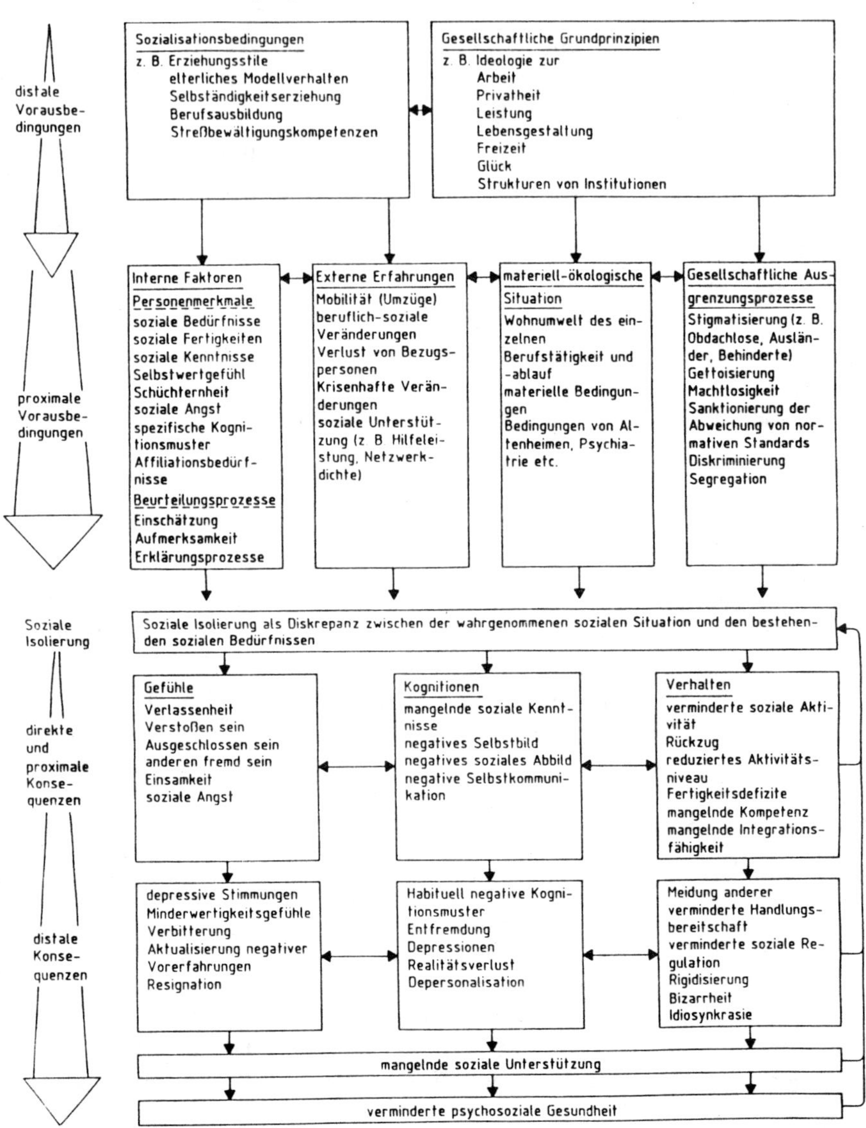
Vorausbedingungen und Konsequenzen sozialer Isolierung
distale Vorausbedingungen
Sozialisationsbedingungen
z. B. Erziehungsstile
elterliches Modellverhalten
Selbständigkeitserziehung
Berufsausbildung
Streßbewältigungskompetenzen
Gesellschaftliche Grundprinzipien
z. B. Ideologie zur
Arbeit
Privatheit
Leistung
Lebensgestaltung
Freizeit
Glück
Strukturen von Institutionen
proximale Vorausbedingungen
Interne Faktoren
Personenmerkmale
soziale Bedürfnisse
soziale Fertigkeiten
soziale Kenntnisse
Selbstwertgefühl
Schüchternheit
soziale Angst
spezifische Kognitionsmuster
Affiliationsbedürfnisse
Beurteilungsprozesse
Einschätzung
Aufmerksamkeit
Erklärungsprozesse
Externe Erfahrungen
Mobilität (Umzüge)
beruflich-soziale Veränderungen
Verlust von Bezugspersonen
Krisenhafte Veränderungen
soziale Unterstützung (z. B. Hilfeleistung, Netzwerkdichte)
materiell-ökologische Situation
Wohnumwelt des einzelnen
Berufstätigkeit und -ablauf
materielle Bedingungen
Bedingungen von Altenheimen, Psychiatrie etc.
Gesellschaftliche Ausgrenzungsprozesse
Stigmatisierung (z. B. Obdachlose, Ausländer, Behinderte)
Gettoisierung
Machtlosigkeit
Sanktionierung der Abweichung von normativen Standards
Diskriminierung
Segregation
Soziale Isolierung
Soziale Isolierung als Diskrepanz zwischen der wahrgenommenen sozialen Situation und den bestehenden sozialen Bedürfnissen
direkte und proximale Konsequenzen
Gefühle
Verlassenheit
Verstoßen sein
Ausgeschlossen sein
anderen fremd sein
Einsamkeit
soziale Angst
Kognitionen
mangelnde soziale Kenntnisse
negatives Selbstbild
negatives soziales Abbild
negative Selbstkommunikation
Verhalten
verminderte soziale Aktivität
Rückzug
reduziertes Aktivitätsniveau
Fertigkeitsdefizite
mangelnde Kompetenz
mangelnde Integrationsfähigkeit
distale Konsequenzen
depressive Stimmungen
Minderwertigkeitsgefühle
Verbitterung
Aktualisierung negativer Vorerfahrungen
Resignation
Habituell negative Kognitionsmuster
Entfremdung
Depressionen
Realitätsverlust
Depersonalisation
Meidung anderer
verminderte Handlungsbereitschaft
verminderte soziale Regulation
Rigidisierung
Bizarrheit
Idiosynkrasie
mangelnde soziale Unterstützung
verminderte psychosoziale Gesundheit

durch ihre weiteren negativen Begleiterscheinungen kritisch ist (VIEBAHN 1987, S. 2). Solche weiteren Begleiterscheinungen der sozialen Isolierung sind:

1) Einzelne psychische Belastungen (z. B. mangelnde Ausdrucksfähigkeit von Gefühlen, mangelnder Erwerb moralischer Werte);

2) Beeinträchtigungen in verschiedenen komplexeren Lebensbereichen (z. B. Abbruch des Schulbesuches; Ausschluß von entwicklungsfördernden Aktivitäten - Cliquen etc.)

3) eine sich verstärkende soziale Randständigkeit (z. B. Straffälligkeit, psychiatrische Behandlung).

Längsschnittstudien zeigen zudem auch, daß eine bestehende soziale Isolierung verhältnismäßig stabil ist (STRAIN et al. 1981, HALFORD 1983). Die Gründe dafür können einerseits in ungünstigen Verhaltensvoraussetzungen der Isolierten andererseits in ihrer zunehmenden Ausgrenzung von sozial wichtigen Aktivitäten liegen. Da soziale Isolierung häufig zusammen mit weiteren psychischen Beeinträchtigungen auftritt, ist es schwer, soziale Isolierung als *Ursache* für weitere Störungen zu bezeichnen. Dennoch dürfte die soziale Isolierung in vielen Fällen ein wichtiger Ausgangspunkt weiterer Störungen sein. Sie erhöht offensichtlich die Anfälligkeit des Kindes für weitere Beeinträchtigungen (sogenannte Vulnerabilität). Diese Überlegung steht im Einklang mit dem Konstrukt der sozialen Isolierung (Kapitel 1.1), das als distale Konsequenzen sozialer Isolierung eine Chronifizierung und eine Verschärfung der sozialen Marginalität postuliert.

2. Das Mediatorenprogramm

Mediatorenkonzepte haben im Bereich der Verhaltensstörungen von Kindern vielfältige Anwendung gefunden. Zumeist wird Eltern oder Erziehern verhaltenstheoretisches Wissen und Interaktionskompetenz vermittelt, die sie befähigen, die Verhaltensstörungen des Kindes als Zielperson zu vermindern. Die Besonderheit des Mediatorenkonzeptes besteht darin, daß der Berater nicht direkt mit dem Kind arbeitet. Der Interventionsprozeß wird vielmehr um den Mediator erweitert; er erwirbt änderungsrelevantes Wissen, das er in der natürlichen Lebensumwelt des Kindes umsetzt. Solche Programme setzen auch Kinder als Mediatoren ein. Bei ihnen ergibt sich oft noch der Vorteil, daß sie vom Mediatorenprogramm profitieren und sie sich durch die Intervention selbst weiterentwickeln.

Mediatorenprogramme haben den Vorteil, daß die Intervention in der natürlichen Umwelt der Zielpersonen stattfindet und sich die Interventionsmöglichkeit eines Beraters vervielfältigt. Mediatorenprogramme im Bereich sozialer Isolierung wurden bereits von RAGLAND et al. (1981), BOGAT et al. (1980) sowie STRAIN et al. (1976) mit zum Teil überraschend guten Ergebnissen durchgeführt.

2.1 Konzeption des Mediatorenprogrammes

Das Mediatorenprogramm setzt an den internen Faktoren der sozialen Isolierung (vgl. Abb. 1) sowie an seinen proximalen Konsequenzen an. Es geht davon aus, daß soziale Isolierung in der Schule maßgeblich auf mangelnde soziale Fertigkeiten, Blockierungen und Verhaltenskompetenzen (z. B. durch Angst, erlernte Hilflosigkeit) sowie auf Etikettierungs- und Stigmatisierungsprozesse von seiten der sozialen Umwelt zurückgeht.

Das Mediatorentraining gilt, einzelnen Schülern einer Klasse eine spezifische Ausbildung als Mediator. Dadurch soll die soziale Situation isolierter Schüler in der Gesamtklasse verbessert werden. Die Ergebnisse des Trainings einzelner Mediatoren werden an anderen Schülern, die die Zielpersonen der Intervention sind, erfaßt (vgl. Abb. 2,).

Die Inhalte des Mediatorentrainings werden aus nachfol-gender tabellarischer Übersicht und der sich daran anschließenden ausführlicheren Darstellung deutlich.

1. Sitzung

Einführung

- Darstellung des Mediatorenprogrammes und seiner Ziele
- Rollenspiel zum Kennenlernen
- Einführung in die Problematik sozialer Isolierung anhand von Textauszügen
- Hausaufgaben: Beobachtung von sozial isoliertem Verhalten im Schulalltag

2. Sitzung

Bewußtmachen und Erkennen sozialer Isolierung

- Zusammenfassung der 1. Sitzung
- Besprechung der Hausaufgaben: Beispielsituation zu sozial isoliertem Verhalten
- begriffliche Kategorisierung sozialer Isolierung
- Diskrimination von Verhaltensweisen sozial isolierter bzw. integrierter Schüler

3. Sitzung

Lernen, Interaktionen genauer wahrzunehmen

- Wiederholung der 2. Sitzung
- Filmdemonstration typischen Verhaltens bei sozialer Isolierung
- Beobachtung des Filmverhaltens nach vorgegebenen Kriterien

4. Sitzung

Lernen, das Verhalten eines sozial Isolierten in Abhängigkeit von seiner sozialen Umwelt zu sehen

- Zusammenfassung der 3. Sitzung

- Reaktionsweisen der sozialen Umwelt bei sozialer Isolierung, Filmdemonstration
- Sammlung von positiven und negativen Verhaltensweisen gegenüber sozial Isolierten
- Einübung in Rollenspiele

5. Sitzung

Lernen, auf sozial Isolierte in angemessener Weise einzugehen

- Zusammenfassung der 4. Sitzung
- Einüben der angemessenen Verhaltensweisen im Rollenspiel
- Videofeedback zur Verhaltenseinübung
- Diskrimination positiver und weniger positiver Beeinflussungen von sozialer Isolierung

6. Sitzung

Lernen, zwischen sozial Isolierten und ihren Mitschülern in angemessener Weise zu vermitteln

- Zusammenfassung der 5. Sitzung
- Ableitung von angemssenen Problemlösungen bei sozialer Isolierung
- Einübung dieser Problemlösungen im Rollenspiel
- Videofeedback zu den Rollenspielen

Erste Sitzung

Die erste Sitzung dient der Einführung; die Schüler werden über die Ziele, die Konzeption und den Ablauf des geplanten Mediatorenprogrammes informiert. Ihre Funktion als Mediator wird anhand von Beispielen aus dem Schulalltag verdeutlicht. Der Ablauf und die Inhalte der ersten Sitzung werden erläutert.

Da sich die Mediatorengruppen aus Schülern von zwei verschiedenen Klassen zusammensetzt wird ein Rollenspiel durchgeführt, in dem sich die einzelnen Schüler kennenlernen können.

Die Demonstration typischer Verhaltensweisen und Probleme eines sozial isolierten Kindes in verschiedenen Situationen stellen den nächsten Programmschritt dar. Dazu bearbeiten die Mediatoren einen Text, der den mangelnden Kontakt eines Kindes zu Gleichaltrigen anschaulich schildert und der auf eine schulspezifische Situation bezogen ist. Ein zweiter Text behandelt die Probleme eines schüchternen Mädchens und die daraus resultierenden Gefühle des "Anders-Seins" und der Einsamkeit. Diese beiden Texte werden mit dem Ziel besprochen, herauszuarbeiten was soziale Isolierung ist und wie sie sich auswirkt. Der zweite Text soll den Schülern zeigen, daß soziale Isolierung mit typischen Gedanken und Gefühlen verbunden ist, die wiederum entscheidend das Verhalten bestimmen.

Als Hausaufgaben sollen die Schüler das Verhalten der Mitschüler, die sie als sozial isoliert einschätzen, in verschiedenen Situation beobachten und näher beschreiben.

Zweite Sitzung

Die zweite Sitzung hat das Bewußtmachen und das Erkennen von Verhaltensweisen sozial Isolierter zum Thema. Diese Sitzung beginnt mit Verhaltensbeobachtungen und -beschreibungen. Problemereignisse bezüglich sozial isolierter Mitschüler werden dargestellt und beschrieben. Dazu werden zunächst die Hausaufgaben der letzten Sitzung besprochen. Dabei trägt jeder einzelne Schüler Beispielsituationen vor, die er beobachtet hat. Primär werden Pausensituationen geschildert, in denen sozial isolierte allein auf dem Schulhof stehen und sich nicht am Gruppengeschehen beteiligen. Ihre charakteristischen Vehaltensmerkmale werden als ruhig, langweilig und ängstlich beschrieben.

Um ein besseres Verständnis für das Verhalten dieser Person zu erreichen, werden die Mediatoren gebeten, sich charakteristische Verhaltensweisen von sozial isolierten Pesonen bewußt zu machen. Anhand der Textauszüge der ersten

Sitzung und ihrer Sammlung der Beispielsituationen stellen die Mediatoren typischen Verhaltensweisen von sozial Isolierten zusammen. Die Mediatoren sollen die Beziehung zwischen dem geäußerten Verhalten und dem Beliebtheitsgrad ihrer Mitschüler erkennen. Dazu stellen sie die Verhaltensweisen von Außenseitern und integrierten Schülern in einer Tabelle einander gegenüber. Zudem benennen sie Verhaltensweisen, die sie selbst an anderen Personen schätzen. Ziel dieser Verhaltensauflistung ist es, *charakteristische Verhaltensweisen* für beliebte und isolierte Schüler zu benennen, ferner sollen die Mediatoren verhaltensorientierte Ziele für die Intervention erkennen.

Dritte Sitzung

Die dritte Sitzung hat die Wahrnehmung von Interaktionen zum Inhalt. Die Mediatoren haben in den bisherigen Sitzungen gelernt, Verhaltensweisen sozial isolierter Personen zu erkennen und deren typische Verhaltensweisen zu erkennen. Darauf aufbauend steht im Mittelpunkt der dritten Sitzung die Wahrnehmung und die differenzierte Beobachtung von Interaktionen. Dazu wird den Trainingsteilnehmern ein Film vorgespielt, der die typische Situation eines sozial isolierten Schülers darstellt. Der Film (PFAHL 1981; Dauer 45 Minuten) zeigt die Probleme eines 15jährigen Jungen, der innerhalb seiner Klasse isoliert ist und nicht die gewünschte Anerkennung durch seine Mitschüler erhält. Dies wird in Situationen aus dem schulischen und außerschulischen Bereich demonstriert. Die Mediatoren erhalten die Instruktion, den Film auf bestimmte Verhaltensweisen hin zu betrachten. Diese Anweisung soll ein zielgerichtetes Beobachten der typischen Verhaltensweisen bei sozialer Isolierung ermöglichen. Dem zufolge analysieren die Mediatoren das Filmverhalten nach den folgenden Kriterien:

1. "Wie verhält sich der sozial isolierte Schüler?"
2. "Wie verhalten sich die Mitschüler - d. h. reagieren sie auf sein Verhalten?"

3. "Gibt es einen Zusammenhang zwischen dem Verhalten des Außenseiters und dem der Mitschüler? Wenn ja, so versucht, diesen Zusammenhang so genau wie möglich zu erfassen und zu beobachten."

4. "Hat sich das Verhalten des Außenseiters im Verlaufe der Filmhandlung verändert?"

5. "Hat sich das Verhalten der Mitschüler im Verlaufe der Filmhandlung verändert?"

Die Beobachtungen innerhalb dieser 5 Kategorien werden diskutiert. Dabei wird herausgearbeitet, daß es wichtig ist, Interaktionen genau wahrzunehmen.

Vierte Sitzung

Anknüpfend an die vorangegangene Sitzung, in der die genaue Wahrnehmung von sozial isolierendem bzw. sozial förderlichem Verhalten im Mittelpunkt stand, besteht das Ziel dieser Sitzung darin, Interaktionsmuster von zwei oder mehreren Personen zu erkennen. Dazu werden erneut ausgewählte Passagen des Filmes gezeigt. Es handelt sich um Filmpassagen, in denen das Verhalten der sozialen Umwelt die soziale Isolierung fördert bzw. vermindert. Die Mediatoren sollen diese Filmpassagen unter den Kriterien analysieren:

1. "Welches Verhalten der Mitschüler verstärkt die Zurückgezogenheit des Außenseiters?"

2. "Durch welche Verhaltensweisen der Mitschüler verändert sich der sozial Isolierte in seinem Verhalten?"

Anschließend werden die Mediatoren gebeten, sich in die Rolle des sozial Isolierten zu versetzen und zu berichten, wie sie sich bei verschiedenen Verhaltensweisen der sozialen Umwelt fühlen würden. Im Anschluß an diese Empathieübung werden Verhaltensweisen zusammengestellt, die sich positiv bzw. negativ auf die soziale Isolierung auswirken. Diese Verhaltensweisen werden schriftlich festgehalten.

Fünfte Sitzung

Die Mediatoren sollen in dieser Sitzung lernen, auf sozial Isolierte in angemessener Weise zuzugehen. Dazu üben sie mit Hilfe von Rollenspielen förderliches Verhalten ein. Die schriftliche Aufzeichnung der günstigen bzw. ungünstigen Verhaltensweisen gegenüber sozialer Isolierung aus der vierten Sitzung werden dazu nochmals besprochen und ergänzt. Anschließend setzen die Mediatoren die förderlichen Verhaltensweisen im Rollenspiel um. Sie sollen dabei eine Möglichkeit entwickeln, einen Isolierten, der von den Mitschülern nicht beachtet wird, in ihre Aktivitäten mit einzubeziehen. Die Mediatoren entwickeln diese Verhaltensweisen in Kleingruppen und setzen die gefundenen Lösungen in anschließenden Rollenspielen um. Die Rollenspiele werden auf Videoband aufgezeichnet. Beim Feedback werden die Mediatoren angehalten, besonders auf positive bzw. negative Verhaltensweisen der Rollenspieler, die den Außenseiter zu integrieren versuchen, zu achten. Dadurch soll erreicht werden, daß günstige Verhaltensweisen verstärkt und weniger förderliche Verhaltensweisen gegenüber sozialer Isolierung korrigiert werden. Bei negativem Feedback werden Vorschläge für ein günstigeres Verhalten gesammelt und in einem erneuten Rollenspiel realisiert. Die Rollenspiele werden so oft durchgeführt, bis jeder Mediator einmal den Rollenpart desjenigen einnimmt, der sozial Isolierte zu integrieren versucht. Auf diese Weise werden zwei isolierungsrelevante Problemsituationen behandelt.

Sechste Sitzung

Den Mediatoren wird erklärt, daß es in dieser Sitzung darum geht, im Rollenspiel die Funktion eines Vermittlers zwischen sozial Isolierten und anderen Mitschülern zu übernehmen. Sie werden aufgefordert Verhaltensweisen zu nennen, die dafür geeignet sind. Zu vorgegebenen Problemsituationen werden zunächst solche Vermittlungsmöglichkeiten in Kleingruppen zusammengetragen und dann im Rollenspiel erprobt. Beim Feedback wird besonders auf die Rollenspieler geachtet, die Vermittlungsversuche vornehmen; günstiges bzw. weniger günstiges Verhalten wird unterschieden und diskutiert. Bei negativem Feedback werden günstigere Lösungen abgeleitet. Das Rollenspiel wird mit vertauschten Rollen sooft wiederholt, bis jeder Mediatoren einmal "Vermittler" war. Auf diese Weise werden erneut zwei Rollenspielsituationen behandelt.

Letztlich werden die Mediatoren aufgefordert, die erlernten Fähigkeiten in ihrem sozialen Umfeld - vor allem in ihrer Klasse - umzusetzen.

2.2 Durchführung des Mediatorentrainings

Das Mediatorentraining wurde über 6 Wochen mit 8 bis 15 Mediatoren aus 2 Schulklassen durchgeführt (vgl. Abb. 2, nächste Seite). Es fanden 6 Sitzungen mit je 90 Minuten Dauer statt. Das Mediatorentraining erfolgte während der Schulzeit im Klassenraum.

Versuchspersonen

Aufgrund der problematischen pubertären Entwicklungsphasen wurden als Versuchspersonen insgesamt 60 12- bis 15jährigen Hauptschüler aus drei Schulklassen ausgewählt. Die Intelligenz der teilnehmenden Schüler schwankte zwischen IQ 70 und 134 (x = IQ 101).

Versuchsgruppen

Die Schüler wurden in zwei Experimentalgruppen, in der 8 bis 15 Schüler am dargelegten Mediatorenprogramm teilnahmen, und einer Kontrollgruppe, in der lediglich die unten beschriebenen Daten erhoben wurden, untersucht. Die Experimentalgruppe bestand aus insgesamt 49 Schüler aus zwei Schulklassen, die Kontrollgruppe umfaßte 21 Schüler, die denen der Experimentalgruppen ähnlich waren.

Abbildung 2: Versuchsplan und Ablauf des Mediatorenprogrammes

	Datenerhebung zu Beginn der Intervention	Intervention	Datenerhebung 6 Wochen nach Beendigung der Intervention	Zielpersonen
Kontrollgruppe	UCLA-Einsamkeits-erleben		UCLA-Einsamkeits-erleben	Effektkontrolle an 21 Schülern
Experimental-gruppe 1	Lehrereinschatzung der sozialen Situation	Mediatorentraining mit 8 bis 15 Schülern; Dauer 6 Wochen;	Lehrereinschatzung d. sozialen Situation	Effektkontrolle an 22 Schülern
Experimental-gruppe 2	Soziogramm	6 Sitzungen; Sitzungsdauer 90 Minuten	Soziogramm	Effektkontrolle an 27 Schülern

Datenerhebung

Die Ergebnisse dieser Intervention wurden über Datenerhebungen zu Beginn und sechs Wochen nach dem Ende des Mediatorenprogramms erfaßt. Dabei wurden die Schüler jeweils anhand der UCLA-Scala nach ihrem Einsamkeitserleben gefragt (RUSSELL et al. 1978, 1982). Die Kurzform dieser UCLA-Scala wurde den Lehrern vorgelegt, um deren (Fremd-)Einschätzung der sozialen Situation der Schüler zu erfassen. Ferner wurde mit den Gesamtklassen vor Beginn und am Ende der Intervention ein Sozioprogramm durchgeführt.

3. Ergebnisse des Mediatorentrainings

Das geschilderte Mediatorentraining wurde in seinem Effekt an allen Schülern den Klassen aus denen Mediatoren gewonnen worden waren, kontrolliert. Dieser Effekt wurde mit einer Kontrollklasse ohne Mediatoren verglichen. Erfaßt wurde die subjektive Einschätzung der eignen Einsamkeit durch die Schüler, die Einschätzung des Lehrers in Bezug auf die soziale Situation der Schüler sowie die Veränderung von Beliebtheitswerten bzw. Ablehnungsgraden eines Schülers im Soziogramm.

Das subjektive Einsamkeitserleben verringert sich in einer der Versuchsklassen signifikant. Zu Beginn des Mediatorentrainings wird in dieser Klasse ein mittlerer Einsamkeitswert von 40.6, sechs Wochen nach dem Mediatorentraining wird ein Wert von 36.1 ermittelt. Im t-Test für abhängige Messungen ist diese Verringerung des Einsamkeitserlebens signifikant ($t = 3.2$ $p < 00.1$). In der zweiten Versuchsklasse wird dagegen keine Verringerung des Einsamkeitserlebens festgestellt ($x = 34.6$ bzw. 33.3, $t = 1.3$); aber auch in der Kontrollklasse verringert sich das Einsamkeitserleben ($x = 38.6$ bzw. 35.8, $t = 2.8$, $p < 0.05$). Die Einschätzungen der Lehrer belegen, daß sie keine Veränderung der sozialen Situation ihrer Schüler infolge des Mediatorentrainings sehen. In einer

Versuchklasse tritt nach ihrer Einschätzung sogar eine Verschlechterung ein ($x = 8.1$ bzw. 9.6, $t = 3.2$, $p < 0.01$) Die Lehrer sehen diese Verschlechterung ausgerechnet in der Klasse, die sich in ihren eigenen Angaben zum Einsamkeitserleben während der Intervention signifikant verbessert!

Ergiebiger scheint der Vergleich der soziometrischen Wahlen vor und nach dem Mediatorentraining: Hier verringert sich in den Versuchsklassen die Zahl der Ablehnungen, die Schüler erfahren, in sehr deutlicher Weise (Versuchsklasse 1: durchschnittlich 3.2 bzw. 1.8; Versuchsklasse 2: durchschnittlich 3.9 bzw. 2.0). Erfreulicherweise erhalten Schüler, die zu Beginn der Intervention viele Ablehnungen durch ihre Mitschüler erfuhren, am Ende nur noch wenige Abweisungen. Ein Schüler z. B. erhielt vor der Intervention 13 Ablehnungen und am Ende noch fünf; ein anderer wurde zuerst von 19 Schülern abgelehnt und nach der Intervention noch von acht. In der Kontrollklasse ergeben sich in diesen soziometrischen Wahlen keinerlei Veränderungen (Durchschnitt 3.9 bzw. 4.0). Hier erhält ein unbeliebter Schüler beispielsweise zuerst acht und später 13 Ablehnungen.

Was ist von diesen zum Teil widersprüchlichen Ergebnissen zu halten? Trotz ihres Charakters als Pilotstudie können aus der Untersuchung einige erste Schlüsse gezogen werden:

- Das Einsamkeitserleben, wie es in der UCLA-Loneliness-Scala erfaßt wurde, ändert sich nicht infolge der Interventionen. Möglicherweise ist das Einsamkeitserleben bei Schülern wenig stabil und schwankt in Abhängigkeit von situativen Momenten (z. B. eigenes Befinden, außerschulische Begebenheiten, Stimmung in der Klasse). Folglich wird auch eine Verringerung des Einsamkeitserlebens in der Kontrollklasse, in der ja keine Versuche zu ihrer Verringerung unternommen wurden, festgestellt.

- Die positiven Wahlen im Sozioprogramm verändern sich nicht infolge des Mediatorenprogrammes. Jedoch verringern sich nur in den Versuchsklassen - und hier ziemlich eindeutig - die Ablehnungen, die die Schüler von ihren

Mitschülern erfahren. Mit anderen Worten führt das Mediatorenprogramm zwar nicht dazu, daß unbeliebte Schüler nun plötzlich beliebt werden, aber sie werden nicht mehr zurückgewiesen. Sie erhalten damit die Möglichkeit an Aktivitäten teilzunehmen. Die Nicht-Ablehnung könnte damit eine Zwischenstufe zur positiven Wahl und zur weiteren Integration gerade der unbeliebten Schüler sein.

4. Schluß

Das vorgestellte Mediatorentraining kann über den engeren Rahmen der sozialen Isolierung hinaus in einer erweiterten sozialökologischen Perspektive betrachtet werden. Dabei würde sich die Frage stellen, ob es zu mehr nütze ist als soziale Isolierung zu vermindern und welchen Stellenwerte es gegebenenfalls im Schulalltag haben könnte. Diese Fragen sind am besten anhand der Arbeiten von BRONFENBRENNER (1981) zu beantworten. BRONFENBRENNER hat aus der Erkenntnis, daß Schule oft alltagsferne und vergleichsweise wenig soziale Inhalte und Lernformen vertritt, einen "Lehrplan für menschliche Anteilnahme". gefordert. Danach sollten Schulen mit freiwilligen Sozialhelfern der Gemeinde zusammenarbeiten und in der Nähe sozialer Einrichtungen (z. B. Tageshorte) angesiedelt sein. Er erwartet dadurch strukturelle Veränderungen der "Sozialisationsinstanz Schule", die sich in einer größeren Lebensnähe und im Aufgreifen sozialer Probleme äußern würde. Die derzeitige Idee, was ein Schullehrplan enthalten und wie Schule organisiert sein sollte, würde innerhalb eines derartigen Lehrplans für soziale Anteilnahme verändert; gleichzeitig würden die Kinder soziale Kompetenzen und menschliches Verständnis erwerben. BRONFENBRENNER denkt auch daran, durch das Eingehen von Partnerschaften der Schulen mit Altersheimen oder Krankenhäusern sozial erwünschte, verantwortungsvolle Tätigkeiten schulübergreifend zu fördern. Solche Partnerschaften könnten relativ einfach initiiert werden und positive Auswirkungen auf das Sozialverhalten aller beteiligten Partner haben.

Das hier verwirklichte Mediatorenprogramm kann in diesem Zusammenhang als eine Maßnahme gesehen werden, die Schüler zur Übernahme sozialer Verantwortung anhält. Damit mag es ein Element im "Lehrplan für soziale Anteilnahme" sein.

Das hier verwirklichte Mediatorentraining hat sehr konkrete und erfreuliche Auswirkungen auf die soziometrischen Wahlen der Schüler. Insbesondere den Außenseitern der Klasse wird infolge der Intervention mit größerer Toleranz begegnet. Die Arbeit mit vergleichsweise wenigen (den Mediatoren) kann eine allgemeinere Klimaveränderung in der Klasse mit sich bringen. Dies wäre ein Plädoyer dafür, das positive Potential der Mitschüler stärker zu nutzen und im Schulalltag zu institutionalisieren. Beispiele dafür könnten sein: die Einrichtung von Beratungsstellen für Schüler, die von Mitschülern getragen werden, sowie die Übernahme von Patenschaften einzelner Schüler bzw. Schulklassen für sozialmarginale Personen oder Personengruppen.

Literatur

BOGAT, G.A. JONES, J. W. u. LEONHARD, A. J.: School transitions: preventive intervention following an elementary school closing. Journal of Community Psychology, 1980, 8, 343-352.

BRONFENBRENNER, U.: Die Ökologie der menschlichen Entwicklung. Stuttgart: Klett-Cotta, 1981.

GRESHAM, F. M.: Assessment of children's social skills. Journal of School Psychology, 1981, 19, 120-133.

GRONLUND, N. E.: Sociometry in the classroom. New York: Harper 1959.

HALFORD, W. K.: Teaching rational self-talk to help socially isolated children and youth. In: ELLIS, A. & BERNARD, M. E. (Hrsg.): Rational emotive approaches to the problem of childhood. New York: Plemum, 1983, 241-270.

Foundation for Child Development: National survey of children: summary of preliminary results. New York: Foundation for Child Development 1978.

LAUTH, G. W. u. VIEBAHN, P. (Hrsg.): Menschen in sozialer Isolierung. München: Urban & Schwarzenberg, 1987, in Druck.

PEPLAU, L. A. u. PERLMAN, D. (Hrsg.): Loneliness: A sourcebook of current theory, research an therapy. New York: Wiley-Interscience, 1982.

PFAHL, B.: "Wetten, daß Du Dich nicht traust!" Film aus der Serie "Wie zeige ich den anderen meine Gefühle", 1981

RAGLAND, E. u., KERR, M. M. u. STRAIN, P. S.: Social play of withdrawn children. Behavior Modifacation, 1981, 5, 347-359.

RUSSELL, D.: The Measurement of loneliness. In: PEPLAU, L. A. & PERLMAN, D. (Hrsg.): Loneliness. A sourcebook of current theory, research, and therapy. New York: Wiley 1982, 81-104.

RUSSELL, D., PEPLAU, L. A. u. FERGUSON, M. L.: Developing a measure of loneliness. Journal of Personality Assessment, 1978, 42, 290-294.

STRAIN, P.S. u. FOX J. J.: Peer social initiations and the modification of social withdrawal: A review and future perspective. Journal of Pediatric Psychology, 1981, 6, 417-433.

STRAIN, P. S., SHORES, R. E. u. KERR, M. M.: Experimental analysis of 'spillover' effects on social interactions among behaviorally handicapped preschool children. Journal of Applied Behavior Analysis, 1976, 9.

THOMAS, A.: Sozialpsychologisch - kognitionspsychologische Ansätze der Erforschung von Einsamkeit. Vortrag auf dem 34. Kongreß der Deutschen Gesellschaft für Psychologie. Wien 1984.

VIEBAHN, P.: Schüler. In: LAUTH, G. W. u. VIEBAHN, P. (Hrsg.), Menschen in sozialer Isolierung. München: Urban & Schwarzenberg 1987, in Druck.

YOUNG, J. E.: Loneliness, depression and cognitive therapy: Theorie and application. In: PEPLAU, L. A. & PERLMANN, D. (Hrsg.), Loneliness: A sourcebook of current theory, research and therapy. New York: Wiley Interscience, 1982, 379-405.

Frank Bies

Zur Gestaltung des pädagogischen Prozesses in einer Jugendwohngemeinschaft für verhaltensauffällige Jugendliche

Jugendwohngemeinschaften haben als Kleinstheime im Rahmen der Jugendhilfe die Aufgabe, Jugendlichen bei der Aufarbeitung individueller Lebensprobleme zu helfen; sie fördern die aktive Auseinandersetzung des einzelnen Jugendlichen mit seiner Umwelt in relativ höherem Maße als z. B. Großheime.

Der Heranwachsende kann sich über den kooperativen Prozeß mit den dort lebenden und arbeitenden Pädagogen die Errungenschaften der Menschheit aneignen. Er hat dort die Chance, neue Kenntnisse, Fähigkeiten und Verhaltenseigenschaften auszubilden, die ihm bei der Kontrolle der gesellschaftlichen Realität helfen.

Die Strukturierung des pädagogischen Prozesses muß sich an den Gesetzmäßigkeiten menschlicher Entwicklung orientieren. Da aber Verhaltensauffälligkeiten sehr verschiedene Ausprägungen annehmen können und die konkreten isolierenden Bedingungen als deren Ursache sehr unterschiedlich sind, sowie die Ausbildung der inneren Systeme von Jugendlichen differieren, läßt sich nicht *ein* pädagogischer Prozeß quasi als Handlungsanweisung für den Leser darstellen.

Die Gestaltung des pädagogischen Prozesses erfolgt über die Umsetzung der Erkenntnisse allgemeiner menschlicher Entwicklung. Auf dieser Grundlage muß für den jeweils einzelnen Jugendlichen mit seinen ganz persönlichen Verhaltenseigenschaften und -auffälligkeiten ein Aneignungsprozeß gestaltet werden, in dessen Verlauf er in die Lage versetzt wird, die ihn umgebende gesellschaftliche und natürliche Umwelt adäquat zu kontrollieren.

Diese Herangehensweise beinhaltet die Akzeptanz der Einmaligkeit der Person und den an der Person jeweils manifestierten Verhaltensproblematiken.

Diese Erkenntnis erschwert einem Pädagogen die praktische Tätigkeit nicht unwesentlich, da man gezwungen ist, für jeden einzelnen Jugendlichen einen einzigartigen pädagogischen Prozeß zu gestalten, in dem er seine Fähig- und Fertigkeiten anwenden und sich neue aneignen kann, um so zu immer umfassenderer Realitätskontrolle zu gelangen.

Elemente der einzelnen pädagogischen Prozesse werden sich ähneln, aber sie haben im Gesamtkontext der erzieherischen Einflußnahme einen individuell bedeutsamen Stellenwert, der sich aus der Biographie des einzelnen Jugendlichen ableitet.

Die sich aus einer solchen konzeptionellen Vorgehensweise möglicherweise ergebenden Erschwernisse für die pädagogisch Handelnden bergen aber viel eher Vor- als Nachteile in sich.

Indem der Jugendliche als einzigartiges Individuum, mit einer einzigartigen Biographie betrachtet wird, entfällt jeder Ansatz von Formalismus und jedes 'Wenn-dann-Denken'.

Auf diese Art und Weise können Lern- und Aneignungsobjekte für den Jugendlichen zur Verfügung gestellt werden, die nur für ihn bedeutsam sind, ohne daß sie dadurch für andere Jugendliche unbedeutsam sein müssen; nur dort kann das Ziel des pädagogischen Prozesses auf einem ganz anderen Gebiet angesiedelt sein, was wiederum andere Lern- und Aneignungsobjekte erfordert.

Die mit den Aneignungsobjekten anderer Jugendlicher gemachten Erfahrungen müssen von den Pädagogen registriert, reflektiert und neu in den pädagogischen Prozeß eingearbeitet werden.

Ich möchte auf Grund dieser Überlegungen versuchen, exemplarisch den pädagogischen Prozeß für einen Jugendlichen aus der Jugendwohngemeinschaft, in der ich arbeite, zu skizzieren. Der Deutlichkeit halber nenne ich ihn ihm Verlauf der Darstellung A, um ihn von anderen Jugendlichen zu unterscheiden.

Zum besseren Verständnis sei hier noch erwähnt, daß unsere Einrichtung in einem normalen Einfamilienhaus untergebracht ist, in dem eine Kollegin ständig wohnt und in dem neun Jugendliche leben, sowie zwei Kollegen von außerhalb dazukommen. Die Einrichtung arbeitet als offene Alternative zur geschlossenen Unterbringung in der Heimerziehung, was ein vornehmlich für die geschlossene Unterbringung vorgesehenes Klientel bedingt. So leben bei uns Jugendliche, die in die geschlossene Unterbringung sollten, solche die dort nicht mehr tragbar waren, solche die zur Abwendung der Untersuchungshaft bzw. der Jugendstrafe bei uns aufgenommen wurden und andere Jugendliche, die nach den Paragraphen des Jugendwohlfahrtsgesetzes (Hilfen zur Erziehung, freiwillige Erziehungshilfe und Fürsorgeerziehung) bei uns untergebracht sind.

A, der wegen körperlicher Gewalt gegen Gruppenmitglieder und Pädagogen in der geschlossenen Unterbringung zunächst in eine Beruhigungszelle kam, anschließend entlassen wurde und in unsere Einrichtung zog, erfuhr hier nach einer Schlägerei mit einem anderen Jugendlichen, daß ihm die Unterstützung durch die Pädagogen erhalten blieb. Auf der Gruppenbesprechung wurde mit ihm und der restlichen Gruppe über die Schlägerei gesprochen; es fand keine Verlegung bzw. Bestrafung statt. Er mußte aber die Beschädigungen am Mobiliar gemeinsam mit einem Pädagogen soweit als möglich wieder reparieren.

Im Gespräch mit ihm stellte sich heraus, daß er in anderen Heimen bei bestimmten Verhaltensweisen die ganze Gruppe gegen sich hatte, woraufhin er nur noch die Möglichkeit sah, sich mit Gewalt Recht zu verschaffen. Die genauere Betrachtung der vorangegangenen Schlägerei ergab, daß er ähnlich wie in der Vergangenheit, mit *einem* Jugendlichen Meinungsverschiedenheiten hatte, in die sich andere Gruppenmitglieder einmischten und Position *gegen* ihn bezogen. Diese Überforderungssituation, seine Meinung auf einmal gegenüber vier, fünf oder noch mehr Personen rechtfertigen zu müssen, war für ihn nicht mehr aufzulösen und er reagierte mit dem für ihn hoch-zweckmäßigen Verhalten, indem er sich durch Gewalt größeres Durchsetzungsvermögen zu verschaffen suchte. Die Gewalt gegenüber dem anderen Jugendlichen veranlaßte diesen zwar nicht dazu, der Meinung von A zu sein, aber A verhalf es zu dem Gefühl, etwas gegen diese Übermacht getan zu haben. In der Analyse der Biographie von A stellte sich heraus, daß dieses hochzweckmäßige Verhalten das Ergebnis gestörter Aneignungsprozesse war.

Auf die in seiner Geschichte ersten Überforderungssituationen hin, reagierte A mit körperlicher Gewalt, um seine Meinung durchzusetzen. Die Reaktion der Eltern und später der Pädagogen in den Heimen, in denen A sich aufhielt, ehe er in unsere Jugendwohngemeinschaft einzog, waren Bestrafungen, Verbote und auch Heimverlegungen, was A in seiner inadäquaten Reaktionsweise nicht half, sondern bei ihm zu der Einstellung führte, ungerecht behandelt worden zu sein, da er sich in seinen Augen nur gegen eine Übermacht zur Wehr gesetzt hatte, wobei ihm die Pädagogen verbal und emotional keine Hilfestellung angeboten hatten.

Die Überforderungssituation für A, nicht über genügend verbale und kognitive Fähigkeiten und emotionale Sicherheit zu verfügen, um den anderen Jugendlichen *auch* noch seine Meinung zu verdeutlichen bzw. ihnen zu sagen, daß sie diese Auseinandersetzung nichts angeht, und sie sich nicht einmischen sollen, ließ A in der vorher beschriebenen Art und Weise reagieren. Die Situation konnte von ihm nicht aufgelöst werden, und er bekam von den Pädagogen dazu keine Hilfestellung angeboten, sondern sie stellten sich für ihn auch noch auf die Seite der anderen, indem sie ihn für sein Verhalten bestraften.

Auf Grund der Erkenntnis der Pädagogen in unserer Jugendwohngemeinschaft - nämlich daß die inadäquate Verhaltensweise, daß die körperliche Gewalt von A in Situationen seiner Überforderung eingesetzt wird - mußte versucht werden, die Isolation von A in solchen Situationen aufzuheben.

Der erste Schritt dazu war die Aktivierung der Gruppe. Sie wurde aufgefordert, sich nicht von A abzuwenden und ihn wegen seines Verhaltens aus der Gruppe auszuschließen, sondern sich weiterhin um ihn zu kümmern und in das Gruppenleben einzubeziehen. Dabei mußte der Gruppe das Verhalten von A verdeutlicht und aufgezeigt werden, daß sie sich nicht in Auseinandersetzungen, die A mit anderen hat, einzuschalten haben. Möglicher Ablehnung A's durch einzelne Gruppenmitglieder wurde damit begegnet, daß man an deren Verantwortungsbewußtsein appellierte und sie daran erinnerte, daß sie als Gruppenneulinge in ihrer Vergangenheit ähnliche Probleme hatten, auf Grund derer sie die Gruppe auch nicht ausgeschlossen hatte.

Der nächste Schritt war der, daß A in Auseinandersetzungen ein Pädagoge zur Seite stand. In der Kooperation mit dem Pädagogen hatte A die Möglichkeit, seine Meinung und Auffassung zu formulieren, ohne in isolierende Bedingungen zu geraten. Mögliche Überforderungssituationen wurden vom Pädagogen erkannt und konnten aufgelöst werden, ohne daß A sich in die Lage versetzt sah, seine inadäquaten Verhaltensweisen glaubte einsetzen zu müssen.

Es gestaltete sich nicht als großes Problem die Situationen zu erkennen, in denen A überfordert war. Auf Grund der Auswertung vorangegangener Situationen, in denen es zu einer Schlägerei von A kam, war es den Pädagogen unserer Jugendwohngemeinschaft möglich, oft frühzeitig zu erkennen, ob die aktuelle Lage für A problematisch werden könnte. Anhaltspunkte dafür waren beispielsweise bestimmte Personen, von denen wir der Überzeugung waren, daß sie A auf Grund ihrer Forderung, an ihn und die Art und Weise wie sie diese vortrugen, überfordern würden. Weiterhin wurden Situationen als überfordernd angesehen, in denen A sich mehr als einer Person gegenüber sah. In den Momenten der Überforderung waren deutliche psychische Veränderungen A's wahrzunehmen, an denen deutlich wurde, daß er die Aussage des anderen Jugendlichen *vielleicht* noch verstanden hatte, aber keine Worte mehr für das fand, was er darauf entgegnen wollte.

Solche Situationen wurden in der Kooperation mit dem Pädagogen aufgelöst. Auf Nachfrage des Pädagogen konnte A noch einmal erläutern, was er verstanden hatte und der andere Jugendliche konnte bei eventuellen Mißverständnissen dieses klarstellen. Komplizierter wurde es in den Situationen, in denen A die Äußerungen des anderen Jugendlichen verstanden hatte und jetzt die Hilfe des Pädagogen benötigte, um seine Sprachlosigkeit zu überwinden. A wurde ermuntert, seine Meinung in der Form zum Ausdruck zu geben, wie er sie empfindet, um ihm dann weitere Formulierungen, Sprachhilfen und emotionale Sicherheit zu vermitteln, auf Grund derer er seine Meinung differenzierter zum Ausdruck bringen konnte. Es gestaltete sich oft als sehr schwierig, die Gefühle und das Meinungsbild von A in Worte zu fassen und ihm damit neue Fähigkeiten, Kenntnisse und Verhaltensweisen als Aneignungsobjekte zur Verfügung zu stellen.

In dem Maße, in dem sich die Kooperation mit dem Pädagogen als hilfreich erwies, und die Handlungen als Vergegenständlichung von Meinungen und Bedürfnissen entsprechend häufig durchgeführt wurden, handelte A zunehmend selbständiger und bedurfte der Hilfestellung des Pädagogen nicht mehr so wie im anfänglichen Stadium. Immer häufiger kam es dazu, daß A in Auseinandersetzungen, in denen er nicht mehr weiter wußte, auf einen Pädagogen zuging und ihm sagte, daß er etwa dieses und jenes zum Ausdruck bringen möchte, und ob das so richtig sei, bzw. ob der Pädagoge ihm bei der Formulierung helfen könne.

Rückschläge ereigneten sich z. T. in den Situationen, in denen der Pädagoge nicht anwesend oder nicht erreichbar war und/oder die Zuspitzung des Konfliktes so weit

vorangeschritten war, daß eine Eskalation der Situation nicht mehr verhindert werden konnte. Parallel zur Kooperation mit dem Pädagogen in Auseinandersetzungen wurde A generell im sprachlichen Bereich gefordert, um verbale und auch kognitive Defizite durch bewußte Formulierung der eigenen Bedürfnisse, Meinungen und Ansichten auszugleichen. Die Bedingungen der Jugendwohngemeinschaft boten dafür viele geeignete Lernsituationen. Der Jugendliche mußte z. B. klar formulieren, was er zum Abendessen eingekauft haben wollte, er mußte Nachfragen entsprechend beantworten, und er mußte auch selbst einkaufen gehen. In der Anfangszeit bot ihm ein Pädagoge bzw. ein anderer Jugendlicher an mitzukommen, um ihm bei eventuellen Schwierigkeiten helfen zu können.
Die Pädagogen, und auch die Gruppe versuchten, A während der Förderung seiner Fähigkeiten die emotionale Sicherheit zu vermitteln, auf Grund derer er sich trauen konnte, etwas zu sagen, ohne Angst davor haben zu müssen, ausgelacht oder 'angemacht' zu werden, wenn es nicht der Gruppenmeinung entsprach.

In dem Umfang, in dem A in der Lage sein wird, Auseinandersetzungen mit einem anderen Jugendlichen selbständig verbal zu führen, wird als nächster Schritt seine Fähigkeit zur Auseinandersetzung mit mehreren Jugendlichen oder der ganzen Gruppe herausgebildet werden können.

Damit hier nicht der Eindruck entsteht, der hier dargestellte Prozeß sei die einzige Einwirkung auf A gewesen, möchte ich noch kurz einige andere Aneignungsprozesse, die mit ihm strukturiert wurden, andeuten.

A hatte Schulverbot, das auf seinen Wunsch hin durch den Einsatz der Pädagogen aufgehoben wurde. Der Versuch, ihn in der Regelschule zu beschulen, mißlang auf Grund der dort für ihn eintretenden Überforderung. A wurde daraufhin in Absprache mit ihm von den Pädagogen der Jugendwohngemeinschaft mit dem Ziel unterrichtet, zusammen mit anderen Jugendlichen die externe Hauptschulabschlußprüfung an der Volkshochschule abzulegen.

Weiterhin wurde mit ihm zusammen versucht, durch die Aufarbeitung seiner Biographie sein Bettnässen aufzuheben. In der Darstellung konkreter Situationen durch A konnte herausgearbeitet werden, daß sein Bettnässen eine Reaktion auf für ihn ungeklärte, mit Streß besetzte Situationen am Abend oder Tag vorher war. Daraufhin wurde mit ihm vereinbart, daß er sich vor dem Zubettgehen gemeinsam mit einem Pädagogen den vergangenen Tagesablauf noch einmal ins Gedächtnis zurückholt und zusammen nach Situationen durchgeht, die eventuell in dieser Nacht ein Einnässen bedingen könnten. Am nächsten Morgen wurde jeweils überprüft, inwieweit die Analyse und Aufarbeitung am Vorabend erfolgreich war oder nicht, um gegebenenfalls noch einmal den Tagesablauf durchzugehen. Es darf und soll hier nicht der Eindruck entstehen, die beschriebenen Prozesse wären als isolierte Maßnahmen durchgeführt worden, vielmehr stellen sie pädagogische Handlungsabläufe einer wesentlich umfassenderen Arbeit mit A dar.

Entscheidende Bedingungen für eine konzeptionell derartig gestaltete Arbeit ist die radikale Parteinahme des Pädagogen für den Jugendlichen. Es geht dabei um den Aufbau eines uneingeschränkten Vertrauens zwischen Jugendlichen und Pädagogen.

In einem solchen Vertrauensverhältnis "verschwindet" der Jugendliche als Fall und es entstehen gemeinsame Handlungszusammenhänge. Dazu gehört, ständig für den Jugendlichen da zu sein, egal zu welcher Tages- und Nachtzeit. Es bedeutet, sich voll für ihn und seine Interessen einzusetzen, ihn über Konsequenzen seiner Handlungen zu informieren, ihn aber dann *nicht* pädagogisch überzubehüten, sondern den Jugendlichen als selbständigen Menschen zu behandeln und ihn die Handlungen durchführen zu lassen, auf die er besteht. Durch dieses 'objektive Vertrauen', das der Pädagoge dem Jugendlichen entgegenbringt, kann dieser 'subjektives Vertrauen' fassen.

Das objektive Vertrauen des Pädagogen muß in Situationen, in denen der Jugendliche Hilfe benötigt, qualitativ weiterentwickelt werden. Der Pädagoge muß in solchen Situationen beweisen, daß er dem Jugendlichen auch wirklich helfen kann.

Durch die Vorgabe des objektiven Vertrauens durch den Pädagogen, wird dieser in den pädagogischen Prozeß als Subjekt einbezogen, wird hinterfragbar und kritisierbar.

Die Hinterfragbarkeit des Pädagogen und der einzelnen Handlungsschritte im pädagogischen Prozeß durch den Jugendlichen stellt ein demokratisches Element in der Kooperation zwischen Pädagogen und dem Jugendlichen dar.

Der Pädagoge, der von den isolierenden Bedingungen widersprüchlicher Reize weiß, muß in seinen Handlungen eindeutig sein, d. h. Wort und Tat müssen übereinstimmen. Man sollte dem Jugendlichen nicht vermitteln, man wäre immer für ihn da und dann, wenn er Gebrauch davon macht, das Gegenteil signalisieren, weil man auf diese Weise neue Widersprüche produzieren würde, die dann als Widerspiegelung über den Pädagogen und seiner Bedeutung für den Jugendlichen in dessen Bewußtsein verinnerlicht würden.

Die Notwendigkeit der absoluten Eindeutigkeit des eigenen Handelns beinhaltet auch die Darstellung der eigenen Situation und Bedürfnisse der pädagogisch Handelnden in der Aufarbeitung der erfahrenen Situationen des Jugendlichen. Die Darstellung des Pädagogen darf aber nicht dazu führen, daß der Jugendliche in eine isolierende Situation gerät und mit Schuldzuschreibungen ("Ich habe ihn im Schlaf gestört, das mache ich nie wieder" etc.) zu kämpfen hat.

Desweiteren muß die Problematik des Machtgefälles im positiven Sinne für den Jugendlichen aufgelöst werden.

Die Macht liegt beispielsweise durch freiwillige Erziehungshilfe, Fürsorgeerziehung, Vormundschaft, Zwangseinweisung o. ä. bei dem Pädagogen und läßt sich positiv wenden, indem er den Jugendlichen soviel als irgendmöglich selbständig handeln läßt. Praktisch bedeutet das, z. B. die Taschengeldverwaltung dem Jugendlichen zu überlassen und seinem

Wunsch nach einem bestimmten Aufenthaltsort im Grundsatz zuzustimmen.

Mögliche antizipierte institutionelle und gesellschaftliche Grenzen sollten nicht zur Verhinderung einer Handlung herangezogen werden, sondern sie sollten durch die Handlungen des Jugendlichen in Kooperation mit dem Pädagogen erfahren werden. Bedingung für eine solche Vorgehensweise muß die gemeinsame Aufarbeitung der gemachten Erfahrungen sein, da dieses den Jugendlichen in seiner Entwicklung erheblich weiterbringt, als wenn der Pädagoge z. B. den ganzen Abend hinter dem Jugendlichen herläuft, um zu verhindern, daß er vielleicht wieder wegen Trunkenheit in der Ausnüchterungszelle der Polizei landet.

Im kooperativen Prozeß der Aufarbeitung der gemachten Erfahrungen muß der Jugendliche seine Geschichte als die Geschichte vieler anderer auch erfahren, d. h. er muß in der gemeinsamen Arbeit feststellen, daß seine Probleme die Probleme sind, die andere auch haben. Auf diese Weise kann sich der Jugendliche aus der individuellen Schuld- bzw. Problemzuschreibung lösen und erkennen, daß man es zusammen mit anderen schaffen kann, daß man Kräfte entwickeln kann, die einem bei der Lösung des Problems helfen können. Auf der Grundlage einer so erfahrenen Kooperation wird der pädagogische Prozeß zu einem Prozeß, in dem die eigene und gemeinsame Geschichte verändert wird.

In der Durchführung der pädagogischen Tätigkeit stößt der Pädagoge immer wieder an gesellschaftliche Grenzen, durch die er gezwungen wird, seine Funktion innerhalb eines Jugendhilfesystems zu überdenken, das nach eigenen Aussagen u. a. zum Ziel hat, desintegrierte Jugendliche zu integrieren, dafür aber nicht die geeigneten Mittel zur Verfügung stellt.

So gestaltet sich die Integration und die Verselbständigung der Jugendlichen in unserer Wohngemeinschaft und des sozialen Umfeldes zwar häufig als schwierig aber dennoch möglich, wohingegen deren Integration in den Arbeitsprozeß als ökonomische Voraussetzung zur selbständigen und unabhängigen Lebensführung bis auf einzelne Ausnahmen absolut unmöglich war.

Der Grund hierfür lag nicht bei den Jugendlichen oder mangelnder Einsatzbereitschaft der Pädagogen, sondern in den derzeitigen wirtschaftlichen Bedingungen, in denen ein krasser Mangel an Ausbildungs- und Arbeitsplätzen vorherrscht, der auch durch eine noch so gute pädagogische Ausbildung der Pädagogen und deren Engagement für die Jugendlichen nicht verändert werden kann.

Die Durchführung des pädagogischen Prozesses ist aber unmöglich ohne ein Ausbildung, die Pädagogen auf eine solche Arbeit vorbereitet.

Die Ausbildung sollte Haltungen und Einstellungen hervorbringen, mit denen Klienten nicht als "Fälle", sondern als Menschen mit Stärken und Schwächen angesehen werden, und die wiederum eine Bereitschaft erzeugen, sich für den Klienten einzusetzen, auch wenn das manchmal auf Kosten des eigenen Schlafes geht. Die Erfolgserlebnisse, die jeder Pädagoge benötigt um neue Kraft für neue Situationen zu schöpfen, werden nachhaltiger und intensiver sein.*

---

* Es bleibt noch anzumerken, daß ein Kollege von mir in der Jugendwohngemeinschaft, mit dem ich zusammenarbeite und der sehr ähnliche Auffassungen von der Gestaltung des pädagogischen Prozesses hat, 1969 von Prof. Dr. FOOKEN in Schwalmstadt-Treysa ausgebildet wurde.

Ulrich Schröder

"Originale" - Betrachtungen über ein besonderes Phänomen von Devianz

1. Einleitung: Originale als Außenseiter

Städte schmücken sich mit ihren "Originalen", wenn sie mit ihrer Unverwechselbarkeit und ihrem "Flair" werben und darauf hinweisen wollen, wie sich in ihren Mauern auf mancherlei Art leben lasse, ja zur Steigerung der Attraktivität von Fußgängerzonen können "Originale" sogar absichtsvoll - um nicht zu sagen: willkürlich - ernannt werden. Sind Originale also ein Gegenstand für die Städte- oder Geschäftswerbung, was gehen sie die Sonderpädagogik an? Schlimmer noch: Ist ein solch 'leichtes' Thema, bei dem Humor, Spott oder Ironie so nahe zu liegen scheinen, nicht unpassend für eine so ernste Wissenschaft wie die Pädagogik der Behinderten? Oder andersherum: Wenn sich die ernste Wissenschaft mit diesem Thema befaßt, verdirbt sie nicht das Spaßhafte und Gemütvolle, das wir mit dem Begriff des Originals verbinden?

Zweifellos klingen bei dem Wort "Original" zunächst harmlose Heiterkeit und die verklärte Romantik der 'guten alten Zeit' an (ich werde noch darauf zurückkommen, daß Originale typischerweise Figuren der Vergangenheit sind) - und diese Konnotationen liegen den Gegenständen sonderpädagogischer Reflexion wohl recht fern. Aber fragen wir nur schlicht danach, was denn das für Personen sind oder waren und wie sie denn leben oder gelebt haben, diese Originale, dann schwindet das Harmlose und Verklärte ziemlich abrupt und gründlich: Um Außenseiter handelt es sich, um Randständige, um Menschen mit Schwierigkeiten, sich in der Gesellschaft zurechtzufinden (oder einer Abneigung dagegen), und mit mancherlei mehr oder weniger starken Beeinträchtigungen, ja Behinderungen.

Ein solcher Aspektwechsel ist, zugegeben, radikal. Ich bin darauf gekommen, als ich vor Jahren die Figuren des Kölner Hänneschentheaters, einer volkstümlichen Stockpuppenbühne, einmal nicht mit "Kölschem Hätz" (Herz), sondern mit distanzierendem Verstand betrachtet habe: Übergehen wir die Protagonisten Hänneschen und Bärbelchen sowie ihre Verwandten; aber betrachten wir Tünnes und Schäl (aus dem Puppentheater nämlich stammen diese Witzfiguren) genauer, so ist der eine ein bißchen dumm, zumindest nicht ganz auf der Höhe, dazu rothaarig, versoffen und bei der Arbeit nicht eben der Schnellste, den anderen kennzeichnen ein gehöriger Strabismus (daher der Name "Schäl") und im Verhalten hinterhältige Verschlagenheit und Neigung zum Intrigieren. Insbesondere noch zu nennen ist der "Speimanes" (zu übersetzen vielleicht als "Hermann mit der - sehr! - feuchten Aussprache"), der zu seiner starken Sprechstörung noch einen Buckel aufweist.

Über Retardierte, Verhaltensgestörte, Seh- und Sprachbehinderte also lacht das Publikum, amüsiert sich über Verhalten und körperliche Merkmale, die Außenseiter kennzeichnen oder produzieren. Aber - und da wird es komplizierter: Das Publikum des Hänneschentheaters liebt sie zugleich, es lacht auch *mit* ihnen, manchmal und bis zu einem gewissen Grade identifiziert es sich sogar mit jenen "Typen" (hätte es sonst Tünnes und Schäl zum Inbegriff des Kölner Witzes gemacht?).

Diese Beobachtung, das Erlebnis, daß bei einer derart veränderten Betrachtungsweise die Figuren des Witzes, des Theaters und erst recht der Wirklichkeit einen Spaß liefern, der plötzlich gar nicht mehr harmlos ist, und anderseits die Vermutung, daß Begriffe wie "Diskriminierung" oder "Stigmatisierung" das ambivalente Verhältnis des Publikums bzw. der Gesellschaft im ganzen, da zu eindeutig festgelegt aufs Negative, nicht adäquat erfassen - all dies soll zu einigen Überlegungen im folgenden anregen.

Tünnes und Schäl als menschliche Personen aufzufassen, wie ich es oben getan habe, heißt nun aber zu vergessen, daß es sich um Gestalten handelt, die zum Spiel oder Witz, zum Zwecke der Reaktionen der Zuschauer und Zuhörer bloß erdacht wurden, daß demnach auch die dabei aufgezeigte gar nicht mehr lustige 'Lebenswirklichkeit' der Gestalten bloße Erfindung derselben Menschen und Institutionen ist, die sie dem Beifall, dem Schmunzeln oder Gelächter aussetzen und die sich damit also die Objekte ihres Beifalls, des Schmunzelns, des Gelächters selbst konstruieren. Jenes 'wirkliche' Leben läßt sich so nicht getrennt von der gesellschaftlichen Reaktion darauf betrachten und ins Verhältnis zu ihr setzen, weil beide derselben Ebene der literarischen Fiktion angehören. Ich möchte mich daher Gestalten zuwenden, die tatsächlich leben oder gelebt haben. Dies trifft in der Regel nur auf die "Originale" zu und nicht auf die übrigen Figuren des zwiespältigen gesellschaftlichen 'Komödienspiels', zu dem außer den Originalen, dem Witz und dem sogenannten Volkstheater (mit Puppen oder Menschen) mindestens noch die Schwänke und der Karneval mit seinen typischen Verkleidungsgestalten gehören. Dabei ist freilich nicht aus dem Blick zu verlieren, daß dem 'wirklichen' Leben der als Original bezeichneten Menschen die sozialen (Re-)Aktionen der Umwelt unablösbar innewohnen, daß also die Trennung der beiden Aspekte nicht rein gelingen kann; selbst die historisch rückblickende Reaktion der Gesellschaft, die Aufnahme ins Pantheon der Originale, vermag zwar nicht mehr in den Ablauf ihres faktischen Lebens einzugreifen, aber doch in den tradierten Berichten über sie selektiv manches wegzulassen oder abzuschwächen, anderes zu verstärken oder hinzuzufügen, so daß ihr erzähltes 'Leben' schließlich mit dem Bild, das man sich vom "Original" macht, besser oder gar vollkommen harmoniert.

2. Zur lexikalischen Definition des Originals

Das Bild aber, das man sich von einem Original macht - wie sieht es eigentlich aus? Den Begriff "Original" habe ich bisher oft genug verwendet, ohne auf seine Definition, seine Herkunft und sein Bedeutungsumfeld explizit zu sprechen zu kommen.

Die Definitionen freilich, wie sie Lexika und Wörterbücher liefern, sind überwiegend nicht zufriedenstellend: Vielfach findet sich als Synonym der Begriff "Sonderling" (u. a. im GRIMMschen Wörterbuch), an dessen Bedeutungsgleichheit mit "Original " ich jedoch erhebliche Zweifel anmelde; daneben treten vereinzelt auf "Kauz" und "Type". Meist wird die Definition mittels einer adjektivischen Bestimmung zum Substantiv "Mensch" versucht: Als Attribute werden dabei regelmäßig genannt: "seltsam", "eigenartig", "eigentümlich"; selten sind "wunderlich" und "schrullig"; gar nicht gefunden habe ich in Nachschlagewerken das Adjektiv "komisch" oder auch ein anderes Wort, welches die eingangs beschriebene schmunzelnde oder spöttelnde Reaktion der Öffentlichkeit auf das Original aufgriffe. Das Duden-Etymologie-Wörterbuch fügt indes diesen eher groben Kurzcharakterisierungen als wichtigen Aspekt hinzu, daß sich ein solcher Mensch "durch ausgeprägte ... Eigenart *von anderen abhebt*" (Hervorhebung von mir). Am ausführlichsten ist das große Duden-Wörterbuch: "jmd., der unabhängig von der Meinung anderer in liebenswerter Weise durch bestimmte (originelle) Besonderheiten auffällt, die oft auch in der Lebensweise u. im Auftreten in der Öffentlichkeit zum Ausdruck kommen". Hier wird in immerhin vier Punkten der soziale Aspekt angesprochen: im Verhältnis zu der Meinung anderer, im Auffälligwerden durch die Besonderheiten, im Auftreten in der Öffentlichkeit und in der Bewertung (durch diese - oder die 'posthume'- Öffentlichkeit) als "liebenswert". Anderseits klingt in dieser Definition vielleicht zu viel Idyllisches und Idealisierendes an (wie autonom etwa ist denn ein Original wirklich gegenüber der Meinung anderer?).

Zur Klärung der Bedeutung des Begriffes, bei der - wie in vielen Fällen - von einer gewissen 'Randunschärfe' und mancherlei Konnotationen auszugehen ist, seien auch seine Herkunft und seine Gegensätze herangezogen. Was die Herkunft angeht, so kann die Etymologie, die recht klar ist, hier übergangen werden; vielmehr ist zu sprechen von der Geschichte des Gebrauches des Wortes "Original", und dies für den Augenblick beschränkt auf die Erörterung der Begriffsdefinition - später muß ich unter eher kulturgeschichtlichem Aspekt noch einmal auf die Frage der Herkunft des heutigen Begriffes zurückkommen.

Offenbar ist unser Begriff erst durch eine Übertragung von Gegenständen auf Menschen ausgeweitet worden, auch wenn diese Ausweitung wohl schon im 18. Jahrhundert erfolgt ist. Gemeint ist zunächst ein Ding, das als ein Ursprüngliches - mit der Nebenbedeutung des Eigenständigen und Modellhaften - im Verhältnis zu einem davon Abgeleiteten bezeichnet werden soll: in der Literatur ein Urtext im Gegensatz zur Abschrift, zur Bearbeitung oder zur Übersetzung, in der bildenden Kunst ein Urbild (etwa eine Skulptur) im Gegensatz zur Kopie, zur Abbildung oder zur Nachahmung. Fügt man als weitere konträre Begriffe noch "Reproduktion" und "Abguß" hinzu, so wird deutlich, daß jenes Ursprüngliche, das Original eben, auch durch seine Singularität bestimmt wird im Gegensatz zum Plural der - tendenziell unbegrenzten - Anzahl der von ihm abgenommenen Repliken. Und kennzeichnet nicht auch eine gewisse Singularität jede der als Originale bezeichneten Personen, nun im Gegensatz zum 'Durchschnittsmenschen'? Steckt da auch in unserem Begriff des Originals noch ein Stück Bewunderung (wie sie dem originalen Kunstwerk zukommt) für diese Außenseiter?

3. Beispiele: Kölner Originale

Die Diskussion des Begriffes, die ich soeben unternommen habe, bleibt indessen auch deshalb unbefriedigend, weil bloß philologische Bemühungen eigentümlich blutleer bleiben und ergänzt werden müssen durch die quasi phänomenologische Methode der Betrachtung von 'Exemplaren' jener Gattung "Original ", insbesondere wenn es sich um Beispiele handelt, an deren Zuordnung zu dem Begriff nicht gezweifelt wird. Der "Tolle Bomberg" und Professor Landois fallen einem da ein, "Krücke" aus Berlin und andere. Daß ich mich im folgenden mit *Kölner* Originalen befassen und ihr Leben vorstellen werde, hat seinen Grund nicht nur in meinem besonderen Verhältnis zu dieser Stadt, sondern auch darin, daß Köln erstens zu den Städten zählt, die (wie z. B. auch Berlin) offenbar besonders 'originalträchtig' sind, und daß zweitens Kölns Originale in einschlägiger Literatur gut belegt und dargestellt sind, so 1912 in einer Monographie von J. BEYER: "Kölner Originale und Straßenfiguren".

Aber bereits in einem Buch aus der Mitte des 19. Jahrhunderts werden sie ausdrücklich, und zwar unter dem Titel "Stadtoriginale", erwähnt: "Jedes Stadtviertel hat seine komische Persönlichkeit, irgendein männliches oder weibliches Original, einen Spielball der harmlosen Spötterei ..." (WEYDEN, 74). Nachdem der Autor eine Reihe von Personen mit ihren Spottnamen aufgezählt hat, schließt er den Satz: "... und wie die ... komischen Straßentypen alle hießen." Einige Merkmale seines Begriffsverständnisses sind es wert, festgehalten zu werden: 1. Das Attribut "komisch", das in den Lexika und Wörterbüchern nicht vorkam, wird hier offenbar für wichtig erachtet; 2. sowohl Männer als auch Frauen sind betroffen; 3. sie sind Objekte des Spottes, der jedoch beschwichtigend als harmlos bezeichnet wird; 4. sie treten auf der Straße - allgemein: in der Öffentlichkeit - in Erscheinung; 5. ihr Bezugsfeld ist ein Stadtviertel (allerdings ist auch davon die Rede, sie seien "an allen Enden der Stadt ... bekannt").

Nahezu gleichzeitig mit diesem Buch setzt eine - bis heute nicht abgerissene - Folge von Gedichten und Liedern ein, die sich mit den Originalen befassen. Blickte schon WEYDEN ein halbes Jahrhundert zurück in vergangene Zeiten und Zustände, so tritt bei diesen Versen ein nostalgischer

Ton, ein Heraufbeschwören der 'guten alten Zeit' überdeutlich hervor. Das hat sicher mit den Umwälzungen des 19. Jahrhunderts zu tun, mit Industrialisierung, Bevölkerungsexplosion und Eingriffen preußischer - d. h. für die Kölner: fremder - Herrschaft, später mit den baulichen Auswirkungen der Gründerzeit samt Abbruch der mittelalterlichen Stadtmauer und Bau der Neustadt, doch bleiben die Originale in dieser Stadt immer besonders lebendig (dazu trägt auch der Karneval bei, der in vielen Erscheinungsformen unverkennbar nostalgische Züge zeigt - und pflegt ...): Bildpostkarten und Bierdeckel präsentieren die bekanntesten Figuren; ein Lied von Karl Berbuer aus dem Jahre 1950 versetzt sie neben anderen Persönlichkeiten aus der Stadt in den Himmel, wo "d'r Herrgott ... sing Freud" (seine Freude) an ihnen hat; sogar eine Straße wurde nach einem von ihnen benannt; und schließlich ist erst vor kurzem wieder eine ausführliche Publikation erschienen, die aus der Zeit vom Ende des 18. Jahrhunderts bis um 1920 fast ein halbes Hundert von Originalen biographisch erfaßt (LOUIS 1985; ich werde mich im folgenden wesentlich darauf stützen, ohne im einzelnen jeweils Zitate zu belegen).

Diesem Buch ist ein Gedicht vorangestellt, das geeignet ist, ein besonderes Verhältnis der Kölner zu den als "Original" bezeichneten Außenseitern zu belegen. Wenn die erste Strophe beginnt: "Där Orgenale git et Masse! Durchmuster Ding Famillige bloß ..." (Originale gibt es in Massen! Durchmustere nur deine eigene Familie) und eine Zeile der zweiten lautet "Un jederein hät singe Fimmel" (Jeder hat seinen Fimmel), dann wird darin ein Kernstück kölnischer 'Philosophie' ausgesprochen, daß nämlich jeder, der sich über andere lustigmachen will, bedenken sollte, wie wenig frei von Narrheiten er oder sie selber ist. Nicht, daß die Kölner dieser Devise immer treu wären (dann müßte diese Stadt ja eine 'diskriminierungsfreie Zone' sein), aber ganz ohne Auswirkung auf Einstellung und Verhalten bleiben Sentenzen wie "Jede Jeck es anders" und das Sich-Jeck-Machen des Karnevals (das sich von der 'schönen Maske' vornehmen Faschings radikal unterscheidet) wohl doch nicht.

LOUIS' Erläuterung des Begriffs "Original" enthält eine Reihe schon hier erörterter Merkmale:

> "Menschen mit eigenständigen und sonderlichen Einfällen und Gepflogenheiten, einmalige, sich durch komische Anlagen und Eigenschaften von allen anderen abhebende Naturen, die weder Geistesgrößen noch Genies oder kulturelle Führer sind ... Sie kommen aus allen Schichten, verfügen über außergewöhnliche Fähigkeiten, haben Fehler und Schwächen. Eines haben sie alle gemeinsam: sie sind Kinder ihrer Zeit, geboren und aufgewachsen im 18. und 19. Jahrhundert, als Köln noch überschaubar war und in den Vierteln jeder jeden kannte" (9).

Neu ist die Einschränkung, mit der Abweichung, mit dem Sich-Abheben sei nicht dasjenige von "Geistesgrößen" und "Genies" gemeint. Wir werden aber noch sehen, daß es kulturgeschichtliche Verbindungen zwischen dem Genie- und dem Original-Begriff gibt. Daß Originale aus allen Schichten kommen können, also nicht bloß der Unterschicht entstammen, belegen gewisse Anteile von Akademikern einerseits, von Gastwirten anderseits; ob diese Anteile aber denen in der Bevölkerung entsprachen, bleibt fraglich.

Der "Maler Bock" ist eine der herausragenden Figuren der Kölner Originale. Seine Liebe zur Malerei demonstrierte er schon früh, es ist aber höchst zweifelhaft, ob er je darin irgendeine Leistung zustande gebracht hat, auch wenn er stets eine Mappe oder Rolle, die angeblich Bilder enthielt, mitführte. Mit 19 Jahren meldete er sich freiwillig zum Militär, aber man entließ ihn sehr bald wieder. Fortan trug er jedenfalls am rechten Fuß einen Stiefel mit Sporn als "ehemaliger Kavallerist". Links hatte er dagegen einen Pantoffel oder umwickelte den Fuß mit einem Lappen, derart das Militärische - wenn nicht bewußt, so doch dem Effekt nach - konterkarierend. Als an sich ansehnliche Gestalt beschrieben, wurde er auffallend durch bunt zusammengewürfelte, zum Teil altertümliche Kleidung und lang wallende Haare. Nicht nur seine Abweichung vom 'Normalen', sondern auch Widersprüchlichkeiten in seinem Auftreten machen ihn zur "originalen" Erscheinung: Er ist ein 'Stadtstreicher' ohne geregelte Arbeit und festen Wohnsitz (er übernachtet in den Bögen der Stadtmauer oder in einem alten Dampfkessel), wird aber nicht als unsauber beschrieben und pflegt eine gewählte, hochvornehme Ausdrucksweise; er bettelt die Bürger an, schimpft sie jedoch, wenn sie über ihn lachen, "gemeines Bürgerpack"; er hat ständig Konflikte mit der staatlichen Ordnungsmacht, aber er versucht einmal, analphabetischen Rekruten Lesen und Schreiben beizubringen. Was sein Schnorren angeht, so ist überliefert, daß er Damen mit einem Blumenstrauß zum Namenstag zu gratulieren pflegte, um sich zu Essen und Trinken (er hatte gewaltigen Appetit - oder ganz schlicht Hunger ...) einladen zu lassen - und dann den Strauß wieder mitzunehmen, da er noch einer anderen Dame gratulieren müsse. Wie viele große Schnorrer, verhielt er sich dabei nobel und stolz, ja herablassend. Sein Leben, das er wohl wirklich wie eine Komödie gespielt hat, endete traurig: in der Arbeitsanstalt, im Bürgerspital und schließlich in der Irrenanstalt. Ob er ein genialischer "Aussteiger" oder ein "Psychopath" oder beides war, läßt sich nicht entscheiden. Die Kölner Bürger jedenfalls, die sich zu seinen Lebzeiten über ihn amüsiert und deren Kinder ihm einen Spottvers nachgerufen hatten, haben ihn sogleich nach seinem Tode glorifizert.

Die vielen anderen Originale ebenfalls zu beschreiben, wäre zwar amüsant, würde aber den Rahmen dieses Aufsatzes sprengen. Mehr Erkenntnis als die Anekdoten verspricht außerdem eine Auswertung der biographischen Angaben unter dem Gesichtspunkt, welche der Merkmale und Eigenarten, die überliefert sind, vermutlich dafür bestimmend waren, die Personen als Originale zu verstehen.

Über auffällige Kleidung wird am häufigsten berichtet, sei es, daß der Überzieher auch im Hochsommer nicht abgelegt, die Kopfbedeckung unabhängig vom Wetter stets in der Hand oder stets auf dem Kopf gehalten wird, sei es, daß die Kleidung altmodisch, seltsam zusammengewürfelt - oft unter

Verwendung von Soldatenuniformstücken -, verschossen oder bunt geflickt ist (auch beim "Maler Bock" fand sich ja dieses Merkmal). Neben Maskerade und Tics ist dahinter auch blanke Not zu erkennen.

Alkoholmißbrauch und körperliche Stigmata wie Buckel, große Nase, Kleinheit oder Leibesfülle folgen gleich dahinter in der Zahl der Nennungen.

Die Straßen- und Wirtshausmusiker bilden mit den Hausierern, als Vertreter des "Wandergewerbes" zusammengefaßt, eine bedeutende Untergruppe. Zu ersteren zählen zwei der in Köln bekanntesten Originale: der "Urgels Palm", ein Drehorgelspieler, der in stets gepflegter Husarenuniform bis ins hohe Alter durch die Stadt zog, und "et Fleuten-Arnöldche", der zwar durchaus gekonnt auf seiner Flöte musizierte, aber im elterlichen Wirtshaus wohl früh schon an Alkohol gewöhnt und ihm verfallen war und daher immer mehr herunterkam, bis eine Erbschaft ihn in den Stand setzte, sich als Pensionär in einer Anstalt einzumieten.

Unter den dem Mittelstand angehörenden Originalen sind mehrere Gastwirte, die als Initiatoren oder Opfer von Streichen und Frotzeleien oder als besonders pedantisch stadtbekannt für Heiterkeit sorgten.

Mit ihrer Sprache fallen zahlreiche Originale auf: Einige haben Sprachfehler - einer wird "Tiverlen" genannt, weil er "Stiefel", auf Kölsch "Stivvele", nicht korrekt aussprechen kann -, andere reden ständig auf der Straße mit sich selbst, wieder andere erregen Aufmerksamkeit und Gelächter durch häufiges oder besonders grobes Schimpfen. Einige der letzteren und mehrere weitere Genannte sind auch als geistig zurückgeblieben oder verwirrt zu bezeichnen, darunter ein Mann, der - wie es das in vielen Städten gibt - vor Festzügen hergeht und mit der Zeit fast so etwas wie die offizielle Ankündigung der Zugankunft für die Wartenden darstellt.

Schließlich wird es vom Publikum gern als komisch und seltsam empfunden, wenn ein Mensch "höher hinaus" will, als ihm aufgrund der Umstände zuzutrauen ist oder von der

Gesellschaft zugestanden wird: Z. B. verreist ein kleiner Schneidermeister jedes Jahr für einige Zeit und gibt sich in feinen Hotels mit Hilfe eines geliehenen, mit Hotelaufklebern aus aller Welt tapezierten Koffers als weitgereister Adliger aus; auch an den "Maler Bock" ist nochmals zu erinnern, der für sich nicht nur reklamiert, Künstler und Kunstkenner zu sein, sondern auch Grafensohn, den seine Amme, "die alte Zauberflöte", verwechselt habe.

Daß unter den Originalen ein jüdischer ehemaliger Mediziner und Literat sich befindet, stellt den merkwürdigen Fall dar, daß jemand in doppelter Weise zu den Außenseitern gehört, als Jude und als Original. Oder ist die Zuschreibung des Status' eines Originals umgekehrt eine Art von 'Integration' in Bezug auf seine ethnische Zugehörigkeit? Anders gesagt: Wenn er als Original gilt, vergißt man dann (solange), daß er Jude ist?

Gut ein Achtel der von LOUIS in seinem Buch aufgeführten Kölner Originale sind Frauen. Bedenkt man, daß Frauen in der bürgerlichen Gesellschaft des 19. Jahrhunderts allgemein eine sehr untergeordnete Rolle spielten, ist dieser geringe Anteil nicht verwunderlich. Auch, daß der Typ des vagabundierenden Originals und des Straßenmusikanten bei den Frauen ganz ausfällt, ist einerseits aus den sozialen Gegebenheiten verständlich, trägt anderseits zur Erklärung des geringen weiblichen Anteils bei: Frauen ohne festen Wohnsitz wären, sofern die Polizei sie nicht sogleich aufgegriffen hätte, wohl von der Öffentlichkeit als derart heruntergekommen betrachtet worden, daß man sie nicht mehr mit dem Titel eines Originals bedacht hätte. Immerhin wird die "Böckderöck-Wau-Wau" zum eng gefaßten Kernbestand der Originale gezählt: eine arme, oft betrunkene Frau, die durch das tägliche ausfallende Schimpfen über das ständige "Böckderöck"-Rufen einer in der Nachbarschaft im Käfig gehaltenen Wachtel zum Gespött der Straße wurde, besonders der Kinder, die ihr, wo sie sich auch sehen ließ, diesen

Wachtel-'Gesang' zuriefen und, wenn sie mit ihrem Stock einem von ihnen nachlief, von der anderen Seite ein "Wau-Wau" ertönen ließen.

4. Erweiterte Charakterisierung des Begriffes "Original"

Ich kehre zurück zu dem Problem, wie der Terminus "Original" zu definieren sei, und will nun versuchen, aus dem philologischen und exemplarisch-biographischen Ansatz heraus den Begriff samt seinem Umfeld und dem Mitgemeinten zu explizieren:

Originale sind Menschen, deren Aussehen und Verhalten *abweichen* vom Üblichen, vom allgemein Erwarteten. Sie gehören also in jedem Falle zu dem weiteren Begriff der "devianten" Personen in einer Gesellschaft, konstitutieren jedoch innerhalb dessen eine ganz spezifische Untergruppe. Anatomische Merkmale, die für das abweichende Aussehen verantwortlich sein können, reichen von besonderen Ausprägungen einzelner Organe, z. B. der Nase, bis zu Mißbildungen, die eine Körperbehinderung begründen würden, jedoch wohl nie über eine Grenze hinaus, von der an allgemein eine somatische Erkrankung angenommen oder mit Mitleid reagiert wird (aber die Strecke bis zum Mitleid kann, wie etwa das Beispiel der "Böckderöck-Wau-Wau" zeigte, weit sein ...). Für Bewegungsbesonderheiten gilt die gleiche Spannweite. Mit ihnen und der Kleidung ist bereits Verhalten in die äußere Erscheinung einbezogen. Zu den offenbar wichtigen Verhaltensbereichen gehören Essen und Trinken, Sprache, Broterwerb. Bloß statische Merkmale des Aussehens, ohne daß also auch ein unübliches Verhalten dazu käme, reichen nicht aus, um zu den Originalen gerechnet zu werden; eher können sie nachträglich, wenn das abweichende Verhalten festgestellt ist, erst entdeckt oder gar konstruiert werden, um eine solche Person leichter identifizierbar zu machen (irgendeine anatomische Regelabweichung findet sich schließlich bei jedem).

Doch damit greife ich vor: Die reine Existenz der aufgeführten Abweichungen genügt nämlich keineswegs, sie müssen festgestellt werden, mehr noch: sie müssen bekannt, *öffentlich* werden. Es ist immer ein größeres Publikum, dem die Originale auffällig sind - im Verborgenen gedeiht kein Original. Dieses Publikums wegen vermute ich auch, daß es sich um ein Phänomen der Stadtkultur und nicht der ländlichen Regionen handelt. Das Wort "Publikum" gebrauche ich außerdem deshalb, weil es sich um eine zumindest zeitweise physisch präsente Gruppe von zuschauenden, zuhörenden und reagierenden 'Normalbürgern' handelt, ganz entsprechend den bei Theater- und Sportveranstaltungen Anwesenden. "Original"-Sein ist demnach ein Wechselspiel mit diesen, nicht eine Existenzform für sich.

In dieses Wechselspiel gehen insbesondere *Bewertungs*prozesse der Öffentlichkeit ein: Auch Punker sind "deviant" und "stadtbekannt"; aber als Originale wird man sie nicht bezeichnen, weil sie ein Ärgernis darstellen und bedrohlich wirken (und in der Tat ja auch häufig so gegenüber Passanten agieren). Originale dagegen sind *komisch*, ihre Bekanntheit und Öffentlichkeit ist eine des öffentlichen Spaßes; sie stellen keine Bedrohung für den Bürger dar; erregen sie Ärger oder Ekel, hören sie auf, Original zu sein. Es geht ihnen zwar selten gut, werden sie aber als bloß traurig oder elend wahrgenommen (wobei in dieser 'Wahrnehmung' eben die Bewertung steckt!), verlieren sie das Komische und fallen aus der Kategorie des Originals ebenfalls heraus.

Als im komischen Sinne "originell" zu gelten, impliziert - wie bei jeder Devianz -, gegen Normen zu verstoßen. Wenn aber das Original nicht als bedrohlich empfunden wird, muß auch seine Weise der Normübertretung von einer ungefährlichen, noch erträglichen Art sein: Schrullen sind erlaubt, Affront und Perversion nicht, Alkohol darf das Original konsumieren - auch zu viel davon -, aber wohl kaum Rauschgift, abtricksen darf es jemandem etwas, schmuggeln, vielleicht sogar ein bißchen "klauen", aber nicht einbrechen oder rauben. Insgesamt bewegt es sich also in einer '*Grauzone*' zwischen

Konformität und streng negativ sanktionierter Normverletzung: Entweder sind die Verstöße nicht so gravierend oder die Normen nicht so zentral für das soziale System. Zugleich machen die soeben genannten Beispiele deutlich, daß die 'Grauzone' nicht ein für allemal festzulegen ist, sie hängt ab von einer Toleranzschwelle, die regional und zeitlich variieren kann (insofern muß ich damit rechnen, daß das aus den Kölner Beispielen Abgeleitete nicht zu verallgemeinern sein mag).

Ein Original wählt seine Außenseiterstellung nicht ganz freiwillig, tritt nicht frech aus der bürgerlichen Gemeinschaft, sich gegen sie wendend, heraus; es ist auch nicht absichtsvoll-berechnend anders (man kann sich eben nicht selbst zum Original ernennen). Anderseits ist seine Position auch nicht völlig zwangsläufig wie die der "existentiellen Außenseiter" (MAYER, 22 f), etwa der Juden. Eine gewisse *Autonomie* kennzeichnet es in den Augen des Publikums, die es, bei allem Spott und Gelächter, irgendwie attraktiv macht.

Die *Singularität*, in der sich das Original von der vielzahligen 'Masse' der Durchschnittsmenschen, der 'Normal'bürger abhebt, bedeutet auch, daß es *Einzelgänger* ist - Originale bilden keinen Verein. Viele der bei LOUIS beschriebenen Kölner Originale haben zwar gleichzeitig gelebt, aber keinen Kontakt miteinander gehabt; der "Maler Bock" hat während seines Aufenthaltes in der Arbeitsanstalt sogar den Kontakt mit dem gleichzeitig einsitzenden "Fleuten-Arnöldche" ausdrücklich abgelehnt.

Weiter ist mit der Singularität verbunden, daß sie durch einen *Beinamen*, den das Original neben seinem bürgerlichen Namen erhält und der diesen oft völlig verdrängt, eigens bezeichnet wird. Dieser Bei- oder Spitzname spielt auf eines der Merkmale des Auffälligwerdens an wie im Falle des "Maler Bock" oder des sprachbehinderten "Tiverlen" oder - verbunden mit einem Wortspiel - des Wundarztes Bauduin, der in Anspielung auf sein Trauma, daß ihm Promotion und Approbation verwehrt worden waren, und auf seinen Alkoholkonsum "Doctor Schabaudewing" genannt wurde

(Schabau = Kornbranntwein; Wing = Wein spielt zudem auf französische Aussprache der Endung des Namens an). Daß nicht der Umkehrschluß gilt, jede Person mit Beinamen sei schon ein Original, muß wohl kaum begründet werden.

Begriffe, die im Umfeld von "Original" anzusiedeln sind, wurden schon erwähnt: Sonderling, Kauz, (Straßen-)Type. Es wäre interessant, davon ein semantisches Differential zu erstellen. Doch auch ohne empirische Überprüfung lassen sich die beiden ersten Begriffe vom Original unterscheiden: Ihnen haften die Öffentlichkeit und der Charakter des Komischen nicht als notwendige Kennzeichen an, wie es beim Original der Fall ist, sie sind wunderlich, aber eher ins Verschrobene gehend, über das man schlecht lachen kann, sie ziehen sich eher zurück, als daß sie Publikum hätten. Dazu kommt das maskuline Genus der Worte, das kaum an Frauen als Sonderlinge oder Käuze denken läßt.

Und daß Frauen grundsätzlich 'gleichberechtigt' bei dem Begriff "Original" mitgedacht sind, ist nicht zu bestreiten, nicht nur wegen des Neutrums des Substantivs. Sicher ist aber davon auszugehen, daß jene 'Grauzone' zwischen unauffälliger Normbefolgung und bedrohlicher und daher negativ sanktionierter Normverletzung bei Frauen anders konstituiert wird als bei Männern; schon beim Alkoholgenuß in der Öffentlichkeit wird z. B. bis heute die Grenze enger und schärfer gezogen.

5. Zur sozialwissenschaftlichen Literatur

Ich habe in meiner Darstellung des Begriffs "Original" häufig sozialwissenschaftliche Terminologie gebraucht (im doppelten Sinne übrigens des Verwendens und des Nötig-Habens). Fachwissenschaftliche Literatur jedoch, die sich eigens dieses Themas angenommen hätte, ist mir nicht bekannt geworden. Wohl geht GOFFMAN am Schluß seiner berühmten Abhandlung über "Stigma" auf "Deviationen" ein, die dem von ihm behandelten Thema "angrenzen" (172-180). Er stellt dabei vier Typen auf: die in einer kleinen, zumindest überschaubaren Gruppe als Clown oder Maskottchen fungierende deviante Einzelperson; die eine Absonderung zur Schau stellenden, in einem Kollektiv bzw. eigenen Milieu zusammenkommenden "sozial-Abweichenden"; Mitglieder ethnischer Minoritäten; ihren Status in Sprache, Erscheinung und Verhalten zeigende Unterschicht-Personen. Aber in keine der vier Arten paßt das Original hinein.

LINDESMITH/STRAUSS verweisen in ihrem Kapitel über abweichendes Verhalten (190 ff) immerhin darauf, daß es sich um einen "äußerst breiten Verhaltensbereich" handle bis hin zu einem "Randbereich zwischen Devianz und Konformität" (199), und präsentieren mit dem "Exzentriker" einen Typ "individueller Devianz", der in Kennzeichnungen wie "eigenartig, seltsam, sonderlich, 'verrückt', 'überspannt' oder fremd" (233) oder gar "originell" (233) dem Original nahekommt; auch die unter Umständen positive Bewertung durch die Gesellschaft als "farbig, humorvoll" (234) o. ä. paßt dazu. Aber der Exzentriker ist weder begrifflich mit dem Original identisch noch im Verhalten, das einerseits auch "bis zum gefährlich seltsamen, bedrohlichen oder mysteriösen" (233) gehen, anderseits der Gesellschaft Innovationen bescheren kann (234). Was ein Exzentriker im anglo-amerikanischen Kulturraum bedeutet, scheint überdies nicht einfach auf die deutsche Kultur übertragbar zu sein.

Ansonsten wird unter dem Titel "Abweichendes Verhalten" von den Sozialwissenschaften in der Hauptsache das Problem der Delinquenz abgehandelt. Solch grobe Deviationen schaffen klare Verhältnisse: Die Gesellschaft bewertet sie eindeutig negativ, stigmatisiert, reagiert mit Strafe usw. Aber diese klaren Verhältnisse können auch zu einfachen Theorieansätzen verleiten, die sich dann als wenig hilfreich erweisen, wenn die Wahrnehmung, Bewertung und Reaktion der Gesellschaft nicht so eindeutig sind - wie z. B. bei den "Originalen".

6. Das ambivalente Verhältnis der Gesellschaft zum Original

Bei meinem Versuch, den Begriff des Originals zu fassen, waren mehrfach unscharfe Grenzen zu konstatieren: Es ist nicht 'objektiv' festzulegen, wo die Grenze zwischen besonderem Aussehen und Verhalten und krankhaftem, bemitleidenswertem zu ziehen sei, wo die Grenze zwischen erträglicher und bedrohlicher Normverletzung, wo diejenige zwischen erzwungenem und gewähltem Anders-Sein oder zwischen dem Komischen und dem Taurigen oder Abstoßenden. Immer ist - und das überrascht freilich niemanden, der über Devianz nachgedacht oder gelesen hat - die Gesellschaft in diese Grenzziehung verquickt, die Reaktion des Publikums bestimmt - kaum vorhersehbar -, was komisch usw. ist. Deshalb muß nun akzentuiert die Rede sein von dieser Reaktion, die eigentlich ebenso sehr Aktion ist, da ihr eben nicht eine von ihr unabhängige Genese des Originals voraufgeht. Außerdem liegt in diesem Verhältnis der Gesellschaft zu den Originalen ein Hauptinteresse meiner Überlegungen.

Daß eine Stadt 'ihre' Originale hochhält und liebt, ist leicht nachzuweisen, ebenso leicht aber auch zu widerlegen. Daß mit dem Begriff "Original" nur ein Euphemismus gefunden ist, um das An-den-Rand-Drängen und negative Sanktionieren abweichenden Verhaltens zu bemänteln, ist ebenfalls eine These, die belegbar, aber durch Gegenbeispiele auch sogleich falsifizierbar ist. Weder die bloß positive noch die ausschließlich negative Bewertung durch die Gesellschaft läßt sich behaupten; deren Verhältnis zu den Originalen ist nicht eindeutig, dichotomisch zu fassen, sondern durch ein "Einerseits-Anderseits" charakterisiert:

Man lacht über die Originale, aber es ist nicht jenes vernichtende Lachen, das eine Person gar nicht mehr gelten läßt; man würde es ablehnen, so zu sein und zu leben wie sie, aber ein wenig bewundert man sie auch; man stößt sich an dem Kontrast zu dem normalerweise zu erwartenden Aussehen und Verhalten, aber man ist auch erleichtert, daß man wenigstens über etwas lachen kann, das man sich vielleicht selbst nur nicht getraut. Ist das Original zugleich Schrecken und Wunschtraum des 'normalen' Bürgers? Sich im Drüber-Lachen von ihm absetzend, hat er zugleich als Zuschauer teil daran, daß da Regeln nicht eingehalten werden, die ihm unumstößlich sind. Das liefe letzten Endes auf die These hinaus, die Originale hätten die Funktion einer öffentlichen Psychohygiene: Die Originale verletzen stellvertretend für das Publikum bestehende Normen, und dieses kann darüber lachen, weil das Schauspiel ja komisch ist und der Verstoß nicht gar so schlimm.

Diese Interpretation ist spekulativ, und sie erklärt auch nicht das ganze Verhältnis der Gesellschaft zu ihren Originalen. Aber als sicher möchte ich festhalten, daß dieses Verhältnis ein *ambivalentes* ist, das Zustimmung und Ablehnung zugleich oder oszillierend in sich trägt.

In seinem großen Essay "Außenseiter" zieht Hans MAYER das bittere Fazit, die "umfassende Konzeption von Aufklärung", "ohne den Sonderfall von Fremdheit innerhalb der Gesellschaft auszukommen" (29), sei nicht verwirklicht, "die bürgerliche Aufklärung gescheitert", weil sie mit der Provokation der Außenseiter nicht fertig geworden sei (MAYER in: UEDING, 34). Er legt Wert auf eine Unterscheidung zwischen "existentiellem", d. h. durch Abstammung oder Daseinsform aufgezwungenem, und "intentionellem", freigewähltem Außenseitertum. Nur für das erste gilt die zitierte negative Bilanz; vom intentionellen Außenseiter sagt MAYER, er werde "von jenen hoch geschätzt und insgeheim bewundert, denen er die Gemeinschaft aufkündigte" (23). Das scheint mir zu optimistisch gesehen zu sein: Was geschieht, wenn er, der sich selbst losgesagt hat, Schwäche zeigt und nun plötzlich die Gemeinschaft braucht? Bewundert wird seine Autonomie, nicht sein Außenseitertum; gerät jene in Gefahr, ist es um die Anerkennung dieses auch nicht mehr gut bestellt. Anderseits: Liegt es nicht in der Dichotomisierung in intentionelle und existentielle Außenseiter mit begründet, wenn als Fazit nur gesehen werden kann, daß letztere von der Gesellschaft zur "Abart" und für "unwert" erklärt werden (29)? Für die von MAYER behandelten Arten des Außenseitertums ist seine Bilanz wohl schmerzlich wahr, und ich scheue mich fast, im Blick darauf nach der Stellung der Originale zu fragen. Aber es ist ja längst klar geworden, daß sie nicht nur ein Thema für Brunnenfiguren und Bierdeckel abgeben.

Nun, sie sind wieder einmal "dazwischen" - von ihrer Genese und von den Folgen ihres Außenseitertums her -, weder existentielle noch intentionelle Außenseiter - oder sowohl das eine wie das andere. Das bedeutet: Insofern das Original zumindest partiell auch dem existentiellen Außenseitertum zugehört, hat die bürgerliche Gesellschaft doch das Problem einer 'Spielart'existentieller Außenseiter einigermaßen bewältigt. Oder anders gesagt: Die Gesellschaft, die mit der Provokation des Außenseitertums nicht fertig geworden ist, hat sich vielleicht genau deswegen die vermeintlich harmlose, nicht provokante Außenseiter-Variante des "Originals" geschaffen, mit der sie wenigstens fertig wird. Das muß für sie auch beruhigend und entlastend sein: Ist das Lachen über die Originale auch ein Lachen, in dem sich diese Entlastung ausdrückt?

Freilich bleibt es für jedes soziale Gebilde problematisch, überhaupt mit Singulärem umzugehen (auch wenn es dessen wiederum bedarf, um den Zusammenhalt zu festigen); das gilt für die Originale, aber auch für MAYERs "intentionelle Außenseiter": Die von ihm angenommene Wertschätzung und geheime Bewunderung ist eben nicht der selbstverständliche Normalfall von Integration.

7. Die kulturhistorische Dimension

Schon mehrfach habe ich auf den geschichtlich-rückwärtsgerichteten, ja nostalgischen Unterton des Begriffes "Original" hingewiesen. Originale gehören in gewissem Sinne zum Szenarium der 'guten alten Zeit'. Auch sie selbst werden rückblickend mehr geliebt, als es ihnen zu Lebzeiten zuteil geworden ist. Und darin könnte mehr stecken als das "de mortuis nil nisi bene": Wenn etwas Richtiges an der im vorigen Kapitel ausgesprochenen Hypothese ist, daß die Gesellschaft sich mit dem Original eine harmlose, nicht-bedrohliche Außenseiter-Variante quasi selbst geschaffen hat, mit der sie fertig werden kann, dann würde diese Tatsache noch begünstigt durch einen verstorbenen Außenseiter, der noch lebhaft genug in Erinnerung ist, um die Wertschätzung zur Geltung kommen zu lassen, und zugleich nicht mehr in der Lage, neue ablehnende Reaktionen zu provozieren. Mit wachsendem Abstand kann so sein Bild immer mehr vergoldet werden. Außerdem vermag die posthume Glorifizierung das schlechte Gewissen zu beruhigen, mit dem Original nicht so freundlich umgegangen zu sein, als man ihm noch real begegnete.

Der nostalgische Unterton klingt nicht von ungefähr etwas biedermeierlich; historisch wären wir damit etwa in der Zeit, in welcher der Begriff "Original" die hier interessierende Bedeutung erlangt hat. Zugleich wäre das übrigens ungefähr die Epoche, in der nach MAYER sich das Scheitern der Aufklärung herausstellt. Schon etwas früher, bei GOETHE nämlich, wird der Begriff durchaus ironisch verwandt, etwa in seinem Gedicht "Den Originalen", gleichzeitig oder wenig später auch von anderen, und zwar gemeinsam mit dem Genie-Begriff, insbesondere in der tautologischen Wortprägung "Originalgenie". Dieser Sturm-und-Drang-Begriff, zunächst ja positiv gemeint, gerät bald in Mißkredit und wird z. B. Zielscheibe LICHTENBERGschen Spottes (SCHEIDLER).

Einmal in seiner Wertschätzung und Ernsthaftigkeit beeinträchtigt, wenngleich ihrer nicht ganz verlustig gegangen, konnte der Begriff "Original" wohl bald zur Bezeichnung der "Straßentypen" im (klein)bürgerlichen Raum der Städte werden und geriet so in gewissem Sinne zum biedermeierlichen Abkömmling der "Originalgenies" des 18. Jahrhunderts. Insofern ist es wohl auch nicht ganz falsch, im "Original" ein zwar nicht ausschließlich, immerhin aber bevorzugt deutsches Phänomen zu vermuten.

Dies alles genauer zu belegen, ist an dieser Stelle freilich ganz unmöglich, jedoch ist zu erwarten, daß eingehende kulturhistorische und sprachgeschichtliche Untersuchungen einiges auch für die sonderpädagogischen und sozialwissenschaftlichen Aspekte des Themas Bedeutsame zu Tage förderten.

Literatur

BEYER, J.: Kölner Originale und Straßenfiguren. Köln 1912.

DUDEN - Das große Wörterbuch der deutschen Sprache, Bd. 5, Mannheim 1980.

DUDEN - Etymologie. Mannheim 1963.

GOFFMAN, E.: Stigma - Über Techniken der Bewältigung beschädigter Identität. Frankfurt 1967.

GRIMM, J. und W.: Deutsches Wörterbuch, Bd. 7. Leipzig 1889.

LINDESMITH, A. R./STRAUSS, A. L.: Symbolische Bedingungen der Sozialisation, Teil 2. Düsseldorf 1975.

LOUIS, R.: Kölner Originale - Die Welt der alten Kölner Originale und Straßenfiguren. Köln 1985.

MAYER, H.: Außenseiter. Frankfurt 1975.

SCHEIDLER, K.H.: Genie. In: ERSCH, J. S./GRUBER, J.G.: Allgemeine Enzyklopädie der Wissenschaften und Künste. Leipzig 1854 (Nachdruck Graz 1972), 73-99.

UEDING, G. (Hrsg.): Materialien zu Hans Mayer, "Außenseiter". Frankfurt 1978.

WEYDEN, E.: Köln am Rhein um 1810. Köln 1862 (Nachdruck Köln 1976).

Herbert Goetze, Norbert Myschker, Heinz Neukäter,
Irene Pütter, Monika Vernooij, Manfred Wittrock

Das Disziplinproblem im Spiegel der Geschichte der Pädagogik und aktueller Ansätze

1. Vorbemerkung

Seit nunmehr vier Jahren besteht ein Arbeitskreis norddeutscher Verhaltensgestörtenpädagogen, dessen Entstehen und kontinuierliche Arbeit im engen Zusammenhang steht mit dem Wirken von Enno FOOKEN. Einige Mitglieder dieses Arbeitskreises haben sich in diesem Beitrag zusammengefunden, um über die erziehungswissenschaftliche Thematik der Disziplin in Erziehung und Unterricht nachzudenken. Gemeinsam teilen sie den Gedanken, daß ein wissenschaftlicher Gegenstand am ehesten Aufklärung erfährt, wenn er aus verschiedenen Perspektiven betrachtet wird. Die in diesem Beitrag vereinten Fachvertreter bearbeiten auf dem Hintergrund ihrer jeweiligen spezifischen Sichtweisen das Disziplinproblem. In Kenntnis der Tatsache, daß jede einseitige theoretische Betrachtungsweise trotz ihrer erhellenden Wirkung auch Schattenbereiche erzeugt (frei nach FOOKEN), beabsichtigen die Fachvertreter ein Gespräch in Gang zu setzen, das in der Achtung vor der Position des anderen eine Auseinandersetzung um die Lösung einer wissenschaftlichen Fragestellung ermöglichen soll.

In den letzten Jahren ist das Disziplinproblem wieder verstärkt Gegenstand wissenschaftlicher Bemühungen geworden (BECKER 1982; CLOER 1981/1982; Staatsinstitut 1983; KORTE 1982; MOLL-STROBEL 1983; SCHAEFER 1981; SCHNEIDER 1985). Die Not der in den Schulen und anderen pädagogischen Institutionen Tätigen fordert dazu heraus, gerade weil in den gängigen Standardwerken der Pädagogik der Begriff der Disziplin weitgehend ausgeklammert ist (vergleiche SCHNEIDER 1985). SCHNEIDER spricht sogar von einem verdrängten Disziplinproblem und fordert dazu auf, die Verdrängung durch Bewußtmachung des Konfliktes aufzuheben. Die folgenden Ausführungen wollen dazu einen Beitrag leisten. In dem Kapitel 2 wird eine kurze Übersicht über die Interventionen bei Kindern und Jugendlichen mit sozial-emotionalen Auffälligkeiten versucht. Dieser geschichtlich angelegte Aufriß wird ergänzt durch Arbeiten, die das Disziplinproblem aus der theoretischen Position einer wissenschaftlichen Schulrichtung begreifen:

- Kapitel 3 skizziert das Problem der Disziplin aus der Sicht der Verhaltensmodifikation,
- Kapitel 4 analysiert die Disziplinproblematik in individualpsychologischer Sicht,
- Kapitel 5 führt in das personorientierte Verständnis der Disziplinproblematik ein,
- Kapitel 6 stellt die Überlegungen aus kommunikationstheoretischer Sicht zusammen und
- Kapitel 7 referiert die Disziplinproblematik aus lebensproblemzentrierter Sicht.

2. Geprügelt, ausgesondert, getötet - Zur Intervention bei Kindern und Jugendlichen mit sozial-emotionalen Auffälligkeiten (MYSCHKER)

Wo mehrere Menschen zusammenkommen, wo sie gemeinsam eine Aufgabe erledigen, eine Leistung vollbringen, lernen oder auch nur spielen wollen, wird von dem einzelnen Selbstkontrolle, Selbststeuerung, ein situationsgemäßes Verhalten, d. h. Disziplin verlangt. Das lateinische Wort "disciplina" bedeutet Unterricht, im Plural Unterrichtsanstalten, aber auch angenommene Gewohnheit und innere Zucht (vgl. GEORGES 1903, S. 243). Die Sprache der Römer verdeutlicht einen Zusammenhang zwischen Unterricht bzw. Schule und einem entsprechenden Verhalten, der in der pädagogischen Einsicht anklingt, nach der Disziplin einerseits conditio sine qua non und andererseits Aufgabe der Schule ist (HAGEMEISTER 1968, S. 9). Lehrer forderten und förderten deshalb, seit es Schule gibt, diszipliniertes Verhalten von ihren Schülern - pädagogisch vertretbar allerdings nur mit dem Ziel der Selbstbeherrschung, der verantwortungsvollen Selbständigkeit und Unabhängigkeit, nicht des "Kadavergehorsams", der abhängigen Unterwürfigkeit oder der äußeren Anpassung.

Bei allen Kindern, insbesondere natürlich bei solchen, die Schwierigkeiten machten, sind zur Aufrechterhaltung und zur Förderung von Disziplin im Sinne der christlichen Lehre von der Erbsünde, nach der der Körper der Sitz des Bösen ist, jahrhundertelang die verschiedensten Arten harter körperlicher Züchtigung eingesetzt worden.

In den frühmittelalterlichen Klöstern, die elternlose und verlassene Kinder aufnahmen, wie in den Klosterschulen, die Kinder vornehmer wie armer Familien besuchen konnten, war die Rute bevorzugtes Mittel gegen Ungehorsam wie gegen Lernversagen. Für den pädagogischen "Zuchtmeister" war sie "ständiger Begleiter beim Wecken schlafender Knaben, beim Antrieb zu den täglichen Arbeiten, während der Unterrichtsstunden und beim nächtlichen Kontrollgang durch die Schlafräume" (FLISSIKOWSKI u. a. 1980, S. 37). In den bischöflichen Dom- und Stiftsschulen des 13. Jahrhunderts wurde so hart körperlich gezüchtigt, daß es zu Beinbrüchen und entstellenden Wunden kam und die Schulmeister gezügelt werden mußten (vgl. SPECHT 1885, S. 207 ff.). Nicht besser waren die Verhältnisse in den seit der Mitte des 13. Jahrhunderts in allen Städten bestehenden öffentlichen Bürgerschulen und in den späteren privaten "Winkelschulen": "Die Schulzucht war ungeregelt und hart; Stock und Rute - die speziellen Abzeichen des Lehrers - wurden fleißig gehandhabt" (VOLKMER 1909, S. 37).

Mit dem Ende des Mittelalters um 1500 ändert sich das Menschenbild, die "geistige Diktatur der Kirche" (ENGELS) wird in Frage gestellt, die Bürger der reichen Städte greifen die Ideen des in Italien entstandenen Humanismus auf. ERASMUS von Rotterdam wendet sich ebenso gegen die allgemeine Prügelpädagogik wie Ludwig VIVES. In seiner Abhandlung von 1529 "Über die Notwendigkeit einer frühzeitigen wissenschaftlichen Unterweisung der Knaben" schreibt ERASMUS: Für Kinder

> "ist nichts schädlicher, als wenn sie an Schläge gewöhnt werden. Denn werden dieselben im Übermaß erteilt, so bewirken sie, daß eine edler angelegte Natur unlenksam wird, eine weniger empfindsame in Verzweiflung gerät; wiederholen sie sich fortwährend, so haben sie zur Folge, daß sowohl der Körper gegen Hiebe abgestumpft als auch der Geist für Werte unempfänglich wird" (Zitiert nach: GÜNTHER u. a. 1978, S. 52).

Die Forderung nach humaneren Disziplinierungsmitteln findet Gehör im höheren, nicht jedoch im niederen Schulwesen. Die Menschen sind an harte Strafen auch bei Kindern gewöhnt. Es ist die Zeit, in der siebenjährige Jungen und Mädchen für sich selbst verantwortlich und strafmündig sind. Von ihnen wird verlangt, den Lebensunterhalt selbst zu verdienen, für den Unterhalt der Familie beizutragen. Verstoßen sie gegen Strafrechtsnormen, drohen Folter, Marterung, Enthauptung. Im sechzehnten Jahrhundert, als infolge frühkapitalistischer Machenschaften und der Auflösung vieler caritativ tätiger Klöster nach der Reformation massenhaft auch bettelnde, verwahrloste Kinder und Jugendliche durch die Lande ziehen, werden die der Abschreckung und Unschädlichmachung dienenden Strafen immer härter. Nürnberger wie Regensburger Recht sieht z. B. vor, jugendlichen Räubern die Ohren abzuschneiden. Kinder von 13 Jahren, die gemordet haben, werden 1540 und 1547 in Nürnberg enthauptet und aufs Rad geflochten. in Hamburg wird 1581 ein elfjähriger Junge geköpft, weil er einem Ratsherrn eine Fensterscheibe eingeworfen hat (HOLZSCHUH 1957, S. 74).

Aus humanitären wie aus wirtschaftlichen Gründen geht die Stadt Amsterdam delinquenten Kindern und Jugendlichen gegenüber von der Praxis der Leib- und Lebensstrafen ab; in dem 1595 gegründeten Zuchthaus sollen die Übeltäter von der Gesellschaft abgesondert, eingesperrt und durch harte Arbeit, Arbeitsprämien, Unterricht sowie durch Züchtigung bei Verfehlungen zur Arbeitsamkeit und zu einem den bürgerlichen Normen angepaßten Leben erzogen werden. Im 17. Jahrhundert gründen fast alle größeren deutschen Städte nach Amsterdamer Vorbild Zuchthäuser, in denen die Anfänge der Fürsorgeerziehung und des Jugendstrafvollzugs zu sehen sind. Die Erziehung durch Arbeit zur Arbeit pervertiert jedoch sehr schnell zur krassen Ausbeutung von Arbeitskraft. Die Züchtlinge wehren sich gegen Fron und brutale Bestrafung - in Hamburg z. B. damit, daß sie das 1622 aufwendig erbaute Werk- und Zuchthaus im Januar 1666 niederbrennen (vgl. HENSEL 1979, S. 32).

Auch in den frühpietistischen Rettungshäusern, die nach den noch Jahrzehnte fortwirkenden Greueln und Zerstörungen des Dreißigjährigen Krieges gegründet werden, herrscht strenge Zucht in der Furcht Gottes bei der "Erziehung der Verlassenen zur Frömmigkeit und Nützlichkeit" (GEORGENS/DEINHARDT 1861, S. 338). In den Halleschen Anstalten von August Hermann FRANCKE, in denen auch viele "böse und unartige Kinder" untergebracht sind, soll jedoch Liebe zu dem Zögling im Vordergrund stehen, von körperlicher Züchtigung soll bei Lernschwierigkeiten gar nicht, bei offensichtlicher Bosheit nur nach Vorwarnung und insgesamt selten Gebrauch gemacht werden. Als besonders wichtig werden das gute Beispiel der Präzeptoren (Lehrer und Erzieher), eine positive Beziehung zwischen Präzeptor und Zögling sowie für die Erziehung sinnvoller Arbeitseinsatz angesehen. Diese Grundkonzeption bestimmt mehr als zwei Jahrhunderte lang die Erziehung der in Anstalten ausgesonderten, verwahrlosten, verwahrlosungsbedrohten und "schwer erziehbaren" Kinder und Jugendlichen, - angereichert durch PESTALOZZIs Leitvorstellung vom Zusammenleben wie in "einer großen Haushaltung" (Familienprinzip), immer wieder auch überzogen und pervertiert, z. B. durch Ausbeutung der kindlichen Arbeitskraft oder durch extreme Frömmelei (Waisenhausstreit), zu einer vorbildhaften Ausprägung gebracht in den neupietistischen Rettungshäusern von WICHERN und seinen Nachfolgern (PESTALOZZI 1799; JACOBS 1931; WICHERN 1833 und 1868 in JANSSEN Bd. 2 1956).

In den niederen Schulen bzw. Volksschulen des 17. und 18. Jahrhunderts ist, wenn sich die Kinder und Jugendlichen nicht - trotz der z. B. in Preußen seit 1717 bestehenden Schulpflicht - dem Unterricht weitgehend folgenlos entziehen, körperliche Züchtigung mit einem breiten Repertoire der Schulmeister weiterhin gängiges Disziplinierungsmittel. Ende des Jahrhunderts der französischen Revolution findet Bernhard OVERBERG, angesehener Lehrerbildner im Münsterland, folgende Strafen noch weit verbreitet: "Stoßen mit der Faust, mit dem Fuße", "Reissen und Herumschleppen bey den Haaren usw.", " Ohrfeigen und sonstiges Schlagen an den Kopf", "Stehen- oder Knien-lassen vor dem heissen Ofen", "Schlagen vor die Nägel, auf die Knöchel der Finger", "Kneifen in die Ohren, Arme usw.", "Blauprügeln mit einem Klockenseile, Ochsenziemer usw." (OVERBERG 1793, S. 744-745). Er lehnt - und das ist nun auch schon weit verbreitet - diese Strafmittel ab. Um "Schulzucht" zu erreichen, soll der Lehrer sich vor allem um "Ansehen, Liebe und Zutrauen" bei den Schülern bemühen (ebd. S. 133) und "in allem mit einem guten Beyspiele" vorangehen (ebd. S. 140). Der Einsatz der Rute wird jedoch nach wie vor für notwendig gehalten: "Die Ruthe gehöret unter die nützlichen positiven Strafmittel, wenn sie auf die rechte Art gebraucht wird" (ebd. S. 745). Mit der Einschränkung, daß es "niemals bis zu Mißhandlungen, die der Gesundheit der Kinder auf entfernte Art schädlich werden können" - wie sie für Preußen das Allgemeine Landrecht von 1794 im § 50 vorsieht - gehört die körperliche Züchtigung bis zum Ende des monarchistischen Staates mit dem Zusammenbruch nach dem 1. Weltkrieg und natürlich während der Nazi-Zeit zu den Disziplinierungsmitteln des Lehrers, die er allgemein im Sinne der Untertanenerziehung und speziell bei "Unarten", "Kinderfehlern", Erscheinungen "psychopathischer Minderwertigkeit" einsetzt.

Der demokratische Staat, der freie, selbständige, kritische, mitverantwortliche Menschen erziehen will, kann brutale Zwangsmittel, die den Willen des Kindes brechen, nicht dulden. Nachdem sich Ende des 19. Jahrhunderts die Stimmen gegen harte Disziplinierung mehren und seit Anfang des 20. Jahrhunderts im Zuge der Reformpädagogik pädagogische Konzepte erarbeitet werden, die auf Prügelpädagogik, Zwangsmittel, Dressur verzichten (z. B. Georg KERCHENSTEINER, Maria MONTESSORI, Berthold OTTO), verbietet die demokratische Regierung des Landes Sachsen per Gesetz die Prügelstrafe, die übrigen Länder der Weimarer Republik sprechen per Ministerialerlaß Verbote aus oder formulieren die Richtlinien für die Schulen so, daß körperliche Züchtigung als Disziplinarmittel nur noch "Ausnahmefällen" vorbehalten bleibt, mit dem neuen Selbstverständnis von Schule und Lehrerschaft aber nicht mehr vereinbar ist.

Da sich zeitbedingt infolge des verlorenen Krieges, der anschließenden Wirren und katastrophalen wirtschaftlichen Verhältnisse Schwererziehbarkeit in den Schulen zu einem großen Problem entwickelt und

> "gleichzeitig die Einschränkung und Unterlassung der körperlichen Züchtigung behördlich empfohlen bzw. angeordnet wurde, erörterten ernst denkende pädagogische Kreise die Ausschaltung der Schwererziehbaren aus der Normalklasse ... und empfahlen dringend ihre Vereinigung in 'Fürsorgeklassen'",

die seit 1928 als E-Klassen (Erziehungs-Klassen) in Berlin eingerichtet wurden, um eine "Sonderbehandlung" innerhalb der Volksschule zu ermöglichen und Fürsorgeerziehung zu umgehen (FUCHS 1930, S. 55, Amtsblatt Berlin 1929). Mit den Berliner E Klassen beginnt die Entwicklung des Sonderschulwesens für Kinder und Jugendliche mit Verhaltensstörungen im Rahmen der öffentlichen Volksschule.

Den E-Klassen in Berlin, später auch in Chemnitz und Dresden, bleibt bis zu ihrer Schließung durch das Nazi-Regime unmittelbar nach der "Machtübernahme" gerade noch Zeit, sich als Organisationsform zu bewähren, um dann nach dem 2. Weltkrieg als Vorbild zu dienen; spezifische Erziehungskonzepte können nicht mehr erprobt und vorgestellt werden. Die Nazis werfen dem Weimarer Staat einen "Kult des Minderwertigen" vor, fassen die als "Asoziale" und "Gemeinschaftsschädlinge" bezeichneten Schwererziehbaren in Hilfsschulen, Fürsorgeerziehungs- und Jugendstrafanstalten hart an, wenn sie die Heranwachsenden nicht gar als "Ballastexistenzen", Psychopathen und "moralisch Schwachsinnige" durch Sterilisation "aus dem Erbgefüge des deutschen Volkes eliminieren" oder einer tödlichen Sonderbehandlung zuführen (vgl. SCHMEICHEL 1982).

Spezifische Interventionskonzepte werden bei Kindern und Jugendlichen mit sozial-emotionalen Auffälligkeiten - in völliger Abkehr von der alten Prügelpädagogik - vor dem 2. Weltkrieg vor allem im Rahmen der Fürsorgeerziehung und der Erziehungsberatung, nach dem Kriege dann in großer Vielfalt und Breite in den verschiedenen Sondereinrichtungen für diese Heranwachsenden entwickelt und erprobt. Es geht um Verstehen statt Verurteilen, um Fördern statt Fordern, um Helfen statt Strafen. Ausgangspunkt und theoretische Basis für diese Konzepte sind psychologische Ansätze. Als besonders fruchtbar erwiesen haben sich die Psychoanalyse von Sigmund FREUD, die Individualpsychologie von Alfred ADLER, die vor allem auf die Behavioristen zurückgehende lerntheoretische Verhaltensmodifikation und die humanistische Psychologie von Carl R. ROGERS.

Die Grundlage für die Anwendung der Psychoanalyse in der Pädagogik werden in den zwanziger Jahren geschaffen durch AICHHORN, BERNFELD, Vera SCHMIDT, ZULLIGER, durch die Wirksamkeit der zwischen 1926 und 1938 erscheinenden "Zeitschrift für psychoanalytische Pädagogik". Den größten Einfluß bis in die Gegenwart gewinnt August AICHHORN. Ihm verpflichtet ist z. B. Bruno BETTELHEIM, der in Chicago die weltberühmte "Orthogenic School" konzipiert, ebenso wie der erste Leiter der Kölner Sonderschule für Erziehungsschwierige, Karl DENK, der eine der ersten Konzeptionen für die neue Schulform vorlegt (vgl. BETTELHEIM 1970, DENK 1967). Was im Sinne FREUDscher Theoriebildung "in Nordamerika, England, Holland und nun auch in Deutschland zur Vorbeugung und Heilung verwahrloster Jugendlicher getan wurde, ruht auf den Grundlagen von AICHHORNs Werk und Namen" (BIERMANN 1969, S. 5). August AICHHORN, gebürtiger Wiener und Volksschullehrer, richtet 1918 in Oberhollabrunn ein Erziehungsheim für neurotische, verwahrloste, schwererziehbare Kinder und Jugendliche ein. Ab 1923 gründet er als Beamter des Städtischen Jugendamtes in Wien Erziehungsberatungsstellen, die weltweit Vorbildcharakter bekommen. In dem Heim Oberhollabrunn, das später nach St. Andrä verlegt wird, erprobt er sein richtungsweisendes Erziehungskonzept, das durch grenzenlose Milde und Güte, befreiendes Verstehen und die Ermöglichung und Verarbeitung von Übertragung charakterisiert ist (AICHHORN 1925).

Die Individualpsychologie entwickelt Alfred ADLER einerseits in Verbindung zur Psychoanalyse, andererseits in Abgrenzung zu ihr. Fast ein Jahrzehnt lang (1902 - 1911) arbeitet der Wiener Augenarzt und späterer Internist mit FREUD in den berühmten Mittwoch-Sitzungen, in der Psychoanalytischen Vereinigung, in der Herausgabe der Monatsschrift "Zentralblatt für Psychoanalyse" zusammen, beugt sich aber nicht dem Führungsanspruch des "Meisters" und seiner Lehre, sondern geht eigene Wege. Als Sozialist stellt er sozialpsychologische Aspekte in den Vordergrund. Seine Kritik an der Libidotheorie führt zum Bruch mit FREUD (vgl. RATTNER 1976, KRIZ 1985). Auch die Individualpsychologie wurde, da auch ADLER Jude war, wie FREUDs Psychoanalyse in der Nazi-Zeit verboten. Trotzdem sind inzwischen die zentralen Begriffe der Individualpsychologie wie "Minderwertigkeitsgefühl", "Geltungsstreben", "Kompensation" und "Überkompensation", "Lebensplan" bzw. "Lebensstil" und "Gemeinschaftsgefühl" so weitgehend in den allgemeinen Sprachgebrauch eingegangen, daß sie gar nicht mehr als Teil einer speziellen psychologischen Lehre empfunden werden. In der Verhaltensgestörtenpädagogik gehören sie in ihrem theoretischen Kontext zum Allgemeingut, wirken prägend auf das Denken der Lehrer und Erzieher und beeinflussen - ohne, daß spezielle, elaborierte individualpsychologische Konzepte vorliegen müssen - die pädagogisch-therapeutische Arbeit. Die individualpsychologische Intervention bei Lern- und Verhaltensstörungen, die ADLER in von ihm eingerichteten Erziehungsberatungsstellen ausgiebig erproben konnte, bildet mit den drei Phasen "- Verstehen des Lebensplans - Aufklärung des Probanden über seinen Lebensstil - Stärkung des Gemeinschaftsgefühls", ein einfaches, eingängiges Grundmuster (BLEIDICK 1985, S. 63). Da das Konzept pädagogischer Theorie und Praxis sehr nahe steht, findet es bei dem gegenwärtigen Bedürfnis in Schule, Heim und Erziehungsberatung nach praktikablen Modellen verstärkt Beachtung und Verbreitung (vgl. Kap. 4).

Die lerntheoretische Verhaltensmodifikation (vgl. Kap. 3), die heute mit systematischer Verstärkung des erwünschten und Löschung des unerwünschten Verhaltens, als Verhaltensformung, Verhaltensverkettung, Token-System, Selbstinstruktion, kooperatives Verfahren usw. zum Rüstzeug der Lehrer und Erzieher in der Verhaltensgestörtenpädagogik gehört, hat sehr frühe Vorläufer. Schon die Griechen und Römer bedienten sich systematischer Verhaltensbeeinflussung. Als sich in Deutschland im 18. Jahrhundert das Anstalts- und Schulwesen ausweitete, setzten - um den Fleiß zu steigern und die üblichen körperlichen Züchtigungen zu reduzieren - Pädagogen z. B. in SPENERs Frankfurter Armen -, Waisen- und Arbeitshaus oder in den Schulen des Münsterlandes eine Art Token-System ein. Bernhard OVERBERG vermittelte in der Lehrerausbildung die Führung von "Sittentafeln", auf denen sowohl für Verhalten als auch für Leistungen, "gute" und "schlechte Striche" vermerkt wurden, auf die nach der Verrechnung "beym Verteilen der Prämien Rücksicht genommen" wurde (OVERBERG 1793, S. 771). Zum Aufbau erwünschten Verhaltens benutzten in Frankreich Anfang des 19.Jahrhunderts die ideenreichen Erfinder heilpädagogischer Methode, ITARD und SEGUIN, Verstärkungsverfahren. Von einer systematischen Erforschung der Lerngesetze und ihrem gezielten, kontrollierten Einsatz kann allerdings erst seit Anfang des 20. Jahrhunderts die Rede sein. Noch vor 1900 entdeckt Iwan P. PAWLOW in St. Petersburg den "bedingten Reflex", die Grundlagc für klassisches Konditionieren, macht der Amerikaner Edward L. THORNDIKE Lernexperimente mit Tieren, die 1911 zur Formulierung des "law of effekt" führen. John B. WATSON begründet 1913 die als Behaviorismus bezeichnete Forschungsrichtung, die mit spektakulären experimentellen Neurosen und gezielten lerntheoretisch begründeten Therapieversuchen bei Menschen das Wissen um die Genese und die Reduktion psychischer Störungen mehren und einige Verfahren der klinischen Verhaltenstherapie begründen. Neben WATSON, Mary Cover JONES und HAMILTON gehört zu den ertragreichsten Forschern unter den Behavioristen Burrhus F. SKINNER, der in den fünfziger Jahren mit Verhaltensformung und unterschiedlichen Verstärkerplänen das operante Konditionieren entwickelt, die Basistechnik für die in natürlichen Umwelten praktizierte Verhaltensmodifikation. Mit dem Konzept des Modellernens stellt BANDURA in den sechziger Jahren im Anschluß an WATSONs "soziale Imitation" "die Grundlagen für die kognitive Wende in der Verhaltensmodifikation" bereit (BENKMANN/NEUKÄTER 1984, S. 21; vgl. auch SCHORR 1984 und KRIZ 1985).

Das der humanistischen Psychologie zugerechnete, zunächst als "non directive", später als "client-centered" bezeichnete Interventionsverfahren entwickelt der Amerikaner Carl R. ROGERS in den vierziger und fünfziger Jahren; Modifikationen und Erweiterungen werden in den sechziger und siebziger Jahren vorgenommen (vgl. Kap. 5, Kap. 7).

ROGERS studiert, bevor er zur Psychologie findet, einige Semester Agrarwissenschaften und Theologie. Stark beeinflußt wird er durch die Philosophen BUBER und KIERKEGAARD sowie durch den Gestaltpsychologen LEWIN und den Tiefenpsychologen RANK. Wesentliche Elemente seines therapeutischen Ansatzes wie die Berücksichtigung der Selbstaktualisierungstendenz des Menschen im Sinne von "Wachsen, Reife, Lebenbereicherung" (ROGERS 1983, S. 491), die therapeutische Ausrichtung auf das Gefühlserleben, auf die Verbesserung der Kongruenz zwischen dem Erleben des Organismus und dem Selbstkonzept sowie auf eine Veränderung der Selbstwahrnehmung finden sich bereits im Werk Otto RANKs, der somit als "Wegbereiter personenzentrierter Psychotherapie" bezeichnet werden kann (PFEIFFER 1980, S. 93 - 101). Auch von ADLER profitiert ROGERS, indem er "Prinzipien individualpsychologischer Gesprächsführung" übernimmt (BLEIDICK 1985, S. 4).

In Deutschland verbreiten mit der Schwerpunktsetzung auf dem Verbalisationsaspekt R. und A. TAUSCH das Konzept von ROGERS unter der Bezeichnung "Gesprächspsychotherapie" seit den sechziger Jahren. Neuere Ausführungen, die ROGERS zum Lernen in Gruppen und Schulklassen allgemein machte, sowie seine Sicht des Lehrers als Facilitator bzw. Lernförderer führten in der Verhaltensgestörtenpädagogik zur Konzeptionierung schülerzentrierten Unterrichts (vgl. GOETZE/ NEUKÄTER 1982).

3. Disziplinprobleme aus der Sicht der Verhaltensmodifikation (NEUKÄTER)

Vor mehr als 25 Jahren entwickelte sich aus experimentellen Laborversuchen und Studien zur Lernpsychologie eine Therapierichtung in der Psychologie, die im klinischen Anwendungsbereich den Namen Verhaltenstherapie trägt, im pädagogischen Feld Verhaltensmodifikation genannt wird. Auf der Annahme basierend, daß menschliches Verhalten erlernt wird, untersucht die Verhaltensmodifikation die funktionalen Bedingungen, die menschliches Verhalten steuern.

Die Kenntnis operanter Lerngesetze ermöglicht es dem Therapeuten wie dem Erzieher, Lernvorgänge zu analysieren und entsprechend auch Einfluß auf das Verhalten eines Individuums zu nehmen. Der Anspruch der Verhaltensmodifikation besteht darin, Lernbedingungen so zu organisieren, daß sie - individuell dem Schüler angepaßt - optimale Lernfortschritte gewährleisten. In diesem Sinne erfüllt die Verhaltensmodifikation sowohl präventive als auch rehabilitative Funktionen.

Der Begriff "Disziplin" ist kein Terminus, der der Verhaltensmodifikation konstitutiv ist, auch wenn einige Kritiker dies glauben machen wollen. Disziplin als relativ nebulöses Konstrukt kann in verhaltensmodifikatorischer Sicht lediglich heißen, daß die zum zielrelevanten Lernen notwendigen Bedingungskonstellationen eingehalten werden. In diesem Sinne heißt Disziplin die Beachtung lernfördernder Bedingungen. Ist sich das lernende Individuum unklar über seine Ziele oder setzt es die verschiedenen Interventionen zur Verhaltensänderung nicht zielrelevant ein, kann das vom Beobachter als Lernstörung oder Disziplinproblem wahrgenommen werden. Um angemessenes Lernen wiederherzustellen, ist es gegebenenfalls angezeigt, die Lernbedingungen so zu verändern, daß ein zielrelevantes Lernen wieder möglich ist.

Bevor ich auf einige Interventionen zur Beeinflussung von Disziplinproblemen eingehe, möchte ich noch kurz die Vorgehensweise der Verhaltensmodifikation skizzieren. Die folgende Abb. 1 stellt ein unterrichtsorientiertes Ablaufschema dar, das die Stufen "Problemdefinition", "Legitimationsprüfung", "Ist-Analyse", "Lehrzielformulierung", "Auswahl der Interventionsmaßnahmen", "Evaluation der Lehrzielerreichung" umfaßt (vgl. BENKMANN/NEUKÄTER, 1984, S. 31).

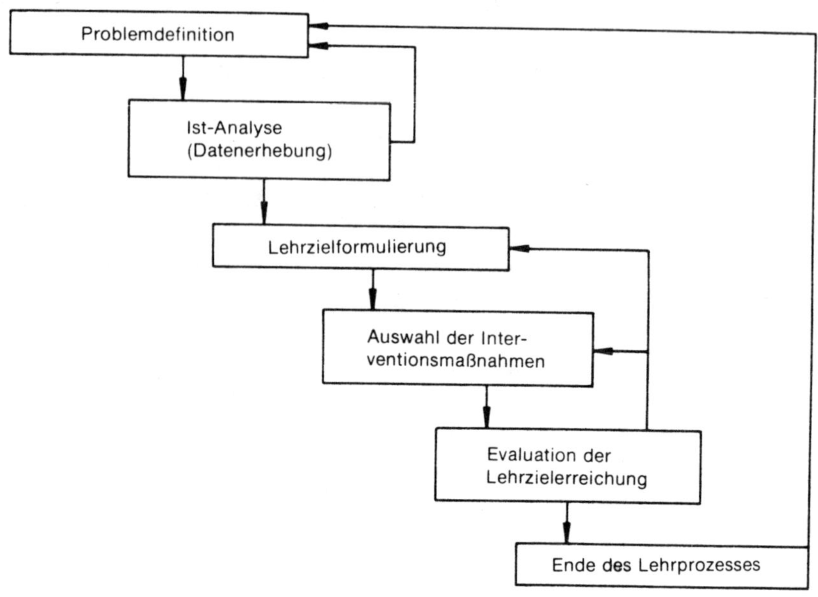

Abb. 1: Unterrichtsorientiertes Ablaufschema der VM (aus BENKMANN/ NEUKÄTER, 1984, S. 31)

Der genauen Problemdefinition folgt die Legitimationsprüfung, in der es nach ADAMEIT u. a. (1982) darum geht, ob es berechtigt erscheint, ein wahrgenommenes Problemverhalten mit dem Instrumentarium der Verhaltensmodifikation zu behandeln. Fällt die Legitimationsprüfung positiv aus, bedarf es einer genauen Verhaltensanalyse. Dazu ist es notwendig, die das kritische Verhalten steuernden Bedingungen aufzufinden. Die Verhaltensmessung und die Analyse der vorrangehenden und nachfolgenden Ereignisse können hier wertvolle Hinweise geben. Erscheint eine Intervention angezeigt, sind die Ziele und Methoden der Interventionen anzugeben. Die Überprüfung der Zielerreichung führt zur Beendigung der Lehrsequenz oder gegebenenfalls zur Neuformulierung der Lehrziele und Interventionen.

Verhaltensmodifikatorische Interventionen verfolgen allgemein das Ziel, wünschenswertes Verhalten zu stärken und unerwünschtes Verhalten zu schwächen. Deshalb unterscheidet man zwischen Interventionsformen, die der Stärkung, der Ausformung bzw. dem Aufbau von angemessenem Verhalten dienen und solchen, die zur Schwächung bzw. zum Abbau von nicht zielrelevantem Verhalten herangezogen werden können. In der Praxis werden diese beiden Gruppen von Interventionsformen meistens kombiniert eingesetzt.

Um die Auftretenswahrscheinlichkeit eines schwach ausgeprägten Verhaltens (z. B. die Zeit, die ein Kind sich einer definierten Aufgabenklasse konzentriert zuwendet) zu erhöhen, haben sich folgende Interventionen bewährt:

- positive Verstärkung,
- negative Verstärkung,
- differentielle Verstärkung,
- Münzverstärkung,
- Kontingenzverträge.

Diese Interventionen sind jedoch nur dann erfolgversprechend, wenn man strikt die vielfältigen Regeln beachtet, die den Einsatz begrenzen (vgl. dazu BENKMANN/NEUKÄTER, 1984).

Das gilt auch für die Interventionsformen, die zur Ausformung neuer Verhaltensweisen angezeigt sind:

- Verhaltensformung,
- Verhaltensverkettung,
- Verhaltenshilfe und
- Ein- und Ausblenden.

Den umfangreichen Interventionen zur Beeinflussung von Verhaltensdefiziten stehen Verfahren zur Reduzierung von Exzeßverhalten gegenüber. Häufig werden Disziplinprobleme der Kategorie Exzeßverhalten zugeordnet. Entsprechend werden Interventionsformen vorgeschlagen, die den Ausprägungsgrad dieses Verhaltens schwächen oder ganz reduzieren sollen. In dem positiven Verfahren der Reduzierung von unerwünschtem Verhalten zählt die differentielle Verstärkung von erwünschtem Verhalten oder auch die Stärkung von Verhaltensweisen, die mit unerwünschtem Verhalten inkompatibel sind. Eine größere Aufmerksamkeit, besonders auch der Kritiker der Verhaltensmodifikation, haben Verfahren gefunden, die aktiv und direkt die Auftretenshäufigkeit des vorangegangenen Verhaltens reduzieren sollen:

- Löschung
- Verstärkerentzug
- Auszeit und
- Bestrafung im engeren Sinne.

Diese Verfahren, verantwortlich eingesetzt und kombiniert mit Interventionen zur Erhöhung der Auftretenswahrscheinlichkeit erwünschten Verhaltens, können sehr hilfreich sein, um ein lernförderndes Klima zu schaffen. Sie verfehlen allerdings dann ihre Legitimation, wenn sie, wie allzu oft in der Praxis realisiert, nur zur effektiven Manipulation von Verhalten eingesetzt werden. An diesem Punkt setzt auch die Kritik ein, die Fachvertreter der Pädagogik teilweise zurecht gegen Verfahren der Verhaltensmodifikation vorbringen. Schriften wie

- "Disziplin in der Klasse" (CLARIZIO, 1979) oder
- "How to discipline without feeling guilty"
  (SILBERMANN & WHEELAN, 1980)
- "Unterrichtsrezepte (GRELL & GRELL, 1979) und
- "Techniken der Klassenführung" (KOUNIN, 1976)

unterstützen auf den ersten Blick die Kritiker, die sich vornehmlich mit der Kritik an dem operanten Lernparadigma beschäftigen. Die teilweise vehemente Kritik aus Pädagogenkreisen richtet sich unter anderem gegen die

- Operationalisierung von Verhalten,
- Einengung des Handlungsspielraumes der Betroffenen,
- mangelnde Einsicht in Entstehungszusammenhänge,
- mechanistische Vorgehensweise,
- Warenbeziehung von menschlichen Interaktionen und schließlich gegen die Gefahr der
- Manipulation und kritiklosen Unterordnung

(BENKMANN/NEUKÄTER 1984).

Diese teilweise berechtigte Kritik trifft vornehmlich die Verhaltensmodifikation älterer Provenienz. Im Zeichen der kognitiven Wende haben sich in der Anwendungspraxis der Verhaltensmodifikation große Veränderungen vollzogen. Während früher vornehmlich die lernfördernden bzw. lernhemmenden Umgebungsbedingungen im Sinne einer Fremdsteuerung beeinflußt wurden, versucht man heute verstärkt die Welt aus der Sicht der betroffenen Person zu begreifen. Es wird danach gefragt:

- welche internalen Ereignisse steuern das Verhalten einer Person, die uns als disziplinlos auffällt,
- welche internalen Ereignisse halten die gezeigten Verhaltensweisen aufrecht, und schließlich
- welche Umgebungsbedingungen steuern das gezeigte Verhalten.

Als Konseqzenz sind in der Theorie und Praxis Selbstregulationsmodelle entwickelt worden. Das zunehmende Interesse der Verhaltensmodifikation gilt Verfahren, die die Selbststeuerung von Individuen stärken. Es geht darum, Selbststeuerung lehrbar zu machen und die Personen in den eigenen Änderungsprozeß aktiv einzubeziehen (vgl. BENKMANN/ NEUKÄTER, 1984). Diesen Anspruch erfüllt das von LAUTH (1983) entwickelte Fertigkeitstraining, das die Techniken des kognitiven Modellierens und des

Selbstinstruktionstrainings aufnimmt, und Kindern mit Kompetenzdefiziten strategisches Denken vermittelt.

Die vielfältigen in der Verhaltensmodifikation entwickelten Verfahren zur Steigerung zielrelevanten Lernens sind kaum in komplexe pädagogische Handlungsmodelle eingebunden worden. Deshalb wirken sie weitgehend noch als Technologiehandreichung. Erst die Einbettung in pädagogische Gesamtkonzepte vermag die Verhaltensmodifikation des Technologieverdachts zu entheben. Erste Versuche liegen durch die Arbeiten von GRABSKI et. al. (1978), SCHUMACHER (1979) und GOETZE/NEUKÄTER (1982) vor.

Diese Aufführungen in dieser knappen Übersicht mögen deutlich gemacht haben, daß das Disziplinproblem in der Sicht der Verhaltensmodifikation nicht isoliert gesehen werden kann. Disziplinprobleme können immer dann auftreten, wenn Lernen so organisiert worden ist, daß es den Bedürfnissen der Lerner nicht gerecht wird. Die vielfältigen Interventionsmaßnahmen, die sich aus der Verhaltensmodifikation ableiten lassen, können dazu beitragen, den Lernprozeß zu optimieren und Disziplinprobleme zu erkennen und beherrschbar zu machen.

4. Disziplinprobleme in individualpsychologischer Sicht (VERNOOIJ)

Wenn in pädagogischen Fachbüchern von Disziplinproblemen gesprochen wird, dann in der Regel unter zwei Gesichtspunkten:

- der *Pädagoge hat* Disziplinprobleme mit dem Kind,

- das *Kind macht* Disziplinschwierigkeiten.

Im ersten Fall wird die pädagogische Kompetenz des Lehrers infrage gestellt, im zweiten Fall liegen die entstehenden Probleme im Kind begründet.

Ein dritter Aspekt, nämlich

- der *Pädagoge macht* dem Kind Schwierigkeiten,

findet erst seit Beginn der 70er Jahre, insbesondere seit WATZLAWICK (1969, 1974) in der pädagogischen Literatur Beachtung (GORDON 1977, REDLICH/SCHLEY 1981, BECKER 1982). Geht man von einer wechselsetigen Beeinflussung des Verhaltens innerhalb einer Interaktion zweier Patner aus, rücken zwangsläufig die Einstellungs-, Wahrnehmungs- und Verhaltensmuster *beider* Partner ins Blickfeld.

Bevor ich den Prozeß der Wechselseitigkeit bei Disziplinproblemen unter individualpsychologischem Aspekt darstelle, möchte ich kurz auf den Begriff Disziplin eingehen. Im allgemeinen Sprachgebrauch haftet ihm (und noch stärker dem häufig synonym gebrauchten Wort "Zucht") ein negativer Beigeschmack an. Das liegt nicht zuletzt daran, daß mit Disziplin häufig assoziiert werden: Einschränkung der persönlichen Freiheit, Gehorsam, Machtausübung usf.. Hinsichtlich seiner Bedeutung ist der Begriff nicht eindeutig zu definieren. Er wird sowohl zur Kennzeichnung eines kurzzeitigen Verhaltens als auch zur Beschreibung eines überdauernden Charakterzuges der Persönlichkeit verwendet. Ebenso bezeichnet das Verb "disziplinieren" ein Verhalten, das in unserer Vorstellung verbunden ist mit mehr oder weniger strengen Maßnahmen zum Zwecke der Disziplinherstellung. Die Erwartung, daß der Lehrer in einer Klasse Disziplin halte, zielt auf einen erzieherischen Vorgang ab, während die Aussage, ein Mensch beweise in seinem Verhalten Disziplin, auf eine überdauernde Charaktereigenschaft verweist. Wird eine Klasse als sehr diszipliniert bezeichnet, so heißt das, die Schüler zeigen während des Unterrichts, also zeitweise, ein Verhalten, welches die *Ordnung* des Sozialgebildes Lerngemeinschaft nicht stört.

Allgemein formuliert kann ein Verhalten dann als diszipliniert bezeichnet werden, wenn das Individuum die in den Ordnungen eines sozialen Gebildes manifestierten Forderungen erfüllt (vgl. HAGEMEISTER 1968, 19 f.). Hinsichtlich der Ordnung bzw. der Ordnungsstrukturen in einer Schulklasse haben Lehrer sehr unterschiedliche Vorstellungen von dem, was als notwendige soziale Ordnung, festgelegt in Verboten und Geboten, Lerngrupen gegeben und erhalten werden muß. BECKER sagt zur Disziplin u. a. "Diese soziale Ordnung variiert von Vorhaben zu Vorhaben, ist nicht Selbstzweck, sondern hat dienende Funktion" (1982, 11). Abgesehen davon, daß die soziale Ordnung in dienender Funktion bezogen auf unseren schulischen Alltag eher idealtypisch als realistisch gesehen ist, müßte BECKERs Aussage ergänzt werden um die Persönlichkeitskomponente des Lehrers, der aufgrund seiner Einstellungen und Sichtweisen sowie unter Berücksichtigung seiner persönlichen Belastbarkeit (Frustrationsgrenze) die Verhaltensregeln in einer Klasse entscheidend (mit-)prägt.

Die Notwendigkeit sozialer Ordnungen ergibt sich zweckrational aus dem Bestreben, das Verhalten von Menschen untereinander in einer Form zu regeln, die das Fortbestehen einer Gemeinschaft garantiert, und die den einzelnen schützt vor unberechtigten Übergriffen der anderen. Rechte und Pflichten des einzelnen Mitgliedes sowie die Grenzen seiner individuellen Freiheit werden im Rahmen der sozialen Ordnung eindeutig festgelegt. Wer diese Grenzen überschreitet bzw. wer insbesondere seinen Pflichten innerhalb der sozialen Gruppe nicht nachkommt, hat mit Sanktionen zu rechnen, gilt bei wiederholtem ordnungswidrigen Verhalten als "verhaltensgestört", wie BACH in seiner Definition (von verhaltensbeeinträchtigt) deutlich macht: "... Personen, deren Verhalten bewußt oder unbewußt von einer zweckmäßigen, d. h. ein differenziertes Leben und Zusammenleben ermöglichenden Regel nicht nur einmalig abweicht, ..." (1976, 140).

Bezogen auf die anfangs genannten Aspekte müßte man sagen:

Diese *Kinder machen* dem Lehrer Disziplinschwierigkeiten, d. h.

- sie stören die soziale Ordnung;
- sie erschweren oder verunmöglichen die Durchführung von Unterrichtsvorhaben;
- sie verhalten sich destruktiv gegenüber Gegenständen und Personen und stellen so im schlimmsten Falle eine Gefahr nicht nur für die soziale Ordnung sondern auch für die dem Sozialgebilde zugehörigen Personen und Materialien dar.

Hat der Lehrer mit ihnen Disziplinschwierigkeiten, so ist er in der Regel

- hilflos bei auftretenden Displinkonflikten, *oder*
- nicht gewillt bzw. nicht in der Lage, bestimmte Disziplinierungstechniken, die - aufgrund eines falsch verstandenen Autoritätsbegriffes - als repressiv angesehen werden, zur Wiederherstellung der sozialen Ordnung einzusetzen, *oder*
- überzeugt, auch kleinsten Regelverstößen mit strengen Sanktionen entgegentreten zu müssen, was dann - häufig ohne Reflexion der zugrundeliegenden psychischen Prozesse - auch geschieht.

In allen drei Fällen wird der Disziplinkonflikt nicht zu einer für alle Beteiligten befriedigenden Lösung gebracht werden können. die Disziplinschwierigkeiten lassen sich nicht eliminieren, es sei denn, die stärkste Sanktion im dritten Falle eliminiert, durch Umschulung, die störende Person ganz aus der Gruppe.

Disziplinschwierigkeiten aus der Sicht des Schülers sehen unter Umständen ganz anders aus. Der *Lehrer macht* dem Kind Schwierigkeiten, indem er

- Regeln nicht eindeutig festlegt, bzw. ihre Befolgung nicht konsequent beachtet und damit eine Verunsicherung beim Schüler hervorruft;

- Ordnungsverstöße, Regelüberschreitungen nicht bei allen Kindern gleichermaßen ahndet;
- Regeln erläßt, die für die Schüler nicht einsehbar sind;
- die persönliche Freiheit des Schülers in für ihn unerträglicher Weise einschränkt;
- den Schüler durch beständige Abwertung (Tadel, Herabsetzung, Bloßstellung) entmutigt;
- in seinem Verhalten immer wieder deutlich macht, daß er die Macht hat;
- die Möglichkeit von gmeinsamen Absprachen in einer Atmosphäre annähernder Gleichwertigkeit ablehnt.

Auf diese Schwierigkeiten reagiert der Schüler mit einem zu Disziplinkonflikten führenden Folgeverhalten, welches unter anderem sein kann:

- Austesten von Grenzen, in der Regel in Form von Ordnungsverstößen;
- Abwehr von empfundenen Ungerechtigkeiten und von persönlichem Wertverlust, in der Regel in Form von aggressivem Verhalten;
- Machtkämpfe mit dem Lehrer, in der Regel in Form von mehr oder weniger bewußt konträrem, also regelwidrigem Verhalten;
- Resignation und Rückzug, in der Regel in Form passiver Aktivitätsverweigerung.

Eine eigenspezifische Lehreraktion ruft eine ebenso eigenspezifische Reaktion des Schülers hervor und umgekehrt.

Die Motivation für menschliches Handeln, aktives oder reaktives, ist - unter individualpsychologischem Aspekt - nur vom individuellen Lebensstil eines Menschen her erklärbar. Um den Disziplinkonflikt als Aufeinanderprallen zweier mehr oder weniger unvereinbarer Lebensstile verdeutlichen zu können, ist es notwendig, die ADLERsche Theorie in knapper Form darzulegen. Hierzu bediene ich mich einer graphischen Darstellung (siehe nebenstehende Abbildung 2), in der ich versuche, die psychische Entwicklung des Menschen auf der Grundlage der individualpsychologischen Theorie in ihrer progressiv-dynamischen Struktur darzustellen.

In den ersten fünf Lebensjahren entwickelt der Mensch seinen ihm eigenen, unverwechselbaren Lebensstil, indem er auf der Basis seines genetischen Potentials und unter Verwertung erster Erfahrungen und objektiver Gegebenheiten in seinem sozialen und ökonomischen Umfeld subjektiv Stellung nimmt zu seiner Position in einem noch begrenzten Aktionsfeld.

Abb. 2: Schematische Darstellung der psychischen Entwicklung des Menschen (in Anlehnung an die Theorie Alfred ADLERs)

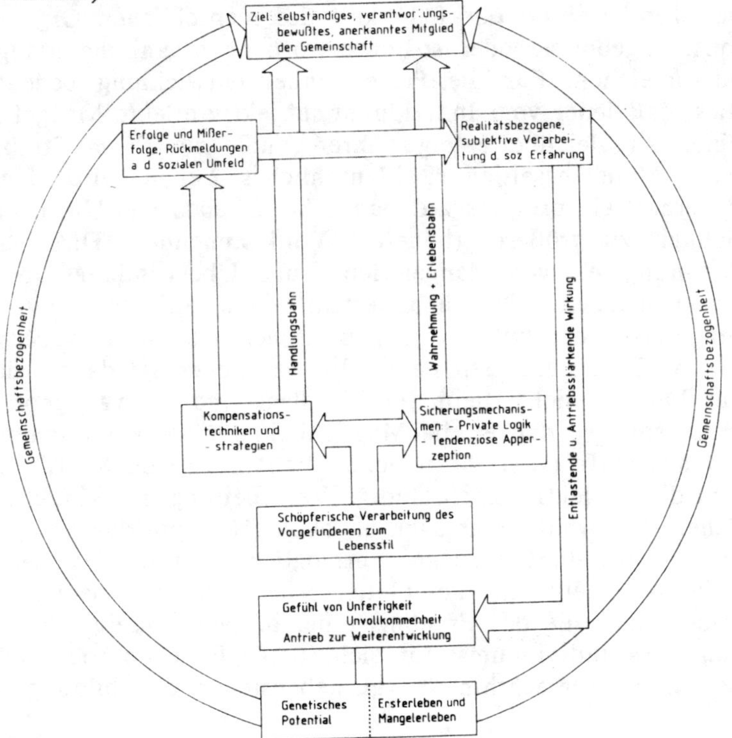

Diese Stellungnahme wird stark beeinflußt durch den Grad eines früh entstehenden Gefühls von Unfertigkeit, welches zu den Grunderlebnissen eines jeden Menschen gehört. Im Vergleich mit der personalen - älteren bzw. erwachsenen - Umwelt muß sich das Kind zwangsläufig unfertig, unvollkommen fühlen (VERNOOIJ 1985 b). Dieses Erleben der eigenen Unzulänglichkeit bildet - nach ADLER - den Antrieb für die menschliche Weiterentwicklung, d. h. es ist eine positv zu bewertende Entwicklungsbedingung, die nicht Anlaß zu Resignation gibt sondern die das Kind motiviert zu erfolgreicher Aktion im Sinne einer Vervollkommnung, einer Reduzierung bzw. Aufhebung der Unzulänglichkeiten. Der Mensch strebt immer vom Klein-Sein zum Groß-Werden, vom Noch-Nicht-Können zum Können, ein Prozeß, den ADLER psychische Kompensation nennt; in Übertragung einer Tendenz und der Fähigkeit des menschlichen Organismus, angeborene oder später erworbene organische Mängel auszugleichen. Für die Persönlichkeitsentwicklung bedeutet dies, daß jeder vom Individuum subjektiv erlebte Mangel zu einer Ausgleichbewegung führen muß, zu einem Streben nach Mangelbeseitigung. Menschliches Leben wird damit dauerhaft ein progressiv-dynamisches Streben von Unzulänglichkeit zu größerer (höherer) Vollkommenheit. Dieser im Spannungsfeld von Mangelerleben und Überwindungsstreben sich vollziehende Prozeß basiert in seinen individuellen Ausprägungsformen auf der je spezifischen *Theorie des Lebens*, die ADLER Lebensstil nennt. Er war überzeugt davon, daß der Mensch nicht allein durch Anlage und Umwelt geprägt wird, sondern daß er die Möglichkeit der Selbstbestimmung hat mit Hilfe einer ihm eigenen "schöpferischen Kraft", die ihm die subjektiv-eigenständige Verarbeitung des Vorgefundenen, - sowohl Erbanlagen als auch frühe positive und negative Umwelterfahrungen - ermöglicht. Der so entstehende Lebensstil stellt eine komplette, selbstgestaltete Theorie des Lebens dar, die das Ergebnis einer aktiven Auseinandersetzung des Individuums mit sich, den Menschen, der Welt, dem Leben schlechthin ist (vgl. nebenstehende Abbildung 3).

Der Lebensstil impliziert alle geistig-psychischen und pragmatischen Faktoren, die für die weitere Lebensführung und Lebensbewältigung notwendig sind:

1. Die Meinung über sich selbst, über die Mitmenschen, über die Welt und das Leben;

2. die je individuellen Zielsetzungen des Lebens;

3. Handlungsstrategien zur Erreichung dieser Ziele;

4. Wahrnehmungs- und Erlebensstrukturen (mit mehr oder weniger großer Realitätsbezogenheit).

Abb. 3: Schematische Darstellung des Lebensstils

Für das weitere Leben des Menschen stellt der Lebensstil ein übergeordnetes Prinzip individueller Lebensführung dar, welches für die Gegenwart *sichernde*, für die Zukunft *richtungweisende* und aktivierende Funktion hat. Er erhält einerseits die seelische Balance des Augenblicks, andererseits scheint er die erfolgreiche Lebensbewältigung in der Zukunft zu garantieren. (Das Indiviuum "weiß, wo's lang geht".)

In der ADLERschen Theorie spielt die Gemeinschaftsbezogenheit und Gemeinschaftsfähigkeit (ADLER spricht von Gemeinschaftsgefühl) eines Individuums eine zentrale Rolle. Der Mensch als primär soziales Wesen besitzt die potentielle, genetisch angelegte Bereitschaft zur Gemeinschaftsbezogenheit, die wie jede Disposition entfaltet und ausgeschöpft oder vernachlässigt werden kann. Als Teil der Persönlichkeitsentwicklung vollzieht sich die soziale Entwicklung ebenfalls in den ersten fünf Lebensjahren. Dabei bedingen sich der Grad an subjektiv erlebter Unvollkommenheit und der Grad an Gemeinschaftsbezogenheit gegenseitig, d. h. je stabiler das Selbstwertgefühl und das optimistische Streben eines Menschen, desto weniger ego-zentriert muß er sich anderen gegenüber verhalten bzw. desto problemloser kann er sich anderen zuwenden. Die Ziele eines Menschen mit einer nicht-gestörten psychischen Entwicklung werden immer auf dem Hintergrund seiner Zugehörigkeit zur mitmenschlichen Gemeinschaft entstehen, d. h. sie werden immer gemeinschaftsbezogen sein. Zunächst steuert das Kind in all seinen Handlungen ich-bezogene Nahziele an, die bei fortschreitender geistig-psychischer Entwicklung mehr und mehr in positivem Bezug zur Gemeinschaft stehen und übergeordneten (Fern-)Ziele weichen. Dabei ist das angestrebte Endziel die Postion eines anerkannten, verantwortungsbewußten Mitgliedes der Gemeinschaft. Ausghend von einem Ist-Wert der Unfertigkeit strebt der Mensch auf dem Hintergrund seines Lebensstils und emotional eingebettet in die mitmenschliche Gemeinschaft zu einem individuellen Soll-Wert, dessen Erreichen immer wieder durch Rückmeldung von außen und aufgrund der eigenen psychischen Befindlichkeit überprüft wird. Dabei bleiben die individuelle Wahrnehmung und die Wahrnehmungsverarbeitung realitätsbezogen. Sie unterliegen nicht verstärkt den subjektiven, lebenstiladäquaten Tendenzen, die bei einer gestörten Persönlichkeitsentwicklung die Interaktion mit anderen Menschen -

aufgrund verzerrter, "tendenziöser Apperzeption" und "privater" Logismen - erschweren oder verunmöglichen.

Auf der Basis der dargestellten individualpsychologischen Theorie kann gesagt werden: bei jeder Interaktion treffen Personen mit je individuellen, mehr oder weniger unterschiedlichen und mehr oder weniger harmonierenden Lebensstilen aufeinander. Beim Disziplinkonflikt zwischen Lehrer und Schüler werden also sowohl die Lebensstiltendenzen des Lehrers als auch diejenigen des Schülers in der Reaktion aufeinander und in der Auseinandersetzung miteinander wirksam. Je instabiler das Selbstwertgefühl eines von beiden ist, desto eher kann es zum Konflikt kommen.

Sind beide, Lehrer und Schüler, durch ein geringes bzw. instabiles Selbstwertgefühl sehr belastet, so ist der Konflikt zwischen beiden quasi vorprogrammiert.

Wird im Verlauf der frühen Kindheit nicht die entlastende Erfahrung gemacht, daß die Unvollkommenheiten eliminierbar oder zumindest auszugleichen sind, entwickelt sich im subjektiven Erleben aus einem überwindbaren Zustand von Unfertigkeit ein kaum oder nicht zu überwindender Zustand von Minderwertigkeit. Der dabei entstehende Lebensstil ist hinsichtlich seiner Zielsetzungen weitestgehend ego-zentriert, d. h. ausgerichtet auf persönliche Werterhöhung, auf Herausstellen der eigenen - positiven oder negativen - Bedeutung. In jedem Fall strebt das Individuum verzweifelt und unbeugsam nach Überwindung oder Kompensation der subjektiv erlebten Schwächen und Mängel, nach einem anerkannten bzw. bedeutsamen Status innerhalb der Gemeinschaft; wenn nicht *mit* den Regeln des sozialen Zusammenlebens, dann *ohne* bzw. *gegen* sie. Machtkämpfe zwischen Lehrer und Schüler beispielsweise können beschrieben werden, als der unter Umständen erbitterte Versuch zweier Menschen, mit unsozialen, ego-zentrierten Mitteln den anderen unter den eigenen Willen zu zwingen, ihn - scheinbar - zu beherrschen; denn das Gefühl von Macht bringt zumindest kurzfristig Entlastung von dem eigenen, ständig emotional präsenten Gefühl von Minderwertigkeit. Jede Demonstration von Macht entspringt diesem Gefühl. Sie hat zum Ziel, die subjektiv empfundene Unzulänglichkeit nicht nach außen sichtbar werden zu lassen. Durch die Schaffung einer Position, welche qua Amt Machtausübung legitimiert, scheint dies - zeitweise - gesichert. Aus individualpsychologischer Sicht gehört z. B. der Lehrerberuf zu den Postionen, die eine Kompensation dadurch ermöglichen, daß Machtausübung nicht nur möglich sondern zur Erhaltung der sozialen Ordnung notwendig erscheint.

Kinder haben nur in sehr begrenztem Maße die Möglichkeit, sich eine "Ausgleichsposition" zu schaffen (z. B. Klassensprechen, Kassenwart, Klassenbester, Mathe-As usf.). Daher greifen sie leicht auf die vielfältigen - gemeinschaftsabgewandten - Formen von Störverhalten, von "Ordnungswidrigkeiten" zurück. Indem sie einen ordnungsgemäßen Ablauf des Unterrichtes verhindern, üben sie ebenso Macht aus, wie in der passiven Arbeitsverweigerung oder in offener Aggression gegenüber Mitschülern, Lehrern oder schulischen Materialien. Welche Verhaltensstragien dabei "gewählt" wird, ist abhängig von den je spezifischen Lebensstiltendenzen und -elementen des Individuums.

Nach diesem sehr knapp dargestellten individualpsychologischen Erklärungsansatz für Disziplinkonflikte im Unterricht sollte deutlich geworden sein, daß die Anwendung von pädagogischen Maßnahmen und Techniken nicht das Primäre sein kann, soll die wechselseitig gestörte Interaktion entschärft und auf längere Sicht behoben werden.

Vielmehr besteht die weit wichtigere Aufgabe für den Lehrer (den Erwachsenen) in der Reflexion eigener Gefühle, Strebungen und Bedürfnisse hinsichtlich seines beruflichen Selbstverständnisses allgemein, und bezogen auf das Verhalten des "undisziplinierten" Schülers im besonderen. Bei dieser Auseinandersetzung mit sich selbst bietet die kognitive Verarbeitung der individualpsychologischen Theorie eine mögliche Hilfe. Ihre praktische Umsetzung führt zu pädagogischer Handlungskompetenz für den Umgang mit Kindern, die vordergründig Disziplinschwierigkeiten *machen*, die tatsächlich jedoch Schwierigkeiten *haben*, mit sich selbst und mit den realen Gegebenheiten ihres Lebens, zu denen unter anderem sowohl der Lehrer als auch das Ordnungsgefüge einer schulischen Situation gehören.

5. Klientenzentrierte Ansätze zum Disziplinproblem (GOETZE)

Dem klientenzentrierten Ansatz liegt die Persönlichkeits- und Therapietheorie von C. ROGERS zugrunde. Deshalb müssen zunächst die wichtigsten Aspekte dieser Theorie gekennzeichnet werden:

Aktualisierungstendenz, organismische Bewertung, Selbstkonzept, Symbolisierung von Erfahrungen, Inkongruenz, Selbstkongruenz, signifikantes Lernen.

Die *Aktualisierungstendenz* betrifft zunächst die angeborene Tendenz des Organismus, sich 'positiv' zu entwickeln, wenn die Lernumgebung begünstigende Bedingungen bereitstellt. Im Sinne der Aktualisierungstendenz werden gemachte Erfahrungen *bewertet*: Erfahrungen werden als positiv bewertet, wenn ein Wachstum in Richtung auf Selbstaktualisierung erfolgt; im Sinne von ROGERS handelt es sich hier um eine *organismische* Bewertung, da allein der Organismus "weiß", was ihm guttut. Wenn Individuen frei von Umgebungszwängen sind, werden sie - dieser Annahme gemäß - dazu tendieren, 'richtige' Entscheidungen zu fällen. Diese Annahme wird von entscheidender Bedeutung für die Lösung von Disziplinkonflikten sein.

Das *Selbstkonzept* entwickelt sich aufgrund gemachter Erfahrungen; wenn dabei das Individuum (vor allem das Kind) gezwungen wird, fremde Werte zu übernehmen und den eigenen organismischen Wertungen zu mißtrauen, kann dies zur 'Fehlanpassung' mit sich selbst führen; d. h. also, Organismustendenzen widersprechen den von außen gesetzten Werten; entsprechend werden Erfahrungen nicht mehr vollständig im Selbst 'symbolisiert' (*Inkongruenz*). Inkongruente

Persönlichkeiten haben also die organismische Basis des Bewertens verloren, und dafür Werte anderer Personen '*introjiziert*'; wenn solche Personen die Erfahrung gemacht haben, nur unter bestimmten Bedingungen geliebt zu werden, dann werden sie dieser Erfahrung - wenn sie nicht durch Therapie oder konstruktive Beziehungen korrigiert wird - weitergeben. Eine solche Person wird (die von FREUD gefundenen) *Abwehrmechanismen* (z. B. Verleugnung) zeigen.

Eine kongruente Person dagegen hat die Erfahrung positiver Wertschätzung und bedingungsfreier Liebe gemacht. Auf diese Weise kann bereits das Kind sich selbst positiv wahrnehmen lernen und *Selbstkongruenz* erfahren.

Kindererziehung wird also primär die Stärkung des kindlichen Selbst zum Gegenstand haben. Der klientenzentrierte Ansatz bedeutet für den Erziehungsbereich nun nicht etwa, daß Kinder ihre Bedürfnisse jederzeit erlaubterweise durchsetzen können. Es geht vielmehr um den Ausdruck von Gefühlen, und dieser sollte Kindern ebenso erlaubt sein wie Erwachsenen. Nachgewiesenermaßen gibt es diesbezüglich in unserer Gesellschaft einen Mangelzustand: Kinder werden eben *nicht* als gleichwertige Partner beim Austausch von Gefühlen akzeptiert; kindliche Gefühle werden z. B. für "unwichtig" gehalten, sie werden in ihrer Bedeutung fehleingeschätzt und/oder erst dann ernst genommen, wenn der Umgang mit ihnen aufgrund von dramatischen Verläufen nicht mehr zu vermeiden ist. An dieser Stelle können soziale Konflikte z. B. in Form von Disziplinstörungen virulent werden.

Soziale Konfliktlösungen werden entsprechend stets vom Akzeptieren des ausgedrückten Gefühls - nicht etwa des Verhaltens - ausgehen und zunächst das Problem aus der Sicht des Betroffenen zu sehen versuchen, bevor weitere Abklärungen erfolgen. Aus klientenzentrierter Sicht wird der Hauptakzent auf die präventive Arbeit gelegt. Prävention im Schulbereich bedeutet z. B., daß grundsätzlich darauf vertraut wird, daß Schüler für sich die richtigen Wahlen treffen werden, wenn ein Klima von Vertrauen und Freiheit hergestellt wird, wenn die Lehrperson selbst kongruent, akzeptierend, ermutigend und warm ist.

Das *Ziel* von Erziehung ist im Prinzip dasselbe wie jeder Therapie, nämlich Bedingungen herzustellen für den Aufbau einer *fully functioning person.* Methodisch wird Erziehung entsprechend durch Gefühlsaustausch und dem Eruieren persönlicher Bedeutungen gesteuert. *Signifikantes* Lernen ist also stets relevantes Lernen (im Gegensatz zum rein formalen Lernen), wird meist durch eigenständiges Tun realisiert, ist frei von Bedrohung und Druck, findet in einer Umgebung statt, in der Ängste, Fehler und Gefühle angenommen werden, so daß Widerstände, sich zu ändern, minimiert sind und Lernende offen für neue Erfahrungen, für neues Lernen sind. Die Lehrperson wird in ihrem Verhalten vom traditionellen Lehrerbild stark abweichen, als 'Lernförderer' selbstinitiiertes und selbstentdeckendes Lernen forcieren, wird insgesamt die gleichen Qualitäten wie ein Therapeut aufweisen: Akzeptierendes Annehmen, Echtheit und Selbstkongruenz, empathisches Verstehen.

Obwohl diese Auffassungen des Lernens ein radikales Umdenken und Umstruktuieren traditioneller Erziehungsinstitutionen erfordern würden, lassen sich doch einige Anwendungen für Disziplinprobleme im traditionellen Klassenraum ableiten. Diese Umsetzung auf die traditionelle Klasse ist vor allem von Thomas GORDON mit der 'Lehrer-Schüler-Konferenz'geleistet worden.

'Lehrer-Schüler-Konferenz' von Th. GORDON

Entsprechend den Grundannnahmen von ROGERS liegt das Schwergewicht beim Konzept von Thomas GORDON auf der Beziehungsebene. Der zentrale Aspekt wird also die Herstellung eines spezifischen Beziehungsverhältnisses (s. o.) sein. Auch wenn tragbare Beziehungsverhältnisse hergestellt sind, kann es zu sozialen Konflikten aufgrund unterschiedlich wirksamer Gefühlslagen kommen. Thomas GORDON sucht hier einen recht pragmatisch orientierten, aus dem klientenzentrierten Ansatz ableitbaren Problemlöseansatz auf und fragt an erster Stelle: *Wessen Problem ist es?* (Problembesitz) Hier sind drei mögliche Eigentumsquellen anzunehmen: Das Problem "gehört" dem Schüler, es "gehört" dem Lehrer, oder es "gehört" beiden Parteien.

1. *Schüler-Problem* (z. B. aus der Gruppe kommend). Zugrunde liegt der Problemlösungsstrategie auch hier wieder die Annahme, daß Schüler ihre Probleme selbst lösen können, wenn sie dabei vom Lehrer unterstützt werden. Daher wird der Lehrer zunächst *aktiv zuhören*, um Akzeptanz und Verstehen zu signalisieren, indem er verbales Feed-back über Inhalt und Gefühl der Schülerbotschaft leistet. Das Ziel des Lehrers wird es sein, die zugrundeliegenden Gefühle mit seinen Worten zu 'treffen', um einen Selbstklärungsprozeß beim Schüler zu unterstützen. Damit wird der Schüler veranlaßt, sich auf eigene Hilfsmittel zu besinnen, den eigenen Gefühlen zu vertrauen und mit den selbst gewählten Entscheidungen und den daraus folgenden Konsequenzen zu leben, um langfristig Selbstvertrauen, Autonomie und Unabhängigkeit zu lernen. Da dem aktiven Zuhören eine so zentrale Rolle zukommt, muß es trainiert werden; zu Trainingszwecken kann eine fünfstufige Skala verwendet werden:

   1. Ratschläge, Lektionen, Befragen (ohne Schülergefühle zu beachten),

   2. Auf den Inhalt bezogene Lehreräußerungen,

   3. Lehrer kommuniziert Gefühl und Inhalt; er sieht die Dinge genauso, wie der Schüler sie vorgebracht hat,

   4. (dasselbe wie 3.), zusätzlich gelingt es dem Lehrer, etwas über die Schüleräußerung hinauszugehen und das zugrundeliegende Gefühl zu verbalisieren, das zwar in der Schüleräußerung schon enthalten war, ihm aber noch nicht klar war,

   5. (dasselbe wie 4.), darüber hinaus gelingt es dem Lehrer, die wichtigsten Aspekte der gegenwärtigen Situation zu explorieren. -

Das eigentliche aktives Zuhören findet erst ab Stufe drei statt.

2. *Lehrer-Problem*: (z. B. wenn das Schülerverhalten die Möglichkeiten des Lehrers einschränkt zu unterrichten bzw. die Schüler in ihren Lernbedürfnissen zu unterstützen). Offensichtlich stehen in solchen Situationen Schülerbedürfnisse im Einklang miteinander, der Schüler kann bei sich selbst kein Problem lokalisieren. Dagegen gibt es eindeutige Hinweise dafür, das Problem beim Lehrer zu festzumachen, indem er nämlich seine Gefühle und seine eigenen Reaktionen auf die eigenen Gefühle beobachtet. Wenn sich ein Lehrer z. B. "frustriert" fühlt, muß er zu diesem Gefühl erst einmal "stehen können" (wie man umgangssprachlich sagt), d. h. die Frustration als sein Gefühl erkennen. Wenn der Betreffende den 'Problembesitz' anzuerkennen in der Lage ist, dann hat er drei Möglichkeiten zu reagieren:

   1. Umdefinition bzw. veränderte Wahrnehmung der Situation, so daß das Schülerverhalten für ihn kein Problem mehr darstellt;

   2. Veränderung der Umgebung, so daß das Störverhalten nicht mehr auftreten kann;

   3. Modifikation des Schülerverhaltens.

   Meist wird zur 3. Möglichkeit gegriffen, was im Sinne des klientenzentrierten Ansatzes für wenig effektiv anzusehen ist; denn diese Alternative zu realisieren heißt, z. B. Lösungen anzubieten, oder 'Put-down'-Botschaften zusenden, oder andere "Straßensperren" einer gut funktionierenden Kommunikation aufzubauen, woraufhin Schüler gewohnheitsmäßig mit Widerstand, Rebellion, Ärger oder Rückzug und Resignation reagieren werden. Diese Schülerreaktionen führen zu einer verschlechterten Beziehung zum Lehrer, so daß ein endloser Teufelskreis in Gang kommt. Diese unerfreulichen Konsequenzen können vermieden werden, wenn der Lehrer anders reagiert, nämlich mit *Ich-Botschaften*, im Gegensatz zu den unter a) und b) aufgeführten "Du-Botschaften". "Ich-Botschaft" hat hier die Bedeutung, daß ein Lehrer eine Gefühlsbotschaft aussendet, die das Störverhalten betrifft. Eine Ich-Botschaft besteht, technisch gesehen, aus drei Teilen: 1. *beschreibende* Verbalisierung des Problemverhaltens durch die Lehrperson, 2. Benennung der konkreten Auswirkungen des Verhaltens auf mich als Lehrer, 3. Gefühlsstatement des Lehrers. (Diese Reihenfolge muß so nicht eingehalten werden, kann also wechseln, wird jedoch zu Übungszwecken zunächst beibehalten).

Ich-Botschaften haben im Vergleich zu Du-Botschaften prägnante Vorzüge: Ich erkenne den Problembesitz mit ihr an. Die Verantwortung zur Verhaltensänderung wird jedoch dem Schüler überlassen. Ich-Botschaften enthalten keine negativen Bewertungen, sondern sehr persönliche Befindlichkeiten; durch Ich-Botschaften - wenn sie ehrlich ausgesprochen werden - wird nicht nur niemand verletzt, im Gegenteil: Durch sie wird eine Gelegenheit zu seelischem Wachstum hergestellt.
Wenn Schüler die Verantwortung für Verhaltensänderungen daraufhin übernehmen, werden sie unter Umständen ein Problem von sich äußern, woraufhin der Lehrer wiederum mit aktivem Zuhören reagieren kann. Die Lehrperson muß allerdings sensibel für die Situation sein, um rechtzeitig von der Ebene der Ich-Botschaft auf das aktive Zuhören umzuschalten. - Diese Lösungsstrategie wird im Zusammenhang mit Disziplinkonflikten allerdings nur dann erfolgreich umgesetzt werden können, wenn ich als Lehrer vom personenzentrierten Ansatz zutiefst überzeugt bin und ihn nicht rein formal umzusetzen versuche. Entspricht die Haltung des Lehrers nicht der Forderung nach Echtheit, wird seine Strategie von Schülern vermutlich als unecht, aufgesetzt empfunden werden. Wenn Ich-Botschaften ihren Zweck verfehlen, handelt es sich um ein

3. *Lehrer-Schüler-Problem*, d. h. um einen Konflikt, in den alle Beteiligten eingebunden sind. Nach GORDON gibt es drei Lösungen:

   Methode I: autoritärer Ansatz, d. h. Einsatz von Lehrermacht (Problem: Lehrermacht hat ihre Grenzen, vor allem bei Älteren; Belohnungs- und Bestrafungsmacht hat begrenzte motivierende Wirkungen; Machtgebrauch hat oft destruktive Wirkungen, z. B. Anpassung, Rebellion, Lügen, passiver Widerstand).

   Methode II: Permissiver Ansatz (Problem: Lehrer 'verliert', wird zu kompensieren versuchen und vielleicht negative Einstellungen zu Schülern aufbauen, vielleicht zukünftig subtilere Kontrollmethoden verwenden, langfristig vollständig die Kontrolle verlieren).

   Methode III: Konfliktansatz ohne Niederlagen, d. h. Lehrer und Schüler suchen nach Konfliktlösungen, bei denen es keine Verlierer gibt. Dieser Ansatz durchläuft sechs Stufen:

   1. Definition des Problems, aus Sicht des Betroffenen, unter Verwendung von Ich-Botschaften ("ich brauche Ruhe hier"), Ziel; Eruieren der Bedürfnislagen; wenn Schüler ihr Bedürfnis äußern, muß Lehrer mit aktivem Zuhören reagieren. (Wenn Methode III erfolglos ist, liegt es meist an ungenügender Arbeit in dieser Stufe).

   2. Sammlung möglicher Lösungen, im Sinne eines Brainstorming, also noch ohne Bewertung; Sammlung stichwortartig an die Tafel schreiben.

   3. Wertung der Lösungsvorschläge, dabei werden die (für alle) unakzeptablen Lösungsvorschläge zuerst eliminiert, der Rest diskutiert, bis

   4. Entscheidungen für Bestlösung, also die Lösung, der alle am ehesten zustimmen können, erfolgt.

5. Umsetzungspläne, d. h. es wird diskutiert, wie die Entscheidung im Schulalltag umgesetzt werden kann.
6. Erfolgsbeurteilung nach einer Anfangsperiode der Umsetzung.

Langfristig werden aufgrund von Methode III positive Beziehungen, reiferes und verantwortlicheres Schülerverhalten, weniger Disziplinprobleme, besseres Lernklima und bessere Lerngewinne die Folge sein.

Insgesamt wird deutlich:

Der Ansatz von GORDON bietet pragmatisch orientierte, theoretisch begründete, praktisch erprobte und leicht trainierbare Alternativen im Umgang mit Disziplinproblemen an. Im Sinne FOOKENs wirft der klientenzentrierte Ansatz also ein klärendes "Licht" auf das Disziplinproblem; die "Schattenseite" dieses Konzeptes mag darin gesehen werden, daß Verhaltenstechniken für Lehrerinteraktionen bei schweren und extremen Konflikten nicht ohne weiteres ableitbar sind. Hier muß der klientenzentriert orientiert arbeitende Pädagoge Anleihen bei anderen Konzepten machen, die in diesem Beitrag teilweise bereits zur Sprache gekommen sind (vgl. VERNOOIJ; NEUKÄTER).

Die Stärke des Konzeptes von GORDON liegt zunächst im präventiven Bereich: GORDON schlägt wirksame Verfahrensweisen vor, eine tragfähige, stabile, belastbare Beziehung zwischen allen Beteiligten am Unterrichtsgeschehen herzustellen. Auf dieser Grundlage werden Disziplinprobleme als Chance begriffen, voneinander zu lernen, sich als Gruppe weiter zu entwickeln und eine vertiefte menschliche Begegnung auch in eher spannungsreichen Phasen der Gruppenentwicklung zu ermöglichen.

6. Disziplinkonflikte erklären und bewältigen. Überlegungen aus der Sicht des kommunikationstheoretischen Ansatzes von WATZLAWICK (PÜTTER)

WATZLAWICK und seine Mitarbeiter haben keine vollständige Kommunikationstheorie vorgestellt, sondern einige zentrale Merkmale von Kommunikation und Interaktion herausgearbeitet, einige mögliche Probleme darin, sowie sinnvolle und weniger sinnvolle Lösungsversuche für solche Interaktionsprobleme. In Anlehnung von WATZLAWICK wird hier "Kommunikation" verstanden als "message" oder *eine* Kommunikation, "Interaktion" als "wechselseitiger Ablauf von Mitteilungen zwischen zwei oder mehreren Personen" (WATZLAWICK u.a., S. 50). Die Ausführungen WATZLAWICKs scheinen nützlich zum Verständnis und zur Handhabung einiger Aspekte von Disziplinproblemen. Die folgende Darstellung beschränkt sich auf die Verständnis- und Handlungsprinzipien, die weithin ohne Hilfe von Beratern oder Therapeuten angewandt werden können.

Im Zusammenhang dieses Themas erscheinen vor allem folgende Überlegungen WATZLAWICKs wichtig:

Alles Verhalten, verbales wie nonverbales, das in Anwesenheit eines anderen gezeigt wird, ist als Kommunikation bzw. als Teil der Interaktion zwischen den Anwesenden zu verstehen, demnach also auch Disziplinanforderungen oder Disziplinverstöße.

Verhalten ist (in diesem Zusammenhang) nicht als Ausdruck individuellen Erlebens und Denkens auf dem Hintergrund der persönlichen Geschichte zu betrachten, sondern als Eingabe in das "System" der Interaktion zwischen den Beteiligten. Dementsprechend sind auch "Symptome" nicht als Ausdruck individueller Probleme anzusehen, sondern als Eingabe in das Interaktionssystem.

Jedes Interaktionssystem kann selbst Teil eines oder mehrerer anderer Systeme sein. Die Interaktion ist geprägt von - den Beteiligten bewußten oder auch nicht bewußten - Regeln. Es gibt einige allgemeine kommunikationssteuernde Regeln, deren Befolgung oder Nichtbefolgung über gute bzw. gestörte Kommunikation und Interaktion entscheidet. WATZLAWICK faßt einige der ihm zentral erscheinenden Regeln als "Axiome" zusammen. Sie betreffen:

- die Unmögichkeit, nicht zu kommunizieren,
- Inhalt- und Beziehungsebene von Interaktionen,
- die Interpunktion, also die Gliederung der Kommunikationsabläufe durch die Interaktionspartner,
- digitale und analoge Kommunikation und
- symmetrische und komplentäre Interaktionen.

Außer den Axiomen werden einige problematische Interaktions"spiele" dargestellt (z. B. "mehr desselben" - und "self-fulfilling-prophecy"-Spiele).

WATZLAWICK verdeutlicht dabei jeweils die Bedeutung gelingender Interaktionen für die Selbstdefinition und "normales" Verhalten der Beteiligten, sowie problematische Verhaltensfolgen bei Fehlgebrauch von Grundregeln der Interaktion.

Interaktionspartner können Probleme in der Beziehung dann selbst lösen, wenn ihnen die Spielregeln ihrer Interaktion bewußt sind und wenn sie fähig sind zur Metakommunikation, d. h. dazu, miteinander über die Art ihrer Kommunikation zu sprechen.

Diese Sichtweise von Interaktion hat Konsequenzen für das Verständnis und für Lösungsversuche von Disziplinkonflikten. Das soll im folgenden (vorwiegend am Beispiel von Lehrer-Schüler-Beziehungen) verdeutlicht werden.

Es erscheint von diesem Ansatz her notwendig, Disziplinkonflikte grundsätzlich als Interaktionskonflikte anzusehen und nicht z. B. als Verhaltensfehler dessen, von dem Disziplin verlangt wird, etwa auf dem Hintergrund seiner individuellen Problematik. Die Bedeutung des Verhaltens beider (aller) Beteiligten als Eingabe in die Beziehung muß berücksichtigt und betrachtet werden.

Disziplinkonflikte können primär auf der Inhalts- oder auf der Beziehungsebene angesiedelt sein; mitunter gibt es Konfusionen zwischen beiden Ebenen, die die Konfliktlösung zusätzlich erschweren.

Auf der Inhaltsebene betrachtet handelt es sich z. B. um unterschiedliche Verhaltensnormen von Beteiligten (bezogen auf Schülerverhalten, Pünktlichkeit, Mitarbeit, keine massiven Aggressionen ...), oder unterschiedliche Vorstellungen über notwendige Arbeiten etc. Dabei können im Konfliktfall sowohl die Normen tatsächlich verschieden sein (etwa im Zusammenhang mit unterschiedlicher Schichtzugehörigkeit, Altersunterschieden usw.), als auch die jeweiligen Bedeutungen von Normen oder Verhaltensweisen für die Beteiligten, und nicht zuletzt die Annahmen über die jeweiligen Vorstellungen (LAING). So kann für einen Lehrer eine Strafe als Hilfe zum rechtzeitigen Nachdenken für einen Schüler gemeint sein, für den Schüler sich diese Strafe aber als willkürliche Benachteiligung seiner Person darstellen, oder auch als Ausdruck von Abneigung des Lehrers ihm gegenüber - Mißverständnisse, die unaufgeklärt die Lösung von Disziplinkonflikten erheblich erschweren können.

Von der Beziehungsebene her betrachtet setzt die Definition eines Konflikts als "Disziplin"konflikt eine Asymmetrie der Beziehung voraus, eine - mit WATZLAWICK gesprochen - komplementäre Beziehung. D. h. sie setzt eine Situation voraus, in der eine dominierende Person von anderen bestimmten Verhaltensweisen fordern und gegebenenfalls mit Machtmitteln erzwingen kann. Häufig befinden sich die Schwächeren in dieser Situation und Beziehung nicht freiwillig sondern zwangsweise. Der Rahmen einer solchen Interaktion ist oftmals eine Institution, innerhalb der der Dominierende legitimiert ist, Macht zur Verhaltenskontrolle auszuüben, und in der dies zugleich (von Vorgesetzten oder Kollegen) von ihm verlangt wird, um normgerechtes Verhalten der Mitglieder zu sichern (KECKEISEN). Die Lehrer-

Schüler-Beziehung ist ein Beispiel für eine solche komplementäre Beziehung.

Bei Disziplinkonflikten kann auf der Beziehungsebene eine Ablehnung der Person, des Lehrers etwa, vorliegen, die nicht direkt, sondern nur indirekt durch Verhalten geäußert werden kann. Oftmals aber findet man Disziplinkonflikte trotz mindestens erträglichen Kontakts zwischen Lehrer und Schülern. Die Auflehnung kann dann z. B. dem Beziehungsmuster, der Komplementarität selbst, gelten (und dem dahinterstehenden Zwang). Sie kann der Art gelten, in der sie gehandhabt wird, wenn z. B. Wünsche oder Meinungen von Schülern bei Dingen, die sie angehen, nicht berücksichtigt werden, oder sie da, wo sie verantwortlich handeln können, keinen Spielraum dafür zugestanden bekommen. Nach WATZLAWICK ist jedoch eine Beziehung zwar vom Grundmuster her primär symmetrisch oder komplementär, im Prozeß einer guten Interaktion aber finden sich normalerweise auch Phasen des je anderen Beziehungsmusters. Wo dies in komplementären Beziehungen nicht der Fall ist, besteht die Gefahr "starrer Komplementarität" und damit die Gefahr erheblicher Beeinträchtigungen von Selbstbewußtsein und Realitätssicherheit der Beteiligten.

Wenn bei Konflikten Metakommunikation über die gemeinsame Beziehung nicht möglich ist, kann die Interaktion stärker durch Verhalten als durch Worte geprägt werden (WATZLAWICK spricht, ausführlicher, von digitaler und analoger Kommunikation), mit dem Nachteil, daß die Interpretationsmöglichkeiten größer sind, die Botschaften oftmals unklarer. 'Zu spät kommen' etwa, häufig allein als Disziplinverstoß verstanden, kann innerhalb der Beziehung auch heißen " Ich habe Angst, hierher zu kommen". Ein Extremfall dieses Rückzugs auf Verhalten ist die völlige Gesprächsverweigerung - auch ein Disziplinkonflikt, insofern die Normen, am Unterricht teilzunehmen, Fragen zu beantworten etc., nicht befolgt werden. Auch dies ist sicher eine Mitteilung ("man kann nicht nicht kommunizieren"), aber für

Lehrer oftmals schwer verständlich, schwer auszuhalten und zu beantworten.

Es lassen sich, von den Überlegungen WATZLAWICKs her, verschiedene falsche "Lösungen" für Disziplinprobleme erkennen, wobei zum Teil die Lösungsversuche selbst Teile des Disziplinkonflikts sind oder werden können.

Eine erste und häufige "Lösung" ist, das Problem allein als das des andern zu sehen, also die Wechselwirkung des beiderseitigen Verhaltens der Konfliktpartner zu übersehen. Oder - sehr ähnlich - zwar die Interaktion zu sehen, sie aber falsch zu interpunktieren, z. B. den Beginn des Konflikts und seine Ursache allein im andern zu sehen und daraus zu folgern, daß das Problem nur über eine Verhaltensänderung des anderen zu lösen wäre. Der Ansatz ist verfehlt, weil - WATZLAWICK zufolge - sobald ein solches (Disziplin) Spiel einmal in Gang gekommen ist, die "Ursache" für eine Veränderung irrelevant ist; das Beharren auf dieser Sicht kann eher zu einer symmetrischen Eskalation führen, also weiter in den Konflikt hinein. Relevant ist, *wie* dies Spiel wechselseitig in Gang gehalten wird - Veränderungen sind im Prinzip von beiden Seiten her möglich.

Ein anderer häufig anzutreffender Lösungsversuch verläuft nach dem Muster "mehr desselben": wenn die Strafe noch nicht zu regelmäßigem Schulbesuch verholfen hat, oder zur Einhaltung des Rauchverbots - erneute und schärfere Strafen (oder auch - dasselbe Prinzip, umgekehrt: weniger Zuwendung, und noch weniger ...). Auch solche Versuche zur Problemlösung münden leicht in starre Interaktionsformen, hier z. B. starre Symmetrie, wenn die beteiligten Interaktionspartner nach demselben Prinzip verfahren (..., je aufsässiger der Schüler, desto härter der Lehrer, desto aufsässiger ..., desto ....). Sie können in krass negativer Etikettierung des Schwächeren (in der Regel der Schüler) münden, in Extremfällen mit seinem Ausschluß aus der Schule, ungeachtet dessen, ob der Dominierende (Lehrer) sich selbst konfliktlösend und sinnvoll verhalten hat.

Das Gesagte sei kurz an einem Beispiel erläutert:

Ein zehnjähriger Junge mit dem sprachlichen Entwicklungsstand eines Dreijährigen, wurde einer neuen Erzieherin in einem Tagesheim als äußerst disziplinschwierig beschrieben - er reagiere auf Anforderungen oder Verbote sehr heftig und aggressiv und sei nur mit Kraft zu bändigen.

Beim ersten Spaziergang verbot die Erzieherin ihm aus Sicherheitsgründen, auf einer Mauer herumzuklettern, und holte ihn mit Hilfe begleitender Kolleginnen von dort herunter, als er nicht folgte. Er reagierte darauf mit heftigem Schreihen, Schlagen, Beißen, nach jedem weiteren Ordnungsruf verstärkt, trat die Erzieherin heftig, die schließlich mit einem Schlag auf seinem Arm reagierte. Daraufhin folgte er ihren Anordnungen. Was die Kolleginnen mit Hinweis auf ihre Vorwarnungen kommentierten.

Ein Disziplinkonflikt also in einer offensichtlich komplementären Beziehung, ein Spiel, das sich mit diesem Jungen in der Gruppe schon oft wiederholt hatte. Als Ursache des Problems wird die Neigung des Jungen zu Ungehorsam und Aggressivität angesehen. Es kommt bei dem Konflikt mit der entsprechend vorgewarnten neuen Erzieherin rasch zu einer symmetrischen Eskalation nach dem Muster "mehr desselben" (nämlich mehr an Druck auf beiden Seiten).

Weiter in dem Beispiel:

Die Erzieherin hielt eigentlich Schläge grundsätzlich nicht für ein geeignetes Erziehungsmittel, und fand zugleich die Beziehung zwischen ihr und dem Jungen auf Eskalation hin angelegt (mehr Widerstand, mehr Klapse und immer weniger Humor ...(FOOKEN)).Sie suchte daher nach anderen Möglichkeiten der Beziehung zu dem Jungen. Ein Gespräch mit ihm entfiel wegen seiner zu geringen sprachlichen Möglichkeiten.

Bei der Analyse von Problemsituationen mit dem Jungen fiel ihr auf, daß ein Großteil der ihm gegenüber ausgesprochenen Anweisungen und Verbote sich an den Möglichkeiten eines Dreijährigen orientierte, während der Junge körperlich durchaus altersentsprechend kräftig und grobmotorisch geschickt war und weithin sinnvoll handelte, ihr Mauerverbot erschien im Nachhinein unsinnig. Ihr fiel außerdem auf, wie stark ihr Verhalten im Konflikt von ihren eigenen Ängsten als Neuling bestimmt war, sich nicht behaupten zu können und in ein Chaos zu geraten, mit möglichen Folgen für ihren Arbeitsplatz, Ängste, die ihr bei näherer Betrachtung wenig realistisch schienen.

Sie beschränkte sich im folgenden dem Jungen gegenüber auf wenige unabdingbare Verbote, verminderte ihre eigenen Anregungen zu Tätigkeiten und ging statt dessen intensiver auf seine Aktivitäten ein, sein Erleben und Tun sprachlich aufnehmend.

Im folgenden halben Jahr ihrer weiteren Arbeit dort hatte sie, mit einer Ausnahme, keinerlei Disziplinkonflikte mehr mit dem Jungen. Er begann - neu - in der Gruppe Rollenspiele mit sehr gelösten Familienszenen und wirkte insgesamt ausgeglichener.

Wichtig an der Lösung dieses Disziplinkonflikts mit dem Jungen erscheinen im Kontext der Ausführungen WATZLAWICKs:

- die Überprüfung der Inhaltesebene mit dem Ergebnis einer realitätsgerechteren Anpassung von Normen und Verhaltensangeboten an den Entwicklungsstand des Jungen,
- damit verbunden, Verständnis für die heftigen nonverbalen Reaktionen als die dem (sprach stark eingeschränkten) Jungen mögliche Form, seine Bedürfnisse einzubringen;
- die Veränderung der Beziehung hin zu mehr Handlungsspielraum für ihn, also eine Anpassung der komplementären Beziehung an seinen Entwicklungsstand,
- bei gleichzeitigem Aufgeben starrer Spiele (der symmetrischen Eskalation und des self-fulfilling-prophecy-Spiels, d. h. der Annahme, daß der Junge disziplinlos und aggressiv *sei*, etc),

- die Wahrnehmung ihrer eigenen Ängste und Handlungsmuster in dem Konflikt, im Zusammenhang mit ihrer Situation in dem Tagesheim.

In diesem Beispiel sind einige Prinzipien sinnvoller Lösungen für Disziplinprobleme im Sinne der Interaktionstheorie WATZLAWICKs angesprochen; sie seien abschließend noch einmal knapp zusammengefaßt:

- den Disziplinkonflikt als Problem beider Interaktionspartner aufzufassen,
- die Konfliktebenen (Inhalt und Beziehung) zu unterscheiden und Problemanteile jeweils spezifisch anzugehen,
- aus starren Spielen herauszugehen,
- selbst die eigene Eingabe in das Interaktionssystem zu verändern (statt vom andern eine solche Änderung zu erzwingen versuchen),
- Metkommunikation zur Problemlösung mit zu nutzen, sofern eine hinreichende Sprachkompetenz der Konfliktpartner vorhanden ist, ansonsten zu versuchen, das Verhalten als "Mitteilung" zu entschlüsseln.

Nach WATZLAWICK gibt es Grenzen für die Beteiligten, Interaktionskonflikte (und also auch Disziplinkonflikte) selbst allein oder miteinander zu bewältigen, da nämlich, wo sie die Regeln ihrer Interaktion, iherer gemeinsamen Spiele, nicht wahrnehmen. In solchen Fällen ist die Hilfe eines (geschulten) Dritten erforderlich, der die Art ihrer Spiele - von außen - besser erkennen und sie - intervenierend - verändern kann.

7. Disziplinkonflikte in der Schule - Überlegungen aus lebensproblemzentrierter Sicht (WITTROCK)

1.

Fragt man Lehrer nach ihren wichtigsten unterrichtlichen Problemen, so stehen (neben dem fehlenden unterrichtlichen

Interesse der Schüler) Disziplinkonflikte mit Schülern im Vordergrund. In diesem Beitrag will ich den Versuch unternehmen, einen Teil des "störenden" Verhaltens auf dem Hintergrund der lebensproblemzentrierten Pädagogik (vgl. dazu WESTPHAL 1983; WACHTEL 1986) und des personenzentrierten Ansatzes (vgl. dazu ROGERS 1974, 1983; MASLOW 1981) zu betrachten und Anregungen zu seiner Verminderung zu geben. Dabei möchte ich meine Zugangsweise nicht im Gegensatz zu anderen theoretischen Ansätzen verstanden wissen, sondern als eine weitere Hilfe für den Umgang mit Verhaltensauffälligkeiten im Unterricht. "Wenn etwas im Lichte *einer* Theorie betrachtet wird, entsteht auch Schatten" (frei nach FOOKEN). Somit "klärt" die Zusammenschau theoretischer Zugangsweisen den Gegenstand und vermindert den Schatten.

2.

Disziplinstörungen im Unterricht werden weitgehend vom Lehrer als den (von ihm geplanten) Unterrichtsverlauf hemmende Verhaltensweisen der Schüler erlebt und beschrieben. - Von derart verstandenen Disziplinstörungen auf Seiten des Lehrers wird allerdings kaum berichtet. -

Solche Disziplinstörungen sind häufig durch 'laute' verbale, nonverbale bzw. aktionale Verhaltensweisen der Schüler gekennzeichnet.

Die Ursachen für diese Verhaltensweisen sind vielfältig, Eine mögliche Ursache wird m. E. noch viel zu selten thematisiert: Schüler "stören" den Unterricht, sind "disziplinlos", sind "verhaltensauffällig", weil sie "auffallen" wollen.

Um schulische Handlungskonsequenzen aus dieser Sichtweise ziehen zu können, benötige ich einen theoretischen Zugang, der dieses 'Phänomen' des Auffallen-wollens erklärt und in einen Gesamtzusammenhang einbettet.

In Anlehnung an WESTPHAL gehe ich davon aus, daß ein wichtiger Verursachungsfaktor für normabweichendes Verhalten in der Schule in der psychosozialen (und soziokulturellen) Unterversorgung von Kindern durch ihr Familie und ihre Umwelt zu sehen ist. Diese Versorgungsproblematik hemmt die Entwicklung. - Versorgung und Entwicklung stehen dabei in einem dialektischen Verhältnis. Einen vergleichbaren Zugang finden wir bei MASLOW (1981) in seiner Gegensatzeinheit von 'Sicherheit und Wachstum'. -

Psychosoziale Unterversorgung darf nicht mißverstanden werden als mangelnde Liebe der Eltern für das Kind, sondern beschreibt eher das unzureichende Maß an Aufmerksamkeit und persönlicher Achtung (wieviel "Wert" es geschätzt wurde) für das Kind. - Im Gegenlauf dazu führt eine psychosoziale Überversorgung zu ähnlichen Problemen.-

Die soziokulturelle Unterversorgung beschreibt demgegenüber eher die unzureichende Anregung des Kindes zur Exploration der Umwelt, die Einführung in und die Auseinandersetzung mit den Kulturtechniken und den kulturellen Werten der Mittelschicht. (Eine differenziertere Darstellung dieser Sichtweisen von Unterversorgung erscheint mir sinnvoll, muß aber aus Platzgründen hier unterbleiben.)

Versorgung wird in der lebensproblemzentrierten Pädagogik als ein bzw. das grundlegende(s) Lebensproblem von Menschen angesehen.

3.

Die grundlegende Behinderung psychosozial und soziokulturell unterversorgter Kinder besteht darin, daß sie in der Schule nach Zuwendung und Bestätigung (d. h. Versorgung) suchen, die ihnen dort unter den derzeit allgemein herschenden Bedingungen nicht gegeben werden (können).

Sie kommen in eine Schule, in der im Rahmen von Unterricht ihre Lebensprobleme nicht geäußert, angesprochen und bearbeitet werden. Hinzu kommt, daß die unterrichtlichen Inhalte und die gewählte Sprache, mit der sie transportiert werden, wenig mit dem Umfeld und den Vorerfahrungen vieler Schüler zu tun haben.

Die Lese-/Schreib- und Rechenlehrgänge unserer Grundschulen orientieren sich am psychosozial und soziokulturell ausreichend versorgten Schüler.

Unsere Kinder sind somit von Beginn an einem schulischen Arrangement ausgesetzt, das das Erreichen bestimmter Lehrgangsziele in einer für alle gleichen Zeit voraussetzt und vorwiegend die Schüler, die diese Ziele erreichen, mit positiver Aufmerksamkeit, Ermunterung und Lob versieht bzw. belohnt.

Der psychosozial und soziokulturell unterversorgte Schüler erlebt sich somit von Anfang an als 'schwach' im Erreichen der für ihn fremden Lernziele und zudem nicht ausreichend mit positiver Aufmerksamkeit und Lob versorgt. - An eine gleichzeitige Berücksichtigung seiner Lebensprobleme ist erst recht nicht zu denken. -

Gegen diese Nichtbeachtung seiner Persönlichkeit, seiner Wünsche und Bedürfnisse (z. B. nach Versorgung), "wehrt" er sich mit Desinteresse, Schulschwänzen, träumen, 'lauten' Unterrichtsstörungen u.a.m. .

In vielen Fällen ist seine "Absonderung" auf die Sonderschule nur eine Frage der Zeit. Seine Gegenwehr hat sich bis zu diesem Zeitpunkt bereits so verfestigt, daß seine Absicherungspraktiken (um nicht ständig vom Unterricht und vom Lehrer 'verletzt' zu werden) positive Umlernprozesse verhindern. - Ganz nach dem Motto: "Lieber trete ich dem so nett erscheinenden neuen Lehrer gleich vor's Schienbein, dann kommt er mir nicht so nah und kann mir nicht so, wie die vorangegangenen Lehrer, durch seine für mich fremden Unterrichtsinhalte und seine fehlende Aufmerksamkeit wehtun."

Viele Unterrichtsstörungen sind somit Absicherungspraktiken und Signale. Trotz aller verfestigten Absicherungen geben diese Signale einen Hinweis auf die gewünschte Aufmerksamkeit.

4.

Als Lehrer muß ich mich also damit auseinandersetzen, wie ich diesen Schülern die Beachtung (Versorgung) geben kann, die es ihnen ermöglicht, ihre Absicherungspraktiken abzubauen. Das ist jedoch ein langer und mühsamer Prozeß. Einige hilfreiche Ansatzpunkte für einen solchen Prozeß möchte ich im folgenden benennen:

- Der Unterricht muß so aufgebaut werden, daß die Lebensprobleme der Schüler (auch von den Inhalten her) stärker akzentuiert werden. (vgl. dazu WESTPHAL 1983; WACHTEL 1986)
- Die Veränderung des Unterrichts darf dabei aber nicht abrupt, sondern muß fliessend erfolgen (Prinzip von Konstanz und Wandel).
- Der Lehrer ist Modell für die Schüler. Wichtig ist dabei u. a., daß sein Verhalten sowohl ruhig, freundlich und schülerzugewandt ist, als auch von Klarheit (z. B. durch Offenlegen von Unterrichtsplanungen und Bewertungskriterien) und Verbindlichkeit gekennzeichnet ist. (Denn eine Orientierungslosigkeit des Schülers schränkt dessen Handlungsmöglichkeiten ein.)
- Die 'Beweglichkeit' des Lehrers darf dabei nicht vergessen werden. Im Rahmen eines 'Selbstbildungskonzeptes' (vgl. WITTROCK 1985) muß jeder Lehrer - in Kooperation mit Kollegen - seinen eigenen Lernprozeß gestalten.
- Der Unterricht muß von seinem Aufbau und der Gestaltung her allen Schülern die Chance bieten sich einzubringen und somit stoffbezogen *und* emotional Beachtung zu finden.

- Dabei kommt der dialektischen Gegensatzeinheit von Sicherheit und Wachstum (MASLOW) große Bedeutung zu: Ein Unterricht (als Wirkungseinheit von Schülern, Lehrer und Lernsache verstanden), der Wachstum ermöglichen soll, muß die eigene Sicherheit erfahrbar machen. Ein Unterricht, der Sicherheit ermöglichen soll, muß das eigenen Wachstumspotential erfahrbar machen.
- Der Unterricht muß den Schülern ermöglichen, Verhaltensalternativen kennenzulernen, zu erproben und für sich selbst zu übernehmen.
- Als letztes noch ein kleiner, vielleicht selbstverständlicher Hinweis (mit manchmal großen Folgen): Versuchen Sie doch einmal, regelmäßig gerade die Schüler, die Ihnen durch Unterrichtsstörungen besonders auffallen, (am besten natürlich alle) außerhalb des Unterrichts (in der Pause, bei der Aufsicht, vor dem Klassenraum, vor oder nach der Schule) erfahrenzulassen, daß Sie ihnen Aufmerksamkeit, Beachtung schenken, indem Sie sie mit dem Namen begrüßen und die mit einer nicht bewertenden Aussage zu verbinden (z. B. "Hallo Bernd, hast du eine neue Tasche?). Solch ein Verhalten muß aber echt gewollt und nicht aufgesetzt sein. Es wirkt auch nicht sofort, aber im Zusammenhang mit anderen Erfahrungen dieser Art kann der Schüler zu der Einsicht gelangen, daß er sich seine Aufmerksamkeit nicht zwangsweise durch Stören im Unterricht holen muß.

Alle diese Vorschläge beziehen sich auf den Lehrer und seine Handlungsmöglichkeiten. Dies soll aber nicht von der gesamtgesellschaftlichen Aufgabe ablenken, daß die heutige Schule zu einer Schule für alle Kinder weiterentwickelt werden muß.

8. Schlußbemerkungen

Die vorangegangenen Ausführungen zum Thema Disziplin in Erziehung und Unterricht aus geschichtlicher Perspektive und aus der Sicht aktueller theoretischer Ansätze haben die Vielschichtigkeit des Disziplinproblems verdeutlicht. Bedenkt man den Wandel, der sich hinsichtlich der Disziplinproblematik im Laufe der Geschichte ergeben hat, dann bewahrheitet sich die These, daß die Betrachtung unter nur einer Perspektive lediglich begrenzte Erkenntnisse ermöglicht. Jeder der hier skizzierten theoretischen Zugänge beleuchtet die Thematik in je spezifischer Weise, läßt aber auch Bereiche im Schaten.

Eine mehrdimensionale Betrachtung pädagogischer Fragestellung im Hinblick auf Praxisrelevanz ist Basis und Ziel des Arbeitskreises, in dem sich norddeutsche Verhaltensgestörtenpädagogen zusammengefunden haben.

9. Literatur

ADAMEIT, H. u. a.: Grundkurs Verhaltensmodifikation Beltz, Weinheim 1980 [2].

ADLER, Alfred: Über den nervösen Charakter. (1912) Neuauflage Frankfurt 1972.

Ders. Praxis und Theorie der Individualpsychologie. (1920) Neuauflage, Frankfurt 1978.

AICHHORN, A.: Verwahrloste Jugend. 1925 Bern/Stuttgart 1974, 8. Aufl., Amtsblatt der Stadt Berlin vom 26.05.1929: E-Klassen für erziehlich gefährdete Kinder.

ANSBACHER, R. H.: Alfred Adlers Individualpsychologie. München/Basel 1972.

BACH, Heinz: Sonderpädagogik im Grundriß. Berlin [2]1976.

BECKER, Georg E.: Disziplinkonflikte im Unterricht. Ursachen und pädagogische Maßnahmen. Hagen 1982, KE 3566/3468.

BENKMANN, K.-H./NEUKÄTER, H.: Verhaltensmodifikatorische Aspekte der schulischen Förderung bei Kindern und Jugendlichen mit Verhaltensauffälligkeiten. Hagen (Fernuniversität) 1984.

BETTELHEIM, B.: Liebe allein genügt nicht. Stuttgart 1970.

BIERMANN, G.: Zur Geschichte der analytischen Kinderpsychotherapie. In: Handbuch der Kinderpychotherapie Bd. 1, München/Basel 1969, S. 1-18.

BLEIDICK, U.: Individualpsychologie, Lernbehinderungen und Verhaltensstörungen. Berlin 1985.

CLARIZIO, H. F.: Disziplin in der Klasse, München 1979.

CLOER, E. (Hrsg.): Disziplinkonflikte in Erziehung und Schule, Klinkhardt 1981.

CLOER, E.: Disziplinieren und Erziehungen. Das Disziplinproblem in pädagogischer-anthropologischer Sicht, Klinkhardt 1982.

COHN, Ruth C.: Von der Psychoanalyse zur themenzentrierten Interaktion. Stuttgart 1981[5] (1975).

DENK, K.: Pädagogik bei verhaltensgestörten Kindern. In: Jussen, H. (Hrsg.): Handbuch der Heilpädagogik in Schule und Jugendhilfe. München 1967, S. 382 - 409.

FLISSIKOWSKI, R./KLUGE, K.-J./SCHAUERHAMMER, K.: Vom Prügelstock zur Erziehungsklasse für "schwierige" Kinder. München 1980.

FUCHS, A.: Erziehungsklassen (E-Klassen) für schwererziehbare Kinder der Volksschule. Halle 1930.

GEORGES, K. E.: Deutsch-Lateinisches Schulwörterbuch. Hannover u. Leipzig 1903, 7. Auflage.

GEORGENS, J. D./DEINHARDT, H. M. :Die Heilpädagogik mit besonderer Berücksichtigung der Idiotie und der Idiotenanstalten. Bd. I u. II, Leipzig 1861 u. 1863.

GOETZE; H.: Personenzentrierte Spieltherapie, Hogrefe, Göttingen 1981.

GOETZE, H. u. NEUKÄTER, H.: Strukturierte und schülerzentrierte Unterrichtsansätze bei Verhaltensgestörten, Studienbrief der Fernuni Hagen 1982

GORDON, Th.: Lehrer-Schüler-Konferenz. Wie man Konflikte in der Schule löst, Rowohlt, Reinbek 1981

GRABSKI, S. u.a.: Strukturierter Unterricht mit verhaltensgestörten Schülern, Schindele, Rheinstetten 1978

GRELL, J. u. GRELL, M.: Unterrichtsrezepte, U & S, München 1979

GÜNTHER, K.-H., HOFMANN, F. u. a.: Quellen zur Geschichte der Erziehung.

HAGEMEISTER, U.: Die Schuldisziplin. Weinheim; Berlin: Beltz 1968.

HENSEL, G.: Geschicht des Grauens, Deutscher Strafvollzug in 7 Jahrhunderten. Altendorf 1979.

HOLZSCHUH, K.: Geschichte des Jugendstrafrechts bis zum Ende des neunzehnten Jahrhunderts. Diss. Mainz 1957.

JACOBS, J.: Der Waisenhausstreit. Ein Beitrag zur Geschichte der Pädagogik des 18. und 19. Jahrhunderts. Quakenbrück 1931.

KAUSEN, Rudolf: Die Wirkung der Individualpsychologie heute. in: Kindlers "Psychologie des 20. Jhs", Tiefenpsychologie Bd. 4, Individualpsychologie und Analytische Psychologie. Hrsg. EICKE, Dieter Weinheim/Basel 1982, 133 - 146.

KECKEISEN, W.: Die gesellschaftliche Definition abweichenden Verhaltens. München 1976 2.

KRIZ, J.: Grundkonzepte der Psychotherapie. München/Wien/Balitmore 1985.

KROPIUNIGG, U.: Tendenziöse Apperzeption. Die Wahrnehmung des seelisch erkrankten in der Psychologie Alfred Adlers. In: KEHRER/SCHEER, Das weite Land der Individualpsychologie. Wien 1983, 80 - 85.

KORTE, J.. Disziplinprobleme im Schulalltag. Über den unpädagogischen Umgang mit schwierigen Schülern, Beltz, Weinheim 1982.

KOUNIN, J. S.: Techniken der Klassenführung, Klett, Stuttgart 1970.

KÜCHING, Werner/WITTROCK, Manfred: Zur sozialen Kompetenz des Lehrers. Essen 1983.

LAING, R. D.: Phänomenologie der Erfahrung, Frankfurt 1975.

LAUTH, G.: Verhaltensstörungen im Kindesalter, Kohlhammer, Stuttgart 1983.

MASLOW, Abraham A.: Psychologie des Seins. München 1981 [2].

MOLL-STROBEL, H. (Hrsg.): Die Problematik der Disziplinschwierigkeiten im Unterricht, Wiss. Buchgesell., Darmstadt 1983.

MYSCHKER, N.: Verhaltensgestörtenpädagogik. In: Bleidick U. u.a.: Einführung in die Behindertenpädagogik. Bd. 3, Stuttgart 1980, 2. Aufl., S. 90 - 117.

OVERBERG, B.: Anweisung zum zweckmäßigen Schulunterricht für die Schullehrer im Hochstifte Münster. Münster 1792.

PESTALOZZI, J. H.: Briefe an einen Freund über den Aufenthalt in Stans, 1799, heise, W., H. Deiters (Hrsg.), Berlin, Leipzig 1947.

PFEIFFER, W. M.: Otto Rank - Wegbereiter personenzentrierter Psychotherpaie. In: Schulz, W./ Hautzinger, M. (Hrsg.): Klinische Psychologie und Psychotherapie. Tübingen 1980.

RATTNER, J.: Alfred Adler. Reinbek bei Hamburg 1976, 3. Aufl.

REDLICH, A./SCHLEY, W.: Kooperative Verhaltensmodifikation. München/Wien/Baltimore 2 1981.

ROGERS, C. R.: Klientenzentrierte Psychotherapie. In: Corsini, R. J. (Hrsg.): Handbuch der Psychotherapie. Weinheim 1983, S. 471 - 512.

ROGERS, Carl R./ROSENBERG, Rachell: Die Person als Mittelpunkt der Wirklichkeit. Stuttgart 1980.

SCHAEFER, A.: Disziplin als pädagogisches Problem, NDS, Essen 1981.

SCHMEICHEL, M.: Behinderte Menschen - Lebensunwert für das Dritte Reich. Z. f. Heilpäd. 33 (1982), S. 87 - 99.

SCHMIDT, Rainer: Die Individualpsychologie Alfred Adlers. Stuttgart/Berlin/Köln/mainz 1982.

SCHNEIDER, K. (Hrsg.): Das verdrängte Disziplinproblem: Hilfen zum Verstehen, Bewältigen, Vorbeugen, Langenau-Ulm, Vaas, 1985.

SCHORR, A.: Die Verhaltenstherapie. Weinheim 1984.

SCHULZ, V. THUN, Friedemann: Miteinander reden: Störungen und Klärungen. (Psychologie der zwischenmenschlichen Kommunikation.) Reinbek 1981.

SCHUMACHER, G.: Neues Lernen mit Verhaltensgestörten und Lernbehinderten. Der durchstrukturierte Klassenraum, Marhold, Berlin 1979 2.

SILBERMANN, M. L. u. WHEELAN, S. A.: How to discipline without feeling guilty - Assertive relationships with children, Research Press, Champaign 1980.

SPECHT, F. A.: Geschichte des Unterrichtswesens in Deutschland von den ältesten Zeiten bis zur Mitte des 13. Jahrhunderts. Stuttgart 1885.

Staatsinstitut f. Schulpädagogik (Hrsg.): Disziplinschwierigkeiten in der Schule: Ursachen, Vorbeugung, Abhilfe, Auer Donauwörth 1983.

VERNOOIJ, Monika A.: Die Individualpsychologie Alfred Adlers. In: Ehrenwirth Sonderschulmagazin, 5. Jg. 1983/4, 3-4.

Dies.: Therapie oder sonderpädagogisches Handeln bei Kindern und Jugendichen mit Verhaltensstörungen? in: GERBER/KAPPUS/DATLER/REINELT, Der Beitrag der Wissenschaften zur interdisziplinären Sonder- und Heilpädagogik. Wien 1985 a, 513 - 515.

Dies.: Psychische Fehlentwicklung von Kindern unter individualpsycholgischem Aspekt. In: Sonderschule in Niedersachsen, VDS-Landesverband Nds. 1985/4 b.

VOLKMER, Dr.: Geschichte der Erziehung und des Unterrichts. Habelschwerdt 1909, 12. Aufl.

WACHTEL, Peter: Didaktisch-methodische Überlegungen zu Beziehungsaspekten im Unterrciht. In: Oldenburger Institut für Sonderpädagogik (Hrsg.): Sonderpädagogische Theorie und Praxis - Problemstellungen und Lösungsansätze -. Heidelberg 1985 (HVA).

WACHTEL, Peter: Entwicklungsformen lebensproblemzentrierter Pädagogik. (Diss.) Oldenburg 1986.

WATZLAWICK, P./BEAVIN, J. h.(JACKSON, D. D.: Menschliche Kommunikation. Bern, Stuttgart, Wien 1974, 4. Aufl.

WESTPHAL, Erich: Zur Praxis lebensproblemzentrierter Unterrichtsgestaltung. (Studienbrief der Fernuniversität) Hagen 1983.

WESTPHAL, Erich: Die Konzeption lebensproblemzentrierter Unterrichtsgestaltung an Schulen für Lernbehinderte. (Studienbrief der Fernuniversität) hagen 1983.

WICHERN, J. H.: Ausgewählte Schriften. Band 2. Janssen, K. (Hrsg.) Gütersloh 1956.

WITTROCK, Manfred: Entwicklung pro-sozialer Verhaltensweisen bei erziehungsschwierigen Kindern und die soziale Kompetenz der Erzieher. Behinderte (Ö), Heft 4/84, 18 - 23.

WITTROCK, Manfred: Einander verstehen im (Schul-)Alltag - Voraussetzungen und Entwicklungsmöglichkeiten für Lehrer -. In: Oldenburger Institut für Sonderpädagogik (hrsg.): Sonderpädagogische Theorie und Praxis - Problemstellungen und Lösungsansätze -. Heidelberg 1985 (HVA).

WITTROCK, Manfred/WACHTEL, Peter. Lehrerpersönlichkeit im Spannungsfeld von Theorie und Praxis. In: Die Zukunft der Schule. Oldenburg 1986.

Autoren

Wiebke AMMANN, Dr. phil., geb. 1948, Hochschulassistentin im Fachbereich Pädagogik an der Universität Oldenburg, Institut für Erziehungswissenschaft 2 - Sonderpädagogik, Prävention und Rehabilitation

Stefan AUFENANGER, Dr. phil., geb. 1950, Hochschulassistent am Pädagogischen Institut der Universität Mainz; Sozialisationsforschung

Theodor BALLAUFF, Prof. em. Dr. phil, geb. 1911, Johannes Gutenberg Universität Mainz

Frank BIES, Dipolompädagoge, geb. 1958, beschäftigt in der Sozialtherapeutischen Kleinsteinrichtung "Die Brücke" gemeinnützige GmbH in Bremen

Micha BRUMLIK, Dr., Dipl. Päd., Professor für Erziehungswissenschaft mit Schwerpunkt Sozialpädagogik. Erziehungswissenschaftliches Seminar der Universität Heidelberg

Gerhard H. DUISMANN, Dr. rer. pol., geb. 1941, Akademischer Rat im Fachbereich Pädagogik an der Universität Oldenburg, Institut für Erziehungswissenschaft 2 - Sonderpädagogik, Prävention und Rehabilitation

Maria FÖLLING-ALBERS, Prof. Dr., geb. 1946; Hochschullehrerin im Fachbereich Pädagogik an der Universität Oldenburg, Institut für Erziehungswissenschaft 1

Enno FOOKEN, Dr. phil., geb. 1926, Professor für Erziehungs-wissenschaft/Verhaltensgestörtenpädagogik an der Universität Oldenburg, Institut für Erziehungswissenschaft 2 - Sonderpädagogik, Prävention und Rehabilitation

Herbert GOETZE, Dr. päd., Dipl. Psych., geb. 1943, Professor an der Universität Hamburg, Fachausschuß 9, Sonderpädagogik, Ver-haltensgestörtenpädagogik

Peter GOTTWALD, Dr. med., Dr. rer. soz., geb. 1935, Professor für Psychologie im Fachbereich Philosophie, Sportwissenschaft und Pychologie

Arnulf HOPF, Dr. phil., geb. 1939, Professor für Erziehungswissenschaft an der Universität Oldenburg, mit dem Schwerpunkt Vorschulische Sozialisation

Klaus KLATTENHOFF, Dr. phil., geb. 1943, Akademischer Rat im Fachbereich Pädagogik an der Universität Oldenburg, Institut für Erziehungswissenschaft 2 - Sonderpädagogik, Prävention und Rehabilitation

Friedrich W. KRON, Dr. phil., geb. 1933, ordentlicher Professor an der Johannes Gutenberg-Universität Mainz, Pädagogisches Institut

Otto LANGE, Prof. Dr. phil., geb. 1928, Professor im Fachbereich Pädagogik an der Universität Oldenburg, Institut für Erziehungswissenschaft 1, Allgemeine Pädagogik und Schulpädagogik

Uwe LAUCKEN, Dipl. Psych., Dr. phil., geb. 1941, Professor für Sozialpsychologie an der Universität Oldenburg, Institut zur Erforschung von Mensch-Umwelt-Beziehungen

Gerhard W. LAUTH, Privatdozent, Dr. phil., geb. 1947, Akademischer Rat im Fachbereich Psychologie, Sport und Philosophie, Arbeitseinheit 'Psychologie im Gesundheitswesen', Universität Oldenburg

Ilse MAYER-KULENKAMPFF, Prof. em. Dr. phil., geb. 1916, Fach-bereich Pädagogik an der Universität Oldenburg, Institut für Erziehungswissenschaft 1, Sozialpädagogik

Bernhard MÖLLER, Dr. phil., geb. 1931, Professor im Fachbereich Pädagogik an der Universität Oldenburg, Institut für Erziehungswissenschaft 1

Norbert MYSCHKER, Prof. Dr., geb. 1934, Lehrstuhl für Verhaltensgestörtenpädagogik im Fachbereich Erziehungs- und Unterrichtswissenschaften der Freien Universität Berlin, Institut für Sonder- und Heilpädagogik

Heinz NEUKÄTER, Dr. päd., Dipl. Päd., geb. 1944, Professor für Verhaltensgestörtenpädagogik an der Universität Oldenburg, Fachbereich Pädagogik, Institut für Erziehungswissenschaft 2 - Sonderpädagogik, Prävention und Rehabilitation

Manfred PRIEPKE, Dr. phil., geb. 1931, Fortbildungsdozent an der Diakonischen Akademie Stuttgart, Fachbereich Sozialbenachteiligtenhilfe

Irene PÜTTER, geb. 1943, Akademische Rätin für Verhaltensge-störtenpädagogik an der Universität Hannover

Hans-Dietrich RAAPKE, Dr. phil., geb. 1929, Professor für Pädagogik und Erwachsenenbildung an der Universität Oldenburg, Fachbereich Pädagogik, Institut für Erziehungswissenschaft 1

Arno SCHMIDT, Prof. Dr. phil., geb. 1934, Insitut für Erziehungswissenschaft 1 an der Universität Oldenburg, Theorie und Praxis des Unterrichts am Gymnasium einschließlich der Lehrerfortbildung

Ulrich SCHRÖDER, Prof. Dr. phil., Dipl.-Psych., geb. 1939, Lernbehindertenpädagogik, Universität Oldenburg, Fachbereich Pädagogik,Institut für Erziehungswissenschaft 2 - Sonder-pädagogik, Prävention und Rehabilitation

Peter SEHRBROCK, Dipl. Päd., geb. 1941, Akademischer Rat im Fachbereich Pädagogik an der Universität Oldenburg, Insitut für Erziehungswissenschaft 2 - Sonderpädagogik, Prävention und Rehabilitation

Klaus STRUVE, Dr. phil., geb. 1941, Akademischer Rat im Fachbereich Pädagogik an der Universität Oldenburg, Institut für Erziehungswissenschaft 2 - Sonderpädagogik, Prävention und Rehabilitation

Heiner ULLRICH, Dr. phil., geb. 1941, Akademischer Rat im Fachbereich 11 - Philosophie/Pädagogik der Johannes Gutenberg-Universität Mainz, Pädagogisches Institut (Arbeitsgruppe Allgemeine Pädagogik)

Monika VERNOOIJ, Dr. rer. nat., Dipl. Päd., Dipl. Psych., geb. 1945, Akademische Rätin, Privatdozentin, Universität Hannover

Andrä WOLTER , Dipl. Päd. Dr. phil., geb. 1950, wissenschaftlicher Angestellter, Fachbereich Pädagogik der Universität Oldenburg, Institut für Erziehungswissenschaft 1 (Bildungssozio-logie/Bildungsforschung)

Friedrich WIßMANN, Dr. phil., geb. 1942, Hochschulassistent im Fachbereich Pädagogik an der Universität Oldenburg, Institut für Erziehungswissenschaft 1, Allgemeine Pädagogik

Manfred WITTROCK, Dr., geb. 1950, Akademischer Rat im Fachbereich Pädagogik an der Universität Oldenburg, Institut für Erziehungswissenschaft 2 - Sonderpädagogik, Prävention und Rehabilitation (Verhaltensgestörtenpädagogik).